Friedhelm Nyssen, Peter Jüngst (Hg.)
Kritik der Psychohistorie

REIHE »PSYCHE UND GESELLSCHAFT«
HERAUSGEGEBEN VON JOHANN AUGUST SCHÜLEIN
UND HANS-JÜRGEN WIRTH

Friedhelm Nyssen, Peter Jüngst (Hg.)

KRITIK DER PSYCHOHISTORIE

Anspruch und Grenzen eines psychologistischen Paradigmas

Bibliografische Information der Deutschen Nationalbibliothek
Die Deutsche Nationalbibliothek verzeichnet diese Publikation in der Deutschen
Nationalbibliografie; detaillierte bibliografische Daten sind im Internet über
<http://dnb.d-nb.de> abrufbar.

© 2003 Psychosozial-Verlag
E-Mail: info@psychosozial-verlag.de
www.psychosozial-verlag.de
Alle Rechte vorbehalten. Kein Teil des Werkes darf in irgendeiner Form (durch
Fotografie, Mikrofilm oder andere Verfahren) ohne schriftliche Genehmigung des
Verlages reproduziert oder unter Verwendung elektronischer Systeme verarbeitet,
vervielfältigt oder verbreitet werden.
Umschlagabbildung: Jaques Stella »Der Kreisel« aus
Die Spiele und Vergnügungen der Kindheit, 1637
Umschlaggestaltung: Christof Röhl
nach Entwürfen des Ateliers Warminski, Büdingen
Printed in Germany
ISBN 978-3-89806-222-0

Inhaltsverzeichnis

Friedhelm Nyssen
Einleitung: Ein Vergleich zwischen der
„unabhängigen Psychohistorie" und den Beiträgen dieses Bandes
S. 7

I Allgemein - Theoretischer Teil

Friedhelm Nyssen
Die „unabhängige Psychohistorie" –
eine immerwährende Abstraktion
S. 79

II Historische Themen

Peter Jüngst
Gesellschaftsformationen und Traumata –
zur Diskussion einer psychohistorischen Perspektive
S. 135

Hartwig Weber
Das Kinderopfer im Alten Testament und im Christentum
S. 185

Evelyn Heinemann
Projektion oder Realität?
Der Beitrag von Psychohistorie und Ethnopsychoanalyse
zum Verstehen kultureller Phänomene
S. 211

Edmund Hermsen
„Angst im Abendland"
Apokalyptische Vorstellungen der frühen Neuzeit.
Ein psychohistorischer Beitrag zur
europäischen Religionsgeschichte
S. 263

III Gegenwartsbezogene Themen

Wolfgang Prieß
Empathische Beziehungen versus S. 289
ökonomische Entscheidungen

H. Kallert
Psychogenetische Theorie und S. 317
außerfamiliale Kleinstkinderziehung.

Evelyn Heinemann
Psychoanalytische Gedanken zur Ausbildung S. 333
der Deutschen Psychoanalytischen Vereinigung (DPV)

M. Bornhoff-Nyssen
Wenn das Herz (k)eine Heimat findet S. 345
Moderne Literatur diskutiert anhand
psychohistorischer Thesen

Einleitung: Eine Vergleich zwischen der „unabhängigen Psychohistorie" und den Beiträgen dieses Bandes

Friedhelm Nyssen

I.

Der vorliegende Band trägt den Titel: „Kritik der Psychohistorie" – was soll hier kritisiert werden? Eine Antwort auf diese Frage setzt offenbar eine Klärung der Frage: „Was ist Psychohistorie?" voraus. Boelderl und Janus haben der Neuedition der „Grundlagen der Psychohistorie" (1) von deMause im Jahre 2001 diese Frage zum Namen gegeben; und indem sie dieser Frage deMause` „Grundlagen" folgen lassen, eine unzweideutige Antwort gegeben: Psychohistorie ist gleichzusetzen mit eben jenen „Grundlagen". Psychohistorie, das ist nach ihrer Meinung deMause. Oder anders ausgedrückt: sie sehen diesen als den Haupttheoretiker der Psychohistorie an, als denjenigen, der diese eben „grundgelegt" bzw. begründet hat. Wenn wir also fragen: was soll an der Psychohistorie kritisiert werden? und dabei zuerst die Frage klären wollen, was denn Psychohistorie überhaupt sei, dann müßten wir nach Meinung von Boelderl/Janus offenbar die Aufsätze von deMause studieren, die die Titel tragen: „Evolution der Kindheit", „Psychohistorie, eine unabhängige Wissenschaft", „Die psychogenetische Theorie der Geschichte", „Historische Gruppenphantasien", etc. – siehe weiter das Inhaltsverzeichnis des von Boelderl/Janes herausgegebenen Bandes.

Nehmen wir die hier genannten Aufsatztitel, so können wir bereits aus ihrem Wortlaut eine Kurzformel des *Anspruchs* dieser Variante von Psychohistorie formulieren:

Nach deMause ist Psychohistorie eine unabhängige Wissenschaft, die nicht auf Wissens- und Theoriebeständen anderer „Disziplinen", etwa Kulturwissenschaften, Soziologie, Politologie, etc. aufbaut, sondern durch Formulierung genuin eigenständiger eben spezifisch „psychohistorischer" Postulate sich selbst eine Grundlage zu geben in der Lage ist.

Man kann hier sogleich eine Art isolationistisches Selbstverständnis dieser Psychohistorie im Verhältnis zum herkömmlichen „Universum der Wissenschaften" erkennen. In meinem Beitrag in diesem Band „Die unabhängige Psychohistorie – eine immerwährende Abstraktion" habe ich diesen Punkt ausführlicher diskutiert.

Jene oben aufgeführten Aufsatzüberschriften geben uns weitere Hinweise, wonach eine gewisse „Unabhängigkeit" jener Psychohistorie durchaus begründbar erscheint. Begründbar in dem Sinne, daß die deMausesche Psychohistorie nicht nur „Postulate" formuliert, sondern auch „eigene" empirische Grundlagen. Und diese stellen tatsächlich eine Art schöpferische Neugründung dar: ich meine die empirischen Grundlagen zu einer „Geschichte der Kindheit", die in dem Aufsatz „Evolution der Kindheit" aufgeführt werden. Nehmen wir jetzt noch die beiden letztgenannten Aufsatztitel hinzu, dann können wir formulieren: Psychohistorie ist laut deMause eine von anderen Wissenschaften insofern unabhängige Wissenschaft, als sie beansprucht, auf der Basis einer eigenständig konstruierten und historisch belegten „Geschichte der Kindheit" eine dann im weiteren Verfahren auf dieser aufbauende psychogenetische Theorie der Allgemeinen Geschichte zu formulieren. Anders gesagt: hier wird *beansprucht, Allgemeine Geschichte aus geschichtlichen Kindheitsdeterminaten abzuleiten*. Was es heißen kann, daß diese Ableitung sich dann als „psychogenetische" Theorie der Geschichte bezeichnet, habe ich in meinem Beitrag in diesem Band näher ausgeführt, allerdings dann in kritischer Absicht. Für die Zwecke dieser Einleitung sei nur angedeutet, daß wir es hier offenbar mit einer Anschauung zu tun haben, derzufolge die Allgemeine Geschichte durch Handeln von Menschen als *psychischen* Wesen, deren Grundlage in der Kindheit ausgeprägt werden, konstituiert wird.

Die individualpsychologische Mikroebene der Begriffe „Kindheit" und „Psyche" theoretisch zu einer allgemein-historischen Makroebene überschreiten zu können, dies beansprucht dann die Psychohistorie durch Aufstellung des Begriffs im letztgenannten Aufsatztitel, nämlich durch Aufstellung des Begriffs der „Gruppenphantasien". In diesem ist impliziert, daß Menschen, insbesondere solche mit gleichen Kindheitserfahrungen, dazu neigen, eben solche *„Gruppenphantasien"* zu entwickeln, die dann als Determinanten *Allgemeiner Geschichte* wirkmächtig werden. Auch dieses Theorieelement der Psychohistorie habe ich in kritischer Absicht in meinem Beitrag in diesem Band ausführlicher dargestellt.

Aus dem bisher Aufgeführten geht hervor, daß wir jetzt, wenn wir nach der von deMause gegebenen Antwort auf die Frage: „Was ist Psychohistorie?" gehen, formulieren können: Psychohistorie, als theoretisches Konzept, ist dadurch gekennzeichnet, daß sie aus zwei Teiltheorien besteht:
- aus der von deMause so genannten *„psychogenetischen Geschichte der Kindheit"* und
- aus der von deMause so genannten *„psychogenetischen Theorie der Geschichte",*

wobei, wie gesehen, die letztere auf der ersteren aufbaut. In der Literatur, insofern sie deMausesche Analysen verwendet oder auch nur am Rande erwähnt, erscheinen auch tatsächlich diese beiden Teiltheorien als die am meisten diskutierten, wobei die „psychogenetische Geschichte der Kindheit" allerdings bei weitem die größere Aufmerksamkeit findet, sehr häufig in Gegenüberstellung zur „Geschichte der Kindheit" von Philippe Ariès (2), während die Erweiterung der „psychogenetischen Geschichte der Kindheit" zu einer umfassenden „psychogenetischen Theorie der Geschichte" in der geschichtswissenschaftlichen, kulturwissenschaftlichen und politologischen Literatur nur sehr vereinzelt Beachtung findet (3).

Meines Erachtens ist es aber sehr wichtig, zur Vervollständigung der Antwort auf die Frage „Was ist Psychohistorie?", einen, wie man sagen kann, überhaupt nicht, wenigstens außerhalb des sehr kleinen Kreises von deMause-"Anhängern", erwähnten dritten Bestandteil dieses Konzepts von „Psychohistorie" gesondert hervorzuheben: die Anthropologie, die in diesem Konzept enthalten ist. Es ist dies, wie wir unter Verwendung eines von deMause aufgestellten Begriffs sagen können,
- eine *Anthrophologie des „homo relatens".*

Zahlreiche Analysen, die deMause zu Themen der Geschichte der Kindheit, zur Allgemeinen Geschichte und zur jeweils aktuellen Politik erstellt hat, operieren mit der Behauptung: alle „herkömmlichen" – was für deMause heißt: nicht-psychohistorischen – Theorien legen ein Menschenbild zugrunde, das der Überprüfung an der Realität nicht standhalten kann. Insbesonre kritisiert er hier das in den Sozialwissenschaften verbreitete Menschenbild des „homo öconomicus". Dieses erweise sich als vordergründig. Betrachte man die wahren Motive der Menschen – und Motive seien es, die Menschen in ihrem historisch relevanten Verhalten bestimmen - , so komme zum Vorschein, daß sie nach Beziehungen und nach Glück streben.

„Ich bezeichne diese Theorie eher als 'psychogenetisch' denn 'ökonomisch'oder 'politisch'; weil sie den Menschen als *homo relatens* statt als *homo öconomicus* oder *homo politicus* betrachtet – das heißt, mehr auf der Suche nach Beziehung und Liebe als nach Geld und Macht". (4).

Auch der „homo öconomicus" verbirgt, wenn ich so paraphrasieren darf, in seinem Herzen, einen „homo relatens", einfach gesagt: einen glücklichen oder einen unglücklichen. Der letztere erzeugt all die überwältigenden Probleme, die die bisherige Geschichte ausmachen (so deMause).

Und wenn es in dem angeführten Zitat heißt: *„mehr"* als homo relatens statt als homo öconomicus, so kann man hinzufügen, dass das ganze Werk von deMause dieses relativierende *„Mehr"* in ein sozusagen perennierendes „N u r" verwandelt. In diesem Werk findet man an keiner einzigen Stelle ein auch noch so kleines Partikelchen von „homo öconomicus" oder „homo politicus". Man kann es, wenn man will, sogar als eine Art sprachakrobatische Leistung von deMause ansehen, dass er in der Lage ist, durch sein Sprachspiel tatsächlich jeden „Schnitzer" zu vermeiden, der eine „Abweichung" von der „psychogenetischen" Generallinie bedeuten könnte. Sogar unter denjenigen, die ihm in ihren Arbeiten zu folgen versuchen, finden sich derartige „Abweichungen" immer wieder, in denen sie Sachverhalte wie „Ökonomie", „Macht" und „Politik" in einer nicht psychogenetisch reduzierten Weise als quasi relativ „eigenständige" Wirkkräfte erscheinen lassen (5). Sehen wir aber einmal von diesen pychogenetischen Reduktionismen bei deMause ab, so erscheint dennoch die Vorstellung des Menschen als „Homo relatens" wie ein überzeugendes Menschenbild, das offenbar eine Reihe von Rätselhaftigkeiten wie etwa Kriege, Kreuzzüge, Hexenverfolgungen, Rassenwahn, etc. einem Teilverständnis zuführen kann. Jedoch: wachen wir erst einmal aus der Faszination über dieses Menschenbild des „homo relatens" auf, so stellt sich die Frage , die sich deMause bis heute nicht gestellt hat: warum muß denn, wenn wir das „Wesen des Menschen" als das eines „homo relatens" bestimmen, damit zugleich der Mensch als „homo öconomicus" obsolet werden?

Betrachten wir kurz jene Menschengruppierung, die man die „Reichen und Mächtigen" nennt. Über sie gibt es zahlreiche Theorien in den Sozialwissenschaften, auf die ich hier nicht eingehen kann. In meinem augenblicklichen Kontext sei aber angemerkt: was immer die „Reichen und Mächtigen" in ihren Herzen, in ihren Beziehungswünschen und in ihrem Glücksstreben bewegen mag und wie immer möglicherweise diese Motive auch geschichtswirksam werden mochten – es ist aber dennoch unübersehbar, dass sie ihren Reichtum als Exemplare des „homo öconomicus" und ihre Macht als „homo politicus" angehäuft haben. Und dass diese Anhäufungen in jedem Falle geschichtswirksam wurden!

Daß deMause dies nicht sieht, hat seine Ursache in einer Grundprämisse seines psychohistorischen Ansatzes. Diese ist im folgenden Schema dargestellt (das auch unsere bisherige Kurzdarstellung noch einmal erläutert):

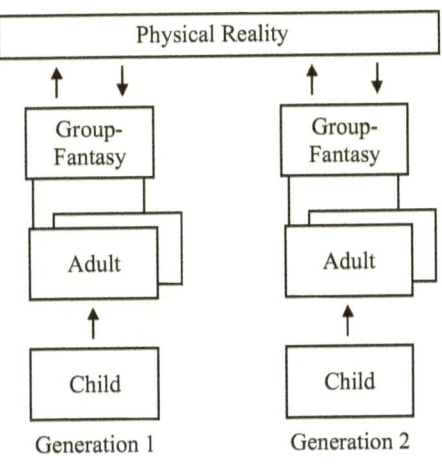

The Psychogenic Theory of History.

Abbildung 1

Wir sehen hier (6), dass sich prinzipiell an deMause' Ansatz seit 1977 (7) nichts verändert hat. Damals hat er bereits das gleiche Schema verwendet. Der ganz und gar unrealistische Aspekt an diesem Schema ist: Generationen, Kinder, Erwachsene, Gruppenphantasien treffen nicht nur auf eine „physische Realität", sondern auch auf eine „soziale Realität", nämlich auf all jene sozialen Tatbestände, die die Menschen im Laufe ihrer Geschichte der rein „physischen Realität" hinzugefügt haben.

Und wie weit diese Zufügungen gehen, können wir heute daran sehen, dass sogar eine „physische Realität", von der man annehmen möchte, sie sei, von Menschen unbeeinflussbar, eine sozusagen „rein" physische Realität, nämlich das Klima, heute von menschlichem Handeln durchdrungen, wenn nicht am Ende gar ganz ausgehebelt wird (7a).

Wenn in jenem Schema dennoch allein von einer physischen Realität die Rede ist, so handelt es sich hier um eine petitio principii: was erst zu beweisen wäre, dass es nämlich eine rein physische Realität überhaupt gibt, wird rein definitorisch vorausgesetzt. Wenn wir den Beitrag von Peter Jüngst in diesem Band betrachten, dann sehen wir, dass der soziale Charakter der Realität, der sich Menschen gegenüber finden, schon in früheren Gesellschaften, (in denen das Klima allerdings zweifelsfrei noch eine sozusagen „unberührt" gebliebene allein physische Realität war) ausgeprägt gewesen sein muß, denn in diesem Beitrag erfahren wir etwas über „Hierarchie", „Tribut", „Steuern", etc., also über Dinge, die sich nicht auflösen lassen in „physische Realitäten".

Um nun zu unserem Kontext zurückzukehren: Letztlich ist es diese Reduktion aller objektiven Realität auf eine bloß physische, die dann auch zu der Misslichkeit führt, dass die so tiefgreifende Erkenntnis über die Geschichtswirksamkeit eines „homo relatens" von deMause dann zum Anlaß genommen wird, alles, was der Mensch im Laufe seiner Geschichte an Realität geschaffen hat, als quasi nicht vorhanden bzw. auflösbar in allein zwei Grundqualitäten, eine „physische" und eine „psychische", zu betrachten. Dann allerdings können wir eine Theorie über die oben angesprochene Thematik von „Reichtum und Macht" auf eine Theorie des Herzens reduzieren.

Worauf es demgegenüber ankäme, wäre, den Menschen nicht nur in seiner Tiefe als „homo relatens", sondern auch in seiner Zerfallenheit in soziale

Rollen – „homo öconomicus", „homo politicus", etc. – anzuerkennen *und dann* weiter zu sehen, welche Zusammenhänge bestehen zwischen jener Tiefendimension und den Rollen des sozialen Handelns (8).

Fassen wir noch einmal zusammen: die Antwort, die deMause auf die von Boelderl/Janus gestellte Frage „Was ist Psychohistorie?" gibt, lautet: Psychohistorie ist

1. – eine „psychogenetische Geschichte der Kindheit",
2. – eine „psychogenetische Theorie der Geschichte" und
3. – eine „Anthropologie" des „homo relatens".

Nun ist auffällig, dass die so durch drei Teiltheorien charakterisierte „Psychohistorie" möglicherweise Leistungen erbringen kann, die durch einen besonderen Zusammenhang der Teiltheorien ermöglicht werden könnten. Auf den besonderen Zusammenhang von „psychogenetischer Geschichte der Kindheit" und „psychogenetischer Theorie der Geschichte" habe ich bereits verwiesen. Es ist unübersehbar, dass: historische Kindheitsdeterminanten zu treibenden Kräften der Allgemeinen Geschichte zu erklären, neue Perspektiven für die Sicht auf eben diese Geschichte ermöglicht. Welche Beweisprobleme sich freilich dabei ergeben, ist auch nicht zu übersehen. Ich habe etwas davon in meinem Beitrag „Die unabhängige Psychohistorie – eine immerwährende Abstraktion" darzustellen versucht. Nicht direkt angesprochen habe ich dort einen weiteren Zusammenhang zwischen den genannten Teiltheoremen, der mir ebenfalls neue Perspektiven zu eröffnen scheint. Es besteht hier nämlich ein besonderes Verhältnis von „Anthropologie" und „psychogenetischer Geschichte der Kindheit".

Während traditionell „Anthropologie" gleichsam auf einer „philosophischen" Ebene formuliert ist und für weiterführende realitätsbezogene Überlegungen lediglich „Nachdenklichkeiten" erzeugt, besteht in der „Psychohistorie" eine Art empirischer Querverweis zwischen „psychogenetischer Geschichte der Kindheit" und „Anthropologie". Herkömmliche Anthropologien gehen tendenziell vom einzelnen „erwachsenen" Menschen aus. Nehmen wir etwa die Anthropologie von Arnold Gehlen, wonach der Mensch ein „Mängelwesen" ist, weil er, im Vergleich zum Tier, „instinktreduziert" ist, woraus sich zahlreiche Probleme ergeben, etwa dass Menschen infolge dieser Mangelhaftigkeit der „Entlastung" bedürfen. Diese erfolgt durch „Institutionen", die eine spezifisch menschliche Produktion darstellen. Über diesen anthropologischen Ansatz gibt es eine umfangreiche Literatur, in der um seine Gültigkeit gestritten wird. Ich kann hier diesen Streit nicht darstellen; in meinem Kontext kommt es lediglich darauf an herauszustellen, dass deMause' Anthropologie des „homo relatens" nicht vom einzelnen Erwachsenen ausgeht, sondern eben von der „psychogenetischen Geschichte der Kindheit". Und diese geht aus vom „Bedürfnis des Erwachsenen nach Regression und dem Streben des Kindes nach Beziehungen zu anderen Menschen" (8a). Der Ausgangspunkt ist also nicht der „Mensch als solcher", sondern eine *Interaktion,* eben die zwischen Erwachsenem und Kind. Und die empirische Gültigkeit der Kurzbeschreibung dieser Interaktion wie sie in dem angeführten Zitat gegeben wird, kann heute als durch mehrere Forschungsrichtungen bestätigt gelten, vor allem durch die sog. „Säuglingsforschung", die in einer Vielfalt von Einzelexperimenten immer wieder zu dem Ergebnis kommt, dass jenes „Bedürfnis des Erwachsenen nach Regression" und jenes „Streben des Kindes nach Beziehungen zu anderen Menschen" *tatsächlich* und nicht nur als philosophisches Postulat existiert (9).

Auch die Untersuchungen zur Eltern-Kind-Beziehung, die von John Bowlby (10) und anderen auf der Grundlage der „Bindungstheorie" angestellt wurden, weisen in diese Richtung.

Winfried Kurth hat zuletzt in einer ausführlichen vergleichenden Darstellung der deMauseschen Psychohistorie und der Bowlbyschen Bindungstheorie dies herausgearbeitet (11).

Jene Begründung der Anthropologie des „homo relatens" in einer Grundprämisse der „psychogenetischen Geschichte der Kindheit" kann meines Erachtens kaum noch einem wissenschaftlichen Streit unterliegen. Wenn auch die weitgehenden Folgerungen, die deMause aus der so fundierten Anthropologie des „homo relatens" für die Ausgestaltung von Geschichte und Politik zieht, fragwürdig erscheinen (vgl. F. Nyssen, Beitrag in diesem Band), so scheinen mir doch die Implikationen des Menschenbilds „homo relatens" neue Teil-Perspektiven für Forschung zu Geschichte und Politik zu eröffnen.

II.

Wir können nun auch fragen: Ist Psychohistorie notwendig? Ist Psychohistorie als selbstverständlich vorauszusetzen? Sie ist notwendig nicht im aufgezeigten Sinne einer „unabhängigen Wissenschaft", sondern im Sinne der Frage: wie ist das Verhältnis des „ganzen Menschen", seiner Emotionen und Motivationen, zu seinem Rollenhandeln in der Gesellschaft beschaffen? Diese Fragestellung ist nicht auf totale Neuorientierung durch eine neue Wissenschaft gerichtet, sondern eher auf eine Modifikation eines bestehenden Wissenschaftsgebiets, nämlich der „Sozialpsychologie".

Was in deMause' totaler Neuorientierung nicht anerkannt wird, der Einfluß der Gesellschaft auf die Psyche und auf das Handeln von Menschen (nach dem Prinzip: „Alles ist psychogenetisch"), wird in der Sozialpsychologie als gegeben vorausgesetzt.

An dieser Stelle kann ein „unabhängiger Psychohistoriker" einwenden, die Sozialpsychologie unterliege hier jener „petitio prinzipii", die ich kritisch auf deMause' Begriff der „physischen Realität" anzuwenden versucht habe. Denn: wird hier nicht definitorisch vorausgesetzt, was erst zu beweisen wäre, nämlich die Existenz einer „Gesellschaft"? In meinem Beitrag in diesem Band habe ich dargestellt, dass deMause diesen Begriff tatsächlich vollkommen negiert. Für ihn ist „Gesellschaft" ein soziologischer Mythos, eine unzulässige „holistische" (12) Konstruktion, in der Realität gibt es nur Individuen und deren „Motivationen" (13). Dementsprechend nennt er seinen Ansatz „methodischen Individualismus" (14).

Meine Antwort auf diesen Einwand gegen die Sozialpsychologie lautet: anthropologisch gesehen besteht er zurecht. Tatsächlich geht alles historische und aktuelle politische Geschehen auf Handeln von Individuen zurück, auch wenn es in organisierter und institutionalisierter Form geschieht, also in einer Form, von der Soziologen sagen, sie bilde den spezifischen Gegenstand ihrer Wissenschaft.

Wohlgemerkt, ein solcher „methodisch-individualistischer" Reduktionismus ist nur anthropologisch zulässig. Hier kann Reduktionsmus auch keineswegs in einem pejorativen Sinne verstanden werden. Im Gegenteil: anthropologische theoretische Bemühungen kommen unser aller grundlegendem Bestreben entgegen, menschliche Dinge aus menschlichen Ursachen zu verstehen.

Jedoch: der Versuch der „unabhängigen" Psychohistorie geht dahin, aus diesem Bemühen eine Art „exakter Wissenschaft" zu machen. Und hier liegt der Fehler. Denn das Resultat dieser „exakten Wissenschaft", so habe ich in meinem Beitrag in diesem Band zu zeigen versucht, ist eine „immerwährende Abstraktion", die zu der unrealistischen Implikation führt, es gebe, wie bereits angemerkt, nur „physische" und „psychische" Qualitäten in dieser Welt.

Man kann gegen die Soziologie viele Einwände erheben, aber eine Grundeinsicht, derentwegen diese Wissenschaftsdisziplin sich historisch konstituieren konnte, kann man nur zulasten eines erheblichen Realitätsverlusts hinterschreiten; nämlich die Einsicht, dass die Assoziierung von Menschen neue Qualitäten von Wirklichkeit im Unterschied zur rein individual – menschlichen Wirklichkeit schafft. Worin nun diese „neuen Qualitäten" bestehen, darüber gibt es auch in der Soziologie viele theoretische Positionen und Auseinandersetzungen. Es gibt auch hier Vertreter eines „methodischen Individualismus" (15), zu dem sich, wie wir gesehen haben, deMause bekennt. Aber anders als dieser stellen sie einen grundsätzlich postulierbaren Wirklichkeitsbereich als Folge menschlicher Assoziation nicht in Frage. Durch Assoziation, so argumentieren sie, entstehen gegenüber dem Individuum „externe Effekte" (16), etwa wenn viele Individuen ein wirtschaftliches Gut nachfragen, entsteht ein „Markt", der für den Einzelnachfrager dann wiederum eine „objektive", eine „soziale" Gegebenheit darstellt. Weitergehend – weitergehend im Sinne einer nicht mehr „methodisch-individualistischen Position" – ist das Grundpostulat eines der „Väter" der Soziologie, nämlich das von Emile Durkheim. Dieser geht davon aus, dass es „soziale Tatbestände" (17) gibt, die gegenüber den individuellen Tatbeständen eine „Qualität sui generis" (18) darstellen. Für die Analyse solcher sozialer Tatbestände bedarf es einer eigenen Wissenschaft, eben der Soziologie.

Es bedarf ihrer, weil sie, anders als die Psychologie (die es eben nur mit Individuen zu tun hat), einen durch die eigene Art der sozialen Tatbestände geschaffenen weiteren Tatbestand sichtbar macht, den des „sozialen Zwangs" (19). Die sozialen Tatbestände üben auf das Individuum einen sozialen Zwang aus, indem sie sich ihm gegenüber verhalten „comme des choses", (20), wie Dinge. Anders als deMause, der ja für alle menschlichen Dinge eine rein individualpsychologische Erklärung als einzig richtige beansprucht, beschränkt Durkheim den soziologischen Erklärungsanspruch. Beispiel: der individuelle Selbstmord (21) eines bestimmten Menschen hat psychische Ursachen, deren Aufklärung in den Bereich der Psychologie fällt. Die Selbstmord*rate*, also die Zahl der Suizide pro 100.000 Einwohner, bildet jedoch einen sozialen Tatbestand im Sinne der genannten „Qualität sui generis". Das heißt: dieser Tatbestand kann nicht nur als Summe seiner Teile angesehen werden. Denn es gibt auffällige Regelmäßigkeiten, die besondere Erklärungsmodi fordern. So ist die Selbstmordrate in großen Städten über Jahrhunderte und Jahrzehnte um ein Vielfaches höher als „auf dem Land"; weltweit bringen sich Männer doppelt so häufig um wie Frauen; gleichzeitig gibt es weltweit doppelt so viele Selbstmordversuche von Frauen im Vergleich zu Männern. Es hat also den Anschein, dass von bestimmten „Milieus" (22) ein „sozialer Zwang" ausgeht, eine große Zahl von Menschen – wie immer auch ihre individuellen Befindlichkeiten aussehen mögen – zu Handlungen zusammenwirken zu lassen, die zu jenem Resultat einer regionalspezifischen, geschlechtsspezifischen, schichtspezifischen, etc. *Rate* des Selbstmords führen.

Es gibt eine große Zahl weiterer solcher sozialer Tatbestände, die nach soziologischen und nicht allein individual-psychologischen Erklärungen verlangen. Wie ist es etwa zu erklären, dass in Deutschland allgemein jede Dritte Ehe geschieden wird, in großen Städten aber jede zweite? Hier geht es offenbar nicht nur um Individualpsychen.

In einer anderen Arbeit habe ich zusammen mit Peter Jüngst (23) darzustellen versucht, welche „sozialen Zwänge" von sozialen Tatbeständen wie Armut und Reichtum – vor allem heute in der Epoche der Globalisierung – ausgehen.

Nun kann man tatsächlich darüber streiten, inwieweit die hier nur kurz angedeuteten „sozialen Tatbestände" tatsächlich eine von individualpsychologischen Ursachen ablösbare Eigenexistenz führen. Ich will diesen Streit hier nicht entscheiden. Wie gesagt, anthropologisch gesehen, hat der Einwand einer „petitio prinzipii" gegen den Begriff der Gesellschaft, also auch gegen den des „sozialen Tatbestands", viele Gründe für sich. Der springende

Punkt ist nur der, dass wenn man daraus eine Erklärungswissenschaft mit dem Anspruch einer „unabhängigen Psychohistorie" macht, dann verliert man unweigerlich die Wirklichkeit, die sich historisch nun einmal aus vielfältigen Assoziationen von Menschen herausgebildet hat, aus dem Auge. Beispiel: Evelyn Heinemann hat in ihrem Beitrag in diesem Band auch Norbert Elias` Theorie über den modernen „Zivilisationsprozeß" (24) behandelt. Darin verweist sie auf den Begriff der „Verflechtungsordnung", den Elias als für die Moderne charakteristischen Begriff formuliert.

Wie immer man zu Elias` Theorie sonst stehen mag, aber wer kann denn im Ernst bestreiten, dass die Geschichte menschlicher Assoziationen zu einer solchen „Verflechtungsordnung" geführt hat und dass zum Verständnis dieser Verflechtungsordnung Psychologie alleine nicht ausreicht, eben weil es sich bei dieser „Ordnung" – die bekanntermaßen unter bestimmten Gesichtspunkten, in der Epoche der Globalisierung vor allem unter dem Gesichtspunkt der „Gerechtigkeit", eine „Unordnung" darstellt – um etwas handelt, das den Menschen „wie ein Ding" gegenübertritt und auf sie einen enormen „sozialen Zwang" ausübt!

Es bedarf, so möchte ich meine Position zusammenfassen, zur Aufklärung einer solchen „Verflechtungsordnung" nicht nur der Soziologie und Psychologie, sondern allgemeiner der „Sozialwissenschaften", also all jener Wissenschaften, die sich in irgendeiner Weise mit der Mikroebene (Individuum) oder der Makroebene (Gesellschaft) menschlicher Assoziation beschäftigen. Eine „unabhängige Psychohistorie" hintergeht – und zwar in einer überhaupt nicht irgendwie notwendigen Weise – diese sozialwissenschaftliche Grundeinsicht.

Zurück zum Thema „Sozialpsychologie". Diese, so hatte ich gesagt, setzt den Einfluß der Gesellschaft auf die Psyche als selbstverständlich voraus. Daraus erklärt sich eben die Bezeichnung *Sozial*psychologie. Dieser gesellschaftliche Einfluß vermittelt sich unter anderem über soziale Rollen, die die Gesellschaftsmitglieder spielen.

Wenn ich nun postuliert hatte, Psychohistorie sei nicht als „unabhängige" Wissenschaft notwendig, sondern als ein Wissenschaftsgebiet, das sich mit der Frage beschäftigt: wie ist das Verhältnis des „ganzen" Menschen, seiner Emotionen und Motivationen, wie ist also das Verhältnis des „Homo relatens" zu seinem Rollenhandeln in der Gesellschaft beschaffen, dann könnte man annehmen, dass „Sozialpsychologie" von der Psychohistorie als verwandte Disziplin angesehen wird. Nicht von dem Psychohistoriker deMause, der mit Bezug auf sozialpsychologisch orientierte Autoren wie Adorno, H. Marcuse, Parsons, Roheim, von „failure of social and political theory" (25) spricht. Eine solche „social and political theory" gibt es also bei den aufgeführten Autoren, doch deMause diskutiert sie nicht näher, um etwa Teile dieser Ansätze aufzunehmen oder integrieren zu können, sondern infolge deren angeblichem „basic Hobbesian Model of Society" (26) und deren angeblicher „ahistorical, drive-based psychology" (27) scheidet er sie grundsätzlich aus, behauptet, dass sie generell „gescheitert" (failure) sind. Dies ist eine prinzipielle Vorgehensweise bei deMause, die er in allen seinen Untersuchungen anwendet; er sagt: es gibt die und die geschichtswissenschaftlichen, soziologischen, politologischen, sozialpsychologischen Theorien zum in Frage stehenden Untersuchungsgegenstand. Jedoch: sie alle sind „gescheitert". Und dann führt er anschließend seinen eigenen Ansatz ein, von dem er dann zeigt, dass er zum Erfolg – „psychogenetische Erklärung" – führt.

Man kann nun sagen, dass alle in dem vorliegenden Band versammelten Beiträge dies gemeinsam haben, dass sie an die Thematik einer möglichen „Psychohistorie" nicht im Wege eines solchen vorzeitigen Ausscheidens sozialpsychologischer, soziologischer, etc. Ansätze herangehen, vielmehr ist in allen Beiträgen deutlich erkennbar, dass ein Einfluß der Gesellschaft auf psychische Prozesse und menschliches Handeln grundsätzlich als gegeben angenommen wird, dann nach der Art dieses Einflusses im je spezifischen Untersuchungsfall gefragt wird und dann als „psychohistorisch" jenes Vorgehen bezeichnet wird, das eine über vorliegende Ansätze hinausgehende speziell psychologische Fragestellung aufwirft. Man kann sagen, dass folgendes Beispiel von E. Heinemann für dieses methodische Vorgehen im Ansatz auch die Auffassung der anderen AutorInnen, so unterschiedlich im übrigen ihre Akzentsetzungen sein mögen, kennzeichnet.

Evelyn Heinemann zeigt zunächst auf, dass nach ihrer Ansicht „die psychologische Untersuchung geschichtlicher Phänomene ... sich nicht aus der Pädagogik, Psychologie oder der Geschichtswissenschaft, sondern aus der Kultursoziologie" entwickelte. Hier führt sie die Zivilisationstheorie von Norbert Elias an, in der eine Interaktion von „Soziogenese und Psychogese" (28) aufgezeigt wird. Im historischen Fortschreiten dieser Interaktion bildet sich der verbreitete innerpsychische Tatbestand „Selbstzwang" heraus und tritt mit zunehmender Zivilisation als Regulativ des Verhaltens an die Stelle von „Fremdzwang".

Hier sieht Evelyn Heinemann nun eine theoretisch und empirisch gut fundierte „psychologische Untersuchung geschichtlicher Prozesse", fügt dann aber hinzu:

„Allerdings lassen sich kompliziertere psychische Fragestellungen, wie etwa die nach der Hexenangst oder der Besessenheit im 16. und 17. Jahrhundert, nicht allein mit der Entwicklung zu mehr Selbstzwang erklären."

Und hier setzt die Aufgabe der Psychohistorie ein, die Evelyn Heinemann in ihrer Untersuchung zum Phänomen der Hexenverfolgung durchgeführt hat. Dabei führt sie z. B. über Elias hinaus den genuin individualpsychologischen Begriff der „projektiven Identifizierung" ein und erschließt mit ihm zusätzliche Sachverhalte.

Als weiteres Beispiel können wir Edmund Hermsens Beitrag anführen, der zunächst die von der sog. „Mentalitätsforschung" durchgeführte ausführliche Analyse des Themas „Angst im Abendland" als eines Themas von durch gesellschaftliche Katastrophen wie etwa der Pest im 14. Jahrhundert geprägten kollektiven Untergangsstimmungen referiert und dann aufzeigt, dass zu dieser Analyse eine ausführlichere psychologische Analyse des innerpsychischen Phänomens historischer „Angst" hinzugefügt werden muß, wodurch sich „Psychohistorie" dann konstituiert, hier als „Psychologie der historischen Sozialdisziplinierung". Es mag zunächst erstaunen, dass eine solche Psychologie sich anschließt an die mentalitätstheoretische Analyse epidemischer Krankheitsphänomene wie Pest sowie der sie begleitenden kollektiven Untergangsstimmungen. Tatsächlich kann E. Hermsen aber zeigen, dass eine Kontinuität besteht zwischen kirchlich-religiös angeheizten Kollektivängsten vor Pest als göttlicher Strafe und ökonomisch wie politisch „interessierten" Bestrebungen zur Disziplinierung „arbeitender Massen" in der frühen Neuzeit – ein Zusammenhang, der sich einer „unabhängigen" Psychohistorie niemals erschließen könnte. Man kann generell formulieren, dass hier überhaupt eine Art Taubheit gegenüber Phänomenen der Sozialdisziplinierung vorherrscht.

Die Psychohistorie, die sich bei den AutorInnen dieses Bandes herausbildet, scheint von einer gegenüber der „unabhängigen Psychohistorie" sachangemessen erweiterten Art. Ich will dies an zwei Punkten verdeutlichen:
I) am Traumabegriff und
II) am Begriff der Lebensverhältnisse.

Es ist zweifellos ein Verdienst von deMause, dass er eine Aufmerksamkeit für Traumata im Sinne der seelischer Verletzungen, die Kindern von selbst psychisch deprivierten Erwachsenen zugefügt werden, geschaffen hat, insbesondere für Phänomene wie sexueller Missbrauch von Kindern, Kindesmisshandlung, Weggabe von Kindern. Nimmt man deMause' Theorie über die Auswirkung solcher Traumata auf Geschichte und aktuelle Politik – die Theorie nämlich, dass die vom Bewusstsein abgespaltenen Traumata über die „Gruppenphantasien" auf der historischen und aktuell – politischen Bühne wieder erscheinen – nicht, wie deMause selbst, als unverrückbare Wahrheit über den einzigen Weg, auf dem Psychisches in Politisches transformiert wird, sondern als erste Annäherung an komplexere Modelle zum Verhältnis Psyche/Politik, dann kann man auch hier eine Perspektiven-Erweiterung durch die Psychohistorie sehen. Jedoch beginnen dann wieder die für diese Form der Psychohistorie charakteristischen Einschränkungen der Sichtweise. Was ich damit meine, lässt sich vergleichend an Edmund Hermsens und Peter Jüngsts Beiträgen in diesem Band deutlich machen.

In diesen finden wir nämlich noch zwei weitere Arten von Traumatisierungen, die eine sozialkritische Sicht auf diese ermöglichen, die bei deMause aber ganz fehlt:

a) Traumata als gestörte psychische Entwicklung, z. B. nicht kindgerechtes, aber gesellschaftlich „interessiertes" Abstillen des Kleinstkindes (Peter Jüngst)
b) Traumata als Zwangsverinnerlichungen durch ökonomisch bedingte Sozialdisziplinierung (Edmund Hermsen).

Die hier zuerst genannte Form der Traumatisierung wird auch von dem Psychohistoriker Peter Gay (29) als für historische Prozesse relevante Wirkkraft hervorgehoben. Bei ihm werden alle „Stationen" der kindlichen Entwicklung, wie sie bei Freud aufgezeigt werden, also Abstillen, ödipale Krise, Pubertät, Adoleszenz, als potentielle „Herde" für Traumatisierungen im Sinne lebenslang wirkender seelischer Verletzungen infolge Nichtbewältigung der „Stationen" aufgezeigt. Dabei wird eine Theorie „ungestörter" Entwicklung zugrunde gelegt, wonach eine Reihe äußerer Bedingungen erfüllt sein müssen, damit das Kind bzw. der Jugendliche in der Lage sein können, jene Krisen entwicklungsfördernd zu bestehen.

Peter Jüngst und Edmund Hermsen, so scheint mir, zeigen nun auf, in welcher Weise diese Bedingungen unerfüllt bleiben können und zwar erscheinen bei ihnen gesellschaftliche Gründe verantwortlich hierfür. Peter Jüngst versucht zu zeigen, daß in frühen Gesellschaften ein abruptes Abstillen des Kindes aus Gründen der „Herstellung" von Aggressionspotential vorherrscht, wie es gesellschaftlich erwünscht ist. Die hierbei implizierte struktur-funktionalistische Sichtweise ist meines Erachtens nicht generell akzeptabel, hier kann ich jedoch ebenso wie bei deMause eine wichtige Teil-Anregung für weitere Untersuchungen zur Problematik der Traumatisierung und ihrer Rolle im historisch-politischen Prozeß finden.

Edmund Hermsen spricht nicht explizit von Traumatisierung. Jedoch kann man die von ihm im Anschluß an Foucault, Elias und andere Sozialhistoriker dargestellte kritische Untersuchung zum „Zivilisationsprozeß" (und seinen psychischen Kosten) aufgezeigten Tendenzen einer normativen Sozialdisziplinierung von Menschen in Einrichtungen sozialer Kontrolle als implizite Traumatheorie einschätzen.

Sozialdisziplinierte Menschen sind traumatisierte Menschen. Diese Sichtweise fehlt bei deMause völlig, wodurch, wie ich in einer früheren Arbeit bereits zu zeigen versucht habe (30), eine affirmative Grundhaltung gegenüber ökonomischer Herrschaft entsteht (31 und 32).

Wir können zusammenfassen, indem wir für eine Weiterentwicklung einer kritischen sozialpsychologisch-psychohistorischen Theoriebildung postulieren, daß drei Begriffe von Traumatisierung berücksichtigt werden müssen:

a) der Begriff der Traumatisierung als psychogenetisch deprivationsbedingte Verletzung des Kindes durch sexuellen Mißbrauch, durch Mißhandlung, durch Weggabe (deMause);

b) der Begriff der Traumatisierung als Entwicklungsstörung (Peter Jüngst);
c) der Begriff der Traumatisierung als normative Sozialdisziplinierung (negative Subjektbildung) (Edmund Hermsen).

Die von Peter Jüngst und Edmund Hermsen – gegenüber der von deMause – erweiterte Perspektive wird erst durch ein methodisches Element ermöglicht, das, wie ich festhalten möchte, in der „unabhängigen" Psychohistorie geradezu programmatisch ausgespart wird, nämlich durch das methodische Element der *Beschreibung von Lebensverhältnissen*, innerhalb derer die Traumatisierungen auftreten. Eine solche Beschreibung hat deMause in seinem Aufsatz „Die Unabhängigkeit der Psychohistorie" (33) explizit und abwertend als „rein narrative" Vorgehensweise für die Psychohistorie abgelehnt, die im Gegensatz dazu Aussagen mit naturwissenschaftlichem „Gesetzes"-Charakter formulieren soll.

Dies hat zur Folge, daß historische Empirie in der „psychogenetischen Geschichte der Kindheit" immer in Form einer Anhäufung von historischen Beispielen der Traumatisierung von Kindern erscheint. Dadurch entsteht eine bis dahin fehlende Aufmerksamkeit für diese Phänomene.

Jedoch schwindet die Aufmerksamkeit für umfassendere Lebensverhältnisse und dafür, wie diese auf die Kinderpsyche einwirken. Meines Erachtens fordern die Beiträge in dem vorliegenden Band jedoch zurecht, daß gerade eine solche Beschreibung von Lebensverhältnissen für eine sozialpsychologisch-psychohistorische Untersuchung geradezu *Voraussetzung* ist.

„Eine frühere Gesellschaft oder eine andere Kultur muß erst einmal in ihrem Gefühlsleben, ihren Einstellungen zum Tod, in ihren Eltern-Kind-Beziehungen, in der Körpererfahrung, in der Geschlechterdifferenz, in der Konstruktion von Subjektivität, im Verhältnis von Gesundheit und Krankheit etc. historisch erfaßt werden, bevor moderne westliche Psychologie sinnvoll eingesetzt werden kann." (Edmund Hermsen)

Dabei erweisen sich die so – vor allem in Anlehnung an Mentalitäts- und Körpergeschichte – formulierten Lebensverhältnisse *in ihrem historischen Prozess* als fundiert durch „massive ökonomische Interessen" (34).

Besonders bemerkenswert an Edmund Hermsens Auflistung von Lebensverhältnissen erscheint mir in meinem Kontext, daß hier der Aspekt einer gesellschaftlichen „Konstruktion von Subjektivität" und, wie ich hinzufügen möchte, von „Individualisierung", erst eine *kritische* Subjekt-Theorie ermöglicht, die in der „unabhängigen" Psychohistorie ganz fehlt.

Man könnte auch sagen: es fehlt in der „unabhängigen" Psychohistorie eine Vorstellung von „Dialektik der Aufklärung" (Horkheimer/Adorno). Vorhanden ist in der „unabhängigen" Psychohistorie ein Begriff von Subjektivität im Sinne eines psychogenetisch „fortgeschrittenen empathischen Individuums", also eine positiv evolutionistische Vorstellung. Diese soll hier nicht ganz verworfen werden.

Jedoch: Im Lichte einer „Dialektik der Aufklärung" können wir etwa heute, also in der Epoche der „Globalisierung", den negativen Aspekt einer Subjektivität, die als „Mobilität und Flexibilität" (35) des Individuums normativ definiert wird und alles andere als das authentische Resultat einer rein psychogenetischen Entwicklung ist, dann auch kritisch als herrschaftssicherndes Postulat im Interesse einer „flexiblen Kapitalakkumulation" (36) verstehen.

Die für das Prinzip des „Hire and fire" erforderliche jederzeitige Disponibilität des postmodernen Individuums wird heute in einem von privatwirtschaftlichen Interessen geleiteteten „Gewissensdiskurs" (37) schon Kindern angezüchtet. Im Fernsehen, in der Schule und anderen gesellschaftlichen Einrichtungen wird ihnen ständig ein schlechtes Gewissen gemacht, sie seien womöglich nicht „mobil und flexibel" genug. Edmund Hermsen hat zurecht darauf hingewiesen, daß die Rede von der „Spaßgesellschaft" nur den Tatbestand verschleiert, dass wir auf der Ebene gesellschaftlich vermittelter Arbeit nach wie vor in einer rigiden Leistungsgesellschaft leben. In dieser wird jener „Gewissensdiskurs" tendenziell zugunsten jener entschieden, die im gesellschaftlichen „Machtdiskurs" (Edmund Hermsen) dominieren. *Die Wirtschaft ist heute die beherrschende gesellschaftliche Instanz der Über-Ich-Bildung. Sie wirkt entscheidend mit an der „Konstruktion von Subjektivität"* (Hermsen).

Eine Psychohistorie des Gewissens bzw. des Über-Ich, die daran vorbeisieht, sieht an der Wirklichkeit vorbei. In deMause` „psychogenetischer Theorie der Geschichte" ist ebenfalls eine Kritik des Über-Ich enthalten und psychohistorischer Fortschritt wird von ihm unter anderem als individuelle und kollektive Reduktion von Über-Ich-Ansprüchen an das Subjekt definiert. Diese Tendenz finden wir auch in den Beiträgen des vorliegenden Bandes.

Der Unterschied besteht jedoch darin, dass deMause auch hier wieder fernab aller gesellschaftlichen Bezüge denkt. So bringt er etwa im Journal of Psychohistory (1997) aus der Therapeutenliteratur Beispiele von Patienten, die unter starken Über-Ich-Zwängen stehen und dadurch jedes Gefühl von Freiheit verlieren. Wie auch immer die von deMause herangezogenen Beispiele in jener Therapeutenliteratur kontextuell zu verstehen sein mögen, so wie deMause sie zitiert, lassen sie sich nicht allein psychogenetisch verstehen, sondern müssen auch aus den psychologischen Imperativen der Leistungsgesellschaft verstanden werden. So wird das Beispiel eines Mannes angeführt, der kurzzeitig ein Erlebnis großer Befreiung von Über-Ich-Zwängen hat, dann aber schnell wieder in eben diese Zwänge zurückfällt.

„I was walking down the street and suddenly I was engulfed in a feeling of absolute freedom. I could taste it. I knew I was capable of doing whatever I wanted. When I looked at other people, I really saw them without being concerned about how they were looking at me ... I was just being myself and thought that I had uncovered the secret of life: being in touch with your own feelings and expressing them openly with others, not worrying so much about how others felt about you.
Then just as suddenly as it came, it disappeared. I panicked and started thinking about the million things I had to do at the studio, of errands I needed to run after work. I began to feel nauseous and started sweating. I headed for my apartment, running most of the way. When I got in, I felt that I had been persued. By what? Freedoom, I guess." (38)

DeMause nun interpretiert diesen Rückfall ausschließlich als ein Wiedereingeholtwerden durch „maternal engulfment", durch mütterliche Verschlingung. So wie deMause das Beispiel anführt, ist dies aber nicht plausibel; plausibler wäre das Beispiel auf der Ebene der von Hermsen so genannten Gewissensbildung qua Sozialdisziplinierung. Es ist allgemein bekannt, dass im konkreten Einzelfall immer eine „Vermengung psychischer und kultureller Faktoren" (39) vorliegt. Wie diese sich im Falle des hier angeführten Patienten darstellt, ist uns nicht bekannt. In unserem Kontext – Kritik der Psychohistorie – kommt es jedoch darauf an festzuhalten, dass für den Psychohistoriker deMause eine solche „Vermengung" a priori ausgeschlossen erscheint. Die Folge auf der Ebene der politischen Theorie lautet: Abschaffung von „maternal engulfment" als einziger Hebel zur Befreiung der Individuen; ein „engulfment" der Subjekte durch sozio-ökonomische Imperative ist nicht bekannt. Das heißt, eine gesellschaftskritische Theorie des Subjekts kommt nicht in Frage.

III.

Was ist an der Psychohistorie zu kritisieren? So hatten wir eingangs gefragt. Bei dem Versuch, Antworten auf diese Frage zu formulieren, stießen wir auf einen erheblichen Mangel an Reflexion „gesellschaftlicher Bezüge" (P. Jüngst). Diese werden völlig verleugnet bzw. unter einen theoretischen Willen gezwungen, der allein darauf aus ist, Wirklichkeit in „Psychogenetisches" aufzulösen.

Dagegen hatten wir das „*sozial*psychologische" Verständnis von psychosozialen Zusammenhängen in Geschichte und Gegenwart gesetzt.

Es erwiesen sich die Beiträge im vorliegenden Band als nicht im engeren – „unabhängigen" – Sinne psychohistorisch, sondern eben als *sozialpsychologisch-psychohistorisch*. Zu solchen Blickerweiterungen können wir nur gelangen, wenn wir die Psychohistorie in einen *Vergleich* setzen. Dieser Vergleich lässt dann deutlich werden, was an der Psychohistorie der deMauseschen Prägung so sehr kritikbedürftig ist: ihr völliger Mangel an Komplexität. Dieser Mangel ist eine geradezu treibhausmäßig herangezüchtete Bestrebung, in allen möglichen Problembereichen jeweils *einen Faktor hervorzuheben*. Ich nenne einige Beispiele für diese Engführung des theoretischen Blicks:

- Für die hohe Kindersterblichkeit in der Geschichte (ein Hauptthema der Kindheitsgeschichte) sowie für die hohe Kindersterblichkeit heute in den armen Ländern ist immer nur *ein* Faktor verantwortlich: Kindesmisshandlung und Kindesvernachlässigung, insbesondere durch die Eltern. „Widrige Umstände" (40) wie Armut, Krankheit, Benachteiligung geraten nicht in den Blick.

- Dementsprechend gibt es nur *eine* Lösung dieses, aber auch aller anderen politischen Probleme: Erziehung der Eltern in „Parenting Centers." Obwohl aber meistens Elternerziehung nur zusammen mit zahlreichen anderen Verbesserungen in den Bereichen Ernährung, Wohnung, Arbeitsbedingungen, gesundheitliche Versorgung etc. zu einem Erfolg für Eltern und Kinder führen kann, führt deMause nur jene *eine* Forderung an, von der er meint, sie müsse durch die fortgeschrittene Psychoklasse durchgeführt werden.

(Zu den positiven Aspekten der „Parenting Centers" siehe Abschnitt VI dieser Einleitung; dort auch Literatur zu den „Parenting Centers").

- Eine weitere *Ein*-Faktor-Hervorhebung: alle politischen Verhältnisse in Geschichte und Gegenwart werden allein durch kindheitsdeterminierte Gruppenphantasien erzeugt. Wiederum gilt: es findet keinerlei Erörterung der Fragen statt: in welcher Interaktion könnten diese Gruppenphantasien, insofern man einmal von der empirischen Gesichertheit ihrer Existenz ausgeht, mit den genannten sinnfälligen anderen Faktoren menschlicher Lebensverhältnisse stehen?!

- Eine weitere Anwendung dieses *Ein*faktordenkens auf einen konkreten Fall: für die Anschläge auf das World-Trade-Center am 11. Sept. 2001 ist nur *ein* Faktor verantwortlich: die ungünstige Erziehung, die die Terroristen in einer psychogenetisch zurückgebliebenen Region der Welt erfahren haben.

„Weil so große Teile der nichtwestlichen Welt aus historischen Gründen in der Entwicklung der Kindererziehung weit hinter uns zurückliegen, hat sich der hierdurch entstandene große Unterschied zwischen den Psychoklassen vor kurzem in einen globalen Kampf von Terroristen gegen die liberalen westlichen Werte verwandelt." (41)

Hier wird abermals deutlich, wie ein an und für sich nicht falscher Ansatz durch seine isolationistische Tendenz zum Einfaktordenken dann doch als falsch bewertet werden muß. Die Analyse der asymmetrischen Geschlechterverhältnisse sowie die für Kinder deprivierenden Erziehungsverhältnisse in islamischen Ländern, die deMause darstellt, werden durch andere AutorInnen bestätigt (42); indem der „unabhängige Psychohistoriker" jedoch wiederum alle anderen – komplexitätssteigernden – Faktoren außer Acht lässt, nimmt auch jene eigentlich interessante Hypothese eines „Clash of Psychoclasses" den Charakter überheblicher kulturimperialistischer Bevormundung von Millionen von Menschen anderer Kulturen an. („Weit hinter uns zurückliegen")

Welche Sicht haben vielleicht die Menschen dieser Kulturen auf uns psychogenetisch angeblich so fortgeschrittenen Exemplare einer angeblichen westlichen „Evolution", wenn sie mit ansehen müssen, wie unfähig zu organisierter Verantwortung wir in Fragen der Erhaltung der natürlichen Lebensgrundlagen der Menschheit sind! Bekanntlich stellt in diesem Kontext das Problem der „Überbevölkerung" ein Hauptproblem dar. Hier scheinen wir „psychogenetisch Fortgeschrittenen" verantwortlich zu handeln.

Wir haben jene von den Bevölkerungswissenschaften so genannte „demographische Transition" (43) durchlaufen, d. h. unsere biologische Bevölkerung wächst nicht weiter – infolge sinkender Geburtenrate bei gleichzeitig sinkender Kindersterblichkeit und zunehmender allgemeiner Lebenserwartung. Auf diese unsere scheinbare Verantwortlichkeit fällt jedoch ein tiefer destruktiver Schatten, der aus der Sicht der Menschen in armen Ländern sichtbarer ist als die Fortschritte in Sachen empathischer Erziehung, die nach deMause im „Westen" so groß sind. Der Physiker und Umweltforscher Hans Peter Dürr hat in einem besonderen Modell nachgewiesen (44), dass unter Umweltgesichtspunkten die entwickelten Industrieländer den eigentlich unkontrolliert übervölkerten Teil der Erde darstellen. Er geht dabei von der empirisch erhärteten Annahme aus, dass in den entwickelten Industrieländern ein Einwohner ein Vielfaches an Ressourcen verbraucht gegenüber dem Pro-Kopfressourcenverbrauch in der sog. Unentwickelten Welt. Er kommt dann zu überraschenden Formulierungen, die meines Erachtens auch die Thematik empathischer Erziehung in einem neuen Licht erscheinen lassen.

Er stellt dem Begriff des biologischen Einzelmenschen den des 'Umweltkonsumenten' gegenüber und zeigt dann in einer fundierten Modellrechnung, dass bei Fortschreibung der gegenwärtigen Bevölkerungs- und Wirtschaftswachstumsraten in armen und reichen Ländern für das Jahr 2025

„... mit effektiv 11,7 Milliarden Umweltkonsumenten ... in den 'reichen' Ländern zu rechnen ist, denen gegenüber 1,8 Milliarden Umweltverbraucher der 'armen' Länder kaum ins Gewicht fallen." (45)

Kann man sich nicht vorstellen, dass dieser Sachverhalt aus der Sicht der Menschen in den armen Ländern auf ein geringes psycho-genetisches Niveau in den Industrieländern schließen lässt? Denn, so hat es den Anschein, die Gesellschaften der reichen Länder, vor allem deren Wirtschaft und Politik, scheinen in einer Art Beziehungslosigkeit (W. Prieß) stecken geblieben, wenn die Umweltressourcenverschwendung ohne Rücksicht auf deren weltweite Auswirkungen betrieben wird. Insbesondere die in der Psychohistorie von deMause vertretene These, dass die Vereinigten Staaten von Amerika den weltweit höchsten historischen psychogenetischen Entwicklungsstand erreicht hätten, erscheint im Lichte dieser Zusammenhänge äußerst verfehlt.

IV.

Den gerade erwähnten Beispielen für Einfaktorhervorhebungen zu Ungunsten von Komplexitätssteigerung möchte ich nun ein weiteres durch Vergleich der „unabhängigen" Psychohistorie mit den Beiträgen im vorliegenden Band hinzufügen, nämlich das Beispiel der Behandlung des Themas „Angst".

In dem Netz von Kategorien und Deduktionen, die der „unabhängige Psychohistoriker" über die historische und aktuelle Wirklichkeit auswirft, bleibt nur *eine* Form von Angst hängen und wird sichtbar, nämlich jene Form, die in den Prämissen der Theorie als Hauptprämisse zugrunde gelegt wird: die Angst der Erwachsenen, insbesondere der Eltern, vor dem Kind. Dies fällt nicht jedem Rezipienten der psychogenetischen Theorie sofort auf, weil diese ja als sehr kindzentriert erscheint. Dies ist auch nicht falsch, aber diejenige „psychische Innenansicht", die im Kontext der deMauseschen psychoanalytischen Kategorien fokussiert wird, ist die der Eltern.

Es gehört durchaus zum Verdienst von deMause, dass er hier eine neue Sichtweise auf historische Phänomene eröffnet. Ich folge deMause auch in der Annahme, dass die durch Elternangst mit bedingten „childrearing practices are not just one item in a list of cultural traits" (46). Tatsächlich sind Praktiken der Kindererziehung ein besonders sozialrelevantes Merkmal einer Kultur.

Aber dennoch sind diese Praktiken nicht, wie bei deMause, *allein* durch Elternangst bzw. Elternangstfreiheit bedingt und weiterhin sind die wie auch immer wichtigen Erziehungspraktiken dann nicht die *einzigen* – in deMause' Worten: „the very condition" (47) – Lebenspraktiken einer Kultur. Dies ist eine der deMauseschen theoretischen Suggestionen, die auf den ersten Blick so zwingend erscheinen, dann aber bei näherer Überlegung und Wirklichkeitsbeobachtung zusammenbrechen: weil ein Faktor als so überaus wichtig geltend gemacht wird, wird er zum einzigen Wirkfaktor erklärt, z. B. die Erziehungspraktiken zur „very condition for the transmission and development of all cultural traits". (48)

Eine Bedingung für *alle* Kultureigenschaften: Das ist dann wieder eine der typisch „unabhängig-psychohistorischen" Absolutsetzungen, die die neu hinzugewonnenen Sichtweisen wieder verblenden: hier jetzt eben auch die neu hinzugewonnene Sicht auf den Faktor Elternangst vorm Kind.

Nehmen wir die in diesem Band vorliegenden Beiträge, so werden wir auf historische Angstphänomene aufmerksam gemacht, deren theoretische Erschließung unmöglich allein durch Vorstellungen von Elternangst geschehen kann. In Hartwig Webers Beitrag scheint die Angstproblematik als eine zentrale historische Thematik überhaupt zu fehlen.

Stattdessen finden wir hier eine Schuldthematik als Movens kultureller Schöpfungen, etwa von religiösen Mythen. Der Eindruck, den Weber vermittelt, ist nicht, dass Eltern in biblischen Zeiten Angst vor ihren Kindern gehabt hätten, sondern vielmehr, dass sie ihre Kinder aus existenziell-ökonomischen Mangellagen töteten, dann aufgrund dieser Tat ein Schuldgefühl entwickelten und um dieses zu beschwichtigen, religiöse Mythen erfanden, denen zufolge göttliche Mächte Kindesopfer forderten, so etwa in der bekannten Geschichte von Abraham und Isaac oder in den sprichwörtlich bekannt gewordenen Erzählungen von dem heidnischen „Moloch", der Kindesopfer in großer Zahl von den Menschen verlangt habe.

In dieser Analyse, in der, anders als in den anderen Beiträgen, das Wort Angst gar nicht vorkommt, müssen wir diese aber implizit auf Seiten der Kinder vermuten. Die Angst der Erwachsenen (die Kinder töteten) erscheint als eine abgeleitete, als *Schuldangst*. Auch diese Sicht eines Teilthemas der frühen Kindheitsgeschichte, des Thema Kindstötung-Kindsopfer, scheint mir eine begrenzte Korrektur der psychogenetischen Sichtweise zu ermöglichen.

Diese zieht für die Frühzeit der Menschheit Kindstötung und Kindsopfer als massenhaftes Vorkommen nicht mehr im allergeringsten in Zweifel und die Annahme primitivster psychischer Motive für diese Handlungen erscheint als selbstverständlich. Da ich wenig methodisches Werkzeug besitze, um an frühgeschichtlichen Quellen diese Thematik beurteilen zu können, versuche ich mir über Forschungen zur heutigen möglicherweise zum Teil vergleichbaren Thematik ein Urteil zu bilden. So erscheint mir Webers Annahme von zu biblischen Zeiten vorgelegenen existenziell-ökonomischen Gründen für Kindstötung plausibel, wenn ich über die heute wirksamen existenziell-ökonomischen Faktoren und ihren Zusammenhang mit Kindstötung lese: dass

„Nancy Scheper-Hughes über viele Jahre hinweg in brasilianischen Slums bitterarme Mütter beobachtet hatte, die sich von ihren dem Untergang geweihten Kindern zurückzogen und mit ansahen, wie sie starben" (49).

Solche Beispiele zeigen meines Erachtens, dass zumindest davon ausgegangen werden muß, dass es neben den von der „unabhängigen Psychohistorie" postulierten psychogenetischen Elternängsten vorm Kind auch materielle Existenzängste gibt, die zur Kindstötung führen. Es gibt nun in der religiösen Brauchtumsgeschichte eine Reihe von Bräuchen, die man auch betrachten kann als verschlüsselte Mitteilungen von Ängsten, die Menschen infolge solcher existenziell verursachten Schuld empfanden, also als verschlüsselte Mitteilung von *Schuldängsten*. Ein solches Brauchtum scheint mir teilweise im sogenannten Votivwesen vorzuliegen. Das waren Bräuche im christlichen Abendland, in denen Gläubige aus einem „Gelübde" (Votum) heraus Gott oder den Heiligen Gebete oder sonstige Leistungen versprachen für Beistand in Notlagen: Unglücksfällen, Krankheiten, Todesfällen.

Man kann hier meines Erachtens kaum, wie es Dieter Richter (50) getan hat, ein Phänomen der „Sorge" für verunglückte, kranke oder verstorbene Kinder sehen, jedoch jene angesprochene Schuldangst, etwa aufgrund dessen, dass man „mit ansah, wie diese Kinder starben" (51), erscheint mir erkennbar (51a). Und diese Schuldangst mag auch in den von Weber beschriebenen biblischen Zeiten in der Aufstellung von Kindsopfermythen mitgewirkt haben.

Wie immer man zu den Thesen von Hartwig Weber stehen mag, sie sind wichtig, um die innerhalb der „unabhängigen Psychohistorie" für die Frühzeit der Menschengeschichte als selbstverständlich angenommene ubiquitäre religiöse Kindsopferung in Frage zu stellen.

Hartwig Weber gibt in seinem Beitrag Gründe an für eine solche Infragestellung, mit denen sich PsychohistorikerInnen auseinandersetzen können.

V.

Weiter oben hatte sich herausgestellt, dass es im Kontext der „psychogenetischen Theorie der Geschichte" von L. deMause nur *eine* Form von Angst gibt, die systematisch Gegenstand dieser Theorie wird: die Angst der Eltern vor ihren Kindern. Bei H. Weber, so können wir sagen, spielt dieser Gedanke keine Rolle. Dementsprechend auch nicht deMause' Fortschrittsgedanke, der in der These von einer Evolution der Eltern-Kind-Beziehung enthalten ist. Ich habe in meinem Beitrag in diesem Band diese These behandelt. Der Hauptgedanke bei deMause ist: die Eltern sind prinzipiell in der Lage, ihre eigenen Kindheitsängste zum zweiten Male zu erleben, wenn sie selbst Kinder bekommen.

Nun aber, als Erwachsene, können sie die reaktivierten Ängste besser bearbeiten, als ihnen das in der eigenen Kindheit gelungen ist. Es kommt zu dem, was man eine „zweite Angstbearbeitung" (52) nennen könnte. Auf diese Weise entsteht in der Kette einer Generationsfolge das, was deMause „Evolution der Kindheit" nennt, eine stetige Verbesserung der Kindheitsbedingungen infolge von „zweiter Angstbearbeitung" auf immer höherem Niveau.

In den Beiträgen dieses Bandes wird der Gedanke, wie gesagt, von H. Weber überhaupt nicht verfolgt, von P. Jüngst und Evelyn Heinemann eher abgelehnt. Peter Jüngst verweist darauf, dass in den Kontexten der von ihm behandelten hierarchisierten Gesellschaften von „sozialnarzisstischen Eliten" Aggressionen erzeugt werden und zugleich herrschaftskonforme Ideologien und Mythen eingesetzt werden, diese zu beschwichtigen. Dies, so scheint mir, ist ein genuin sozial-psychologischer Gedanke, wenn man davon ausgeht, dass Sozialpsychologie es damit zu tun hat, durch gesellschaftsstrukturelle Gegebenheiten bedingte psychische Tatbestände sichtbar zu machen und in ihrer Rückbezüglichkeit auf die Gesellschaft zu untersuchen.

Diese sozialpsychologischen Zusammenhänge von Aggressionen und Hierarchie führen nach Jüngst zu „Zwängen und Verletzungen" in Familie und Sozialisation.

„Mit ihnen erfuhr offenbar das vorhandene und nach unten weiter gegebene Aggressivitätsvolumen der Eltern, zunächst insbesondere der Vaterfigur, eine immer neue Dynamisierung und vermochte wohl kaum – etwa im Sinne seiner zeitweisen Erschöpfung – zur Ruhe zu kommen."

Dabei macht Peter Jüngst Anmerkungen zu dem Gedanken einer „zweiten Angstbearbeitung". Er zeigt sich skeptisch, insofern er davon ausgeht, daß von jenen sozialen Verletzungen „auch etwaige anläßlich der zweiten Angstbearbeitung im Subjekt emergierende Wünsche und Phantasien, daß die Kinder es einmal besser haben sollten, immer wieder zurückgedrängt worden sein" dürften.

Dem fügt er noch hinzu, daß deMause' Theorie der stetig zunehmenden „zweiten Angstbearbeitung" eigentlich gerade für den Zeitraum, den er im Kontext seiner Geschichte der Kindheit hauptsächlich behandelt, grob gesagt die vergangenen zweitausend Jahre, besonders unwahrscheinlich sei, denn die Gesellschaften dieses Zeitraums seien überwiegend „heiße", also auf entwickelter Arbeitsteilung beruhende hierarchisierte, stark herrschaftlich organisierte (53) Gesellschaften gewesen, in denen infolge andauernder Benachteiligung der beherrschten Schichten gar *keine Beruhigung der Generationenfolge* stattfinden konnte, die Peter Jüngst offenbar als eine Voraussetzung für das „Greifen" des deMauseschen Gedankens einer stetig fortschrittlich sich entwickelnden Generationenfolge ansieht. Obwohl ich selbst zu der Annahme tendiere, daß in der europäischen Geschichte durchaus Hinweise für eine „Evolution der Kindheit" zu finden sind (53a) und vor allem Ralph Frenken (54) sehr ausführliche Studien zu autobiographischem Quellenmaterial vorgelegt hat, die ebenfalls auf solche Hinweise deuten, kann ich in Peter Jüngsts Skepsis eine Berührung mit einer eigenen methodischen Kritik erkennen, die ich zur Theorie der Kindheitsevolution durch „zweite Angstbearbeitung" vorgelegt habe. Auch wenn ich empirisch jene bestätigenden Hinweise sehe, so bleibt meine methodische Einschränkung zur Theorie der zweiten Angstbearbeitung: daß diese nämlich nur „unter sonst gleichbleibenden Bedingungen" Geltung beanspruchen kann (55).

Und dieser methodische Einwand ähnelt meines Erachtens sehr dem von Peter Jüngst, „heiße" – also hierarchisierte, stark herrschaftlich organisierte Gesellschaften – erlaubten keine Beruhigung der Generationsfolge als einer Voraussetzung von zweiter Angstbearbeitung. Man könnte es vielleicht so sagen: in „heißen" Gesellschaften gibt es keine „gleichbleibenden Bedingungen".

In ihnen ist der „psycho-soziale Kompromiß" (Jüngst) permanent labilisiert – infolge andauernder Konfliktspannungen in sozialen Systemen.

In der Skepsis noch weiter gehend als Peter Jüngst äußert sich die Arbeit von Evelyn Heinemann zu diesem Thema.

„Die Fähigkeit der Eltern, sich in das psychische Alter der Kinder zurückzuversetzen und damit die Ängste dieses Alters besser zu verstehen, erscheint mir als treibende Kraft für einen psychischen Wandel kaum wahrscheinlich."

Der stetige Fortschritt einer sich von Generation zu Generation verbessernden Generationenfolge erscheint unwahrscheinlich, so verstehe ich Evelyn Heinemann, weil die Eltern unter je immer wieder neuen gesellschaftlichen Bedingungen neu anfangen müssen mit der „Angstbearbeitung". DeMause' Theorie einer stetig fortschreitenden Generationenfolge bringt Evelyn Heinemann in die Nähe des bei Freud zeitweise vorherrschenden Gedankens einer sozial-biologischen Vererbung von psychischen Ausstattungen. Bei deMause erkennt sie dessen Anspruch, eine psychogenetische Theorie „unabhängig vom sozialen und technologischen Wandel" konzipieren zu wollen, als den Hauptfehler, der verantwortlich ist für das Nichterkennen des jedesmaligen Neubeginns von Angstbearbeitung.

Als eine Art Gegenentwurf zu einer „unabhängigen" Psychohistorie im Stile von deMause sieht sie die „Ethnopsychoanalyse", die die Wichtigkeit dessen betont, was deMause völlig vernachlässigt, nämlich vor aller psychologischen Analyse eine Beschreibung der objektiven Bedingungen eines gegebenen kulturellen Zusammenhangs zu geben. Und des weiteren gibt sie der Ethnopsychoanalyse den Vorzug, weil sie eine andere Einstellung zur „fremden Kultur" impliziert.

„Dabei wird die fremde Kultur nicht als reifer oder höherentwickelt als eine andere gesehen, die im Evolutionskonzept tendenziell enthaltene Abwertung des Früheren nicht übernommen."

Evelyn Heinemann greift auch eine spätere Theorie von deMause über Angst auf, nämlich die Theorie über die Rolle einer Entwicklungsangst in politischen Zusammenhängen. Diese Theorie besagt, daß rückständigere Psychoklassen eine „Growth Panic" entwickeln gegenüber gesellschaftlichen und politischen Neuerungen, die durch Aktivitäten der fortgeschritteneren Psychoklassen betrieben werden. Evelyn Heinemann verwirft diese

Theorie, weil sie „alles auf die Entität Angst reduziert". Tatsächlich versucht deMause zum Beispiel „Holocaust und zweitem Weltkrieg" auf jene Growth Panic zurückzuführen. Zu sonstigen möglichen Bedingungen von „Holocaust und zweitem Weltkrieg" sagt er nichts. Nach meiner Ansicht sollte die Theorie der Entwicklungsangst jedoch nicht gänzlich verworfen werden. Aber ich meine, daß es unzulässig ist, solche komplexen Phänomene wie „Holocaust und zweiten Weltkrieg" *allein* aus „Growth Panic" der rückständigen Psychoklassen zu erklären. Arno Grün hat jedoch zurecht darauf verwiesen, daß die Theorie der „Growth Panic" durchaus einen Beitrag zum Verständnis jener konservativen Kräfte leisten kann, deren Funktionalisierung die Nationalsozialisten dann zum Sturz der Weimarer Demokratie befähigte (56).

Diese konservativen Kräfte, deren autoritätsgebundenen „Gesellschaftscharakter" auch Erich Fromm als fortschritts- und demokratiefeindlich erkannte (57), hatten tatsächlich Ängste gegenüber allem Neuen, verherrlichten das Kaiserreich, die Volksgemeinschaft, Wehrhaftigkeit, etc. Hier können meines Erachtens sinnvolle Hypothesen vom Begriff der „Growth Panic" ausgehen.

In meinem Beitrag in diesem Band habe ich postuliert, daß man deMausesche theoretische Anregungen entgeneralisieren muß, wenn sie eine historische Erkenntnis ermöglichen sollen. Hier haben wir ein Beispiel. Wie immer bei deMause: hat er einmal einen zentralen Begriff aufgestellt, dann appliziert er ihn umstandslos auf alle historischen Epochen und Erscheinungen. Evelyn Heinemann hat zurecht angemerkt, daß die Geschichte deMause zur Bestätigung seiner „psychogenetischen Theorie" dient. Nimmt man Edmund Hermsens Hinweis auf deMause` „Forschungsinstrument" (Hermsen), der Psychohistoriker solle sich seiner eigenen Reaktionen auf je spezifische historische Phänomene als Erkenntnismitteln bedienen, so könnte man eigentlich erwarten, daß jene generalisierende Applizierung von Begriffen auf beliebige Phänomene ausgeschlossen sei und eher das als Resultat psychohistorischer Analysen erscheinen würde, was ich als Analysen von „Fall zu Fall" bezeichnet habe. Tatsächlich findet man aber in deMause` zahlreichen Aufsätzen überhaupt keine eigene Anwendung jenes „Forschungsinstruments". Vielmehr findet man gedankliche Ableitungen, für die er dann durchweg empirische Verifikationen sucht und *immer* findet. Er sucht also keineswegs nach Falsifikationen, was eher dem Verständnis von empirischer Überprüfung entspräche, wie es der neopositivistischen Wissenschaftstheorie, der sich deMause offiziell verpflichtet fühlt, entspräche.

Tatsächlich ist das Falsifikationsprinzip in historischen Wissenschaften schwer durchführbar; es werden meistens von Historikern bestätigende Beispiele für die jeweilige Theorie gesucht.

Sie finden manchmal allerdings auch nicht-bestätigende Beispiele. Von deMause kann man sagen: er findet solche Falsifikationen für seine theoretischen Ableitungen *nie*. DeMause ist durch und durch ein *Ableitungstheoretiker und Verifikationsempiriker*. Er ist in keiner Weise ein Forscher, der sich in erkennbarer Weise in je spezifischen historischen Einzelfallanalysen von seinen „Gegenübertragungs"-Reaktionen methodisch leiten läßt. Er arbeitet *einmal* mit seinen Erlebnissen im Rahmen der Vater-Sohn-Beziehung (58) und *einmal* macht er Andeutungen, inwiefern seine Rolle als Soldat im Koreakrieg (59) für seine Theorie wichtig ist. Diese Andeutungen sind aber ganz den theoretischen Ableitungen untergeordnet und werden keineswegs im Sinne eines Forschungsinstruments verwendet. Deshalb erscheint es mir so, daß Edmund Hermsen diesen methodischen Aspekt als einem angeblichen Charakteristikum der Psychohistorie überbewertet. Wenigstens in der „unabhängigen" Psychohistorie gibt es ihn forschungspraktisch fast überhaupt nicht.

Kommen wir aber zurück auf den Begriff der „Growth Panic", der Entwicklungsangst.

Versucht man, diesen Begriff für historische Analysen nutzbar zu machen, dann kommt es meines Erachtens tatsächlich darauf an, ihn „von Fall zu Fall" zu überprüfen. Geht man so vor, dann erscheint mir ganz unwahrscheinlich, daß er, wie bei deMause behauptet, in ganz der gleichen Weise funktioniert bei so unterschiedlichen Phänomenen wie dem genannten deutschen Konservatismus in der Zeit der Weimarer Republik und bei angeblichen Ängsten der amerikanischen Bevölkerung vor wirtschaftlichem Wohlstand (Growth).

In meinem Beitrag in diesem Band habe ich diese letztgenannte Theorie als „fixe Idee" bezeichnet und Gründe für deren Aufstellung benannt, die allein auf eine theoretische Prätention zurückgehen.

In Edmund Hermsens Beitrag finden wir nun noch eine weitere Angstthematik, die weder in deMause' Theorie der „zweiten Angstbearbeitung" noch in seiner Theorie der „Growth Panic" berücksichtigt ist. Tatsächlich muß man sagen: systematisch nicht berücksichtigt ist. Denn im Kontext der psychogenetischen Theorie werden nur die beiden genannten Formen von Angst, von denen die Angst der Eltern vor dem Kind den eindeutigen Primat hat, sozusagen als theoriewürdig zugelassen. Und jene Angst, um die es in Edmund Hermsens Beitrag geht, ist evidentermaßen eine solche, die *äußere* Anlässe hat. Gemeint ist Katastrophenangst, z. B. die Angst der Menschen im 14. Jahrhundert vor der Pest.

Zum Thema Krankheit bietet sich in deMause' Theorie nur sein psychogenetisches Prinzip an. Danach erzeugt psychogenetische Rückständigkeit wissenschaftliche, also auch medizinische Stagnation. Die Menschen können aufgrund ihrer Growth Panic, die ihrerseits auf gestörte Eltern-Kindbeziehungen zurückgeht, keine Beziehung zum Gedanken und zur Praxis einer systematisch angeleiteten Krankheitsbekämpfung finden. Tatsächlich gibt es Belege dafür, daß in Geschichte und Gegenwart Menschen in großer Zahl „abergläubische" Praktiken einer solchen Krankheitsbekämpfung vorgezogen haben. (60)

Im Fall einer solchen säkularen Epidemie wie der Pest (60a) muß man davon ausgehen, daß es sich hierbei um ein epidemisches Phänomen handelte, das sich in seiner Gewalt gegen jede Art von menschlicher Gegenwehr durchsetzte, ob diese nun als psychogenetisch „rückständig" oder „psychogenetisch fortschrittlich" zu bewerten sein mag. Und für Ängste, die durch *solche* Gewaltphänomene ausgelöst werden, gibt es in deMause' Theorierahmen gar keinen Stellenwert. Wer etwa in seiner „Evolution der Kindheit" etwas über das 14. Jahrhundert nachlesen will, wird dort nichts über die Pest und die Ängste, die sie auslöste, finden. Wohl aber findet man dort etwas über die mehrfach hier behandelte Angst der Eltern vorm Kind. Die Eltern befinden sich nämlich entsprechend der deMauseschen „Periodisierung der Eltern-Kind-Beziehung" (61) im 14. Jahrhundert im Wandel vom Modus der „Weggabe" zum Modus der „Ambivalenz". Es findet sich keine Erwähnung darüber, daß möglicherweise das säkulare Phänomen der Pest, das in Europa die Bevölkerung um ein Drittel dezimierte, jenen Moduswechsel in irgendeiner Weise, etwa durch Einwirken der Pestangst auf jene Elternangst vorm Kind, beeinflußt haben könnte. Demgegenüber ist es aber, so meine ich, geradezu zwingend anzunehmen, daß durch diese Pestangst die stete Generationenfolge gravierend beeinflußt worden sein muß. So wie Peter Jüngst eine destruktive Beeinflussung der Generationenfolge durch hierarchisierte „heiße" Sozialstrukturen postuliert, so muß man hier ebenfalls eine solche destruktive Beeinflussung durch ein epidemisches Krankheitsphänomen annehmen, einen, in der Sprache meiner kritischen Diskussion des Theorems der „zweiten Angstbearbeitung" formuliert, *„nicht* gleichbleibenden Umstand". (61a)

Winfried Kurth hat angemerkt, daß solche „nicht gleichbleibenden Umstände" in der psychogenetischen Theorie von deMause durchaus berücksichtigt würden und zwar in der Form sogenannter „intervenierender Variablen" (62) und er führt ein diesbezügliches deMause-Zitat an, das eine Reihe solcher intervenierender Variablen auflistet. Dazu läßt sich sagen, daß es sich hier um ein reines Lippenbekenntnis von deMause handelt. Denn all jene intervenierenden Variablen, die „zu Variationen hinsichtlich der psychogenen Entwicklung auf der Ebene des Einzelnen" (63) sowie „ zu Variationen hinsichtlich der psychogenen Entwicklung auf der Ebene der Bevölkerung" (ebenda) führen können, werden dann in einem sich über Jahrzehnte hinstreckenden Werk *niemals aufgegriffen und untersucht.* Wie „intervenieren" zum Beispiel Katastrophen wie die Pest in der psychogenetischen Entwicklung? Dazu und zu jeglicher Frage auch nach der Wirkungsweise der von deMause selbst benannten möglichen intervenierenden Variablen wie etwa „kultureller Kontakt", „materielle Bedingungen", „Kriege", „Revolutionen", „Anteil der Mutter an der Arbeitswelt" (ebenda), wird man in deMause' Arbeiten nichts finden. Keine Untersuchung darüber, *wie* denn diese Variablen mit der intergenerationalen Psychogenese *tatsächlich interagieren!* Demgegenüber wird in hundertfacher Weise immer wieder aufgezeigt, daß (vermeintlich) Psychogenese-interne Entwicklungen das gesamte historische Geschehen determinieren! Und allein determinieren!

Zurück zum nicht-psychogenetischen Angstfaktor Pest. In Edmund Hermsens Analyse des Werkes von Delumeau sehen wir, wie tatsächlich eine solche epidemische Katastrophe den gesamten gesellschaftlichen Bereich kollektiven Denkens und Fühlens beherrschen kann, hier in der Weise von sprunghaft ansteigenden Ausdrucksformen apokalyptischer Ängste.

Es zeigt sich, daß eher eine „mentalitäts"-geschichtliche Forschung dieses Angst-Phänomen zu erschließen, zu beschreiben und zu verstehen in der Lage ist als eine „unabhängige Psychohistorie".
Auch hier – wie in Hartwig Webers Analyse von Schuldangst, wie in Peter Jüngsts Analyse der Barrieren für 2. Angstbearbeitung unter den Bedingungen „heißer" Gesellschaften, sowie in Evelyn Heinemanns Implikation eines immer je neuen historischen Versuchs der Angstbearbeitung, können wir sehen, wie problematisch es ist, nur *einen* Angstfaktor,- Elternangst vorm Kind-, so wichtig dieser auch sein mag, als theoriewürdig und empirisch untersuchenswert zu exponieren. Einseitigkeit des gesamten wissenschaftlichen Blickverhaltens ist die notwendige Folge.

VI.

Nun zu den Beiträgen, die sich mit aktuellen Themen beschäftigen. Es ist an dieser Stelle zunächst einmal zu bemerken, daß die „unabhängige Psychohistorie" tatsächlich beansprucht, historische wie zeitgenössische Themen behandeln zu können. In meinem Beitrag in diesem Band habe ich vor allem das Thema „Gruppenphantasien" an neueren zeitgenössischen „Ereignissen" wie Krieg und Sozialabbau behandelt. Es müßte diese Tendenz zur „Gegenstandsentgrenzung" nicht kritikbedürftig sein – andere Ansätze zeigen ebenfalls dieses Merkmal -, ginge sie einher mit einem Anspruch, in der Vielzahl in Frage kommender historischer und aktueller Themen immer nur als *Ergänzung* zu anderen, geschichtswissenschaftlichen, soziologischen, politologischen Untersuchungen aufzutreten.
Dies wäre keineswegs, wie deMause selbst es sieht, eine gleichsam selbstrepressive „Enthaltsamkeit" (64); denn der Charakter einer Ergänzungswissenschaft haftet auch den gerade genannten nicht-psychohistorischen Untersuchungen an. Sie sind alle untereinander abhängig. Keine kann allein für sich betrieben werden.
Weil nun die „unabhängige Psychohistorie" von diesem heute weithin durchgesetzten wissenschaftlichen Selbstverständnis abweicht, wird auch die ihr innewohnende Gegenstandsentgrenzung problematisch. Hier, was die im Folgenden zu behandelnden Themen der gegenwartsbezogenen Beiträge

dieses Bandes betrifft, insofern als abermals durch den unabhängig-psychohistorischen Theoriewillen Fokussierungen entstehen, die mit den Grundprämissen dieses Ansatzes zusammenhängen und wiederum jene ambivalente Einstellung zu diesem Ansatz hervorrufen, die einerseits dessen Fähigkeit, Aufmerksamkeit für bislang wenig beachtete Tatbestände – vor allem die Traumatisierung von Kindern – akzeptiert, die andererseits aber die jedesmalige Tendenz ablehnt, dann *jedes* Explanandum in Geschichte und Politik allein auf die so fokussierten Tatbestände „erklärend" zurückzuführen.

In einer früheren Arbeit habe ich bereits an einem historischen Beispiel auf diese Einseitigkeit der „unabhängigen Psychohistorie" anhand des Themas „Kindersterblichkeit" verwiesen. (65) Diese ist nach deMause in der Vergangenheit immer eine *gewollte* Kindersterblichkeit gewesen, also mehr oder weniger Kindsmord.

Demgegenüber verweisen differenziertere bevölkerungswissenschaftliche Analysen dieses Themas (66), die durchaus die Problematik des Kindsmords auch nicht ganz ausschalten, auf die aber sonst doch überwiegend anders gelagerten Ursachen der in der Vergangenheit sehr hohen Kindersterblichkeit, nämlich auf Hunger, Krankheit, schlechte hygienische Verhältnisse.

Nehmen wir nun die Arbeiten von Heide Kallert zu dem aktuellen Thema Kleinstkindbetreuung, so fällt auf, daß sie dieses Thema im Kontext einer Fragestellung behandelt, die zunächst einmal nicht die gewaltsame Einwirkung auf Kinder durch Erwachsene unterstellt, sondern davon ausgeht, daß Eltern und Kinder ein Trennungsproblem miteinander haben und dieses im Falle einer außerfamilialen Kleinstkindbetreuung virulent wird. Die Behandlung der Thematik geht dann in die Richtung: wie gestaltet sich dieses Trennungsproblem je nach unterschiedlichen Bedingungen, unter denen die außerfamiliale Kleinstkindbetreuung stattfindet? Anders der Ausgangspunkt bei deMause. Er geht zunächst davon aus, daß bei der Mehrheit der Eltern-Kind-Beziehungen, sogar in den USA, die er im übrigen für die weltweit psychogenetisch fortgeschrittenste Region hält, sozusagen a priori eine durch Gewalt, d. h. durch Mißhandlung und sexuellen Mißbrauch herbeigeführte „Trennung" zwischen Eltern und Kindern vorhanden ist.

"Even today ... according to statistical reported studies of actual child abuse rates (not just cases reported to authorities) the *majority* of American children have at some time suffered serious physical or sexual abuse" (67)

Und hier geht jetzt die Fragestellung dahin: wie können solche massenhaft verbreiteten Mißhandlungen und Mißbrauchshandlungen reduziert werden? Wenn man so will: infolge der apriorischen Fokussierung der Traumatisierungsthematik kommt es erst gar nicht zu jener Fragestellung, die für Heide Kallert als *das* gesellschaftlich weit verbreitete Thema gilt, nämlich zu der Frage: wie können die heute vorhandenen Ansprüche von Beruf und Familie, von außerhäuslicher Arbeit der Mutter und Kindversorgung, durch eine angemessene außerfamiliale Kleinstkindbetreuung gleichzeitig zufrieden gestellt werden? Zwar gibt es auch bei deMause sehr vereinzelte kurze Äußerungen zu dieser Thematik, sie gehen aber unter in der Überfülle von Äußerungen zur Thematik Prävention von Kindesmißhandlung und sexuellem Kindesmißbrauch. Das Resultat ist: daß hier nun fast ausschließlich die Propagierung von sogenannten „Parenting Centers" (68), sowohl im eigenen Land wie auch in den Entwicklungsländern, im Vordergrund steht, während in den Arbeiten von Heide Kallert außerfamiliale Einrichtungen propagiert werden, die in guter Qualität die psychische und emotionale Versorgung von Kleinstkindern während der Berufstätigkeit ihrer Mütter sicherstellen. In den „Parenting Centers" geht es vor allem darum, dafür „anfällige" Eltern an Kindesmißhandlung und Kindesmißbrauch zu hindern. Dies kann auch dadurch geschehen, daß Sozialarbeiter die Eltern zuhause aufsuchen. DeMause gibt Literatur an, aus der nach seiner Ansicht hervorgeht, daß solche Aktivitäten, wo sie vorhanden sind, zu einem meßbaren Rückgang von Mißhandlung, Mißbrauch von Kindern und im späteren Alter von deren Kriminalität, führen. (69) Es fällt auf, daß hier nun keineswegs zwischen deMause und Heide Kallert grundsätzlich verschiedene Ansätze vorherrschen. *Beiden* ist das Thema des jeweils anderen bekannt.

DeMause kennt, im Rahmen seines theoretischen Ansatzes, die Trennungsthematik „Weggabe". Heide Kallert kennt, auch im Rahmen ihres gesellschaftspolitischen Ansatzes („Vereinbarkeit von Beruf und Familie"), die Gewaltthematik. Der Unterschied besteht eher in der Einschätzung der *Verbreitung* des jeweiligen Problems. Bei deMause ist das Gewaltphänomen das verbreiteste, gleichsam das originäre Problem; und die Thematik „Vereinbarkeit von Familie und Beruf" eher ein Randproblem; während bei Heide Kallert das verbreiteste gesellschaftliche Problem das der „Vereinbarkeit" ist und das Gewaltproblem nicht so allesbeherrschend, daß sie es in diesem Zusammenhang unbedingt mitbehandeln müßte. Wir finden allerdings in einem Punkte eine interessante Übereinstimmung. Als ich 1997 (70) eine vergleichende Analyse zu deMause` psychohistorischer Einschätzung der historischen Thematik der Kindersterblichkeit und zu Arthur Imhoffs historisch-demographischer Einschätzung des gleichen Themas versucht habe, konnte ich eine solche Übereinstimmung nicht finden. Worin liegt diese nun zwischen deMause und Heide Kallert? Meines Erachtens darin, daß beide mit einer grundsätzlich „nach vorne" weisenden psychogenetischen Generationenfolge rechnen. So hebt deMause hervor, daß die Arbeit der „Parenting Centers" deshalb erfolgreich ist, weil die „anfälligen" Eltern durchaus einen inneren Widerstand gegen den Wiederholungszwang haben, an den eigenen Kindern die selbsterlittenen Traumata zu wiederholen, und in dem Falle, daß sie in diesem Widerstand – durch die „Parenting Centers" – unterstützt werden, auch den Wiederholungszwang durchbrechen können, sozusagen durch gelungene „zweite Angstbearbeitung". Eine ähnliche Tendenz, jetzt aber nicht bezogen auf das Gewaltproblem, sondern auf das Trennungsproblem, sieht Heide Kallert bei heutigen Eltern, die das „Vereinbarkeitsproblem" lösen wollen.

Sie können das damit verbundene Trennungsproblem besser durch Aktivierung innerseelischer Kräfte bearbeiten, wenn ihnen die Möglichkeit eines nicht auf dem Begriff des Wiederholungszwangs gründenden Selbstverständnisses angeboten wird. Ein solches Verständnis wird etwa durch Freuds eher unsere „Wiederholungszwänge" betonende Theorie kaum ermöglicht. In diesem Kontext weist Heide Kallert dem deMauseschen Ansatz einer psychogenetisch fortschreitenden Generationenfolge eine durchaus positive Funktion zu und belegt diese durch eigene Erfahrung mit StudentInnen, die sich nach eigenen Angaben durch die Kenntnis der deMauseschen Ansicht in eigenen „evolutionären", d.h. hier Wiederholungszwang brechenden Möglichkeiten bestärkt sehen.

VII.

Dieser positive Aspekt der Psychohistorie besteht tatsächlich. Dabei muß man sich aber vor Augen halten, daß es sich eigentlich nicht um einen positiven Aspekt der Psychohistorie, sondern „nur" der psychogenetischen Geschichte der Kindheit handelt.

Denn jenes erweiterte Selbstverständnis, das Wiederholungszwänge lockert, wird nicht gewonnen durch Erkenntnisse über „Gruppenphantasien" der Reinigung und deren Agieren auf der politischen Bühne – dieser Themenkomplex macht die „Psychohistorie" im engeren Sinne aus -, sondern durch Erkenntnisse im Rahmen der „psychogenetischen Geschichte der Kindheit." Diese stellt den Begriff der Evolution der Eltern-Kind-Beziehung als einen Gegenbegriff zum Wiederholungszwang auf. (70a)

Nun stellt sich aber die Frage, als wie stabil kann ein solches Selbstverständnis des Nicht-mehr-dem-Wiederholungszwang-Ausgeliefertseins angesehen werden? Nehmen wir den Beitrag von Evelyn Heinemann „Psychoanalytische Gedanken zur Ausbildung der Deutschen Psychoanalytischen Vereinigung (DPV)", so stoßen wir bei dieser Frage auf einen Themenbereich, der im Kontext auch der psychogenetischen Geschichte der Kindheit nicht thematisiert ist, nämlich auf den Themenbereich: *„gesellschaftliche Institutionen"*. Es gehört zum Beispiel zum antisoziologischen Feldzug des unabhängigen Psychohistorikers, daß er diesen Wirklichkeitsbereich als eine bloße Imagination des soziologischen Gegners enttarnt. Wirklichkeit können nur „Psychogenese" und „historische Motivierungen" beanspruchen.

Jene Studierenden, die nach Heide Kallerts Eindruck durch den Gedanken der Psychogenese eine Erweiterung ihres Selbstverständnisses gewinnen, finden in ihrer Alltagsrealität aber außer den Erkenntnissen der psychogenetischen Geschichte der Kindheit auch noch andere auf ihr Selbstverständnis einwirkende Faktoren vor, Faktoren, mit denen sich durchaus nicht nur die Soziologie beschäftigt, sondern auch einige Psychoanalytiker. Sehr bekannt geworden ist der Ausspruch des Psychoanalytikers Bernfeld: „Die Institution erzieht." (71) Damit berührt er sich zum Teil mit einem Grundgedanken der Erziehungswissenschaft, dem des „geheimen Curriculums." In beiden Denkrichtungen ist die Kernidee: nicht die offiziellen, etwa in Lehrplänen von Schulen enthaltenen Inhalte üben die entscheidende Erziehungsmacht aus, sondern das institutionelle Reglement, innerhalb dessen sie vermittelt werden, also etwa das Jahrgangsklassenprinzip, das Notensystem, die Hausordnung etc. So kann es etwa Widersprüche zwischem dem offiziellen Lehrplan mit seinen Werten wie Freiheit, Selbstentfaltung, Menschenwürde, etc. einerseits und dem hierarchischen System Schule, das Anpassung erzwingt, andererseits, geben.

Zu diesem Gedanken der wissenschaftlichen Pädagogik fügt dann der Psychoanalytiker Bernfeld mit seiner Sentenz „Die Institution erzieht" die These hinzu: dieser geheime Lehrplan ist so wirksam, weil er unbewußte seelische Strukturen in den Individuen, etwa die der Angst vor den Eltern, reaktiviert und funktionalisiert. Kritische Lehrer und Schüler forderten deshalb in den 60er und 70er Jahren im Anschluß an Peter Fürstenaus (72) damals Furore machende Arbeit eine „Psychoanalyse der Schule als Institution". In diese Tradition, so scheint mir, ist nun Evelyn Heinemanns Beitrag über die „Deutsche psychoanalytische Vereinigung (DPV)" einzuordnen, den wir jetzt kennzeichnen können als „Psychoanalyse der psychoanalytischen Ausbildung als Institution". Und wenn wir der Verfasserin Glauben schenken können, erbringt diese Analyse alles andere als jene vom Wiederholungszwang befreiende Erweiterung des Selbstverständnisses, die Heide Kallert bei einigen Studierenden als Folge kindheitshistorischer Erkenntnisse beobachtete.

So muß man jetzt annehmen, daß diese Studierenden, gelangen sie nach ihrer Universitätsausbildung in eine psychoanalytische Ausbildung, in jenem erweiterten Selbstverständnis destabilisiert werden. Denn das institutionelle Arrangement dieser Ausbildung, ihr „heimlicher Lehrplan", zwingt sie wieder zurück in Abhängigkeit, hier sogar die eines Wiederholungszwanges unter dem Diktat eines frühstkindlichen „maternalen Über-Ich". Die AusbildungskandidatInnen befinden sich gegenüber jener Institution in der gleichen Lage des Gehorsamszwangs wie der Säugling gegenüber einer allmächtigen Mutter.

Wie auch immer man zu dieser Einschätzung stehen mag, sie findet eine gewisse Bestätigung in Alice Millers (73) Diagnose, wonach die traditionelle psychoanalytische Ausbildung infolge des Gebots der „Elternschonung" die KanditatInnen ebenfalls nicht aus frühen Wiederholungszwängen befreien kann. Nur ist es hier weniger das „geheime" Curriculum, sondern durchaus der ganz „offizielle" Lehrplan, der dafür ursächlich ist. Dieser trägt die Überschrift: „Triebtheorie". Entsprechend dieser Theorie, so Alice Miller, ist der „Patient" (also in der Ausbildung der „Kandidat") selbst schuld an seinen Problemen. Denn er ist nicht in der Lage, für sich selbst eine richtige Triebregulierung herzustellen. Nach Alice Miller betreibt nun die traditionelle Psychoanalyse „schwarze Pädagogik" (74), indem sie PatientInnen und KanditatInnen die Botschaft vermittelt: erst die Wiederherstellung des Elterngehorsams (Gehorsam des Kandidaten gegenüber der „Übermutter" DPV, Gehorsam des Patienten gegenüber dem Analytiker) kann jene bisher nicht gelungene Triebregulierung ermöglichen und somit den Leidensdruck mindern.

VIII.

Nehmen wir Sigfried Bernfelds Gedanken „Die Institution erzieht" nun einmal zusammen mit der gerade referierten Ansicht von Alice Miller und bezeichnen wir den hier kritisierten Tatbestand als „Ideologie der Triebtheorie", dann könnten wir zu der erweiterten Erkenntnis gelangen: es sind *„Institution und Ideologie"*, die einen zwingenden Einfluß auf das Individuum („Schüler, Patient, Kandidat") ausüben.

Wir können im Rahmen unserer vergleichenden Analyse zwischen der „unabhängigen Psychohistorie" und den Beiträgen dieses Bandes nun hervorheben, daß ein solcher Einfluß von „Institution und Ideologie" in jener „unabhängigen" Form der Psychohistorie nicht vorgesehen ist: ein, wie ich meine, eklatanter Mangel, denn er macht möglicherweise wieder zunichte, was Heide Kallert als Chance der psychogenetischen Geschichte der Kindheit konstatiert hatte: daß diese nämlich zu dem erweiterten Selbstverständnis führen kann: „Meine Wiederholungszwänge aus der eigenen Eltern-Kind-Beziehung sind durchbrechbar, wenn ich ein eigenes Kind bekomme oder als Lehrer einem Kind gegenüberstehe und dann die Chance der 'zweiten Angstbearbeitung' nutze". Tatsächlich nehme ich an, daß dieses Selbstverständnis, wenn man in Elternschaft oder Lehrer-Schülerbeziehung soziologisch blind einsteigt, leicht zum Scheitern führt. Jenes neue psychogenetische Selbstverständnis kann stabil nur bleiben, wenn es zugleich auch mit Widerständen seitens der gesellschaftlichen Institutionen rechnet, die das Individuum dann zu bekämpfen vermag.

Tatsächlich, so nehmen wir an, vermag aber die Psychohistorie in der Thematik, so blind sie gegenüber der Wirksamkeit von sozialen Institutionen ist, dennoch einen wichtigen Aspekt beizusteuern. Um dies zu verdeutlichen, müssen wir zunächst noch einmal deMause selbst anhören, warum er sich so sehr gegen den soziologischen Begriff „soziale Institutionen" sträubt.

„Was üblicherweise 'soziale Institutionen' genannt wird, sind historische Delegiertengruppen: die Kirche als eine Gruppenphantasie der Abhängigkeit, die Armee als Gruppenphantasie der Geburt, die Regierung als Gruppenphantasie der Ernährung, Kapitalismus als Gruppenphantasie der Kontrolle, Revolution als Gruppenphantasie der Unabhängigkeit (im Orig.: counterdependency, Anm. d. Ü.), das Klassensystem als Gruppenphantasie der Unterwürfigkeit, die Schule als Gruppenphantasie der Erniedrigung." (75)

Hier haben wir natürlich wieder einen der Reduktionismen, die für die „unabhängige" Psychohistorie so charakteristisch sind. Als seien all jene Institutionen, von denen Durkheim behauptet, sie übten auf die Menschen einen „sozialen Zwang" aus, der so stark sei wie der von „Dingen", als seien all diese institutionellen Zwänge Produkte allein von „Phantasien" kindheitsdeterminierter Gruppen! Im Falle Evelyn Heinemanns waren es zunächst offenbar nicht die Kindheitsphantasien der Gruppe Psychoanalytiker (die in der DPV zusammengeschlossen sind), die ihr Probleme bereiteten, sondern es waren die ja wirklich wie „dinghaft" unverrückbaren hierarchischen institutionellen Reglements, etwa die Rangordnung: Anwärter, Kandidat, außerordentliches Mitglied, ordentliches Mitglied, Kontrollanalytiker, Lehranalytiker, die ihr das Gefühl maternaler Abhängigkeit vermittelten.

Oder? Warum nicht doch die „Kindheitsphantasien der Gruppe Psychoanalytiker, die in der DPV zusammengeschlossen sind?"

Nehmen wir die These, die „Kirche" sei eine „Gruppenphantasie der Abhängigkeit", dann werden wir zunächst zurecht einwenden, die Institution Kirche, das ganze Reglement, aus dem sie besteht, sei das historische Produkt gesellschaftlicher Verhältnisse, etwa des gesellschaftlichen Verhältnisses „Priesterherrschaft", wie in manchen Theorien zum Thema Religion geltend gemacht wird. Wie auch immer dem sein mag, aber es ist sinnvoll anzunehmen, daß die „Phantasien der Gläubigen" ebenfalls eine bedeutende Rolle spielen in der *Erhaltung* jener Institution. Und diese Phantasien als „Phantasien der Abhängigkeit" zu bezeichnen, scheint angesichts der enormen Rolle hierarchischer Positionierungen innerhalb von „Kirche" nicht abwegig.

Diesen Aspekt möchte ich als den der „Erhaltung der Institution" bezeichnen. Und hier, so scheint mir, vermag eine nicht reduktionistisch verstandene Psychohistorie durchaus einen Beitrag zur Theorie der sozialen Institutionen zu leisten. Auf das von Evelyn Heinemann behandelte Thema bezogen, könnte dies heißen: die unterste Stufe im hierarchischen System der Psychoanalyse bilden die Patienten. Sie sind stark von ihrer Elternangst geprägt und verlangen deshalb nach einem starken Analytiker, der auch organisatorisch stark in der Gesellschaft ist, also eine starke DPV braucht. Diese Gruppenphantasie setzt sich qua Phantasie der Abhängigkeit bei den „Anwärtern" und „Kandidaten" fort, bei denen noch die Prüfungsabhängigkeit hinzutritt.

Nunmehr ließe sich die Thematik, die Evelyn Heinemann vorstellt, in neuer Weise fast als eine Aporie beschreiben, die jener der Institution Schule, wie wir sie oben angedeutet haben, nicht unähnlich ist: die eigenen Werte von Freiheit, Emanzipation, etc. können nur sehr schwer durch diese Institutionen eingelöst werden, weil diese Institutionen nicht nur durch etwaige „Machtstrukturen in der Institution", sondern auch durch die psychogenetischen Merkmale von Klientel und Mitgliedschaft „getragen" werden. Diesen Gedanken einmal als sinnvoll vorausgesetzt, käme es nicht nur darauf an, die von Evelyn Heinemann angestrebte, wie ich meine, sozialpsychologisch gerichtete „Psychoanalyse der Ausbildung in der DPV", sondern auch eine psychohistorisch gerichtete Analyse der „Gruppenphantasie der Elternangst" der Klientel und Mitgliedschaft der DPV als einem Erhaltungsmechanismus der inkriminierten „Irrationalität, Denunziation und Illegalität" (Evelyn Heinemann) voranzutreiben.

Diese beiden Ansätze zusammen genommen, der sozialpsychologische, der vorab den Einfluß von Hierarchie, Rangordnung, Prüfungswesen, Selektion und anderer institutioneller Faktoren auf die betroffenen Menschen in den Blick rückt, und der psychohistorische, der vor allem den „erhaltenden" Einfluß durch Gruppenphantasien fokussiert, könnte meines Erachtens einen förderlichen Beitrag zu der oben angesprochenen Chance eines erweiterten Selbstverständnisses durch „zweite Angstbearbeitung", das nun aber nicht mehr institutionell blind bleibt, leisten. Dies gilt nicht nur für die hier angesprochenen Institutionen, sondern allgemein für die sozialpsychologisch-psychohistorische Problematik des Menschen, wie er sich in einer je historischen „Verflechtungsordnung" (Siehe oben N. Elias/E. Heinemann) vorfindet.

IX.

Weiter oben hatte ich zu zeigen versucht, daß die „unabhängige Psychohistorie" im Sinne von deMause keineswegs der selbst gesteckten methodischen Anleitung folgt, Erkenntnisse durch das von den Psychoanalytikern so genannte Mittel der „Gegenübertragung" zu gewinnen, d. h. durch eine wissenschaftliche Nutzung der emotionalen Reaktionen des Forschers auf die Botschaften, die sein Erkenntnisgegenstand ihm vermittelt. Meines Erachtens ist diese „Methode" ohnehin problematisch. In der Psychoanalyse bezeichnet sie zunächst nur eine Methode des Verstehens des Patienten durch den Analytiker: die positiven oder negativen Gefühlseinstellungen, die der Patient auf den Analytiker „überträgt" – etwa unverarbeitete Konflikteinstellungen aus der frühen Eltern-Kind-Beziehung -, versucht dieser nicht bloß intellektuell zu analysieren, sondern er versucht auch, seine eigenen innerpsychischen Vorgänge, die durch den Patienten ausgelöst werden, also seine „Gegenübertragungen", wahrzunehmen und gegebenenfalls dem Patienten mitzuteilen.

Daß dieses „Spiel" von Übertragung und Gegenübertragung in Wissenschaften, die sich hauptsächlich mit Dokumenten beschäftigen, anders anzuwenden wäre als in einer „Life"-Interaktion im Rahmen einer Therapie, ist evident. Ich will hier nicht all die Schwierigkeiten, die hier auftauchen, diskutieren. Wie auch immer, die Anregung, die von der Psychoanalyse ausgeht, den Erkenntnisgegenstand auch in den historischen und sozialen Wissenschaften nicht allein als „regloses Objekt" zu betrachten und den Wissenschaftler, der es mit dem „Objekt" zu tun hat, ebenfalls nicht bloß als

„regloses erkennendes Subjekt" zu sehen, muß in jedem Fall anerkannt werden. (76)

Und insofern ist es auch bemerkenswert, daß L. deMause diese Anregung zu einer methodischen Anleitung erhebt. Wie gesagt, von der Anwendung dieser Anleitung ist jedoch in der „unabhängigen Psychohistorie" wenig zu erkennen.

Auch in den Beiträgen des vorliegenden Bandes fehlt eine solche Methode weitgehend. *Mit zwei Ausnahmen*: Evelyn Heinemanns Arbeit über die Ausbildung in der DPV und Marion Bornhoff-Nyssens Arbeit über neuere Literatur.

In Evelyn Heinemanns Beitrag ist klar erkennbar, daß die emotionalen Reaktionen der Verfasserin auf Rang- und Prüfungsordnung in der DPV sie instand gesetzt haben, die Theorie des „maternalen Über-Ich" zur Anwendung zu bringen. Daß der Erkenntnisprozeß auf einer derartigen „emotionalen Schiene" verlaufen ist, wird deutlich in Evelyn Heinemanns Gegenüberstellung der Theorie des „maternalen Über-Ich" mit einer Theorie des „ödipalen Über-Ich" und in ihrem Versuch zu zeigen, welche Phänomene der Ausbildungswirklichkeit dem einen oder dem anderen Modell entsprechen könnten. Dabei wird für den Leser deutlich, daß ein durch das institutionelle Arrangement ausgelöster – offenbar leidvoll erfahrener – innerer Konflikt der Verfasserin zwischen eigenen maternalen und ödipalen Anteilen sie zu einer Art „Hellsichtigkeit" geführt hat, institutionelle Prozesse zu *beschreiben*, von deren Tatsächlichkeit andere Teilhaber an der DPV-Szene nur munkeln.

Weniger umständlich könnte man auch sagen: es ist Evelyn Heinemann gelungen, eine theoretische Analyse vorzulegen, ohne hinter dieser ihre Gefühle zu verstecken.

Ähnliches kann man meines Erachtens auch von Marion Bornhoff-Nyssens Beitrag in diesem Band behaupten. Allerdings wird hier, so scheint mir, durch den Einsatz von eigenen Emotionen als Erkenntnismitteln ein anderer Effekt erzielt. Bei Evelyn Heinemanns Beitrag führt die emotionale Reaktion auf eine Institution zu deren radikalkritischer „Entlarvung". In Marion Bornhoffs Beitrag führt die emotionale Reaktion auf neue Literatur zu deren fast unkritischer „Akzeptanz".

Zu Evelyn Heinemanns Beitrag habe ich bereits weiter oben einige Ausführungen versucht, die auch zu der hier für diesen Beitrag gemachten Äußerung erläuternd herangezogen werden können. Im Folgenden möchte ich mich näher mit der Äußerung: „unkritische Akzeptanz der neueren Literatur" in Marion Bornhoff-Nyssens Beitrag befassen.

Die Verfasserin beginnt mit der Darstellung eines eigenen biographischen Hintergrunds: Feminismus und Studentenbewegung der 60'er und 70'er Jahre. Im Vergleich zu diesen sozialkritischen Bewegungen erscheint ihr die heutige Literatur wie etwas „Neues". Dieses „Neue" erlebt sie zunächst als etwas „Nebulöses", fühlt sich aber dennoch angezogen. In der weiteren Lektüre der neueren (Roman)-Literatur vermag sie aber dieses Nebulöse aufzuklären: es ist die genaue Detail-Wahrnehmung der AutorInnen, die sie anzieht. Und jetzt kommt es, wenn ich so sagen darf, zum Umschlag; die Verfasserin erkennt im Lichte dieser neuen Erfahrung das anspruchsvoll Idealistische und Fordernde der Literatur aus den 60'er und 70'er Jahren und erlebt dies jetzt als gleichsam repressiv. Fast unvermerkt schlägt dieses Erleben dann um in ein Votum für die neuere Detail-Wahrnehmung gegen das idealistisch-Fordernde.

Man kann den Beitrag dann weiter lesen wie einen Versuch der Verfasserin, ihre LeserInnen für eine neue Ästhetik des Detail-Realismus zu gewinnen. Überpointiert gesprochen ergab sich für mich die Frage: wie ist es möglich, daß die Verfasserin sich so stark umorientiert von den älteren „Idealen" hin zu den neueren „Details"?

Wie auch immer diese Frage zu beantworten sein mag, ich kam für mich zu folgender „Lösung": diese Umorientierung hängt *auch* zusammen mit einem weiteren Strang des Beitrags, den ich bisher noch nicht erwähnt habe, nämlich mit der Auseinandersetzung mit Ludwig Janus` psychogenetischer Literaturtheorie, die der Beitrag ebenfalls enthält. Nach dieser Theorie, die allerdings nicht an der von der Verfasserin herangezogenen neuen Literatur, sondern an eher „klassisch-modernen" Künstlern wie S. Becket und S. Dali gewonnen wurde, stellt sich Modernität der Kunst so dar, daß sich in ihr „ganz neue Dimensionen von differenzierter Selbstgestaltung und Selbstbestimmung in Beziehungen erschließen." (Janus) Dieser Einschätzung, so die Verfasserin, muß man heftig widersprechen, wenn man sie auf die Modernität der neueren (Roman)-Literatur anwendet. Denn das Leben, wie es sich in dieser darstellt, erweist sich als das Gegenteil einer „neuen Dimension der Selbstgestaltung" (Janus), nämlich als Fortsetzung eines bereits am Beginn der modernen Literatur – die Verfasserin verweist hier auf A. P. Tschechow – vorherrschenden Themas des „Vor-sich-hinstolperns, des reflektierten Vor-sich-hinlebens" (M. Bornhoff-Nyssen). Sie findet in den neuen Romanen, und belegt dies mit Zitaten, keinen „erstaunlichen Zuwachs an Ich-Stärke" (Janus), keine Tendenz, dass „heute jeder aus seinen eigenen Urkräften heraus und seinen Lebenswünschen sein Leben in ganz anderer Weise als früher gestalten" (Janus) kann.

Meines Erachtens ist hier folgende „Gegenübertragung" im Spiel: die Literatur in den 60'er und 70'er Jahren ist an ihren Idealen gescheitert, die durch und durch „unideologische" Sicht der Wirklichkeit in der neueren Literatur muß akzeptiert werden; die Gesellschaftskritik kann nur insofern erhalten bleiben, wie sie sich gegen gesellschaftspolitisch affirmative Vereinnahmungen dieser Literatur richtet, sozusagen gegen deren Neuideologisierung von außen durch Deutung. Und um eine solche Deutung handelt es sich bei Ludwig Janus` an deMause` Evolutionstheorie geschulter Einschätzung moderner Kunst. Was diese Einschätzung in modernen Kunstwerken sucht, so die Gegenübertragung der Verfasserin, ist nicht deren wirkliche Lebensdarstellung, sondern die „gute Aussicht", die der evolutionistische Psychohistoriker darin finden möchte.

Durch ein den Beitrag der Verfasserin meines Erachtens charakterisierendes Wechselspiel von fast symbiotischer Akzeptanz der neuen (Roman)-Literatur und kritischer Distanz zu deren evolutionistischer Vereinnahmung hindurch gewinnt ganz am Ende doch wieder, wenn man so sagen kann: in ganz tastender Weise, eine „alte" gesellschaftskritische Grundhaltung der Verfasserin wieder Gewicht. So sehr sie bemüht ist, all das moderne Menschenelend, das sich in den Romanen spiegelt, nur zu verstehen und der Versuchung, dieses durch Ideale zu substituieren, widerstehen möchte, klingt für mich doch der folgende Satz, mit dem die Verfasserin ihren Beitrag schließt, wie eine Art Trauerprozess, der nicht im Blick auf Innerpsychisches zu verharren vermag, sondern notwendig kritisch auf allgemeine gesellschaftliche Zustände verweisen muß:

„Alte, bisher gekannte Gefühlsthemen wie Bindung, Vertrauen, Haß, Liebe, Treue lassen sich kaum finden in diesen Geschichten. Das jeweilige Individuum handelt nachvollziehbar aus dem Jetzt und der momentanen Bedürftigkeit heraus. Ist das eine Beschreibung unseres heutigen, gesellschaftlichen Lebens? Kurze Kontakte, Episoden, Treffen, fragmentarische Lebenszusammenhänge ... "

X.

DeMause kritisiert in seiner „Psychogenic Theory of History" (77) in der Variante von 1997 sozialwissenschaftliche Ansätze zur Erfassung des historischen und gegenwärtigen Lebenszusammenhangs von Menschen, indem er ihnen eine Reihe anthropologischer Defizite vorhält. Sie berücksichtigen nicht die irrationalen Seiten der handelnden Menschen; in ihren Modellen komme zum Beispiel nicht vor, daß Menschen sadistische Ziele verfolgen können oder umgekehrt empathische Beziehungen untereinander anstreben. Die kritisierten Ansätze ließen nur rationale Überlegungen der Handelnden als handlungsbegründend zu und von der emotionalen Seite ließen sie nur *einen* Begriff zu, den der „Gier". Diese wiederum dürfe aber nur als gesteuert von Rationalität erscheinen, vor allem in Modellen zum wirtschaftlichen Handeln. Die Menschen würden hier als von Gier als einzigem Handlungsmotiv getrieben dargestellt, aber sie verhielten sich nach diesen Modellen gleichzeitig rational, weil sie nur so zur Befriedigung der Gier gelangen könnten.

Ich hatte zu Beginn dieser Arbeit darauf verwiesen, daß deMause dagegen das Menschenbild des „homo relatens" vertritt. Zugleich hatte ich kritisiert, daß deMause nun nur noch den „ganzen Menschen" – das ist nämlich der „homo relatens" –im historischen Prozeß und auf der aktuellen politischen Bühne handeln sieht und daß er damit die *Rollenstruktur* des gesellschaftlichen Handlungszusammenhangs *über*sieht. Mit dieser Rollenstruktur kommen aber noch andere Aspekte als allein die des traumatisierten oder nicht traumatisierten „homo relatens" ins Handlungsspiel. Ich denke hier an einen Themenkomplex, der bei deMause nicht existiert, in der europäischen zivilisationskritischen Diskussion aber eine hervorragende Rolle spielt, den Themenkomplex der *Destruktivität des Rationalen.*

Diese Variante des Destruktiven wird häufig aus dem Rationalismus des 17. Jahrhunderts hergeleitet. So spricht etwa Horst Eberhard Richter vom „Gotteskomplex"(78), der in der Philosophie des „cogito ergo sum", des

„Ich denke also bin ich", von Descartes angelegt sei. Der Mensch löst sich aus religiösen und sozialen Zusammenhängen und wird „egoman". Diese Tendenz von der Sozialgebundenheit zur Egomanie, diese Tendenz der „Substitution Gottes" durch das „Ego", kennzeichnet nach Richter die gesamte Kulturentwicklung der letzten dreihundert Jahre. Die Emanzipation des Menschen von der Religion entgleist zu seiner eigenen Absolutsetzung und aus dieser Tendenz versucht Richter spezifisch moderne Destruktivität – bis hin zum Abwurf der Atombomben auf Hiroshima und Nagasaki – und bis hin zum heutigen „ungezügelten globalen Turbokapitalismus" (78a) – zu erklären.

In meinem Beitrag „Die unabhängige Psychohistorie – eine immerwährende Abstraktion" habe ich u.a. darzustellen versucht, daß deMause eine ausschließlich positive Sicht der Moderne vertritt. Die Tendenz der Moderne geht für ihn dahin, daß in ihr infolge von Psychogenese immer mehr empathisch begleitete Kinder, die dann als Erwachsene „glücklich und integriert" (deMause) sind, leben. Sie verhalten sich nicht mehr destruktiv. Man kann meines Erachtens sagen, daß ein ähnlicher Gedanke eigentlich bei allen psychoanalytisch orientierten Autoren (79), auch bei Horst Eberhard Richter (80), vorherrscht; ich meine den Gedanken, daß eine gute Entwicklung in der Kindheit sozusagen auch gesamtpolitisch friedensstiftend wirkt. Nur ist für sie mit diesem Gedanken das Thema „Moderne" nicht, wie bei deMause, erschöpft.

Wenn die Psychohistorie einen realitätsbezogenen Beitrag zum Verständnis der Chancen und Risiken des modernen Lebens im Menschenzusammenhang leisten möchte, dann kommt sie meines Erachtens nicht umhin, sich neben der Thematik des traumatisierten „homo relatens" (mit dem impliziten Ideal des Überwindens der Traumata) auch mit der Thematik des „homo cogitans" (und dem hier von dessen Kritikern implizierten Ideal einer Überwindung des Gotteskomplexes) auseinanderzusetzen.

Und hier sind wir wieder bei der oben postulierten Problematik: wie gestaltet sich das Verhältnis des „ganzen Menschen" qua „homo relatens" zum Menschen als Handelnden in sozialen Rollen? Denn es sind die sozialen Rollen, die das Prinzip des „homo cogitans" repräsentieren.

Die Organisation der Gesellschaft ist ein Produkt dieses „homo cogitans". Und diese Organisation produziert Destruktivität, in Gestalt einer

„Industrie", die die natürlichen Lebensgrundlagen vernichtet; in Gestalt von Massenvernichtungswaffen, die die gesamte Menschheit auslöschen können; in Gestalt eines globalisierten Marktes mit „vielen Verlierern und wenigen Gewinnern" (81). Mumford (82) spricht von einer „Megamaschine", die, von der menschlichen Ratio geschaffen, der Kontrolle der menschlichen Vernunft entglitten ist und weiter zu entgleiten droht.

Diese Risiken sind Realität. In dieser Realität indiziert der Begriff der „Risikogesellschaft" (83) ein mindestens ebenso wichtiges Problembewußtsein über die heutige conditio humana wie der Begriff der „traumatisierten Kindheit".

Soziale Organisation als destruktive Megamaschine, die vom homo cogitans mit seinem Gotteskomplex immer weiter ausgebaut wird, und die destruktive Tendenz des traumatisierten Menschen – wenn wir beides als Realitäten zur Kenntnis nehmen, welche Konsequenzen hat dies dann für eine psychohistorische Aufgabenstellung?

Meines Erachtens können wir das Problem nicht dadurch erledigen, daß wir reduktionistisch im Sinne von deMause nun einfach auch die soziale Organisation und ihren Charakter als destruktive Megamaschine auf psychische Traumata in der Kindheit zurückführen. Denn, wie gesagt, allzu viel „Rationalität", allzu viel Destruktivität des Rationalen, ist hier im Spiel.

Deshalb müssen wir jenes Modell, von dem deMause sagt, es lasse allein ein Menschenbild von „Rationalität und Gier" zu, als ein real existierendes (nicht als ein normatives) hinzuziehen. Nicht alle Lebensvollzüge im Menschenzusammenhang, aber einige von ihnen, können nur mit diesem Modell plausibel gemacht werden. Ich denke vor allem an den Bereich jener Lebensvollzüge, die man als ökonomische Entscheidungen bezeichnet (83 a).

Es gibt eine umfangreiche soziologische und politologische Literatur zum Phänomen, das den Bereich „Wirtschaft" heute am meisten kennzeichnet, zur sogenannten „Globalisierung" (84). In dieser Literatur besteht, ungeachtet sonstiger Unterschiede in den Positionen, eine einhellige Meinung darüber, daß der Bereich Wirtschaft sich immer mehr verselbständigt und demokratischer Kontrolle entzieht. Das, was ich „ökonomische Entscheidungen" genannt habe, wird immer wichtiger für das Leben und, wie man sagen kann: das Überleben von Menschen, deren Beteiligung an diesen Entscheidungen aber immer geringer wird.

Zunächst einige grundlegende Fakten, die als Folge ökonomischer Entscheidungen den globalen Menschenzusammenhang heute bestimmen. Dieser „Zusammenhang" ist in allererster Hinsicht als der einer extremen sozialen Ungleichheit zu kennzeichnen. Laut Unicef-Bericht „Zur Situation der Kinder in der Welt 2000" (85) leben 1,2 Milliarden Menschen in absoluter Armut, d. h. von weniger als 1 Dollar pro Tag. Hier handelt es sich um eine

„Einkommensgrenze (absolute Armutsgrenze), unterhalb derer eine Mindestversorgung mit lebensnotwendigen Nahrungsmitteln sowie mit den notwendigen Dingen des täglichen Bedarfs nicht mehr gewährleistet ist. Basis ist weniger als 1 US-Dollar pro Tag in internationalen Preisen von 1985, bereinigt anhand der Kaufkraftkapazität." (86)

Nach Einschätzung von Unicef entspricht es einem „inhärenten asymmetrischen Verlauf der Globalisierung" (ebenda), daß von diesem globalen Verarmungsprozeß insbesondere Frauen und Kinder betroffen sind. Die Zahl der Kinder, die in absoluter Armut leben, beträgt weltweit 600 Millionen. (87). Im Jahre 1800 lebten etwa 919 Millionen Menschen auf der Erde. (88) Das heißt: heute gibt es weit mehr absolut verarmte Menschen als es vor 200 Jahren überhaupt Menschen gab, eine Tatsache, die immerhin bedenklich stimmen muß gegenüber jeglicher Evolutionstheorie im Sinne einer kontinuierlichen Verbesserung der Menschheitszustände.

Es sind „ökonomische Entscheidungen" in der reichen Welt, die in erheblichem Maße die Armut in der armen Welt mit verursachen. Ich folge hier der Ansicht zahlreicher Sozialwissenschaftler, die gezeigt haben, daß die Globalisierung kein unschuldiger Prozeß ist, der angeblichen technischen und ökonomischen Sachzwängen entspringt. (89) Vielmehr handelt es sich um einen „rational" inszenierten politisch-ökonomischen Prozeß, dessen interessierte Hauptagenten und Hauptprinzipien der bekannte Linguist und Politikwissenschaftler Noam Chomsky mit Rückgriff auf eine Wirtschaftskonferenz in Washington so beschreibt:

„Der neoliberale Konsens von Washington bezieht sich auf eine Reihe von Marktprinzipien, welche die US-amerikanische Regierung mit den von ihr weitgehend beherrschten internationalen Finanzinstitutionen entworfen und durchgesetzt hat, was für die ärmeren Gesellschaften oftmals einschneidende strukturelle Anpassungsprogramme zur Folge hat. Die Grundsätze dieser neoliberalen Ordnung lauten:
Liberalisierung von Handel und Finanzen, Preisregulation über den Markt, Beendigung der Inflation („Makroökonomische Stabilität"), Privatisierung. Die Regierung sollte 'den Weg

frei machen' – und folglich auch die Bevölkerung ... Naturgemäß sind die Entscheidungen derjenigen, die den 'Konsens' durchsetzen, von größtem Einfluß auf die globale Weltordnung. Einige Fachleute vertreten sogar eine noch stärkere Position. Die internationale Wirtschaftspresse sieht diese Institutionen als Kernstück einer 'faktischen Weltregierung', die in einem 'neuen Zeitalter des Imperialismus' die Interessen der Transnationalen Unternehmen (TNCs), Banken und Investmentfirmen vertritt." (90)

Die Kausalität von sozialer Ungleichheit impliziert jedoch noch zahlreiche andere Faktoren, die beteiligt sein können. Wir können in diesem Zusammenhang durchaus eine von der deMauseschen Theorie ausgehende wichtige Anregung heranziehen; nämlich jene Umsteuerung von kritischer Aufmerksamkeit „von oben nach unten", die in seinem Konzept der „Gruppenphantasien" enthalten ist. Kritische Sozialtheorien haben die Verantwortung für soziale Mißstände tendenziell immer nur den oberen Rängen der sozialen Hierarchie zugeschrieben, „herrschenden Klassen", „Eliten", „Diktatoren". Diese Analysen sind meines Erachtens keineswegs obsolet und ich habe sie in meinem Beitrag in diesem Band auch zur Kritik an der psychogenetischen Theorie herangezogen, insofern diese jene Herrschaftskritik ganz fallen läßt. Jedoch: man muß auch sehen, daß deMause – ohne dies zu beabsichtigen – mit seiner Theorie der „Gruppenphantasien" – die ja wesentlich „von unten" kommen – einen wichtigen Beitrag zu einer Diskussion über den Anteil breiter Bevölkerungsschichten an der Entstehung von Herrschaftsverhältnissen geleistet hat.

Hätte die marxistische Gesellschaftstheorie sich mehr auf solche Vorstellungen eingelassen anstatt immer nur das „Unten" in Form der „Arbeiterklasse" zu idealisieren, so hätte sie möglicherweise manche Irrwege in ihrer politischen Theorie vermeiden können, etwa den, eine „Diktatur des Proletariats" zu postulieren. Wenn es zwar auch bei deMause eine – freilich politisch ungleich „harmlosere" – innertheoretische Logik zu einer Art „Diktatur der Empathischen" gibt, so ist jedoch zunächst innerhalb der Geschichte der sozialen Ideen sein Konzept der „Gruppenphantasien" als destruktiven Wirkkräften auf der politischen Bühne eine wichtige Korrektur einseitiger Theorien der „Herrschaft von oben".

Wir können nun diese theoretische Fokussierung des „Unten" auch im Kontext des von mir angeschlagenen Themas „Globalisierung und soziale Ungleichheit" heranziehen. Denn: es sind tatsächlich nicht nur die „ökonomischen Entscheidungen" der „Transnational Corporations" (siehe obiges Chomsky-Zitat), die für diese soziale Ungleichheit verantwortlich sind.

Es sind auch mit beteiligt jene erstarrten Familienstrukturen, zwischengeschlechtlichen Beziehungsmodi und rigiden Formen der Kindererziehung in wenig entwickelten Gesellschaften, die deMause etwa in seiner Analyse über psychohistorische Hintergründe des islamistischen Terrorismus allgemein und des Anschlags vom 11. September im Besonderen ins Blickfeld rückt (90a); es sind auch diese psychogenetisch erstarrten Verhältnisse und die an sie angeschlossenen „Gruppenphantasien", die ökonomische Entwicklung in den armen Ländern behindern und zur Verfestigung sozialer Ungleichheit beitragen. Allerdings: *beitragen*! und nicht mehr!

Ich habe bereits darauf hingewiesen, daß diese an und für sich richtige Analyse dann doch wieder zu einer falschen Analyse wird, indem sie abstrakt bleibt etwa durch völlige Ausklammerung des Themas „ökonomische Entscheidungen" und dann ernsthaft glaubt, durch „Parenting Centers" (siehe oben) die Welt psychogenetisch erlösen zu können. Oder noch weiter gehend sogar glaubt, ihr „Heilsversprechen" (91) durch psychotherapeutische Interventionen realisieren zu können, wie der Aufsatz der deMause-Anhänger Weinhold und Weinhold „Healing the whole Person and the whole World" (92) suggeriert.

Eine Reflexion der Rolle „ökonomischer Entscheidungen" scheint mir mit Horst-Eberhard Richters Begriff der „Egomanie" (93) möglich zu werden. Wir müssen ihn jedoch differenzieren. Ich schlage vor, dies in folgender Weise zu tun: die westliche „Egomanie" ist ein in der Hierarchie westlicher Gesellschaften von unten nach oben zunehmendes Phänomen.

In den höchsten Rängen dieser Hierarchie, vor allem in den Spitzenfunktionen der bezeichneten „Transnational Corporations", steigert sich diese Egomanie zu jener Legierung von real existierender „Rationalität und Gier", die der von deMause kritisierte Sozialtheoretiker George Brockway dann (falsch normativ) als notwendigen Bestandteil des „Economic man" postuliert.

„Economic man must be both rational and greedy" (94)

Wenn ich sage: die Egomanie steigt von unten nach oben, so mag der unabhängige Psychohistoriker mir jetzt die in den klassischen Herrschaftstheorien verbreitete Idealisierung des „Unten" und alleinige Kritik des „Oben" vorwerfen. Jedoch: wer vermag ernsthaft die möglicherweise auch auf den unteren Hierarchierängen vorhandene Egomanie mit der Egomanie der höchsten Ränge auf eine Stufe zu stellen!

Hier kann ich nur soziologisch im Sinne Durkheims denken: Der „Egomane" „unten" sieht sich permanent sozialen Tatbeständen ausgesetzt, die auf ihn einen so starken „sozialen Zwang" – ein Phänomen, das, wie dargestellt, in der psychogenetischen Theorie gar nicht existiert – ausüben, daß es bei ihm kaum zu jener für die höchsten Ränge charakteristischen Egomaniesteigerung in Form einer Legierung von „Rationalität und Gier" kommen kann. Er ist gefangen in Ängsten vor Arbeitsplatzverlust, oder in Anforderungen an seine „Mobilität und Flexibilität", die wiederum in Ängsten münden vor Destabilisierung seiner allgemeinen Lebenssituation (94a).

Die „Egomanie von oben" in Gestalt einer Legierung von „Rationalität und Gier", so meine These, nimmt unter den Bedingungen der Globalisierung eine Form an, in der sich ökonomische Entscheidungen in reichen Regionen und Traditionsstrukturen in armen Regionen zu einer ungehemmten Mentalität der Menschenverachtung zusammenschließen.

Die „schamlose" (95) Ausbeutung der Arbeitskraft in armen Ländern durch Transnational Corporations erhält noch eine Pseudorechtfertigung als Arbeitsbeschaffungsprogramm – Niedrigstlöhne scheinen besser als vollständige Armut, unter deren Bedingungen die „Armutsfalle" (96) völlig zuschnappt.

„Die kastenbedingte Armut besteht – ungeachtet der Gesetze, die diese Praxis verbieten – überall in dieser riesigen Region fort und beraubt allein in Indien weit über 160 Millionen Menschen ihrer Rechte. Kinder leiden besonders hart darunter, daß ihre Eltern im Gegenzug für die Gewährung von Kleinkrediten eines ihrer Kinder an einen Fabrik- oder Plantagenbesitzer geben oder verkaufen müssen.

In Südasien sind es zwischen 20 und 40 Millionen Mädchen und Jungen, die in solcher Schuldknechtschaft Schwerarbeit verrichten. Sie beugen sich über Webstühle, stellen Ziegel her oder drehen von Hand Zigaretten. Unzählige Menschen verbringen ihre Kindheit und Jugend als Dienstboten im Haushalt, kehren Fußböden und schrubben Töpfe und Pfannen. Es ist erschütternd, wenn man sich vorstellt, welches Leben ein sechsjähriges Kind erwartet, wenn es von seinen Eltern gegen einen Kredit für Saatgut oder eine notdürftige Bleibe in Schuldknechtschaft weggegeben wird.

Ein unerträglicher Gedanke: Ein Mädchen aus dem Bergland von Nepal wird von seinen verarmten Eltern an einen Agenten verkauft, der Arbeit in einer Teppichfabrik verspricht. Es findet sich jedoch bald mit anderen Mädchen zusammen in einem fensterlosen Zimmer in Kalkutta oder Bombay wieder und wird zum Sex mit bis zu zwei Dutzend Freiern am Tag gezwungen. Diesen Kindern ergeht es wie den in Schulden verstrickten Ländern, in denen sie leben: Es gelingt ihnen auch nach zehn oder zwölf Jahren nur selten, die Schulden ihrer Eltern abzuzahlen. Die Schuldknechtschaft wird dann an jüngere Geschwister oder sogar an die eigenen Kinder weitervererbt." (97)

Es ist eines der gravierenden Defizite der „unabhängigen Psychohistorie", daß sie zur Thematik der „zunehmend komplexer werdenden Gefahren für Kinder auf der ganzen Welt" (Unicef) (98) stets nur den einen Faktor „Elternverhalten" beleuchtet. In dem hier geschilderten komplexen Zusammenhang von Armut, Elternverhalten, Menschenverachtung der Nutzer des kindlichen Lebens, hat nur das „Elternverhalten" einen Stellenwert. Jene von der Unesco betonte „Armutsfalle" (99) wird von deMause, wenn er das globale Kinderelend thematisiert, nie erwähnt.

Meines Erachtens aus rein ideologischen Gründen. Die Ideologie der „von ökonomischen und technologischen Faktoren unabhängigen" historischen Entwicklung, die allein vom psychogenetischen Stand der Eltern-Kind-Beziehung determiniert ist, besagt nämlich, daß für das Kinderelend in der Dritten Welt, quer durch alle Schichten dort, ein von deMause so genannter „parental holocaust" (100) alleinverantwortlich ist. Und so müßten wir in oben angeführter Darstellung der „Schuldknechtschaft" von Kindern ebenfalls allein ein Resultat des Elternverhaltens sehen.

Die offensichtliche Rolle von Armut wird bei deMause beharrlich übersehen, spielt in seinem theoretischen Konzept keine Rolle.

Zurück zur Thematik „Mentalität". Meines Erachtens stehen die Ausbeutung der Dritten Welt durch „Transnational Corporations" wie auch die „Schuldknechtschaft" und viele ähnliche Phänomene, die in den jährlich erscheinenden Kinderberichten von Unicef dargestellt werden, heute zunehmend unter ein und derselben Regie durch eine Mentalität von „Rationalität und Gier"; der asiatische Menschenhändler und der westliche Manager einer Transnational Corporation sind beide durch sie „motiviert". Man könnte von einer im Zuge der Globalisierung sich weltweit vereinheitlichenden Motivationslage sprechen. (Das schließt allerdings nicht aus, daß gleichzeitig „traditionelle"Grausamkeiten gegen Kinder erhalten bleiben, die nicht unter diese Motivationsthematik subsumierbar sind; so etwa die „weibliche Beschneidung", deren äußerst komplexe Problematik Hanny Lightfood-Klein (101) und Nina Simone Becker (102) dargestellt haben).

DeMause` Begrifflichkeiten sind ganz darauf angelegt, kritische Zustände im Menschenzusammenhang auf „krankhaft Emotionales" zurückzuführen. Was dabei ganz aus dem Blickfeld gerät, ist das „krankhafte Bewußtsein."

In dem Begriff der Mentalität klingt beides an. Horst Eberhard Richter hat von einer „Krise des westlichen Bewußtseins" gesprochen. Damit ist gemeint, daß das „westliche Bewußtsein" qua „Egomanie" heute von einer größer werdenden Minderheit in Frage gestellt wird. Was aber doch heißt: daß eine die ganze westliche Kultur prägende *Mentalität* in die Krise geraten ist.

Was wir tagtäglich erleben: die alles durchdringenden Werte des „Shareholder-value", die Erosion der „Wir-Gesellschaft" durch Sozialabbau, die Vergessenheit sozialstaatlicher Gebote wie „Eigentum verpflichtet" (s. Grundgesetz Art. 14/15), rückläufige Entwicklungshilfe bei zunehmendem Wohlstand der reichen Länder:

Zunehmender Wohlstand und sinkende öffentliche Entwicklungshilfe

Veränderung des BSP pro Kopf der Geberländer in US-$, 1990-1997 +$7,878

Veränderung der öffentlichen Entwicklungshilfe pro Kopf der Geberländer in US-$, 1990-1997

1990 — -$18

Quellen: UNICEF, The Progress of Nations 1999; UNDP, Human Development Report 1999 and Human Development Report 1993

Abbildung 2 (103)

All dies kann nicht allein auf Traumatisierungen in der Kindheit reduzierbar sein; - und damit kommen wir zurück zu der deMauseschen Hervorhebung des „traumabasierten" und Zurückweisung des „triebbasierten" Menschenbildes (103a). Sollen wir die ökonomischen Entscheidungen, die die Manager der Transnational Corporations fällen und durch die sie Millionen Menschen in die Lohnsklaverei führen, auf die Kindheitstraumata dieser Manager zurückführen? Sollen wir in Menschenhändlern verletzte Kinder sehen?

Selbst wenn sie es sind, was ist damit für eine politische Handlungstheorie gewonnen? Ganz ohne Frage hat die Traumatheorie einen anthropologischen Vorrang vor jeder Art „Triebtheorie". Aber ihr großer Nachteil ist, daß sie nicht hinreichend genug jene zahlreichen politisch-ökonomischen Handlungsformen erfassen kann, die gar nicht den Charakter von Rache für eine narzißtische Kränkung in der Kindheit haben. Daß die „gemordete Kinderseele" in einem erwachsenen Streben nach Rache ihr politisches Ziel findet und so Rassenwahn und Genozid entstehen, ist psychologisch erkennbar zu machen. Wie aber soll eine ähnliche Kausalattribuierung in modernen Schadenszufügungen von Menschen an Menschen etwa im folgenden Beispiel erkennbar werden?:

„Der Wirtschaftsredakteur der Zeitschrift *Facts* in Zürich stellte die moralischen Überzeugungen, die professionelle Ethik zehn der angesehensten Anwaltskanzleien Zürichs auf die Probe. Er wählte seine Gesprächspartner willkürlich nach dem 'Who-is-who' der Geschäftsanwälte aus, das jährlich vom Martindale-Hubbel-Verlag in New York herausgegeben wird.

Im Zimmer 309 des Hotels Eden au Lac am Ufer des Zürcher Sees nimmt der Journalist eine fiktive Identität an: Alexei Scholomickij, tschechischer Geschäftsmann und Vertreter der 'Trading and Consulting' - Gesellschaft in Prag. Er ruft eine Kanzlei nach der anderen an und bittet um einen dringenden Termin noch am gleichen Tag. Seinen Gesprächspartnern erzählt er folgende Geschichte: Ein Unternehmen in Tscheljabinsk (Russland) will Osmium – eine hochgiftige Substanz – an eine tschechische Firma in Ostrava verkaufen, ohne dass die russischen Behörden davon erfahren, denn der Handel mit Osmium ist in Russland verboten.

In neun der zehn Kanzleien wird der falsche Schmuggler sofort empfangen. Niemand überprüft ernstlich seine Personalpapiere. Der Händler besitzt auch keinen Herkunftsnachweis des Osmiums, so dass die Anwälte annehmen müssen, dass es sich um Diebesgut handelt. Der Händler erbittet die Hilfe der Anwälte für die erste Phase der Transaktion: Ein Kilo Osmium muß sofort für 5,1 Millionen Dollar gegen Barzahlung transferiert werden.

Kein Problem! Die vortrefflichen Zürcher Anwälte sind zu allem bereit! Und sie wissen auch wie: Die meisten schlagen die Gründung einer Offshore-Gesellschaft auf den Cayman Islands vor, eine sichere Methode, um das Geld zu waschen und die Spuren der Transaktion zu verwischen. Ein Anwalt schlägt Liechtenstein vor. Ein anderer hingegen tritt für eine noch einfachere Lösung ein: Die Geldsummen laufen über das eigene Bankkonto der Zürcher Kanzlei.

Der Anwalt ist redselig: Hätte der Kunde Plutonium zu verkaufen, würde er stattdessen Dubai vorschlagen, wo er über diskrete und effiziente Geschäftspartner verfügt. Ein dritter Anwalt hat kein Vertrauen zu den Cayman Islands; für den Handel mit Osmium rät er zu Panama.

Alle kontaktierten Kanzleien verlangen ihre gewöhnlichen Tarife, zwischen 350 und 500 Schweizer Franken pro Stunde. Der Journalist und falsche tschechische Schmuggler zieht daraus den Schluß, dass es sich für sie um eine ganz und gar banale Angelegenheit handelt, wie sie häufig von Kanzleien gehandhabt wird. Ein Anwalt verlangt einen Vorschuß von 10.000 Dollar. Ein anderer beansprucht ein Prozent der transferierten Summe. Ein letzter fordert eine Risikoprämie von 50.000 Dollar". (104)

Muß man solchen Handlungsweisen „Motivationen" zuschreiben, die in traumatischen Kindheitserlebnissen ihren Ursprung haben? Was auch immer empirische Untersuchungen zu dieser Frage herausfinden könnten, im Kontext der Fragestellung nach dem Zusammenhang von Psyche und politisch-ökonomischen Entscheidungen ist doch zunächst auffällig das hohe Maß an (schlechter) Rationalität, die mobilisiert wird, um „entgrenzte Wünsche" (Peter Jüngst) nach privatem Reichtum zu realisieren. Die hier geschilderten „Anwälte" verkörpern den „economic man" mit seiner Legierung von „Rationalität und Gier."

Der „reinen" Traumatheorie und der „Egomanie"-These von Horst-Eberhard Richter, die sich ja nicht in jener platten Rede vom „economic man" erschöpft, ist gemeinsam, dass sowohl dem Rachestreben des traumatisierten Menschen wie auch dem Größenwahn des Gotteskomplexes *Insuffizienz*-Gefühle zugrunde liegen.

Jedoch ist der Vorteil der Egomanie-These, dass sie eine Analyse eben auch des „Bewusstseins" (und seiner Krise) mit ermöglicht, was im Falle der reinen Traumatheorie nicht der Fall ist. Diese „Krise des Bewusstseins" ist aber ein Hauptkennzeichen der heutigen extrem destruktiven Strukturen der *Risikogesellschaft* (105). *Der ökologische Genocid geschieht bei Bewusstsein und nicht in traumatogener Trance,* auch wenn man Letzteres aus anthropologischer Sicht, dann aber in Bezug auf eine philosophisch definierte „Menschheit", postulieren kann. Wie immer auch diese Fragen in den Einzelfällen gesehen werden können, in Jean Zieglers Buch „Die Barbaren kommen, Kapitalismus und organisiertes Verbrechen" (106), finden sich tatsächlich auch Beispiele politischer Kriminalität, die sich traumatheoretisch verstehen lassen; im Kontext von Erörterungen politischer Handlungstheorie scheint mir die Bevorzugung allein des traumatheoretischen Konzepts unangemessen, da es jenen angesprochenen Aspekt des Bewusst-Zielgerichteten, der in ökonomischen und ökologischen Entscheidungen *und* im Menschenhandel enthalten ist, nicht berücksichtigt.

Dieser Aspekt ist aber im Begriff einer egomanen *Mentalität* durchaus vorhanden. Zugleich impliziert „Mentalität" aber nicht nur Bewusst-Zielgerichtetes, sondern auch einen Antriebsfaktor. Und hier postuliere ich durchaus eine real existierende Wirksamkeit der „Gier" in einem „economic man". Ich meine, dass wir hier ohne einen solchen triebtheoretisch getönten Begriff nicht auskommen. (107)

Psychologische Analysen totalitärer Herrschaft haben häufig auf die traumatischen Hintergründe des Handelns von politischen Entscheidungsträgern wie „Hitler", „Stalin", „Mao-Tse-Tung" hingewiesen. Es gibt auch empirische Belege für diese Thesen aus der Biographieforschung. (108)

Diese Sichtweise halte ich aber nicht ohne weiteres für übertragbar auf „die moderne Managerwelt". Arno Gruen geht hier sehr weit, wenn er schreibt:

„In der modernen Managerwelt geht es zwar nicht um primitiven Mord. Der Mord an der Seele, der hier begangen wird, ist jedoch derselbe wie in der Nazizeit. Das meint Carl Amery, wenn er Hitler als Vorläufer unserer Zeit beschreibt. Er will davor warnen, dass der heutige Idealmensch dem idealisierten Unmenschlichen entspricht, ... wo nur Erfolg und Anpassung zählen." (109)

Tatsächlich gibt es auch für eine solche radikalisierte sozialpsychologische Sicht auf moderne Egomanie empirische Hinweise (109a). Jedoch: Stellen wir deMause' psychogenetische Theorie eines Vordringens empathischer Modi der Eltern-Kind-Beziehung als begrenzt empirisch gültig in Rechnung, so können wir nicht umstandslos allen Topmanagern eine Tendenz zum „Seelenmord" unterstellen. Vielmehr gehe ich davon aus, dass hier gegenüber klassisch-totalitärer Herrschaftsausübung, die tatsächlich weitgehend, psychohistorisch gesehen, traumatheoretisch begründet war, durchaus auch „fortgeschrittene" Modi der Eltern-Kind-Beziehung den biographischen Hintergrund von Entscheidungsträgern im globalisierten Wirtschaftsgeschehen bilden können. Jene Mentalität von „Rationalität und Gier" des „economic man", sie kann auch einhergehen mit empathischen Kindheitshintergründen! Heute wird Kindern unter empathischer Begleitung ihrer Eltern beigebracht, wie sie ihr Geld gewinnbringend anlegen können, wie sie gute Players an Märkten werden, wie sie ihre Rationalität schulen müssen, um zu den „Winnern" und nicht zu den „Loosern" der Gesellschaft zu gehören. In den USA und zunehmend auch in Europa werden sie einfühlsam dahin geführt, sich durch systematische Abschirmung vor der Berührung mit Armut und Armen zu schützen.

Es müssen nicht traumatisierte Menschen sein, die durch ökonomische Entscheidungen mit dazu beitragen, die Welt in Arm und Reich zu teilen; es reicht eine alles durchdringende, zur kulturellen Selbstverständlichkeit gewordene *Mentalität* von „Rationalität und Gier" aus, um *hinreichend beziehungslos* (110) handeln zu können, um Lohnsklaverei in entfernten Welten egomanisch auszuschlachten oder sogar als Arbeitsbeschaffungsprogramm „philantropisch" zu interpretieren.

Erinnern wir uns aber: Horst Eberhard Richter spricht von einer *„Krise des westlichen Bewusstseins"* und meint damit das zunehmende In-die-Kritik-Geraten jener Mentalität.

Damit berührt er die Thematik der Perspektive von Veränderung. Diese sieht er in neuen Gruppierungen wie den Globalisierungskritikern, die sich in ATTAC organisieren, aufscheinen.

ATTAC ist die Abkürzung für:
Association pour la taxation de transactions financières pour l'aide aux citoyens-Vereinigung für die Besteuerung von finanziellen Transaktionen zugunsten der Bürgerhilfe (111).

„Auf der Programmliste von attac stehen unter anderem die folgenden beachtlichen Forderungen: Einführung einer Steuer auf Devisengeschäfte (Tobin-Steuer); Ausschaltung der Steueroasen (britische Cayman-Inseln, niederländische Antillen, Liechtenstein, Hongkong usw.), wo nach Schätzungen des Internationalen Währungsfonds (IWF) private Vermögen von über 5 Billionen Dollar gebucht sind; Entschuldung der armen Länder und Umbau des Welthandelsrechts zu deren Gunsten; und vor allem: Demokratisierung der Welthandelsorganisation (WTO) und der Weltbank. Ohne diese Reformen werden die Exporteure und die

Finanzindustrie der westlichen Länder, an der Spitze die USA, alle noch so groß angekündigten Vorhaben zur Armutsbekämpfung behindern." (112)

In unserem Kontext kann man sagen: diese politischen Forderungen formulieren auf einer Ebene des politischen Bewusstseins eine Kampfansage an das „westliche Bewusstsein" des „Gotteskomplexes". Anders ausgedrückt: sie definieren nicht, wie bei deMause, den real existierenden „economic man" mit seiner „Rationalität und Gier" einfach weg, sondern sie konstatieren seine destruktive, Armut schaffende Existenz und setzen ihm eine Alternative entgegen.

„Die Alternative ist ein soziales Menschenbild, das vom Prinzip der Gerechtigkeit getragen wird." (113)

Wodurch wird das „soziale Menschenbild", das „Prinzip der Gerechtigkeit" verletzt?

Ein Hauptcharakteristikum der Globalisierung besteht nach einhelliger Auffassung aller Autoren, die sich mit diesem Thema befassen, in dem seit den 70'er Jahren „freien" Weltfinanzmarkt. Jeden Tag (!) wird hier die unvorstellbare Summe von 1,5 Billionen Dollar umgesetzt. Über 90 % davon aus rein spekulativen, wenn man so will: aus rein „rational-gierigen" Zwecken.

Dies aber heißt, auf der Begriffsebene von Gerechtigkeit formuliert, nichts anderes, als dass wirtschaftliche Werte, die von Menschen durch Arbeit erwirtschaftet wurden, von anderen Menschen, die dazu keinen Beitrag geleistet haben, in völlig unproduktiver Weise zu unbegrenzter privater Reichtumsvermehrung eingesetzt werden.

An dem gleichen Tag, an dem 1,2 Milliarden Menschen für ihren deprivierten Lebensunterhalt jeder nur 1 Dollar zur Verfügung haben, werden am Weltfinanzmarkt Werte in Höhe des „Vierfachen der jährlichen Weltausgaben für Rohöl" (114) verschoben. Diesem Gegenwert nämlich entsprechen jene oben genannten 1,5 Billionen Dollar Tagesumsatz an den Weltdevisenmärkten.

Sieht man diese Daten zu Welthunger und zum Weltfinanzmarkt zusammen an, wie es Unicef-Exekutiv-Direktor Carol Bellamy anlässlich der Veröffentlichung des „Berichts zur Situation der Kinder in der Welt 2000" getan hat (115), so kann man folgern: die globalisierte Welt hat den höchsten

Stand sozialer Ungleichheit im Menschenzusammenhang hervorgebracht, den es in der Geschichte je gegeben hat.

Auf eine Zunahme sozialer Ungleichheit (und damit auch des Gewalt-Verhältnisses unter Menschen) in allerjüngster Zeit verweisen uns ebenfalls folgende Daten:
- Das durchschnittliche Pro-Kopf-Einkommen ist in 40 Ländern seit 1990 jährlich um über drei Prozent gestiegen, während es in 55 Ländern im gleichen Zeitraum zurückgegangen ist: Weltweit weisen mehr als 80 Länder heute ein geringeres Pro-Kopf-Einkommen auf als vor einem Jahrzehnt.
- Der Anteil des reichsten Fünftels der Weltbevölkerung am Welteinkommen ist 74 mal größer als der Anteil des ärmsten Fünftels.
- In den meisten OECD-Ländern haben die Einkommensunterschiede seit 1980 zugenommen.
- Schätzungsweise zwölf Prozent der Menschen in den reichsten Ländern der Welt sind von Armut betroffen. (116)

Meine Schlussfolgerungen aus dieser Darstellung einer tiefgreifenden Weltunordnung ist: bevor der von deMause herausgestellte und von verschiedenen Forschungsrichtungen in den Sozialwissenschaften sozusagen empirisch bestätigte „homo relatens" sich *sozial* realisieren kann, muß in politischen Auseinandersetzungen jenes von Horst-Eberhard Richter postulierte „soziale Menschenbild" erkämpft werden, d. h. müssen die übergroßen sozialen Ungleichheiten wenn nicht beseitigt, so doch mindestens gemäßigt werden. Es ist eine grundlegende Fehlannahme im Ableitungszusammenhang der „unabhängigen Psychohistorie", der „homo relatens" stelle sich im historischen Prozeß sozusagen evolutionär von selbst her. Man kann es auch so sagen: die *„unabhängige Psychohistorie" hat ein gestörtes Verhältnis zum Thema „politische Auseinandersetzung."* Der Begriff des politischen Bewußtseins ist ihr fremd.

Wer wollte dem unabhängigen Psychohistoriker nicht zustimmen, wenn er aus der Logik seines psychogenetischen Ansatzes heraus den Appell formuliert:

„Wars and all the other self-destructive social conditions we suffer from in the twenty-first century will be cured, simply because the world will be filled with individuated personalities who are empathic toward others and who are not self-destructive." (117)

Aber ich kann ihm abermals *nicht* zustimmen, wenn impliziert ist, jene „social conditions we suffer from" allein als Mangel an „individuated personalities" zu definieren, was man hier auch übersetzen kann mit: als Mangel empathischer Gefühle.

Etwa jene „social conditions", die der Menschheit mit Macht vorschreiben, ihre wirtschaftliche Reproduktion nach marktfundamentalistischen Gesetzmäßigkeiten zu regeln, wie es in dem oben von Noam Chomsky erwähnten „Consens von Washington" der Fall ist, sind wahrscheinlich durchaus das Produkt mangelnder empathischer Gefühle, aber sie sind auch – und politisch gesehen: vor allem – das Produkt eines a-sozialen Denkens, eines Denkens, dem das fehlt, was Horst-Eberhard Richter in seiner Darstellung der ATTAC-Bewegung als *„soziales Menschenbild"* bezeichnet. Die wirklich „individuated personalities" können nur entstehen, wenn dieses soziale Menschenbild zunehmend Realität wird. Sicher gibt es im euroamerikanischen Westen zunehmend Eltern, die ihre Kinder empathisch begleiten, durchaus deren Entwicklung zu „individuated personalities" intendieren. Aber die kulturelle Mentalität, innerhalb derer dies geschieht, ist die einer affirmativen politischen Bewusstlosigkeit.

Mit diesem Problem sollte sich die Psychohistorie auch befassen: dass es eine empathische Erziehung gibt, die auf der emotionalen Ebene unterstützend ist, aber auf der Ebene des Bewusstseins dem „Gotteskomplex" verhaftet bleibt und hier den „Winner" am Markt der Lebenschancen anstrebt, der selber *hier* dann nicht mehr „unterstützt", der *hier* nicht „empathic toward others" (118) sich verhält, sondern als „shareholder-value"-Bewußtsein „toward others" das Prinzip des „Hire and Fire" vertritt.

Mit anderen Worten: die Psychohistorie muß lernen, das in sich durchaus richtige Empathie-Prinzip nicht zu überfordern. Die Psychohistorie muß lernen, sich endlich auch mit den theoretischen und politischen Anforderungen zu beschäftigen, die ein soziales Menschenbild an uns stellt. Dann wird sich zeigen, dass es nicht nur emotionale, sondern auch mentale und soziale Ursachen des globalen Menschenelends gibt, das wir heute vorfinden.

Zugleich mag es aber auch zutreffen, dass in jener sozialen Bewegung, die die „Alternative des sozialen Menschenbildes" realisieren will, ein empathisch-sozialisatorischer Hintergrund wirksam ist und nicht nur bewußtseinsmäßige politische Einsicht. Denn Kindheitserfahrungen empathischer

Unterstützung müssen nicht immer einhergehen mit einer gegenläufigen „Winner"-Delegation, wie sie in unserer Kultur vorherrschend ist. Da mag sich auch etwas ganz anderes finden lassen, nämlich das, was Horst-Eberhard Richter in seiner Beschreibung der Aktiven in der ATTAC-Bewegung anklingen lässt:

„Gerechtigkeit soll herrschen. Aber die kann man nicht schaffen, wenn man sie nicht in sich hat. Wenn man nicht von ihrer Unerlässlichkeit durchdrungen ist. Und da kommt man nun dem Verständnis der Motive des neuen Aufbegehrens näher. Man kann in diesem, so scheint es mir, Anzeichen eines Einstellungswandels lesen, der aus dem Innern der Einzelnen kommt. Nach dem jahrzehntelangen Trend zur Ich-Gesellschaft spüren die Menschen wieder stärker ihren Zusammenhang. Was wir in unserer letzten Deutschland-Umfrage des Gießen-Tests fanden, die Wiederbesinnung auf soziale Bedürfnisse und Gemeinschaftswerte, erweitert sich in den Köpfen der engagierten Globalisierungskritiker zu einer das Ganze umfassenden Vision.

Es ist ein und dasselbe innere Menschenbild, das den Maßstab für das Gemeinschaftsleben im Kleinen wie im Großen liefert. In einer wachsenden Zahl überwindet ein unmittelbares Zusammengehörigkeitsbewusstsein das egozentrische Denken. Die im Aufbruch befindlichen jungen Leute können sich selbst gar nicht anders denken als in einer Existenz der Gegenseitigkeit bzw. der wechselseitigen Abhängigkeit. Sie raffen sich nicht zu einem moralischen Edelsinn auf, wenn sie die Sache der Landlosen in Brasilien zu ihrer eigenen machen. Es ist keine altruistische Selbstüberwindung, sondern sie fühlen sich mit sich selbst schlicht besser im Einklang, wenn sie sich für ihr Gerechtigkeitsgefühl einsetzen. (119)

Wie immer man zu diesem Psychogramm einer neuen sozialen Bewegung stehen mag – wie verbreitet sind die hier angenommenen Einstellungen, gibt es wirklich ein „Ende der Egonomie"? – die Hoffnung, die hier formuliert wird, teile ich.

Anmerkungen

Vorbemerkung: Zitate und Hinweise im Text, die *nicht* in den folgenden Anmerkungen ausgewiesen sind, entstammen den Beiträgen in diesem Band.

1) Originalausgabe: Lloyd deMause, Foundations of Psychohistory, New York 1982. Übersetzung: ders., Was ist Psychohistorie? herausgegeben von: Arthur R. Boelderl u. Ludwig Janus, Gießen 2000.
Hier in diesem Beitrag benutze ich:
L. deMause, Grundlagen der Psychohistorie, hrsg. von Aurel Ende, Frankfurt/Main 1989;
Der Aufsatz Evolution der Kindheit ist in den „Foundations" und in „Was ist Psychohistorie?" jeweils in einem Band enthalten; in dem von Aurel Ende herausgegebenen Band ist dies nicht der Fall; der Aufsatz ist enthalten in: L. deMause, Evolution der Kindheit, in: ders. (Hg.) „Hört ihr die Kinder weinen", Frankfurt/Main 1982
2) Ph. Ariès, 1975, s. Literaturverzeichnis
3) s. etwa Mentzos, Stavros (Literaturverzeichnis)
4) L. deMause, 1989, S. 17
5) s. Bliersbach (Literaturverzeichnis); s. die Untersuchungen zur Gruppenphantasie in Deutschland von W. Kurth in: Kurth/Rheinheimer, 2001 und in: Kurth/Janus 2002 und in Janus/Kurth, 2000
6) in: L. deMause 1997, S. 138
7) s.: L. deMause 1989, S. 91; der dortige Aufsatz erschien erstmals 1977 in: The Journal of Psychohistory, Nr. 3, 1977
7a) s. dazu den Beitrag von W. Prieß in diesem Band
8) s. Peter Jüngst 2002
8a) L. deMause, Evolution der Kindheit, 1982, S. 14/15
9) s.: Daniel Stern, Die Lebenserfahrung des Säuglings, 1992; und: Daniel Stern 1979 u. Dornes, 1993 u. 1997
10) Bowlby 1975 (s. Literaturverzeichnis)
11) Kurth, W., in: Kurth, W./Janus, L. 2002, S. 261 ff.; Eine gesonderte Problematik besteht darin, warum deMause selbst die Bindungstheorie von Bowlby nicht aufgreift. Möglicherweise deshalb nicht, weil diese Theorie in einem allzu großen Spannungsverhältnis zu der These steht, mit der deMause seinen Aufsatz „Evolution der Kindheit" beginnt und die lautet: „Die Geschichte der Kindheit ist ein Alptraum, aus dem wir gerade erst erwachen". Ich habe das angesprochene Spannungsverhältnis andernorts ausführlicher darzustellen versucht – F. Nyssen 1989, Kap. I
12) L. deMause, 1989, S. 89
13) L. deMause, 1989, S. 17 u. S. 89 ff.
14) ders. S. 89
15) ders. S. 89

16) Esser, H., 1993, S. 5
17) Durkheim, E., Die Regeln der soziologischen Methode; s. Literaturverzeichnis
18) ebenda
19) ebenda
20) ebenda
21) Durkheim, E., Der Selbstmord 1983
22) Durkheim, E., Die Regeln der soziologischen Methode op. cit.
23) Jüngst, P./Nyssen, F. 2002
24) Elias, N. 1997, (s. Literaturverzeichnis)
25) L. deMause, 1997, S. 116
Die im Folgenden angeführten Begriffe sind diesem Abschnitt bei deMause entnommen:
„The exclusion of the most powerful human feelings other than greed from social and political theory plus the elimination of irrationality and self-destructiveness from models of society explains why the social sciences have such a dismal record in providing any historical theories worth studying. As long as social structure and culture are deemed to lie outside human psyches, motivations are bound to be considered secondary, reactive solely to outside conditions rather than themselves being determinative for social behavior.
Nor have the few attempts by social and political theorists to use psychoanalytic theory to explain history been very successful. This is true whether the theories have been sociologists, like Adorno, Marcuse or Parsons, or psychoanalysts, like Freud or Róheim. Most rely on the same basic Hobbesian model of society, with selfish individuals remorselessly fighting each other for utilitarian goals, rather than analysing how individuals actually relate in groups in history. The reason for this failure of social and political theory bears some scrutiny, as it will allow us to move away from an ahistorical, drive-based psychology to a historical, traumabased psychology that can be used in understanding historical change." (deMause 1997, S. 116)
26) L. deMause 1997
27) ebenda
28) Elias, N. 1977 (Untertitel)
29) Gay, P. 1994
30) Nyssen, F., in: Jüngst, P./Nyssen, F. 2002
31) Pivecka, J. s. Literaturverzeichnis
32) Jüngst, P. in: Jüngst, P./Nyssen, F. 2002
33) L. deMause 1989, S. 23 ff.
34) Hermsen, E. 2002, S. 87
35) Nyssen, F., in: Jüngst, P./Nyssen, F. 2002
36) Jüngst, P. in: Jüngst, P./Nyssen, F. 2002
37) Hermsen, E. 2002, S. 87

38) Zitiert in: Lloyd deMause 1997, S. 133/134. Zitat nach: James F. Masterson, The Search for the Real Self: Unmasking the Personality Disorders of Our Age, New York: The Free Press 1988, p. 10
39) Bernfeld 1979
40) Imhof, A., s. Literaturverzeichnis
41) L. deMause, in: W. Kurth/L. Janus 2002, S. 407
42) s.: Lightfood-Klein, H., s. Literaturverzeichnis und Becker, S. Nina, in: F. Nyssen/L. Janus 2002
43) s.: Nyssen, F., 'Psychogenetische Geschichte der Kindheit' und 'Historische Demographie'- eine notwendige Ergänzung, in: Nyssen, F./ Janus, L.2002 (2), S. 224 f.
44) Dürr, Hans P. 2000, S. 111 ff.
45) ebenda, S. 114
46) L. deMause 1997, S. 137
47) ebenda
48) ebenda
49) Hrdy, Sarah Blaffer, 2000, S. 358
50) Richter, D. 1987
51) Hrdy, Sarah B. 2000, S. 358
51a) s. Nyssen, F. 1989
52) s. Beitrag Nyssen, F. in diesem Band, Abschnitt II
53) s. Erdheim, M. 1984
53a) s. Nyssen, F. in: Nyssen/Janus. 2002 (2. Auflage), S. 177 ff.
54) Frenken, R. 2000
55) s. Beitrag Nyssen, F. in diesem Band, Abschnitt II
56) Gruen, A. 2000, S. 203
57) Fromm, E. 1945
58) L. deMause, 1989, S. 45 ff.
59) L. deMause 1997, S. 151
60) s. dazu: Imhof, A. 1988, S. 279 ff.; und: Schmitt, Jean Claude, Der heilige Windhund, Sttgt. 1982; und: Loux, Francoise, Das Kind und sein Körper in der Volksmedizin, Ffm 1991
60a) Eine medizinische, ökonomische, sozialpsychologische und psychohistorische Aspekte der „Pest" berücksichtigende Analyse findet sich bei: Renggli, Franz 1995
61) L. deMause, Evolution der Kindheit, 1982, S. 82 ff.
61a) Nyssen, F., in: Nyssen F./Janus L. 2002 (2), S. 185
62) Kurth, W., in: Kurth/W./Janus, L. 2002, S. 274
63) L. deMause, zit. ebenda, S. 274
64) L. deMause, Evolution der Kindheit, 1982, S. 86
65) Nyssen, F., in: F. Nyssen/L. Janus 2002 (2), S. 177 ff.
66) Imhof, A. 1988

67) L. deMause 1993, S. 2
68) Zu den „Parenting Centers" siehe: The Journal of Psychohistory, Nr. 1, 1993, S. 1 ff; weiterhin: Changing Childhood, Practical Utopian Projects, in: The Journal of Psychohistory, Nr. 4, 1997; Parenting Yesterday and today, in: The Journal of Psychohistory, Nr. 2, 1998; L. deMause, Childhood and Cultural Evolution, in: The Journal of Psychohistory, Nr. 3, 1999, S. 720 ff; L. deMause, Die Ursprünge des Terrorismus in der Kindheit, in: Kurth, W. u. Janus, L. (Hg.), Psychohistorie und Persönlichkeitsstruktur, Jahrbuch für psychohistorische Forschung, Band 2, Heidelberg 2002, S. 414
69) The Journal of Psychohistory, Nr. 1, 1993, S. 2; zuletzt: „Mc Farlands Elternbetreuungszentren haben die Kindesmißhandlungsraten deutlich gesenkt; das Konzept wird bald auf Boulders Partnerstadt in Tadschikistan ausgedehnt werden, wo ortsansässige Eltern die Zentren leiten werden", in: deMause, op. cit., in: Kurth/W. Janus, L., op. cit., S. 414
70) Nyssen, F., in: Nyssen, F./Janus, L. 2002 (2), S. 177 ff.
70a) L. deMause, Evolution der Kindheit, 1982, S. 12 – 14
71) Bernfeld 1979
72) Fürstenau, P. 1964
73) Miller, A. 1981
74) ebenda
75) L. deMause 1989, S. 94
76) Devereux, G. 1976
76a) Zu diesem gesamten Abschnitt s. auch den Beitrag von Prieß, W. in diesem Band sowie: Prieß, W. in: F. Nyssen/L. Janus 2002 (2)
77) L. deMause 1997
78) Richter, H.-E. 1979
78a) Richter, H.-E. 2002, S. 190
79) s. Petri, H. 1996
80) s. Richter, H.-E. 1963
81) Klein, N. 2001, Untertitel
82) s. bei: Petri, H. 1996
83) s. Beck, U., Risikogesellschaft, Frankfurt Main 1986
83a) Peter Jüngst (in: Kurth, W./Janus, L. 2002, S. 157) hat die psychodynamische Rolle der „Gier" im globalisierten Wirtschaftsgeschehen in einem Diagramm darzustellen versucht, allerdings ohne Thematisierung des Verhältnisses von „Gier" zu „Rationalität"

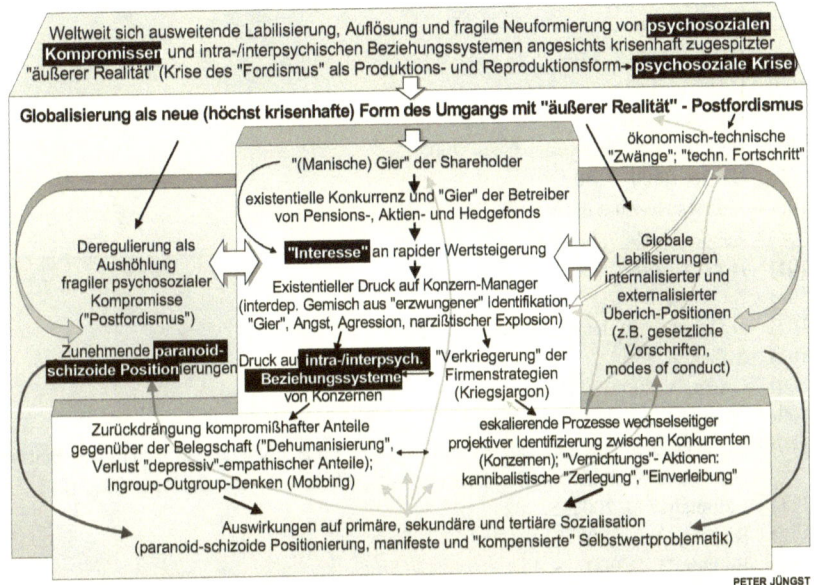

Abbildung 3

84) s. Martin, H. P./Schumann, H. 1996; Chomsky, N. 2000; Stiglitz, J. 2002, Klein, N. 2001, Jüngst, P. 2002
85) s. Unicef 2000
86) s. Nyssen, F. in: Kurth, W./Janus, L. 2002, S. 144
87) ebenda
88) Samuelson, P. 1958, S. 27
89) s. Nyssen, F. in: Kurth, W./Janus, L. 2002
90) Chomsky in: ebenda, S. 143
90a) s. deMause, in: Kurth/Janus 2002
91) Kurth, W. in Kurth, W./Janus, L. 2002, S. 261
92) Weinhold, J./Weinhold, B. 1995
93) Richter, H.-E. 2002
94) The Journal of Psychohistory, Nr. 2, 1997, S. 116
94a) Jüngst, P. in: Kurth, W./Janus, L. 2002
95) Klein, N. 2000
96) Unicef 2000, S. 25 ff.

97) Unicef 2000, S. 27
98) Unicef 2000, S. 69
99) Unicef 2000, S. 25
100) L. deMause 2000, S. 444
101) Lightfood-Klein, H. 1993
102) Becker, N. S. in: Nyssen/Janus, 2002 (2)
103) Unesco 2000, S. 40
103a) s. deMause-Zitat unter Anm. 25
104) Ziegler, J. 1999, S. 40/41
105) Beck, U. 1986
106) Ziegler, J. 1999
107) s. Jüngst, P. in: Kurth, W./Janus, L. 2002
108) Miller, A. 1980
109) Gruen, A. 2000, S. 186
109a) Arno Gruen beruft sich auf: M. Maccoby, Reinbek 1979
110) s. zur Problematik der „Beziehungslosigkeit" im Bereich der Wirtschaft den Beitrag von Prieß, W. in diesem Band, sowie Prieß, W. in: F. Nyssen/L. Janus 2002 (2)
111) Lafontaine, O. 2002, S. 202
112) Richter, H.-E. 2002, S. 181/182
113) Richter, H.-E. 2002, S. 17
114) Martin, H./Schumann, H. 1999, S. 74
115) s. Nyssen, F. in: Kurth, W./Janus, L. 2002, S. 145
116) s. Nyssen, F. in: Kurth, W./Janus, L. 2002
117) L. deMause 2002, S. 284
118) ebenda
119) Richter, H.-E. 2002, S. 186

Literatur

Ariès, Philippe: „Geschichte der Kindheit", München/Wien 1975
Beck, Ulrich: „Die Risikogesellschaft", Frankfurt am Main 1986
Becker, Nina Simone: „Die Vermengung von sozialen und psychischen Prozessen beim Phänomen der Beschneidung von Mädchen in Afrika" in: F. Nyssen/L. Janus 2002, (2), S. 89 ff.
Bernfeld, Sigfried: „Sysiphos oder die Grenzen der Erziehung", Frankfurt am Main 1979
Bliersbach, Gerhard: „Projektionsfläche Strauß", in: Psychologie heute, März 1980
Bowlby, John: „Bindung", München 1975
Chomsky, Noam: „Profit over people"; Hamburg/Wien 2000
deMause, Lloyd: „Foundations of Psychohistorie", New York 1982
deMause, Lloyd: „Evolution der Kindheit", in: ders. (Hg.), „Hört ihr die Kinder weinen", Frankfurt am Main 1982 (amerik. Ersterscheinung 1974)
deMause, Lloyd: „Grundlagen der Psychohistorie", Hg. Aurel Ende, Frankfurt am Main, 1989
deMause, Lloyd: „A Proposal to President Clinton on Behalf of America's Children", in: The Journal of Psychohistory, Nr. 1, 1993
deMause, Lloyd: „The Psychogenic Theory of History", in: The Journal of Psychohistory, Nr. 2, 1997
deMause, Lloyd: „Childhood and Cultural Evolution", in: The Journal of Psychohistory, Nr. 3, 1999
deMause, Lloyd: „The Origins of the Holocaust in the German Family", in: The Journal of Psychohistory, Nr. 4, 2000
deMause, Lloyd: „Was ist Psychohistorie?", herausgegeben von R. Boelderl u. L. Janus, Gießen 2000
deMause, Lloyd: „The Evolution of the Psyche and Society", in: The Journal of Psychohistory, Nr. 3, 2002
deMause, Lloyd: „Die Ursprünge des Terrorismus in der Kindheit", in: W. Kurth/L. Janus (Hg.) „Psychohistorie und Persönlichkeitsstruktur", Jahrbuch für psychohistorische Forschung, Bd. 2, Heidelberg 2002
Devereux, George: „Angst und Methode in den Verhaltenswissenschaften", Frankfurt am Main 1976
Dürr, Hans Peter: „Für eine zivile Gesellschaft", München 2000
Durkheim, Emile: „Die Regeln der soziologischen Methode", Frankfurt/Main 1991
Durkheim, Emile: „Der Selbstmord", Frankfurt am Main 1983
Eisenberg, Götz: „Amok, Kinder der Kälte", Reinbek 2000
Elias Norbert: „Über den Prozeß der Zivilisation", 2 Bände, Frankfurt am Main 1977
Erdheim, Mario: „Die gesellschaftliche Produktion von Unbewußtheit", Frankfurt am Main 1984

Esser, Hartmut: „Soziologie, Allgemeine Grundlagen", Frankfurt am Main, New York 1993

Frenken, Ralph: „Kindheit und Autobiographie", 2 Bände, Kiel 1999

Fromm, Erich: „Die Furcht vor der Freiheit", Zürich 1945

Fürstenau, Peter: „Zur Psychoanalyse der Schule als Institution", in: Das Argument, Nr. 29, 1964, S. 65 – 78

Funk, Rainer: (Hg.) „Erich Fromm heute, Zur Aktualität seines Werkes, München 2000

Gay, Peter: „Freud für Historiker", Forum Psychohistorie, herausgegeben von Hedwig Röckelein, Band 2, edition diskord, Tübingen 1994

Gehlen, Arnold: „Der Mensch, Seine Natur und seine Stellung in der Welt", Bonn 1958

Gruen, Arno: „Der Fremde in uns", Stuttgart 2000

Gruen, Arno: „Der Verlust des Mitgefühls, Über die Politik der Gleichgültigkeit", München 1997

Heinemann, Evelyn: „Hexen und Hexenangst, Eine psychoanlaytische Studie", Frankfurt/Main 1989

Hermsen, Edmund: „Der innere Gerichtshof, Die Entwicklung des Gewissens aus religionspsychologischer Sicht", in: W. Kurth/L. Janus 2002, S. 77 ff.

Horkheimer, Max u. Adorno, Theodor W.: „Dialektik der Aufklärung", Frankfurt am Main 1988

Hrdy, Sarah Blaffer: „Mutter Natur, Die weibliche Seite der Evolution, Berlin 2000

Imhof, Arthur: „Die Lebenszeit", München 1988

Jüngst, Peter u. Nyssen, Friedhelm: „Emotionale Wünsche, ökonomische Interessen und soziales Gewissen", in: W. Kurth/L. Janus (Hg.) „Psychohistorie und Persönlichkeitsstruktur", Jahrbuch für psychohistorische Forschung", Band 2, Heidelberg 2002

Jüngst, Peter: „Raubtierkapitalismus der Globalisierung – ein Resultat paranoid-schizoider Dynamik? Eine systemische Perspektive auf psychosoziale Prozesse in der Phase der flexiblen Kapitalakkumulation", in: W. Kurth/L. Janus 2002, S. 156 ff.

Kallert, Heide: „Institutionalisierung der Kindererziehung als globale Notwendigkeit und Problem", in: Jahrbuch für Pädagogik 1999, Hrsg. K. Chr. Lingelbach u. Hasko Zimmer, Frankfurt am Main 2000

Klein, Naomi: „No Logo! Der Kampf der Global Players um Marktmacht – Ein Spiel mit vielen Verlierern und wenig Gewinnern", ohne Ortsangabe, 2002 (2. Auflage)

Kurth, Winfried u. Rheinheimer, Martin: „Gruppenphantasien und Gewalt", Jahrbuch für Psychohistorische Forschung", Band 1 Heidelberg 2001

Kurth, Winfried: „Wechselseitige Bezüge von Bindungstheorie und psychohistorischer Forschung", in: W. Kurth/L. Janus (Hg.) „Psychohistorie und Persönlichkeitsstruktur", Heidelberg 2002

Lafontaine, Oskar: „Die Wut wächst, Politik braucht Prinzipien", München 2002

Lightfood-Klein, Hanny: „Das Grausame Ritual, Sexuelle Verstümmelung afrikanischer Frauen", Frankfurt am Main 1993

Loux, Francoise: „Das Kind und sein Körper in der Volksmedizin", Frankfurt/Main, 1991
Martin, Hans Peter u. Schumann, Harald: „Die Globalisierungsfalle, Der Angriff auf Demokratie und Wohlstand", Reinbek 1996
Mentzos, Stavros: „Der Krieg und seine psychosozialen Funtionen", Frankfurt am Main 1993
Miller, Alice: „Am Anfang war Erziehung", Frankfurt am Main 1980
Miller, Alice: „Du sollt nicht merken", Frankfurt am Main 1981
Nyssen, Friedhelm u. Janus, Ludwig (Hg.): „Psychogenetische Geschichte der Kindheit", Gießen, 2002 (2. Auflage)
Nyssen, Friedhelm: „Lieben Eltern ihre Kinder?", Frankfurt am Main 1989
Nyssen, Friedhelm: „Psychogenetische Geschichte der Kindheit" und „historische Demographie: eine gegenseitige Ergänzung?" in: F. Nyssen/L. Janus 2002 (2), S. 177 ff.
Nyssen, Friedhelm: „Psychohistorie, soziale Ungleichheit und politische Veränderung", in: W. Kurth/L. Janus 2002, S. 143 ff.
Petri, Horst: „Lieblose Zeiten, Psychoanalytische Essays über Tötungstrieb und Hoffnung", Göttingen 1996
Pivecka, Jutta: „Evolution oder Moral?" – Zur Kritik an Lloyd deMause' „Evolution der Kindheit", in: F. Nyssen/L. Janus 2002 (2), S. 159 ff.
Prieß, Wolfgang: „Die Theorie der Geschichte der Kindheit und die ökonomischen Entscheidungen", in: F. Nyssen/L. Janus 2002 (2), S. 249 ff.
Renggli, Franz: „Die Pest als Ausbruch einer Massenpsychose im Mittelalter", in: L. Janus (Hg.) Psychohistorie-Ansätze und Perspektiven, Textstudio Groß, Heidelberg 1995 (Postf. 251113, 69079 Heidelberg)
Richter, Dieter: „Das fremde Kind", Frankfurt am Main 1987
Richter, Horst-Eberhard: „Eltern, Kind, Neurose", Stuttgart 1963
Richter, Horst-Eberhard: „Der Gotteskomplex, Die Geburt und Krise des Glaubens an die Allmacht des Menschen", Reinbek 1979
Richter, Horst-Eberhard: „Das Ende der Egomanie, Die Krise des westlichen Bewußtseins", Köln 2002
Samuelson, Paul: „Einführung in die Volkswirtschaftslehre", Köln 1958
Stern, Daniel: „Mutter und Kind. Die erste Beziehung", Stuttgart 1979
Stern, Daniel: „Die Lebenserfahrung des Säuglings", Stuttgart 1992
Stiglitz, Josef: „Die Schatten der Globalisierung", Berlin 2002
Unicef: „Zur Situation der Kinder in der Welt 2000", Frankfurt am Main 2000
Weinhold, Janae B./Weinhold, Barry K.: „Global Psychotherapy, Healing the whole person and the whole world", in: The Journal of Psychohistory, Nr. 2, 1995
Ziegler, Jean: „Die Barbaren kommen, Kapitalismus und organisiertes Verbrechen", München 1999

Die „unabhängige Psychohistorie"[1] – eine immerwährende Abstraktion

Friedhelm Nyssen

Inhalt

A. Das Gerüst der Psychohistorie .... S. 80

B. Die psychogenetische Geschichte der Kindheit als
   Fundament der Psychohistorie: Kritische Rekonstruktion .... S. 83

C. Abstraktion und Gegenstandsentgrenzung .... S. 88

D. Folgen von Abstraktion, die nicht abnimmt .... S. 94

E. Psychohistorie von Fall zu Fall und hypothetisch .... S. 96

F. „Gruppenphantasie" .... S. 97

a. Die Gruppe der Zivilisierten: Glücklich und integriert –
   die Gruppe der Traditionellen: Unglücklich und schizoid .... S. 97

b. Die Phantasiepumpe und psychische Energieströme .... S. 103

G. Vermeintliche „Tautologie" in anderen theoretischen Ansätzen
   als Rechtfertigung eigener immerwährender Abstraktion .... S. 110

H. Psychodynamik ohne Sozialdynamik .... S. 114

A. Das Gerüst der Psychohistorie

Der Begriff der Psychohistorie stellt eine Variante von Bindestrich-Wissenschaft dar: Psycho-Historie.

Ist es möglich, eine solche Kombination von Psychologie und Geschichtswissenschaft- und darum handelt es sich hier offensichtlich- herzustellen und dadurch gewissermaßen eine eigene Abteilung im Kosmos der arbeitsteiligen Wissenschaften, eben die „Psychohistorie", zu konstituieren? Lloyd deMause beantwortet diese Frage positiv. Dieser Autor ist zunächst bekannt geworden durch seinen Entwurf zu einer „Psychogenetischen Geschichte der Kindheit".[2] Hier geht es um einen spezifischen Gegenstand, eben um Kindheit in der Geschichte und nicht um Historie in dem umfassenderen Sinn, wie er mitschwingt im Begriff „Psychohistorie". Jedoch: In dieser Weise einen speziellen und einen allgemeinen Gegenstand – „Kindheitsgeschichte" und „Geschichte" – zu unterscheiden, ist nach dem Anspruch von Lloyd deMause, eine Abteilung „Psychohistorie" im Kosmos der Wissenschaften zu begründen, unangemessen. Es zeigt sich nämlich, dass in diesem Begründungsversuch eine unauflösbare Verknüpfung von Kindheitsgeschichte und Geschichte allgemein postuliert wird. Dies erscheint zunächst nicht zwingend notwendig, denn wir finden auf dem Gebiet „Geschichte der Kindheit" zahlreiche Versuche, eine solche Geschichte zu schreiben *ohne* irgendeine Verknüpfung mit einer allgemeinen Geschichtskonzeption. Die „Geschichte der Kindheit" von Ph. Ariès[3] etwa, aber auch von Ruth Dirx,[4] von Erna Johansen[5] und von anderen, ist und bleibt im wesentlichen nichts anderes und nichts Weiteres als eben Geschichte der Kindheit.

Anders bei Lloyd deMause. Hier ist durchaus eine derartige zwingende Notwendigkeit impliziert. Wie kommt es dazu?

Um diese Frage beantworten zu können, müssen wir uns daran erinnern, dass deMause, anders als die anderen erwähnten Autoren, seinem Entwurf einer „Geschichte der Kindheit" einen besonderen Namen gibt, eben den einer „psychogenetischen Geschichte der Kindheit". Ich werde gleich darzustellen versuchen, was damit gemeint sein könnte.

Zunächst möchte ich mich jedoch mit der kurzen Formulierung begnügen: Psychogenetische Geschichte der Kindheit bedeutet, dass Lloyd deMause Psychoanalyse und Kindheitsgeschichte verbindet. Das heißt, er versucht, die von ihm verwendeten Quellen zur Geschichte der Kindheit mit einigen psychoanalytischen Begriffen zu interpretieren.

Die für Lloyd deMause sich als zwingende Notwendigkeit darstellende Verknüpfung von Geschichte der Kindheit und Geschichte allgemein ergibt sich nun durch ein besonderes „Ergebnis" der deMause'schen Analyse der Kindheitsgeschichte: Dass nämlich nach dieser Analyse die menschliche Psyche ein Produkt dieser Kindheitsgeschichte ist.

Obwohl die Begrifflichkeit „psychogenetisch" bei deMause unklar ist, können wir an dieser Stelle vorläufig formulieren: Das Wort „psychogenetisch" bedeutet in der Zusammensetzung „psychogenetische Geschichte der Kindheit" eben dies, dass die Psyche Produkt der Geschichte der Kindheit ist, also je historische Psychen aus je historischen Generationsketten generiert werden.

In der Zusammensetzung „psychogenetische Theorie der Geschichte" ist diese Bedeutung ebenfalls enthalten, jetzt aber kommt zusätzlich hinzu: Dass die je historischen allgemeinen Gesellschafts- und Kulturzustände aus den dergestalt kindheitshistorisch entstandenen Psychen, insbesondere aus den in diesen enthaltenen „Motivierungen", generiert werden.[6]

Diese Motivierungen treten auf der gesellschaftlichen, politischen und kulturellen Bühne als Agenten auf und werden dort prägend wirksam.[7]

Auf diese Weise ziehen sich dann die Spuren der Kindheitsgeschichte auch durch die allgemeine Geschichte.

Wie wir im Folgenden sehen werden, sind dies insbesondere die auf frühkindlichen Traumatisierungen basierenden Spuren.

Wenn ich oben sagte, bei der Binderstrich-Wissenschaft Psycho-Historie handele es sich um eine Kombination von Psychologie und Geschichtswissenschaft, dann wird jetzt erkennbar, dass es sich dabei um eine besondere Art dieser Verknüpfung handelt. Bekanntlich hat es zahlreiche Ansätze zu einer solchen Verknüpfung schon vor Lloyd deMause gegeben, die alle darauf hinauslaufen, die allgemeine Geschichte dadurch zu verstehen, dass man versuchte, die in diese Geschichte involvierten Menschen psychologisch zu verstehen. Welche psychischen Motivationen veranlaßten diese Menschen, so zu handeln wie sie handelten? Am bekanntesten sind hier einerseits Analysen von historischen Individualpersönlichkeiten – man denke hier an die zahlreichen Beiträge zu den Persönlichkeiten von „Lenkern der Geschichte" wie Cäsar, Napoleon, Hitler, etc. -, andererseits Analysen von Kollektivpsychen, „Massenseelen", wie Nationalcharakteren, Volksseelen, etc. Wir werden im weiteren Verlauf unserer Arbeit sehen, dass die deMause'sche Psychohistorie einige Berührungspunkte zu diesen individualpsychologischen und massenpsychologischen Ansätzen aufweist.

Jedoch: In einem Punkt unterscheidet sich der deMause'sche Ansatz von diesen in entscheidender Weise. Und zwar in seiner jederzeitigen Einbeziehung von Geschichte der Kindheit, was bei den anderen Ansätzen nicht der Fall ist. Das heißt: Er versucht, die historisch handelnden Individualpsychen oder Kollektivpsychen nicht nur psychologisch, sondern psychologisch-kindheitsgeschichtlich zu verstehen. Der einfache Grundgedanke, von dem deMause behauptet, dass er sich ihm eben aus der Kindheitsgeschichte ergeben habe, ist dabei dieser: Die Psychen der historisch agierenden Menschen sind nicht nur biographisch, sondern generational zu verstehen. Jede historische Psyche ist das Resultat einer biographisch zu verstehenden Eltern-Kind-Beziehung, die ihrerseits wiederum das Resultat einer vorausgegangenen Generationsfolge ist. Und diese analysiert zu haben, beansprucht deMause mit seiner „psychogenetischen Geschichte der Kindheit".

So ergibt sich nun die für die deMause'sche Psychohistorie charakteristische Begriffsfolge: Geschichte der Kindheit→ Geschichte der Psyche→ Allgemeine Geschichte.[8]

Damit haben wir eine vorläufige Annäherung zur Formulierung des Anspruchs der deMause'schen Psychohistorie erreicht. Die Probleme, die darin enthalten sind, wollen wir im Verlauf der folgenden Arbeit zur Darstellung bringen.

Dabei ist die für mich entscheidende Frage: Kann man in der angedeuteten Weise tatsächlich eine „Psychohistorie" begründen?

Gibt es tatsächlich einen zwingend notwendigen Übergang von der psychogenetischen Geschichte der Kindheit zu einer „Psychohistorie"?

Um diesen Themenkomplex behandeln zu können, müssen wir offenbar zunächst eine Rekonstruktion der „psychogenetischen Geschichte der Kindheit" in Angriff nehmen. Ich werde dies in kritischer Absicht versuchen.

B. Die psychogenetische Geschichte der Kindheit als Fundament der Psychohistorie: Kritische Rekonstruktion

Charakteristisch für diesen Ansatz ist, dass in ihm die Reaktionen der Eltern auf ihre Kinder in den Vordergrund der Betrachtung gestellt werden:

„Bei der Untersuchung der Kindheit über viele Generationen hinweg ist es vor allem wichtig, sich auf jene Momente zu konzentrieren, die die Psyche der nächsten Generationen am meisten beeinflussen. Das heißt: Man muss zunächst einmal untersuchen, was geschieht, wenn ein Erwachsener einem Kind gegenüber steht, das bestimmte Bedürfnisse hat. Dem Erwachsenen stehen meiner Ansicht nach drei Reaktionen zur Verfügung:
(1) Er kann das Kind als Vehikel für die Projektion von Inhalten seines eigenen Unbewussten benutzen (projektive Reaktion/ projective reaction);
(2) Er kann das Kind als Substitut für eine Erwachsenenfigur benutzen, die in seiner eigenen Kindheit wichtig war (Umkehr-Reaktion/ reversal reaction); oder
(3) Er kann sich in die Bedürfnisse des Kindes einfühlen und sie zu befriedigen suchen (empathische Reaktion/ empathic reaction)".[9]

Zu diesen grundlegenden Begriffen bildet deMause noch Zusatzbegriffe wie „Doppelvorstellung" und „projektive Fürsorge". Die Doppelvorstellung ist eine unbewusste Elternvorstellung vom Kind, in der „das Kind einerseits als eine aus den in es hineinprojizierten Wünschen, Feindseligkeiten und sexuellen Gedanken der Erwachsenen bestehende Figur, andererseits als eine Mutter- oder Vaterfigur (erscheint)."[10]

Die projektive Fürsorge bedeutet: Eine Art Pseudo-Fürsorge, die „in Bezug auf die eigentlichen Bedürfnisse des Kindes entweder unangemessen oder unzureichend ist",[11] etwa wenn, wie im 18. Jahrhundert geschehen, ein Vater „seiner Tochter hilft, ihre Angst vor Leichen zu überwinden", indem er mit ihr in einem Keller Leichen besichtigt (ebenda).

Wenn nun die elterlichen Reaktionen als Grundbegriffe für die Analyse der Quellen zur Geschichte der Kindheit angewandt werden, so liegt darin eine offensichtliche Abstraktion, eine Abstraktion von den vielen anderen Einflüssen, die historische Kindheiten ebenfalls beeinflusst haben können. Warum diese Abstraktion?

Diese Abstraktion macht einen Sinn, den wir erst verstehen, wenn wir die Unterscheidung zwischen einer Begriffsebene und einer Phänomenebene machen. Die Begriffsebene haben wir schon dargestellt. Die Phänomenebene bezeichnet nun jene Ebene, auf der die Erscheinungen beschrieben wer-

den, die in deMause' Quellenstudium sichtbar werden. Es handelt sich um Erscheinungen wie:
- Beschneidung von Kindern
- Schlagen und Fesseln von Kindern
- Erschrecken von Kindern
- Abhärtung von Kindern durch eiskaltes Wasser als Überlebenstest
- Kindsweggabe
- Verkauf von Kindern
- Opfern von Kindern zu religiösen Zwecken
- Kindstötung
- Benutzen des Kindes als Versorger der Eltern
- Sexueller Missbrauch von Kindern
- Hungern lassen als Strafe
- enges Wickeln von Kleinkindern

Tatsächlich kann deMause in seinem Essay über die „Evolution der Kindheit" eine sehr große Zahl von Beispielen solcher Erscheinungen aus der Geschichte der Kindheit quellenmäßig belegen.[12] Unter dem Eindruck dieser Anhäufung destruktiver und traumatisierender Praktiken im historischen Umgang mit Kindern kommt deMause zu seiner bekannten – ebenfalls auf der Phänomenebene diskutierten These: „Die Geschichte der Kindheit ist ein Alptraum, aus dem wir gerade erst erwachen."[13] Immer wieder wird in der übrigen Literatur zur Geschichte der Kindheit hervorgehoben, dass es auch positive Phänomene im Umgang Erwachsener mit Kindern gegeben hat.[14] Es ist hier nicht der Ort, diesen Einwänden nachzugehen. Ich habe dies mehrmals an anderer Stelle getan.[15] Ebenfalls mit dieser Frage beschäftigt sich Ute Schuster-Keim in ihrem Beitrag: „Psychoanalyse und Geschichte der Kindheit: Eine Diskussion der Hypothesen zur psychogenetischen Theorie von Lloyd deMause."[16] Das Vorgehen von deMause besteht nun darin, dass er, um den Alptraum, jene Anhäufung von Destruktion und Traumatisierung, zu verstehen, die eben angeführten Begriffe:
- projektive Reaktion
- Umkehrreaktion
- empathische Reaktion
- Doppelvorstellung
- projektive Fürsorge

in einer besonderen Weise anwendet. Er argumentiert, dass es nichts „Äußeres", etwa ökonomische Mangellagen, sein kann, was jene auf der Phänomenebene dargestellten Praktiken im Umgang mit Kindern verständlich machen kann. Denn, so argumentiert er, die Quellen weisen diese Praktiken historisch quer durch alle sozialen Schichten nach. Es müssen also Motive der Erwachsenen postuliert werden, die in ihnen selbst liegen und sie zu jenen Kinder zerstörenden und traumatisierenden Handlungen geführt haben. Und diese Motive sind bezeichnet mit den ersten beiden und den letzten beiden Reaktionen von Erwachsenen auf Kinder. Wo diese Reaktionen vorherrschen, fehlt oder ist zu gering ausgeprägt jene verbleibende fünfte Reaktion, die empathische Reaktion. Anders ausgedrückt: Der Alptraum Geschichte der Kindheit kann nur verstanden werden, wenn man einen gravierenden Mangel an Empathie der Erwachsenen in der Geschichte gegenüber Kindern annimmt.

Folgt man deMause' Argumentation bis hierher, so gewinnt die eben erwähnte Abstraktion, die für diesen ganzen Ansatz charakteristisch ist, meines Erachtens an Überzeugungskraft. Wie geht die Argumentation deMause' nun weiter? Wie kommt es angesichts des „Alptraums" Geschichte der Kindheit dennoch zu einer „Evolution der Kindheit"? Aus der Sicht von deMause so: Sein Studium historischer Quellen zum Thema Umgang Erwachsener mit Kindern hat ihm gezeigt, dass die oben bezeichneten Praktiken, wie sie auf der Phänomenebene beschrieben werden, im Laufe der Geschichte zurückgehen. Ich lasse hier einmal im Kontext dieses Versuchs, den Ansatz der psychogenetischen Geschichte der Kindheit zu rekonstruieren, die Problematik jenes Ansatzes beiseite: Ist ein solcher Rückgang der Destruktions- und Traumatisierungspraktiken gegenüber Kindern im Laufe der Geschichte „wirklich nachweisbar" oder sind, wie manche behaupten, die historischen Quellen von deMause nur so arrangiert worden, dass jener Rückgang sich lediglich in deMause' Darstellung ergibt? Ich habe mich in meinen oben angeführten Beiträgen zum Ansatz von deMause ausführlich mit dieser Problematik beschäftigt und kann hier nur auf diese verweisen.

Warum gehen jene den Alptraum Geschichte der Kindheit konstituierenden Destruktions- und Traumatisierungspraktiken Erwachsener gegenüber Kindern, die empirische Angemessenheit dieser Einschätzung einmal unterstellt, zurück? Die Hauptthese von deMause, jetzt wieder auf der

Begriffsebene formuliert, lautet: Die Geschichte der Kindheit stellt sich dar als eine „Evolution der Kindheit", weil projektive- und Umkehrreaktionen sowie Doppelvorstellung und projektive Fürsorge im Laufe der Geschichte tendenziell abnehmen – bei gleichzeitig zunehmenden empathischen Reaktionen. Um diesen Prozess zu begründen, postuliert deMause in dem für seinen Ansatz vielleicht charakteristischsten Theoriestück eine Art Antriebskraft zu historischen Veränderungen in den erwachsenen Reaktionen auf Kinder. Er formuliert dies wie folgt:

„Der Ursprung dieser Evolution liegt in der Fähigkeit der jeweils nachfolgenden Elterngeneration, sich in das psychische Alter ihrer Kinder zurück zu versetzen und die Ängste dieses Alters, wenn sie ihnen zum zweiten Mal begegnen, besser zu bewältigen als es ihnen in der eigenen Kindheit gelungen ist. Dieser Prozess gleicht dem der Psychoanalyse, zu dessen charakteristischen Merkmalen ebenfalls die Regression und eine zweite Gelegenheit, sich mit den Ängsten der Kindheit auseinander zu setzen, gehören."[17]

Ich habe an anderer Stelle die so beschriebene Antriebskraft zu Veränderungen der erwachsenen Reaktionen auf Kinder als „zweite Angstbearbeitung" bezeichnet.[18] Durch diese Begriffsbildung gewinnt man den Vorteil einer handhabbaren Verwendung dieses Theoriestücks in der Diskussion des deMauseschen Ansatzes. Wir werden deshalb im Folgenden diese Begriffsbildung auch benutzen. Wir hatten nun weiter oben besprochen, dass deMause' Verwendung der Begriffe „projektive-" und „Umkehr-Reaktion", sowie „Doppelvorstellung" und „projektive Fürsorge" als charakteristischen Begriffen für seine Analyse der Geschichte der Kindheit eine Abstraktion von allen sonstigen Einflüssen enthält, die historische Kindheiten bestimmt haben können. So vernachlässigt er etwa Faktoren wie die wirtschaftliche Lage und Umweltbedingungen. Diese Abstraktion bezieht sich zunächst nur auf bestehende Zustände. Bei seiner Theorie der „Evolution der Kindheit" durch „zweite Angstbearbeitung" geht es jetzt aber um Prozesse. Jedoch finden wir auch hier eine charakteristische Abstraktion, die wir jetzt am ehesten als Methode der „Ceteris-paribus-Klausel" bezeichnen können. „Ceteris paribus" können wir übersetzen mit: „Unter sonst gleich bleibenden Umständen". In der wissenschaftlichen Theoriebildung findet diese Klausel häufig explizite Verwendung:

„Man betrachtet während der Untersuchung der Teilzusammenhänge die ‚Umwelt' als ‚festgefroren'. Anders ist eine Partialanalyse gar nicht durchführbar".[19]

In deMause' „psychogenetischer Geschichte der Kindheit" bildet die „Eltern-Kind-Beziehung" (erweitert: „Erwachsenen-Kind-Beziehung") bzw. die „Reaktion der Eltern auf das Kind" den „Teilzusammenhang", der – ceteris paribus – einer „Partialanalyse" unterzogen wird. Hier hat die Ceteris-paribus-Klausel die Funktion – und damit erreichen wir den prozessualen Aspekt -, aus dem intergenerationalen psychischen Mechanismus der „zweiten Angstbearbeitung" heraus die „Evolution der Kindheit" zu begründen. Diese These von deMause rekonstruiere ich dann so: Ceteris paribus, d.h.: unter sonst gleich bleibenden Umständen muss von Generation zu Generation der Mechanismus der „Zweiten Angstbearbeitung" sozusagen durch historische Akkumulation von Fähigkeit des elterlichen Umgangs mit der eigenen Angst eine Evolution der Eltern-Kind-Beziehung zu immer mehr Empathie der Eltern gegenüber dem Kind hervorrufen.

In dieser Rekonstruktion des deMauseschen Evolutionsansatzes treffe ich nur teilweise das Selbstverständnis von deMause, das, wenn man so sagen kann, „weitergehend" ist. Meines Erachtens handelt es sich aber bei diesem Ansatz tatsächlich um eine solche „Untersuchung von Teilzusammenhängen", von der in obigem Zitat die Rede war. Anders ausgedrückt: Der ganze Ansatz gilt nur unter der Prämisse der „festgefrorenen Umwelt". Denn: In dem von deMause postulierten Prozess der historischen Veränderung von Eltern-Kind-Beziehungen haben sich ja evidentermaßen eine Vielzahl von sonstigen Umweltfaktoren ebenfalls verändert. Und die Interaktion, die zwischen diesen Faktoren und dem Faktor „Zweite Angstbearbeitung" stattgefunden haben kann, wird in deMause' Ansatz überhaupt nicht thematisiert.

Heißt das nun, dass dieser Ansatz „unwissenschaftlich" oder „an der Wirklichkeit vorbeigehend" ist? Meines Erachtens zunächst nicht. Wir haben in unserer Rekonstruktion diesen Ansatz lediglich auf das zurückgeführt, was er dann aber tatsächlich ist: Eben eine Teilanalyse, eine „Untersuchung von Teilzusammenhängen". Und, so möchte ich hinzufügen: Diese Analyse stellt einen ganz wesentlichen Beitrag zur Geschichte der Kindheit dar, der erst durch deMause geleistet wurde. Man kann wissenschaftsgeschichtlich als die große Entdeckung der Psychoanalyse die Entdeckung der Kindheit und der Eltern-Kind-Beziehung mit all ihren psychischen Verwicklungen bezeichnen. Die psychogenetische Geschichte der Kindheit stellt die Entdeckung dieser Eltern-Kind-Beziehung in ihrer historischen Veränderung dar.

Jedoch: Der Geltungsbereich der deMauseschen Theorie zur Geschichte der Kindheit erscheint nun als begrenzt. Der modellhafte Charakter impliziert den Makel der „eingefrorenen Umwelt".[20]

C. Abstraktion und Gegenstandsentgrenzung

In der Einleitung dieses Beitrags hatte ich versucht, das Grundgerüst der deMauseschen Psychohistorie zu rekonstruieren und war dabei zu der Einsicht gelangt, dass ein Wesensmerkmal der Psychohistorie in ihrer Ableitung aus der psychogenetischen Geschichte der Kindheit besteht.

Im Folgenden versuche ich darzustellen, wie die soeben rekonstruierte „psychogenetische Geschichte der Kindheit" von deMause erweitert wird zur „Psychohistorie" und welche methodischen Probleme dabei auftauchen. Ich werde zeigen, dass dieser Übergang bereits im letzten Abschnitt des Erstlingswerks von deMause, also in dem Essay „Evolution der Kindheit" grundsätzlich enthalten ist.

Darin wird er aber überwiegend vorsichtig in der Form von Vorschlägen für neue Verstehensmöglichkeiten formuliert. Diese Vorschläge werden dann in späteren Schriften von deMause ausführlich axiomatisiert. Dabei erhalten sie den Charakter einer umfassenden Theorie, d.h. es wird der Anspruch erhoben, dass diese Theorie „ausreicht, um alle historischen Prozesse erklären zu können".[21]

Das „Normale" in den Wissenschaften ist, dass versucht wird, jenen oben aufgezeigten Makel der eingefrorenen Umwelt, der ja zunächst in Kauf genommen werden muss, um Erkenntnis überhaupt zu ermöglichen, wieder wettzumachen, indem das Prinzip der im weiteren Wissenschaftsprozess *abnehmenden* Abstraktion befolgt wird. Im Falle der „psychogenetischen Geschichte der Kindheit" müsste dies heißen: Dass gesellschaftliche, ökologische, technologische, kulturelle Faktoren, von denen zunächst eben zugunsten einer pointierten Herausstellung der Eltern-Kind-Beziehung abstrahiert wurde, allmählich wieder in die Analyse einbezogen würden, um so Aussagen über historische Kindheiten komplexer zu machen.

Genau dies aber geschieht bei deMause geradezu programmatisch nicht. Er formuliert:

„Diese von der Generationenfolge abhängige Tendenz zu psychischem Wandel... tritt unabhängig von sozialem und technologischem Wandel auf."[22]

Mit diesem Satz fügt deMause der bisher erfolgten Abstraktion eine weitere hinzu. Um dies zu verstehen, muss man sich die verschiedenen Ebenen der Analyse vor Augen halten. Wir hatten weiter oben für den deMauseschen Ansatz die Begriffsfolge behauptet: Geschichte der Kindheit → Geschichte der Psyche → Allgemeine Geschichte.

Der Ausdruck „psychischer Wandel", der in dem gerade angeführten Zitat gebildet wird, bezieht sich hier auf die „Geschichte der Psyche" allgemein, also nicht nur, wie in unserer Rekonstruktion der psychogenetischen Geschichte der Kindheit, auf den Wandel der Elternreaktionen auf das Kind. Von diesem Wandel hatten wir behauptet, dass er bei deMause abstrakt im Sinne des Wegsehens von wirtschaftlichen- und Umweltfaktoren, als ein allein psychischer Wandel konzipiert wird. Dies ist die sozusagen erste Abstraktion. Die zweite Abstraktion beinhaltet dann, dass nicht nur die Elternreaktionen auf das Kind, sondern generell Reaktionen von Menschen auf was auch immer, allein in ihrer psychischen Dimension gesehen werden.

In jener Abteilung der Geschichtswissenschaft, die sich „Sozialgeschichte" nennt, werden etwa, um hier stellvertretend den Sozialhistoriker Arthur Imhof zu zitieren, ausführlich sogenannte „widrige Umstände" in ihrem Einfluss auf historische Psychen erörtert, wie etwa „Pest", „Hunger" und „Krieg", wie Imhof diese widrigen Umstände formelhaft – im Anklang an das mittelalterliche Gebet: „Vor Pest, Hunger, Krieg, bewahre uns, oh Herr" – zusammenfasst. In der Systematik des psychogenetischen Ansatzes bei deMause, so kann man sagen, wird von solchen Umständen abstrahiert, zugunsten eben einer Betrachtung allein des Einflusses von Psychischem auf Psychisches.

Mit anderen Worten: Die „Geschichte der Psyche" ist ihrerseits immer rein psychisch bedingt. Aber auch innerhalb dieses psychischen Kontextes ist noch eine dritte Abstraktion enthalten. Denn wie die Begriffs*folge* Geschichte der Kindheit → Geschichte der Psyche → Allgemeine Geschichte zeigt, ist die Geschichte der Psyche allein von der Geschichte der Eltern-

Kind-Beziehungen abhängig und nicht etwa, wie zum Beispiel in feministischen Theorien behauptet, auch von der Begriffsfolge: Geschichte des Mannes → Geschichte der Frau → Geschichte der Psyche. Anders ausgedrückt: Der Gedanke des Patriarchats spielt in deMause' „Geschichte der Psyche" keine Rolle, es wird vom Patriarchat abstrahiert. Einen Versuch, dies zu ändern, aber zugleich sehr dogmatisch die enge Auffassung von der alleinigen Hauptrolle der Eltern-Kind-Beziehung im historischen Prozess beizubehalten, stellt Robert Scharfs Aufsatz „Pedophobia, the Gynarchy, and the Androcracy" dar.[23] Auch deMause selbst hat die Ängste des Mannes vor der Frau und seine Versuche, die Frau zu dominieren, in seinen Arbeiten hervorgehoben, aber ebenfalls unter rigoroser Wahrung des Primats der Eltern-Kind-Beziehung vor allen zwischengeschlechtlichen Konflikten.[24]

Wenn ich sagte, die Abstraktion wird bei deMause programmatisch *nicht* zurückgenommen, Komplexität sozusagen verweigert, dann heißt dies, dass sein oben zitierter Satz nicht etwa als heuristische Annahme gemeint ist, sondern als substantielle These. Es ist nicht nur methodisch-vorläufig, sondern endgültig gemeint, dass psychischer Wandel „unabhängig von sozialem und technologischem Wandel" auftritt.
Ganz real, nicht nur im Modell.

Wir werden dieses Charakteristikum der deMauseschen Theorie später wieder aufgreifen. Hier wollen wir es herausstellen, um aufzuzeigen, dass parallel zu dieser Abweichung von der „Normalwissenschaft" eine andere Abweichung stattfindet, die in gewisser Weise in die entgegengesetzte Richtung weist, dadurch aber die Erkenntnisschwierigkeiten des psychogenetischen Ansatzes weiter verschärft. Das hier gemeinte Charakteristikum ist mit der am Ende des Aufsatzes „Evolution der Kindheit" vorgenommenen Ausdehnung des Erkenntnisgegenstandes der psychogenetischen Theorie bezeichnet. Normalerweise beschäftigen sich wissenschaftliche Teildisziplinen umständlich mit dem sogenannten „Konstitutionsproblem", d.h. mit der Frage, welches der Gegenstand der betreffenden Disziplin sein soll und wie man diesen Gegenstand von anderen Gegenständen, die in anderen wissenschaftlichen Teildisziplinen behandelt werden, abgrenzen kann und wie, wenn diese Gegenstände sich überschneiden, die Zusammenarbeit zwischen den betroffenen Teildisziplinen aussehen kann.

In der Formulierung der psychogenetischen Theorie finden wir eine Diskussion dieses Konstitutionsproblems nicht. Statt einer Begrenzung des Erkenntnisgegenstandes finden wir eine Entgrenzung des Erkenntnisgegenstands. Dies geschieht zunächst so: Zunächst hat es den Anschein, als wolle deMause nach der Aufstellung der „psychogenetischen Geschichte der Kindheit" einen Schritt unternehmen, die angesprochenen Abstraktionen, die in dieser Theorie enthalten sind, zurückzufahren.

„Eine unserer wichtigsten Aufgaben wird sein zu untersuchen, warum die Evolution der Kindheit in unterschiedlicher Geschwindigkeit vonstatten geht."[25]

Dieses Programm wird am Ende des Aufsatzes „Evolution der Kindheit" formuliert. Wäre es durchgeführt worden, wäre es möglicherweise zu der von uns als „normalwissenschaftlich" bezeichneten Abnahme der Abstraktionen gekommen. Es ist jedoch so, dass es bei jenem Satz bleibt und er in allen Folgewerken von deMause nicht eingelöst wird. Wie geht es weiter? Unmittelbar im Anschluss an den Satz, der abnehmende Abstraktion verspricht, folgt ein Satz, der *Ausdehnung des Gegenstandes* beansprucht.

„Wir wissen jedoch bereits genug, um zum ersten Mal einige wichtige Fragen über den Wandel von Wertvorstellungen und Verhaltensweisen in der Geschichte der westlichen Welt beantworten zu können."[26]

Anstatt im Problemzusammenhang „Geschichte der Kindheit" zu verbleiben, vorhandene Abstraktionen durch weitere Analysen zurückzunehmen und dadurch der realen Komplexität von Geschichte der Kindheit besser zu entsprechen - noch anders gesagt: Anstatt nun weitere Kapitel zur Geschichte der Kindheit folgen zu lassen, in denen auch ökonomische, politische und kulturelle Einflüsse auf historische Kindheiten thematisiert werden – statt eine solche Vorgehensweise einzuschlagen, versucht deMause, all diese Probleme regelrecht zu überspringen, indem er weitergehende, umfassendere Erkenntnisse in Aussicht stellt.

„Die psychogenetische Theorie: ein neues Paradigma für die Geschichtswissenschaft" – so lautet die Überschrift zum letzten kurzen Abschnitt von „Evolution der Kindheit", in dem die oben angeführten Zitate zu finden sind. Zunächst werden Beispiele für diese Anspruchserweiterung aufgeführt, die uns – sozusagen spontan – einleuchten mögen.

„Von der psychogenetischen Theorie werden vor allem die Geschichte der Hexerei, der Magie, der religiösen Bewegungen und anderer irrationaler Massenphänomene profitieren."[27]

Es bleibt jedoch nicht bei *dieser* Anspruchserweiterung.

„Darüber hinaus könnte die psychogenetische Theorie zu unserem Verständnis der Frage beitragen, warum die soziale Organisation, die politischen Formen und die Technologie sich in bestimmten Zeiten und Richtungen ändern und in anderen nicht."[28]

Später ist dann nicht mehr nur die Rede von „zu unserem Verständnis beitragen", sondern axiomatisch wird festgelegt:

„Nicht nur das Irrationale (Hexerei, Magie, etc. , F.N.) in der Geschichte ist psychohistorischer Erklärung zugänglich; die ganze Geschichte... , Integration wie auch Auflösung, hat Kindheitsdeterminanten... zur Ursache."[29]

Damit wird der Erklärungsanspruch der psychogenetischen Theorie über die Geschichte der Kindheit in einem nun kaum noch „spontan einleuchtenden" Maße ausgeweitet. Jetzt stehen nicht mehr ‚nur' historisch begrenzt beschreibbare Phänomene wie Hexenwahn, etc. auf dem Programm der psychogenetischen Theorie, sondern auch Strukturen wie „soziale Organisation", „politische Formen", „Technologie".

Wir ahnen hier, am Ende des ersten Werkes von deMause, dass nunmehr nicht nur die Geschichtswissenschaft, sondern auch die Soziologie („soziale Organisation"), die Politologie („politische Formen") und die Technikgeschichte („Technologie") zur Disposition gestellt sind. Tatsächlich, so können wir vorwegnehmend sagen, geht in deMause' psychogenetischer Theorie der Anspruch so weit, dass er bemüht ist, jene Wissenschaftsdisziplinen quasi zu ersetzen durch eben diese psychogenetische Theorie. Seine Leitidee dabei ist in dem Satz formuliert, den er als letzten Satz seines ersten Werkes formuliert:

„Vielleicht könnte die Einführung des Kindheits-Parameters in die Geschichtswissenschaft sogar die seit Durkheim währende Flucht der Historiker vor der Psychologie beenden und uns ermutigen, wieder an die Ausarbeitung einer wissenschaftlichen Geschichte der menschlichen Natur heranzugehen, eine Aufgabe, die John Stuart Mill einst als eine ‚Theorie der Ursachen, die den zu einem Volk oder einem Zeitalter gehörenden Charaktertyp bestimmen', umrissen hat."[30]

Später heißt es dann nicht mehr allein, der Historiker „könnte" durch die psychogenetische Geschichte der Kindheit „ermutigt" werden, psychologische Betrachtungsweisen in seine Analyse mit einzubeziehen, sondern es wird axiomatisch festgelegt, was „Gesetz" sein soll:

„Letztendliche Quelle allen historischen Wandels ist Psychogenese, der gesetzmäßige Wandel der Kindererziehungsmodi, der durch den Druck der Generationen auftritt."[31]

Damit haben wir den eingangs im groben Überblick über den psychogenetischen Theorie-Ansatz aufgestellten Zusammenhang: Geschichte der Kindheit → Geschichte der Psyche → Allgemeine Geschichte wieder erreicht. Denn wenn hier von „Ausarbeitung einer wissenschaftlichen Geschichte der menschlichen Natur" die Rede ist, so ist damit eben eine Ausarbeitung jener „Geschichte der Psyche" als quasi Bindeglied zwischen Geschichte der Kindheit und allgemeiner Geschichte gemeint.

Trotz aller bisher angedeuteten Abstraktionen und Grenzüberschreitungen, die in der psychogenetischen Theorie oder wie wir jetzt auch sagen können - die in der „Psychohistorie" enthalten zu sein scheinen, dürfte jedoch für psychoanalytisch und gleichzeitig historisch und politisch interessierte WissenschaftlerInnen deutlich geworden sein, dass wir es hier mit einem Anspruch zu tun haben, der in irgendeiner Weise uns alle umtreibt, wenn wir die Rätselhaftigkeiten der menschlichen Gesellschaft und der menschlichen Geschichte, die ja letztinstanzlich tatsächlich nur menschliche Rätselhaftigkeiten sein können, besser verstehen wollen.

Zugleich erahnen wir auch, in welche Konflikte wir bei *diesem* Verstehensbemühen geraten werden. Wie soll dieses Bemühen zum Erfolg kommen, wenn sozusagen *bei ausgedehntestem Gegenstand und zugleich eingeschränktestem Gesichtspunkt*, bei Gegenstandsentgrenzung und *nicht* abnehmender Abstraktion, jene Rätselhaftigkeiten auch fundierte, gültige und zuverlässige Antworten finden sollen? Wie soll dieses Bemühen zum Erfolg führen, wenn prätendiert ist, bislang für substantiell erkenntnisreich angesehene Wissenschaften wie Geschichtswissenschaft, Soziologie und Technikgeschichte, zu verdrängen oder als bloße Hilfswissenschaften der „Psychohistorie" zu degradieren?

D. Folgen von Abstraktion, die nicht abnimmt

Unsere Problemexponierung verläuft nun im weiteren so: wir hatten im Abschnitt „Kritische Rekonstruktion der psychogenetischen Geschichte der Kindheit" gezeigt, dass deMause durch seine erste Abstraktion, die darin besteht, von allen Einflüssen auf Kindheit außer der Eltern-Kind-Beziehung abzusehen, den Erfolg erzielt, diesem Teilzusammenhang von Kindheit, eben Eltern-Kind-Beziehung, nun aber auch tatsächlich die Aufmerksamkeit zu verschaffen, die ihm gebührt; wenn man so sagen darf: *Vor* deMause war die Eltern-Kind-Beziehung eine in den Geschichts- und Sozialwissenschaften, wenn überhaupt berücksichtigte, dann eher idealisierte Größe denn ein Gegenstand von kritischer Analyse. DeMause hat aufgedeckt, dass die Eltern-Kind-Beziehung in der Geschichte weitgehend als eine Geschichte der Traumatisierung von Kindern durch ihre Eltern angesehen werden kann. Geschichte der Kindheit erweist sich als Geschichte der Kindesmisshandlung.

Nun hatte ich den letzten Abschnitt mit der Vermutung abgeschlossen, dass alle psychoanalytisch und zugleich historisch interessierten WissenschaftlerInnen die Bedeutung des psychohistorischen Ansatzes erkennen werden – trotz der Abstraktionen, die dieser Ansatz enthält. Sie werden die Bedeutung erkennen, weil eben hier für die Geschichte die Relevanz von Verletzungen in der frühen Kindheit durch die Erwachsenen aufgezeigt und durch Quellenmaterial empirisch belegt wird – ein Ergebnis, das ja auch zum grundsätzlichen Wissen der Psychoanalyse gehört, hier aber zunächst ohne die kollektiv-historische Dimension.

Nun taucht die Frage auf: Was geschieht aufgrund dieser frühkindlichen Verletzungen? Im Einleitungsteil, wo wir zur Orientierung ein allgemeines Gerüst des deMauseschen psychohistorischen Ansatzes aufzustellen versucht haben, hatte ich formuliert, dass historische Psychen qua historische Motivierungen auf der gesellschaftlichen, politischen und kulturellen Bühne als Agenten auftreten. In unserem gegenwärtigen Kontext müssen wir uns jetzt vor Augen halten, dass diese Motivierungen eben durch jene Traumatisierungen gekennzeichnet sind. Man kann als eine wesentliche Grunderkenntnis von deMause folgenden Begriffszusammenhang aufstellen: Traumatisierte Kindheit → Gesellschaft, Politik, Kultur. Das Geschehen auf der öffentlichen Bühne erscheint als Bearbeitung von frühen Traumata, die zumeist nicht in eben diesem öffentlichen, sondern im privaten Bereich, insbesondere dem der Eltern-Kind-Beziehung, entstanden sind. Wir werden weiter unten in dieser Arbeit noch darauf eingehen, welche Rolle dabei Verbindungsbegriffe wie „Gruppenphantasie, Delegation", etc. als Verknüpfung zwischen der psychogenetischen Geschichte der Kindheit und der Psychohistorie spielen. Hier lasse ich diese Verbindungen zunächst außer Acht. Ich möchte nämlich die Problematik der Abstraktion – ihres Gewinns und ihrer Preise – hier weiter verfolgen. Meines Erachtens ist der Gewinn des auf Eltern-Kind-Beziehung abstrakt verkürzten Kindheitsbegriffs bei deMause zunächst bedeutend, weil wissenschaftsgeschichtlich dadurch zum ersten Mal die wahrscheinlich immense Bedeutung von Kindheitstraumata für Gesellschaft und Geschichte diskutierbar wurde. Dann aber beginnen die Preise, die für diese neu erworbene Diskussionsmöglichkeit bezahlt werden müssen. Denn: Jene Abstraktion, zusammen mit den weiteren oben aufgezeigten Abstraktionen im kindheitshistorisch–psychohistorischen Ansatz *verschließen* den Zugang zur Einsicht in eine andere Realitätsebene, auf der Kindheit und *Gesellschaft* in Zusammenhang stehen: Die Ebene der *Interaktion von Sozialstruktur und Sozialisation*.

Hier werden durch die deMauseschen Abstraktionen Erkenntnisse geradezu behindert.

Wie ist das zu verstehen? Es ist so zu verstehen, dass es einen Begriff von „Sozialstruktur" bei deMause gar nicht gibt, bzw. dass er ihn infolge seiner Perhorreszierung der Soziologie – als jener Wissenschaft, die den Begriff traditionell behandelt – grundsätzlich ablehnt[32], und dass der Begriff der „Sozialisation" bei ihm ebenfalls systematisch nicht vorgesehen ist. Er taucht nur als historisch-beschreibende Kategorie zur Kennzeichnung eines besonderen Modus von Eltern-Kind-Beziehung im 19. Jahrhundert[33] auf. Im übrigen kann man sagen: in der Begriffsvorstellung der Psychohistorie werden Kinder traumatisiert oder empathisch behandelt, aber nicht sozialisiert. Wie werden Kinder in eine gegebene Gesellschaft integriert und welche Probleme treten dabei auf? Man kann sagen, dass Prämissen und Logik des deMauseschen kindheitshistorisch-psychohistorischen Ansatzes *diese* Fragestellung nicht zulassen und tatsächlich wird man in seinem Werk und dem seiner erklärten Anhänger zu dieser Thematik keine Arbeiten finden.

Hier liegt meines Erachtens ein gravierendes Defizit als Folge der nicht abnehmenden Abstraktionen. Sozialstruktur und Sozialisation und ihre Interaktion als gesellschaftliche Tatbestände werden einfach wegabstrahiert, nicht in ihrer Realität anerkannt.

E. Psychohistorie von Fall zu Fall und hypothetisch

Die Ermöglichung eines besonderen Erkenntnismodus, dem von deMause der Name „Psychohistorie" gegeben wird, steht und fällt gemäß der Art, in der deMause seinen Theorieansatz entwickelt, mit der Möglichkeit, die psychogenetische Geschichte der Kindheit zur Psychohistorie zu erweitern. Am Schluss der Einleitung dieses Beitrags hatten wir gefragt, ob, wie von deMause beansprucht, eine solche Erweiterung geradezu zwingend notwendig erscheint, aus einer der Wirklichkeit selbst innewohnenden Logik.

Wir hatten diese Frage zunächst zurückgestellt, da uns eine kritische Rekonstruktion der psychogenetischen Geschichte der Kindheit erforderlich erschien. Nachdem wir diese Rekonstruktion vorgenommen haben, wollen wir jetzt wieder jene Frage aufgreifen.

Inzwischen haben wir aber durch jene *kritische* Rekonstruktion und durch die Herausarbeitung der für das methodische Vorgehen von deMause charakteristischen Momente von „nicht abnehmender Abstraktion" und von „Gegenstandsentgrenzung" neue Einsichten gewonnen, die eine Diskussion der Abschlussfrage des Einleitungskapitels stark tangieren. Dadurch geraten wir aber auch tiefer in jene Problematik, die ich weiter oben postuliert hatte, nämlich dass der psychohistorische Anspruch zu einer ausschließenden Metatheorie entgleist.

Müssen so hohe Ansprüche nicht scheitern? Und ist es nicht besser, wenn wir, sobald wir diese Anspruchsübersteigerung erkannt haben, diesen theoretischen Ansatz fallen lassen? Diese Frage wird jetzt noch weiter verschärft, nachdem wir am Ende des vorigen Abschnitts gesehen haben, dass der theoretische Ansatz der Psychohistorie so unverzichtbare Zusammenhänge wie „Sozialstruktur und Sozialisation" ausblendet.

Meine These ist, dass wir diesen Konflikt vielleicht nützen können, indem wir die Psychohistorie nicht in Toto fallen lassen, sondern jene Teilzu-

sammenhänge zu selektieren versuchen, die tatsächlich neue, in den anderen Disziplinen bisher nicht mögliche Erkenntnisse darstellen. Dies kann so geschehen, dass wir die Grundvorstellung der deMauseschen Psychohistorie:
- Im privaten Bereich entstandene Motivierungen treten auf der öffentlichen Bühne von Gesellschaft und Politik als Agenten auf, oder in unserer Formelsprache: Es besteht ein Begriffszusammenhang traumatisierte Kindheit → Gesellschaft, Politik, Kultur entdogmatisieren und versuchen, diese psychohistorische Grundvorstellung erkenntnisfördernd *zusammenzubringen* mit der soziologischen Grundvorstellung einer
- Interaktion von Sozialstruktur und Sozialisation.
Dieses Unterfangen können wir nur durchführen, wenn wir den Übergang von der psychogenetischen Geschichte der Kindheit in Psychohistorie nicht wie deMause selbst, sozusagen als Generalschlüssel für die Erklärung aller menschlichen Dinge, sondern als von Fall zu Fall spezifisch und hypothetisch geltend konzipieren.

F. „Gruppenphantasie"

F. a. Die Gruppe der Zivilisierten: Glücklich und integriert; die Gruppe der Traditionellen: Unglücklich und schizoid

Was heißt: Motivierungen treten auf der öffentlichen Bühne auf? Und was heißt: Interaktion von Sozialstruktur und Sozialisation?

In unseren bisherigen Ausführungen hatten wir die Formel: Geschichte der Kindheit → Geschichte der Psyche → Allgemeine Geschichte aufgestellt, um das Gerüst der deMauseschen Psychohistorie als in der Geschichte der Kindheit verankert darzustellen.

Diese Geschichte der Kindheit hat deMause versucht zu periodisieren. Er stellt sechs Perioden auf: Kindsmord, Weggabe, Ambivalenz, Intrusion, Sozialisation und Unterstützung.[34] In unserem jetzigen Zusammenhang interessiert daran lediglich, dass jeder Periode ein Modus der Eltern-Kind-Beziehung entspricht, der einen bestimmten Typ von „Psyche" hervorbringt. Jetzt müssen wir uns vor Augen halten, dass deMause, ohne dies näher zu diskutieren, „Psyche" mit „Phantasietätigkeit" übersetzt. Hier liegt das Psychoanalytische seines Ansatzes begründet, denn bekanntermaßen sind in der Psychoanalyse Phantasien von Menschen – vor allem unbewusste – ein Hauptgegenstand des Interesses, z.B. in Träumen, Tagträumen, aber auch kulturellen Manifestationen wie Literatur, Mythologie, etc. Von daher erscheint die Gleichsetzung von „Psyche" mit „Phantasietätigkeit" zumindest psychoanalytisch orientierten RezipientInnen der Psychohistorie unmittelbar einleuchtend. Dennoch: auch für diese, vor allem aber für RezipientInnen anderer psychologischer Orientierung, muss diese Gleichsetzung zu präjudizierend für die weitere Argumentation erscheinen. Wir erkennen bald, dass die uns bei deMause schon bekannte Abstraktion auch hier bestimmend am Werk ist und zwar wiederum als Abstraktion, die *nicht abnimmt*. Die Abstraktion besteht darin, dass *allein* „unbewusste Phantasietätigkeit im Gefolge der Eltern-Kind-Beziehung" als Inhalt von „Psyche" postuliert wird. Dies ist wichtig festzuhalten, weil dadurch die Aufstellung des weiteren Begriffes von deMause, den wir jetzt einführen müssen, ebenfalls durch nicht abnehmende Abstraktion vorgeprägt ist.

Ich meine den Begriff der „Gruppenphantasie".

Eine Gruppe, die durch einen gemeinsam erfahrenen Erziehungsmodus einer bestimmten historischen Periode, sagen wir etwa „Weggabe", gekennzeichnet ist, bildet eine entsprechende Gruppenphantasie aus. In seinen unbewussten Grundlagen stellt etwa das Christentum eine solche zum Modus der Eltern-Kind-Beziehung „Weggabe" gehörige Gruppenphantasie dar. Das ist die von allen Christen geteilte Phantasie des „triumphierenden Masochismus"[35]: Wie Christus bin ich von meinem Vater weggegeben worden, aber wenn ich mich masochistisch den christlichen Askese- und Entsagungsgeboten während meines irdischen Lebens unterwerfe, werde ich wie Christus selbst letztlich triumphieren, von den Toten auferstehen und in den Himmel auffahren und so mit meinen Eltern wiedervereinigt sein.

Ist diese Gruppenphantasie einmal als Resultat des Modus „Weggabe" festgelegt, dann bleibt es dabei, es werden keine durch abnehmende Abstraktion hinzugewonnenen Aspekte hinzugefügt. Etwa ökonomische Interessen in den christlichen Kreuzzügen oder in der Hexenverfolgung. Was auf der politischen Bühne wirksam wird, so zeigt sich jetzt die radikalisierte psychohistorische Position, ist Gruppenphantasie und nichts als Gruppenphantasie in ihrer Eingeschränktheit auf den Beziehungsaspekt der frühen Eltern-Kind-Beziehung der Gruppenmitglieder.

Ich habe in dieser Arbeit schon verschiedentlich davon gesprochen, dass mitunter eine These von deMause „spontan einleuchtend" sein kann. Hier kann ich dies wieder sagen. Wem wollte dies nicht „spontan einleuchten", dass Menschengruppen, die nach dem Kriterium (negativ) gemeinsam erfahrener Traumatisierung, bzw. (positiv) gemeinsam erfahrener Unterstützung in der frühen Kindheit entstehen, in irgendeiner Weise auch im politisch-gesellschaftlichen Bereich Spuren hinterlassen?

Auch mir leuchtet diese Grundidee von deMause ein und es erscheint mir auch lohnenswert, auf diese Idee eine Art psycho-historisch orientierte Politik- und Gesellschaftsanalyse gründen zu wollen. Jedoch dürfen wir uns nicht mit „spontan Einleuchtendem" begnügen. Vor allem dürfen wir nicht in den Fehler verfallen, die uns spontan einleuchtenden Wirkungsrichtungen des Psychischen nach dem einfachen Muster zu konstruieren: Gruppenphantasien sozusagen der „glücklichen" Psychoklasse (Periode Unterstützung) schaffen auf der politischen Bühne Frieden, Wohlstand, etc., während Gruppenphantasien „unglücklicher" Psychoklassen (Perioden Kindsmord, Weggabe) Krieg, Armut, etc. hervorbringen. Tatsächlich gibt es bei deMause auf der allgemeinsten Ebene der „Gruppe der Zivilisierten" derartige Vorstellungen. Er nimmt an, dass in traditionellen Kulturen, was bei ihm heißt: Kulturen der Vergangenheit, die auf evolutionär „rückständigeren" Modi der Eltern-Kind-Beziehungen wie „Weggabe" oder „Ambivalenz" beruhen, unglücklichere Menschen und damit auch Gruppenphantasien existierten als in modernen, auf Intrusion und Unterstützung beruhenden Kulturen.

Kritisch merkt er an, es gäbe Theorien, die die Vergangenheit (Tradition) verklären. Tatsächlich gibt es sie, etwa in Ariès' kindheitshistorischer Polarisierung einer positiven mittelalterlichen „Sozialität" versus einer negativeren Individualisierung in der Moderne.[36] Anstatt solche Theorien zu diskutieren, bekämpft deMause sie einfach und zwar in der ihm eigenen axiomatischen Art. Und dabei kommt es dann zu Formulierungen, die sozialkritisch-psychoanalytisch orientierten RezipientInnen als reine Affirmation des Bestehenden, wenn nicht gar als „Gegenaufklärung",[37] erscheinen müssen:

„Statt den traditionellen Menschen als fest und sicher und den modernen Menschen als entfremdet zu sehen, werden wir erfahren, warum der traditionelle Mensch wahrscheinlich schizoid und der moderne Mensch glücklich und integriert ist."[38]

Ich hatte oben vom „spontan Einleuchtenden" manchen Theorieansatzes bei deMause gesprochen, hier, wenn ich es formelhaft ausdrücken darf, des Theorieansatzes: Traumatisierte Kindheit → traumatisierte Gruppenphantasie → Gesellschaft, Politik, Geschichte. Es gehört mit zu den mir Schwierigkeiten bereitenden Aspekten des deMauseschen psychohistorischen Theorieansatzes allgemein, dass derartige eben spontan einleuchtende Formeln, die als Untersuchungsgrundlage dienen könnten, ohne Vermittlungs- und Übergangsschritte, also diskussionslos, gleich durchgeschlagen werden zu solchen aufgeladenen Axiomen wie: Traditioneller Mensch → unglücklich und schizoid; moderner Mensch → glücklich und integriert.

Zu derartigen für meine nicht nur psychoanalytisch orientierte, sondern auch gesellschaftskritisch interessierte Grundhaltung fragwürdig erscheinenden Formeln kommt es, weil deMause sich allzu häufig eben mit Spontan-Einleuchtendem begnügt.

Viele seiner Thesen weisen den Mangel auf, dass sie uns sozusagen im Bereich des „Irgendwie" belassen: „Irgendwie" muss allein die Eltern-Kind-Beziehung in allein ihrem emotionalen Beziehungsaspekt auf die Ausgestaltung von Kindheit durchschlagen; „irgendwie" müssen traumatisierte Kindheiten zu traumatisierten Phantasien führen; „irgendwie" müssen diese Gruppenphantasien auf der politischen Bühne in einer bestimmten Richtung sich auswirken. Dieses „Irgendwie" hat seinen Grund in dem aufgezeigten Mangel der nicht abnehmenden Abstraktion.

Wenn man derartig vage bleibt, dann muss einem „spontan einleuchten", dass Menschen, die in ihrer Kindheit „Unterstützung" erfahren, „glücklich und integriert" sind und dementsprechende Gruppenphantasien entwickeln müssen, die dann irgendwie auf der politischen Bühne zu Wohlstand und Frieden führen müssen. Und umgekehrt muss uns einleuchten, dass defizitäre Kindheit zu „schizoiden und unglücklichen" Menschen führt, die auf der politischen Bühne – wir werden das weiter unten noch an deMause' Darstellung der Weimarer Republik und ihres Untergangs verdeutlichen – Wohlstand, Demokratie und Frieden vernichten werden. Es kann nicht darauf ankommen, solche Zusammenhänge völlig in Abrede zu stellen. Jedoch müssen wir erkennen, dass sie in dieser Abstraktheit, ohne Einbeziehung ökonomischer, sozialer und kultureller Faktoren, auf die einfache Lehre vom „neuen Menschen", der das befriedete Dasein heraufführt, hinauslaufen. Von einigen Aufklärungsphilosophen[39] über die Reformpädagogik (Ellen Key: „Das Jahrhundert des Kindes"[40]) bis hin zu Mao Tse Tung ist dieser Gedanke vom „neuen Menschen" als Deus ex machina, der alle menschlichen Wirrnisse beseitigt, immer wieder auferstanden.

Auch deMause lässt sich gerne vom Elan dieser abstrakten Utopie – „abstrakte Utopie", weil der ganze Ansatz des „neuen Menschen", salopp gesagt, immer wieder die Rechnung ohne den Wirt macht, das sind nämlich die „unbeachteten" ökonomischen, sozialen und kulturellen Faktoren, die sozusagen nicht „mitmachen" – hinreißen und tritt dann als Prophet einer neuen Zeit auf:

„Jedes Mal werden, sobald die Form der Pflege einer genügenden Anzahl von Kindern sich ändert, alle Bücher und Artefakte auf der Welt als irrelevant für die Ziele der neuen Generation hinweggefegt."

So die abstrakte Prophezeiung in der frühen Arbeit „Evolution der Kindheit".[41]

Später (1997) bleibt sie ebenso abstrakt:

„Sollte eine Minorität von Eltern ihre Kinder weniger missbrauchen und vernachlässigen und anfangen, etwas gesichertere und geliebtere frühe Jahre bereitzustellen, die ein bißchen mehr Freiheit und Unabhängigkeit erlauben, dann beginnt die Geschichte sich bald in überraschend neue Richtungen zu bewegen und die Gesellschaft verändert sich auf innovativen Wegen."[42] (Übersetzung F. Nyssen)

Wenn man sich durch Abstraktion gegen alle Faktoren außer gegen den emotionalen Beziehungsaspekt der Eltern-Kind-Beziehung als Einflussfaktoren auf Kindheit regelrecht abschottet, wenn man sich gegen alle Einflussfaktoren auf Gruppenphantasien außer „Traumatisierung" oder „Unterstützung" abschottet, dann erscheint tatsächlich am Ende kein *Vermittlungs*zusammenhang mehr mit anderen, nicht im allerengsten Sinne psychohistorischen Faktoren der Wirklichkeit sichtbar, (vgl. dazu Näheres im Abschnitt 4. „Psychodynamik ohne Sozialdynamik") die dadurch aber keineswegs aufhören zu existieren.

Huntington, der in seinem Buch „Der Kampf der Kulturen"[43] ausführlich das methodische Problem behandelt, dass wissenschaftliche Theorien immer eine schwierige Gratwanderung zwischen Abstraktion und Realitätsbezug einschlagen, unterscheidet zwei prinzipielle Extreme: Theorien, die der Abstraktion die komplexe Wirklichkeit opfern, einerseits, und Theorien, die der komplexen Wirklichkeit die Abstraktion opfern, andererseits. Zu den erstgenannten rechnet er z.B. die sogenannte „Eine-Welt-Theorie" von Francis Fukuyama, die so weitgehend von komplexen und widersprüchlichen politischen Entwicklungen der Gegenwart abstrahiert, dass sie für die Zeit nach der Beendigung des Kalten Krieges zu der Behauptung gelangt:

„Was wir heute erleben, ist vielleicht das Ende der Geschichte als solcher, das heißt der Endpunkt der ideologischen Evolution der Menschheit und die Universalisierung der westlich-liberalen Demokratie als definitiver Regierungsform der Menschen."[44]

Zu den zweitgenannten Theorien zählt er sogenannte Chaostheorien, die in der Welt nach Beendigung des Kalten Krieges

„den Zusammenbruch staatlicher Autorität, das Auseinanderbrechen von Staaten, die Intensivierung von religiösen, ethnischen und Stammeskonflikten, das Auftreten internationaler Verbrechersyndikate, den Anstieg der Flüchtlingszahlen in die Abermillionen, die Weiterverbreitung nuklearer und anderer Massenvernichtungswaffen, die Ausbreitung des Terrorismus, das Überhandnehmen von Massakern und ethnischen Säuberungen"[45] betonen.

Nun, hier handelt es sich um rein politikwissenschaftliche Theorien; uns interessiert zunächst nur das Methodische. Und in diesem Sinne können wir sagen, dass die deMausesche Theorie klar dem erstgenannten methodischen Extrem zuzurechnen ist: Dem der Aufopferung der komplexen Wirklichkeit zugunsten der Abstraktion.

Manche Wissenschaftler erkennen die Problematik der Gratwanderung zwischen Abstraktion und Realitätsbezug und knüpfen daran eine Selbstreflexion an. So etwa Huntington, wenn er seine den Religions- und Kulturfaktor sehr stark abstrahierende Vorgehensweise offen legt und sagt:

„Dieses Bild der Weltpolitik... ist stark vereinfacht. Es unterschlägt Vieles, verzerrt manches und verdunkelt einiges."[46]

Eine solche kritische Selbsteinschränkung wird man in der psychohistorischen Theorie von deMause nirgendwo finden.

F. b. Die Phantasiepumpe und „psychische Energieströme"

Halten wir das bisher Ausgeführte noch einmal fest: Der spontan einleuchtende Grundsatz der deMauseschen Psychohistorie, den wir im jetzigen Kontext als die Formel: Kindheit → Gruppenphantasie → Politik, Gesellschaft, Geschichte beschreiben können, leidet, wie auch die zuvor behandelten Theorieelemente, unter einer nicht abnehmenden Abstraktion. Auf diese Weise wird die psychische Linie ohne jeden Vermittlungszusammenhang mit anderen nicht-psychischen oder „gemischten" Faktoren durch Kindheit, Gruppenphantasie, Politik, Gesellschaft, Geschichte einfach hindurchgezogen und verbleibt dadurch in einem unbestimmten Zusammenhang des „Irgendwie".
Oder ist die folgende Konstruktion „bestimmter"? :

„Zunächst entwickelt die Nation völlig irrationale Gruppenphantasien, pumpt diese sozusagen über die Massenmedien und niederen Regierungsbeamten in den Präsidenten und seine Berater hinein, wobei sie erwartet, dass diese dann entsprechend handeln... "[47]

Es sind vor allem Schuldgefühle und das Verlangen, von diesen „gereinigt" zu werden, die so „in den Präsidenten und seine Berater hineingepumpt" werden. Diese Vorstellung bildet einen wichtigen Baustein in deMause' Psychohistorie und taucht in mehreren thematischen Zusammenhängen auf: In der Behandlung der Sozialpolitik der Reaganadministration[48], in den Analysen von kriegerischen Aktivitäten der USA (Bombardierung Libyens 1986, Golfkrieg 1991, Kosovokrieg 1999), aber auch in seiner Darstellung von Ursachen des 2. Weltkrieges[49].

Der Grundgedanke ist: Es sind nicht ökonomische oder politisch-soziale Problemlagen, die zu Sozialabbau, etwa durch Kürzung von Schulspeisung und medizinischen Leistungen für Kinder[50], führen oder Kriege hervorrufen, sondern psychische Stressfaktoren in der Bevölkerung, die gerade dann entstehen, wenn Wohlstand und soziale Sicherheit sehr hoch sind: Die Menschen entwickeln dann Schuldgefühle, weil sie das Gefühl haben, es ginge ihnen zu gut, besser als sie es verdient hätten. Diese Schuldgefühle bedrängen sie und sie wollen sich von ihnen „reinigen". Zu diesem Zweck bilden sie die gemeinsame Gruppenphantasie: Es müssen Opfer gebracht werden, die diese Reinigung bewirken; wobei im Wege der projektiven Identifizierung die Opfer die anderen sein müssen, etwa Kinder der Armen, denen durch die Reagansche Sozialpolitik die Lebensgrundlage entzogen wird, oder auf dem militärischen Gebiet: Die Politiker anderer Länder, gegen die Reinigungskriege geführt werden müssen. Ganz so befremdlich erscheinen diese Thesen jetzt nicht mehr, sind sie doch auch ähnlich aus der klassischen Vorurteilsforschung bekannt.

Auch in der Psychoanalyse generell sind ähnliche Vorstellungen des Zusammenhangs von Schuldgefühl und Reinigungsverlangen – auch im politischen Sektor – verbreitet. Realhistorisch können wir ebenso einen Zusammenhang von Schuldgefühl und Politik postulieren. Denken wir etwa an das „christliche Abendland", in dem der Mensch „sich selbst thematisch" wurde (Gehlen)[51] als uranfänglich durch „Sünde" gekennzeichnet – und diese Sünden wurden dann in Kreuzzügen, Glaubenskriegen, Hexenverfolgungen massenhaft an anderen verfolgt und „gereinigt".[52]

Jedoch die spezifische Art, in der die Verknüpfung hier bei deMause stattfindet, erscheint mir eher auf eine Art fixe Idee hinauszulaufen.

DeMause sucht nach einem Nadelöhr, durch das er die Psyche in die Politik einfädeln kann und verfällt zu diesem Zweck auf die „fixe" Idee, die Schuldgefühlthematik in „Schuldgefühlen im Angesicht wirtschaftlicher Prosperität" zu verdichten, um *diesen* Schuldgefühlen dann die Vermittlerrolle zwischen Psyche und Politik zuzuschreiben. Aber gerade hier, zumal in den USA, wo die Mehrheit der Bevölkerung Mehrfachjobs nachgehen muss, um überhaupt das kulturelle Existenzminimum zu erreichen, - gerade hier im wirtschaftlichen Bereich erscheinen derartige Schuldgefühle am allerunwahrscheinlichsten. Dass deMause dennoch mit solchen Annahmen operiert, hat nicht zuletzt darin seinen Grund, dass er so eine scheinbar originär psychohistorische Pointe gegenüber den von ihm als konventionell und zugleich als irrig bezeichneten Theorien von Soziologen und Politologen vortragen kann, wonach eher wirtschaftliche Mangellagen und durch sie bedingte Frustrationen der betroffenen Bevölkerungsteile von politischer Relevanz sind; so etwa das Thema „Arbeitslosigkeit".

Wir wollen trotzdem deMause' Konzept weiter zu rekonstruieren versuchen.

Den Schuldgefühlen und Reinigungsbedürfnissen liegen nach deMause letztlich wiederum Kindheitsdeterminanten zugrunde, mangelnde Unterstützung durch die Eltern in den weniger fortgeschrittenen Psychoklassen.

Wie auch immer wir diese Konstruktionen „psychogenetischer Verursachung" eines Geschehens auf der politischen Bühne einschätzen mögen, in unserem Kontext einer methodisch-kritischen Rekonstruktion des deMauseschen Ansatzes ist vor allem die Frage entscheidend, inwiefern wir annehmen können, ob die erwähnten Schuld- und Reinigungsgefühle tatsächlich „in den Präsidenten und seine Berater hineingepumpt" werden können. Denkbar erscheinen durchaus empirische Untersuchungen, die von einer solchen Leitidee ausgehen. Bereits im Medienalltag erfahren wir ja schon etwas über eine gewisse Wechselwirkung zwischen Präsident und Bevölkerung in den USA auf der Grundlage von Meinungsumfragen; während ich schreibe, sind es die Umfragen über die Zustimmung der amerikanischen Bevölkerung zum Bombardement Afghanistans.

Die Frage der empirischen Untersuchung und Überprüfung jener von deMause konstruierten psychogenetischen Verursachung: Gruppenphantasie → Präsident ist aber in unserem augenblicklichen thematischen Kontext nicht entscheidend, denn unabhängig von den Ergebnissen solcher Forschung gilt für deMause die übergeordnete Erkenntnis, die er gleich im Anschluss an den oben zitierten Satz über den Mechanismus einer „Pumpe" formuliert:

„Das gilt immer, ganz gleich, um welchen Staat, welche Epoche oder welche Regierungsform es sich handelt."[53]

Mit anderen Worten: Auch wenn die oben genannten Transportmittel von der Gruppenphantasie hin zum Phantasieführer, Massenmedien und niedere Regierungsbeamte, gar nicht vorhanden sind, wie in vergangenen Jahrhunderten, besteht der Zusammenhang Gruppenphantasie → Phantasieführer dennoch.

Sozusagen: Die Phantasiepumpe funktioniert „irgendwie" immer, „unabhängig von gesellschaftlichen und technologischen Faktoren". Es handelt sich um einen Höchstanspruch mit „Gesetztes" -Charakter, wie so oft in deMause' Psychohistorie.

Dieser Anspruch wird nie relativiert. Auch 1997 noch behandelt deMause alle denkbaren historischen Gesellschaftsformationen von prähistorischen über antike bis hin zu modernen Gesellschaften in der gleichen Weise: Überall findet er, dass jene Phantasie-Pumpe von den Gesellschaftsgliedern zum politischen Führer hin in der gleichen gradlinigen Form funktioniert[54], was unter anderem zur Folge hat, dass in all diesen Gesellschaften keine umgekehrte Bewegung, also vom politischen Führer zur Bevölkerung hin, stattfindet, wodurch wiederum ein klassisches Thema jeder kritischen Sozialwissenschaft, nämlich das der Herrschaft, im Kontext der deMauseschen Theorie quasi nicht vorkommt.

Man kann sagen, dass deMause es all denjenigen, die ebenfalls einen Zusammenhang von „Massenpsychologie" und „politischer Führung" vermuten, sehr schwer macht, seinen Thesen zu folgen, weil er sich nirgendwo daran interessiert zeigt zu untersuchen, welche Modifikation jener Zusammenhang denn möglicherweise je nach gesellschaftlicher Formation und je nach historischer Situation erfahren könnte. Der Primat der psychohistorischen Richtung der Erkenntnis lautet immer: „Psychohistorie ist... damit beschäftigt, präzise Gesetze aufzustellen."[55, 56]

Der grundsätzliche Fehler liegt meines Erachtens darin, dass versucht wird, eine quasi naturwissenschaftliche Theorie über Gruppenphantasien aufzustellen. Dabei bedient sich deMause, ohne dies ausdrücklich zu reflektieren, einer „experimentellen" Methode, d.h. er postuliert einen Faktor, die Gruppenphantasie, erhebt ihn in den Rang eines Kausalfaktors und glaubt diesen dem zu klärenden Tatbestand, dem Explanadum (etwa ein Krieg), zuordnen zu können. Es ist ganz offensichtlich, dass man diesen Weg nicht beschreiten kann. Die Zwischenglieder, die von der Ursache (= Gruppenphantasie der Verunreinigung) zur Wirkung (Krieg) führen könnten, thematisiert deMause einfach nicht.

RezipientInnen dieses Ansatzes müssen hier selbst „Ergänzungen" schaffen, die aber alle versagen und zwar deshalb, weil in deMause' Theorierahmen ausdrücklich „gesellschaftliche und technologische Faktoren" nicht zugelassen sind, sondern allein psychische Faktoren. Die RezipientInnen können sich unter den Bedingungen dieser Einschränkung z.B. zur „Ergänzung" des obigen Teiltheorems etwa Folgendes zurechtlegen: Von der Gruppenphantasie der seelischen Verunreinigung geht eine Art „seelischer Energiestrom" aus, der sich gewissermaßen in den Phantasieführer ergießt und zwar ein Energiestrom nicht nur diffuser, sondern inhaltlich gerichteter Art, der auf der politischen Bühne dann über die „Motivierung" eine be-

stimmte Wirksamkeit entfaltet. DeMause selbst sagt dergleichen nicht, weil er weiß, dass er dadurch schnell in den Verdacht des „Esoterischen" geriete.
Tatsächlich aber operiert er implizit mit solchen Vorstellungen von „seelischen Energieströmen". Dies kann man daran sehen, wie er Gruppenphantasien erschließt, anders ausgedrückt: An welchen Indikatoren er Gruppenphantasien abliest. Es sind Karikaturen, Titelbilder von Zeitschriften, emotional bedeutsame Worte in politischen Texten.[57] Für die Produzenten dieses „emotionalen Materials", insbesondere für Karikaturisten, behauptet er eine besondere Sensibilität für jeweilige Tendenzen von Gruppenphantasien. Sie sind sozusagen das emotionale Sprachrohr der Gruppe. Auch ich möchte nicht bestreiten, dass es Menschen gibt, die seismographisch soziale Stimmungen registrieren und zum Ausdruck bringen können. Hier bei deMause ist jedoch das Entscheidende, dass er wieder einen sehr hohen Anspruch hat. Wenn ich eine Karikatur als Ausdruck einer bestimmten kollektiven Seelenlage interpretiere, etwa eines seelischen Reinigungsbedürfnisses, dann werde ich gleich weiterfragen, mit welchen anderen Faktoren, etwa ökonomischen Interessen, politischen Machtstrebungen oder geistesgeschichtlich-religiösen Strömungen, eine solche kollektive Seelenlage interagieren könnte. Bliersbach[58] etwa ist in einer Art „modifizierter Gruppenphantasieanalyse" des Wahlkampfs zwischen Helmut Schmidt und Franz Josef Strauß 1979/80 so verfahren.

Aus einer solchen möglicherweise vorhandenen Interaktion werde ich dann bestimmte Ereignisse, auch Kriege, besser zu verstehen versuchen. Dabei ist aber immer der methodische Vorbehalt gemacht, dass es keine kausal-deterministische Beziehung, etwa zwischen einer „kollektiven Seelenlage" und einer bestimmten Art von Karikaturen, gibt. Das heißt, es wird immer nur um Interpretation gehen, die sich durch Diskussion ändern kann. Anders bei deMause. Er will ja ausdrücklich Aussagen im Sinne naturwissenschaftlicher Gesetzmäßigkeit formulieren. So wie die Frage: „Warum fallen feste Gegenstände nach unten?", immer auf die gleiche Weise beantwortet werden muss, nämlich: weil das Gesetz vom freien Fall wirksam ist, so gilt bei deMause: die Frage: „Warum entstehen politische Ereignisse wie Kriege, Revolutionen, religiöse Kreuzzüge, soziale Kahlschläge, etc.?" muss immer auf die gleiche Weise beantwortet werden, nämlich so: Sie entstehen, weil das Gesetz von der „Gruppenphantasie der Reinigung" besteht. Dementsprechend findet deMause dann auch immer dieses „Gesetz" in seinem emotionalen Material.

Der Punkt ist nun, dass er angesichts *dieses* Anspruchs der Gesetzmäßigkeit nicht ohne die Annahme jener „seelischen Energieströme" auskommt, von denen ich oben sprach. Denn es müssen Kausalfaktoren vorhanden sein, die von der Gruppe bzw. der Summe der Individuen, die diese Gruppe ausmachen, ausgehen und auf den Karikaturisten *einwirken*, damit er den Reinigungsphantasien Ausdruck gibt. Und weiterhin: Es müssen Kausalfaktoren vorhanden sein, die dem Phantasieführer die Gruppenphantasie der Reinigung vermitteln, damit er die Reinigung dann – etwa via Kriegsinszenierung – durchführen kann. All diese kausalistisch zu verstehenden Phantasietransporte von der Gruppe bis letztendlich hin zum Geschehen auf der öffentlichen Bühne, im Sinne einer „gesetzmäßig durch die Reinigungsphantasie bewirkten Handlung" gibt es aber nicht – es sei denn eben: Man postulierte Zwischenglieder von der Art „seelischer Energieströme". Dann könnte man sich etwa vorstellen: Die Gruppe, die von der Reinigungsphantasie erfasst ist, übt einen telepathischen Einfluss auf Karikaturisten und Gruppenphantasieführer aus und lässt diese als ihre Instrumente handeln. Und es ist *allein* dieser psychogenetische Konnex, der dem zu erklärenden Tatbestand (Explanandum), etwa einem Krieg, seine „psychohistorische" Erklärung (Explanans) zuführt. Eine offensichtliche Verkürzung realer Zusammenhänge!

Meines Erachtens kann man diesen Weg nicht beschreiten, auch wenn man das Interesse, die Wirksamkeit irrationaler Faktoren des politischen Geschehens aufzuklären, teilt.

Ich nehme an, dass viele deMause-RezipientInnen, die angesichts seiner Thesen zunächst jenes oben behauptete Empfinden des „Spontan-Einleuchtenden" haben, sich dann aber dennoch von der Psychohistorie wieder abwenden[59], weil sie nach einer Weile eben diese „esoterischen" Implikationen in der kausal-deterministischen Psychohistorie spüren und dann weiter feststellen, dass sie bei aller Bereitschaft, das Psychische auszumachen, das in den Geschichts- und Gesellschaftswissenschaften so vernachlässigt wird, dann schließlich aber diesen Schritt nicht mehr mitvollziehen wollen, also den Schritt, sozusagen die Existenz und gar „gesetzmäßige" Allmacht schwer greifbarer psychischer Energieströme zu akzeptieren und damit den Einfluss jeglicher sozialer Faktoren im politischen Geschehen theoretisch zu ignorieren.

Wesentlich komplexer als von deMause wird die „Gruppenphantasieanalyse" von Winfried Kurth in Deutschland durchgeführt. Die Abstraktion wird hier immer wieder gelockert und vor allem wird das von deMause immer beanspruchte Kausalitätsprinzip im Sinne von quasi- naturwissenschaftlichen Gesetzesaussagen, in denen ausschließlich kindheitsgesteuerte „Gruppenphantasien" als Erklärung für politische Ereignisse behauptet werden, in Frage gestellt. „Welche kausalen Beziehungen zwischen ‚Stimmungen', ‚Phantasien' und ‚realen Ereignissen' bestehen, ist umstritten... Fragen der Kausalität im politisch-sozialen Bereich sind schwer zu entscheiden..."[60]

In besonders interessanter Weise hat W. Kurth die Gruppenphantasieanalyse in bezug auf den „11. September" gehandhabt. Während deMause selbst hier seinen Ansatz, dass alle Kriege der USA als Wirkung einer „nationalen Gruppenphantasie der Reinigung" zu erklären sind (Golfkrieg, Kosovokrieg, Bombardierung Libyens, etc.), verlässt und den Anschlag vom 11. September ausschließlich als das Ergebnis eines „clash of psychoclasses" darstellt und die These verneint, die Wurzeln des Terrorismus könnten „in diesem oder jenen Fehler der amerikanischen Außenpolitik"[61] zu suchen sein, versucht W. Kurth auch an diesem politischen Ereignis die Gruppenphantasieanalyse beizubehalten und kommt zu dem Ergebnis, dass man den Anschlag als Resultat einer durchaus westlich-amerikanischen Gruppenphantasie, *an der die westlich ausgebildeten Terroristen Teil hatten,* verstehen kann[62]. Er führt für die Existenz einer derartigen – gleichsam selbstdestruktiven – Gruppenphantasie einige interessante Belege an, unter anderem die in den USA häufigen apokalyptischen Karikaturen und Filme. Hier handelt es sich tatsächlich um ein sehr eigenartiges Phänomen, wenn man bedenkt, dass auch nach dem 11. September die Produktion und Aufführung solcher Filme wieder in vollem Gange ist[63].

G. Vermeintliche „Tautologie" in anderen theoretischen Ansätzen als Rechtfertigung eigener immerwährender Abstraktion

Wir hatten eingangs formuliert, dass für deMause ein aus der Sache selbst sich ergebender notwendiger innerer Zusammenhang zwischen psychogenetischer Geschichte der Kindheit und Psychohistorie bestehe. Im weiteren Verlauf hatten wir dann gesehen, dass „psychogenetische Geschichte der Kindheit" ein abstrakt verkürztes Verständnis von Kindheit im Sinne einer alleinigen Fokussierung des emotionalen Aspekts der frühen Eltern-Kind-Beziehung in der Geschichte zur Folge hat. Dieser Weg der Abstraktion wird dann konsequent fortgesetzt bis hin zu dem gerade diskutierten eingeschränkten Begriff von Gruppenphantasie und ihrer Wirkungsweise auf der politischen Bühne.

Die Frage liegt nun nahe, warum deMause auch hier Komplexität verweigert. Man könnte sagen: es ist ja durchaus verständlich, wenn der Kindheitsbegriff verengt wird, denn tatsächlich ist die emotionale Seite der frühen Eltern-Kind-Beziehung das Wichtigste im Begriff der Kindheit. Jedoch: Ist es im Falle der Gruppenphantasie und ihrer Wirkungsweise auf der politischen Bühne nicht von Anfang an für jedermann und jede Frau evident, dass hier keine Betrachtung „unabhängig von gesellschaftlichen Faktoren" stattfinden kann? Das frühe Kindheitsgeschehen, so mag es uns erscheinen, ist zum erheblichen Teil etwas so offenkundig Intimes der Eltern-Kind-, insbesondere der Mutter-Kind-Beziehung, dass hier ein vorläufiges Wegsehen von „gesellschaftlichen" Faktoren gerechtfertigt erscheinen mag. Soziologen sprechen hier von affektiv-partikularistischen Beziehungen.

Bei dem über Kindheit hinausgeführten Thema, so erscheint uns dann weiter evident, handelt es sich aber nicht mehr um ein derartiges Thema von Intimität, sondern um ein Thema des öffentlichen Bereichs, die Soziologen würden hier sagen: Des affektiv-neutralen und universalistischen Bereichs[64]. Auch wenn wir den Soziologen bei der Verwendung solcher Worte wie „affektiv-neutral" gleich misstrauen dürfen, so mag uns aber dennoch die prinzipielle Unterscheidung jenes privat-intimen und jenes öffentlich-universalistischen Bereichs einleuchtend erscheinen und dass wir nicht umstandslos den einen Bereich in den anderen verlängern können. Zumindest, so scheint es, müssen wir im öffentlichen Bereich eine Wechselbeziehung zwischen einer Vielfalt psychologischer, ökonomischer, politisch-sozialer Faktoren anerkennen!

So scheint es! Nicht für deMause! Denn zunächst gilt einmal ganz allgemein, dass deMause seine Theorie sehr pointenhaft anlegt und eine der Hauptpointen, die in seinem umstandslosen Übergang von „psychogenetischer Geschichte der Kindheit" zu „Psychohistorie" enthalten ist, besteht eben in der Annahme, dass entgegen oben genannter Vorstellungen einer prinzipiellen Unterscheidungsmöglichkeit zwischen privatem und öffentlichem Bereich, es in diesem öffentlichen Bereich sozusagen genauso kindlich zugeht wie im privaten[65]. Die öffentlich-politische Bühne ist nur eine Reproduktion der privat-affektiven Bühne. So nimmt er etwa an, (und versucht quellenmäßig zu belegen) dass Kindheit in Deutschland um 1900 ein „Alptraum von Mord, Vernachlässigung, Misshandlung und Folter" gewesen ist und fährt dann fort, Krieg und Holocaust „vier Jahrzehnte später"[66] seien nichts anderes als „die Wiederaufführung dieses Alptraums"[67] gewesen. Wie auch immer es um diese spezielle Kausalattribuierung bestellt sein mag, in unserem augenblicklichen Kontext sollte sie der Veranschaulichung jenes Grundsatzes der deMauseschen Psychohistorie: „Öffentlich-politische Bühne" = Reproduktion der „privat-affektiven Bühne" dienen. Und damit ist wiederum die umstandslose Überführung von „psychogenetischer Geschichte der Kindheit" in „Psychohistorie" gewährleistet.

Jetzt ist der springende Punkt, dass deMause über diesen allgemeinen Grundsatz hinaus jedwede andere Sichtweise axiomatisch-abwertend als *tautologisch* auszuschalten versucht:

„Alle Behauptungen der Form: ‚X ist gesellschaftlich (oder kulturell) bedingt', sind tautologisch."[68]

Was heißt das und inwiefern ist hier axiomatisch eine Diskussion des Themas „Gruppenphantasie – Politische Bühne" als einem interaktiv-multifaktoriellen Thema ausgeschlossen?

Eine tautologische Erklärung ist nach deMause eine solche, die ein Phänomen durch ein anderes Phänomen der gleichen Wirklichkeitsebene erklärt, etwa ein historisches Ereignis durch ein vorangehendes historisches Ereignis. Den Historikern wirft er solche „Tautologien" vor. Sie schreiben Geschichte nur als Ereignisgeschichte. Dabei ist ihre Methode eine „narrative" (deMause). Es wird Ereignis nach Ereignis erzählt. Etwa: Es wird erzählt, wie eine Wirtschaftskrise (Ereignis A) in einen Krieg (Ereignis B) übergeht. Es gilt dann der Krieg als „gesellschaftlich bedingt". An die Stelle einer narrativ-tautologischen setzt deMause eine „Gesetze" aufstellende Geschichts- und Politikbetrachtung. Hier wird ein „Ereignis", etwa ein Krieg, durch eine andere Wirklichkeitsebene erklärt. Eine solche andere Wirklichkeitsebene ist die der „Motivationen" Es muss also nicht Ereignis durch Ereignis, sondern Ereignis durch Motivation erklärt werden. Dann ist die Erklärung nicht tautologisch.

Tatsächlich verbirgt sich hinter dieser Argumentation nur ein bestimmtes Modell von Wirklichkeit, eben das Zwei-Schichten-Modell: Vordergrund-Ereignis; Hintergrund-Motivierungen. Bekanntlich gibt es viele solcher Schichtungsmodelle der Wirklichkeit. Das der Marxisten ist etwa: Vordergrund-politisches Ereignis; Hintergrund-wirtschaftliche Lage. In *diesem* Modell erscheint die Erklärung des politischen Ereignisses durch die wirtschaftliche Lage keineswegs als tautologisch, einfach weil dieses Modell „Wirtschaft" einer anderen Wirklichkeitsebene zuordnet als „Politik". In diesem Modell wäre tautologisch eine Erklärung eines politischen Ereignisses allein durch ein politisches Ereignis, etwa Kriegsausbruch als Folge gescheiterter diplomatischer Aktivitäten. Dementsprechend suchen bekanntermaßen Marxisten für die „eigentliche" Erklärung immer nach „wirtschaftlichen" Hintergründen. Und entsprechend *seinem* Wirklichkeitsmodell sucht deMause immer nach „psychischen Hintergründen" (und zwar nur nach diesen).

Jedoch für deMause handelt es sich hier nicht nur um ein Modell, sondern um eine „Überzeugung". Er ist tief davon überzeugt, dass alle anderen Modelle als seines die Wirklichkeit nicht treffen, keinen Erklärungswert haben. Um dies angemessen zu bezeichnen, hat er den Begriff „tautologisch" mit seiner pejorativen Assoziation des Doppeltgemoppelt, des „Weißen Schimmels", für seine Zwecke funktionalisiert.

Tief überzeugt von seinem Modell ist er aber, weil er folgende Grundannahme für die zwingend notwendige und einzig mögliche Basis jeder Geschichts-und-Politik-Analyse mit Kausalitätsanspruch hält:

„Nur eine Psyche kann ein Motiv haben"[69]

Und da alles Geschehen von Ereignissen in Geschichte und Politik letztendlich auf Motiven beruhen muss, ist das Modell:

Vordergrund/Ereignis – Hintergrund/Psyche

die eigentlich erklärungsfähige Grundansicht von Geschichte und Politik. Aus dieser Grundansicht ergibt sich dann die oben aufgestellte Formel: Öffentlich-politische Bühne = Reproduktion der privat-affektiven (Motiv) Bühne als sozusagen der einzige nicht-tautologische Erklärungsansatz.

Diesen Ansatz: „Ereignisse beruhen auf Motiven und diese muss man in der menschlichen Psyche, insbesondere ihrer frühkindlichen Grundlegung, suchen" empfinde ich als wichtige Einsicht und diese Einsicht könnte tatsächlich Gründe hergeben für den Gedanken einer „Psychohistorie". Nur, der entscheidende Mangel ist: die systematische Absolutsetzung dieses Ansatzes. Es gibt nur noch Kausalattributierungen „Motiv" –Ereignis. Und es fehlt ganz die Vorstellung, dass eine Interaktion des psychischen Motivs mit einer *aktuellen Situation* stattfinden könnte. Denn wie wir gesehen haben, kommt das Motiv - nach deMause – immer aus einer generationalen Motivkette, letztlich aus der frühen Eltern-Kind-Beziehung (und nur daraus).

Bekanntlich werden in modernen Demokratien Umfragen zu den verschiedensten Themen gemacht. DeMause' Einschätzung der Ergebnisse dieser Umfragen als Umfragen zu aktuellen Situationen verdeutlicht seine axiomatische Ausschaltung einer Interaktion des Psychischen mit aktuellen Situationen und veranschaulicht zugleich seine Absolutsetzung von Gruppenphantasien, die sich sozusagen nach ihren eigenen Gesetzmäßigkeiten ihren Weg quer durch alle aktuell-situativen objektiven Lagen hindurch zu ihrem Ziel (Reinigung) bahnen:

„Die aus dem Unbewussten aufsteigenden und wechselnden Meinungen haben nichts mit der effektiven Gegenwartslage des Landes zu tun. Wir werden bald sehen, dass sie fast gänzlich von wechselnden ‚Phantasien' her bestimmt werden, die von den Menschen gemacht und von den Medien verbreitet werden." [70]

Keine Medienpolitik, keine aktuellen Interessenlagen, die darin wirksam sein könnten! Allein die aus der frühen Eltern-Kind-Beziehung stammenden „Phantasien" sind bestimmend und zwar als autonome Größen, „unabhängig von gesellschaftlichen und technologischen Faktoren"!

H. Psychodynamik ohne Sozialdynamik

Nichts, was „von außen" kommt, kann den Inhalt der Gruppenphantasie bestimmen; und nichts, was „von außen" kommt, kann den Transport der Gruppenphantasie auf die politische Bühne hervorrufen. Immerhin: Was den Inhalt der Gruppenphantasie betrifft, konnten wir uns im Rahmen der deMauseschen Theorie eine Vorstellung bilden, wie dieser sich „von innen" herausbildet. Nämlich durch Psychogenese. Gemeint ist zunächst die Psychogenese, wie sie sich bildet aus der Entwicklungsgeschichte des einzelnen Individuums, das an der Gruppenphantasie teilnimmt. Diese individuelle Psychogenese ist angeschlossen an den kindheitshistorischen Begriff einer intergenerationalen Psychogenese, die weit in die Menschheitsgeschichte zurückverweist. Wie wir bereits gesehen haben, konstituieren dann mehrere Individuen, deren Phantasien Produkt ähnlicher individueller und intergenerationaler Psychogenese sind, eine Psychoklasse, die durch eine gemeinsame Gruppenphantasie gekennzeichnet ist.

Bei der zweiten Frage: Wenn nun diese Gruppenphantasie da ist, etwa die Gruppenphantasie der „Reinigung", was geschieht dann, wie wird sie auf die politische Bühne transportiert und zu politischer Wirksamkeit gebracht? wird es schwieriger. Bisher hatten wir gesehen, dass nach den Prämissen der deMauseschen Theorie keine andere Antwort auf diese Frage möglich erscheint als die, es müsse so etwas wie „psychische Energieströme" geben, die sich in den Phantasieführer ergießen bzw. die in ihn „hineingepumpt" werden und durch die dieser Anweisungen zu Handlungen erhält, die das Phantasieverlangen der Reinigung erfüllen (z. B. Kriegsinszenierung oder Opferhandlungen an sozial Schwachen).

Hier möchte ich nun ein Teilstück der deMauseschen Theorie thematisieren, das in dieser Rekonstruktion noch nicht behandelt wurde. Es gibt nämlich durchaus auch bei deMause die Möglichkeit, sich zunächst ohne Postulat „psychischer Energieströme" eine einigermaßen tragbar erscheinende Hilfsvorstellung für jenes Transportproblem zu bilden.

Es ist dies die Vorstellung einer „Psychodynamik".

Bevor ich auf diese Vorstellung eingehe, möchte ich aber schon jetzt behaupten, dass ihre Leistungsfähigkeit in dem Rahmen, den deMause durch sein Begriffssystem absteckt, sich sehr schnell als begrenzt erweist und wir am Ende doch wieder auf die Vorstellungen von „psychischen Energieströmen, die sich ergießen", also eine sehr esoterische Vorstellung, zurückgreifen müssen. Die Leistungsfähigkeit der Vorstellung von „Psychodynamik" ist nämlich begrenzt durch das völlige Fehlen eines Begriffs von „Sozialdynamik" bei deMause.

Aber zunächst: Was ist das für eine Hilfsvorstellung, die im Begriff einer „Psychodynamik" enthalten ist?

Theorien, die sich mit der Wirksamkeit psychodynamischer Prozesse in Geschichte, Politik und Gesellschaft beschäftigen, haben, so unterschiedlich sie im übrigen auch akzentuiert sein mögen, alle gemeinsam, dass sie der Regel folgen, es sei in diesem Themenkontext jederzeit eine „Dialektik von individueller und gesellschaftlicher Dynamik"[71] zu beachten. Dieser Regel wird sprachlich durch die häufige Verwendung der Wortzusammenstellung „psycho-sozial" Rechnung getragen. Diese wird nicht näher erläutert, da sie einen selbstverständlichen Konsens bei den LeserInnen voraussetzen kann. Auch mir erscheint diese Vorgehensweise durchaus sachangemessen. Auch ich gehe von einer wechselseitigen Durchdringung von „Psychischem" und „Sozialem" aus. Ausgehend von dieser kaum sinnvoll hinterfragbaren Prämisse ist dann die Aufgabe des „Sozial-Psychologen", aufzuzeigen, in welcher Weise das Psychische in Soziales und umgekehrt, wie Soziales in Psychisches übergeht.

Durch deMause' Psychohistorie wird diese Prämisse radikal in Frage gestellt. Man könnte sagen: Bei ihm wird in der Begriffszusammenstellung „psycho-sozial" die Seite des Psychischen so sehr aufgeladen, dass es als einzig Wirklichkeitshaltiges übrig bleibt und das Soziale vollständig entwirklicht erscheint. Deshalb findet sich die Terminologie „psychosozial" auch nirgendwo im Werk von deMause[72]

Dadurch aber geraten wir in Schwierigkeiten, wenn wir, wie oben, danach fragen, was denn das für eine Hilfsvorstellung sei, die im Begriff der Psychodynamik enthalten ist, und die uns die Transformation von Gruppenphantasien in Politik-Abläufe als begründeter erscheinen lassen könnte als dies bisher der Fall war. Denn: Geht man vom Grundverständnis des „Psycho-Sozialen" aus, dann ist a priori klar, dass in irgendeiner Weise das Psychische *und* das Soziale daran mitwirken, jene Transformation herzustellen. Etwa dergestalt, dass hier gewisse Grundtatsachen des für uns alle sichtbaren menschlichen Verhaltens *beachtet* werden, wie etwa: Dass Menschen sich gesellen, kommunizieren, organisieren. Sie treten etwa Berufsverbänden bei, werden Mitglieder in Sportvereinen und Wohltätigkeitsverbänden, etc. etc. Auch für Kinder gilt ähnlich Psychosoziales. Sie werden in „Kliniken" geboren, sie sind im „Kindergarten" und gehen zur „Schule", etc. All diese Begriffe wie „Berufsverbände", „Kindergarten", etc. erscheinen als eine Bedingung der Möglichkeit, eine „Dialektik von individueller und gesellschaftlicher Dynamik" (H. Petri) herzustellen.

Man kann nun sagen: Nach den Prämissen des psychohistorischen Ansatzes sind all diese „Mitgliedschaften" bedeutungslos im Sinne von nicht theoriewürdig. Wenn aber dadurch via solche Mitgliedschaften der Transfer des Psychischen auf die Bühne des Öffentlichen nicht theoretisierbar erscheint, *wie dann?*

Oder: Wie kann das Psychische *ohne soziale Rollen* auf der öffentlichen Bühne wirksam werden? Offenbar, soviel scheint sich bereits abzuzeichnen, muss die mögliche Beantwortung dieser Frage etwas mit dem Ausgleich des mangelnden Sozialbegriffs durch eine kompensatorische Relevanzsteigerung des Psychischen zu tun haben. Aber *wie* geschieht das?

Um dieser Frage näher zu kommen, müssen wir uns an die oben referierte These von deMause erinnern, dass traditionelle Menschen „unglücklich und schizoid" und moderne Menschen „glücklich und integriert" sind. In dieser These ist die Psychodynamik, die den Transfer von Gruppenphantasien auf die Bühne leisten soll, enthalten. *Diese* Psychodynamik operiert mit einem *radikal aufgewerteten Motivationsbegriff:*

„Psychohistorie ist die Wissenschaft der historischen Motivierungen",[73] heißt es bei deMause. In unserem Kontext kann man sagen: Es bleibt aber nicht dabei; die Motivierungen werden hier geradezu zu mächtigen historischen Subjekten aufgewertet. So wie es in der Geschichte der Kindheit einen „Generationendruck" gibt, der die Evolution der Kindheit vorantreibt, so gibt es in der Geschichte der Psyche einen „Motivationsdruck". Man könnte sagen: So wie in den oben angesprochenen Theorien über eine „Dialektik von individueller und gesellschaftlicher Dynamik" eine Selbstverständlichkeit des „Psycho-Sozialen" vorherrscht, so herrscht in der Psychohistorie eine Selbstverständlichkeit radikaler Motivationswirksamkeit vor. Motivation ist etwas, was per se, aus sich selbst heraus, auf der öffentlichen Bühne wirksam wird. Sie bedarf dazu keiner „sozialen" Komponenten wie „Rollen", „Organisationen", „Gesellungen". Natürlich weiß auch der reine Psychohistoriker, dass es derlei soziale Tatbestände gibt, aber sie sind, nach seiner Ansicht, nichts gegen die Motivation. Die Motivationen jener modernen Menschen, die „glücklich und integriert" sind, bringen – wie, das ist für den überzeugten und unabhängigen Psychohistoriker nicht mehr so wichtig – auf jeden Fall Gutes auf die öffentliche Bühne, in die Auseinandersetzung der Gruppenphantasien, die dort stattfindet[47]. Und umgekehrt bringen die traditionellen Menschen als „unglückliche und schizoide" Wesen Schlechtes auf die öffentliche Bühne; In beiden Fällen ist die eigentliche Transfermacht: der Motivations*druck*. „Glück und Integriertheit" sind radikale Motivation zur öffentlichen Verbesserung; „Unglück und Schizoidität" sind radikale Motivation zur öffentlichen Zerstörung.

Dies ist vielleicht die Hauptbotschaft der unabhängigen Psychohistorie. Und wer von uns wäre nicht geneigt, diese Botschaft zu hören, wäre sie nicht gleichzeitig so sehr bemüht, ihre „gesellschaftsfreie" Beschränktheit zu wahren, dem Motivationsdruck eine fast göttliche Allmacht zu verleihen! Was wir doch alle tagtäglich und überall sehen, ist: Ohne jene Faktoren wie „Gesellung", „Organisation", etc. muss jede noch so mächtige Motivation verpuffen.

Nachvollziehbarer könnte diese Kausalmacht der Motivierungen werden, wenn sich nachweisen ließe, dass diese ihre Wirksamkeit im Zusammenwirken mit anderen Faktoren erzielten. Eine derartige Vorstellung des Zusammenwirkens von „motivierten Gruppenphantasien" mit sogenannten „objektiven Faktoren" finden wir in all jenen Theorien, die in einer „Dialektik von individueller und gesellschaftlicher Dynamik"[75](Petri), anders als deMause, eine eigenständige Existenz von gesellschaftlicher Realität *anerkennen*. Dann geht die Vorstellung dahin:

Eine gegebene Struktur dieser Realität, vor allem Interessensstruktur, heute, unter den Bedingungen der „Globalisierung", etwa die eines „Raubtierkapitalismus"[76], erfordert kollektive Bewusstseinslagen der Akzeptanz dieser Struktur. Akzeptanz und Struktur bedingen sich dann gegenseitig. Man muss nicht so weit gehen, deshalb nur noch Manipulation dieser Bewusstseinslagen am Werk zu sehen, wie dies etwa zuweilen bei Vertretern der sogenannten „materialistischen Sozialisationstheorie" der Fall ist[77], jedoch erscheint eine Interaktion von objektiver Struktur und subjektiver(kollektiver) Bewusstseinslage mehr „gestützt" als allein im subjektiven Phantasiebereich verankerte Gruppenphantasien.

Eine bekannte Analyse dieses Typs ist die von Erich Fromm, in der die Institution der Familie als „psychologische Agentur der Gesellschaft" [78] in ihrem Nachwuchs sozialisatorisch ein gesellschafts- und herrschaftskonformes „Über-Ich" erzeugt, das die objektiven Strukturen mit erhält. Hier besteht die „Dialektik individueller und gesellschaftlicher Dynamik" (Petri) [79] darin, dass gesellschaftliche und politische Herrschaftsstrukturen einerseits und individuelle wie kollektive psychische Strukturen andererseits, sich gegenseitig hervorbringen und am Leben erhalten.[80]

Das Verbindende zwischen diesem „psychosozialen" Modell und dem psychohistorischen Modell besteht in der Rolle, die in beiden Modellen die *Eltern* spielen. Familie als „psychologische Agentur der Gesellschaft" – durchgeführt wird diese Funktion der Familie durch die *Erziehung*, die *Eltern* ihren Kindern vermitteln. So in Erich Fromms Modell.[81]

Und in der psychohistorischen Theorie? Wir hatten oben darauf hingewiesen, dass nach deMause das Movens jener Gruppenphantasien, die „reinigende" Aktionen auf der politischen Bühne wie Krieg oder Sozialabbau, herbeiführen, aus Schuldgefühlen besteht, die ein Verlangen nach Reinigung durch Opferung nach sich ziehen. Diese Reinigung wird dann, wie wir gesehen haben, durch den Gruppenführer herbeigeführt. Die Schuldgefühle beruhen auf einem „verinnerlichten Eltern-Ich", sprich: Über-Ich:

„Der Golfkrieg z. B. resultierte für deMause aus einer in der amerikanischen Öffentlichkeit virulenten Phantasie, dass die Nation über ihre Verhältnisse gelebt habe und dass eine Opferung von materiellen Gütern und von Menschenleben notwendig sei, um das verinnerlichte Eltern-Ich zufriedenzustellen."[82]

Es ist die Rolle der Eltern, die das Verbindende zwischen dem „psychosozialen" und dem „psychohistorischen" Modell herstellt; etwas Verbindendes, das auch die wissenschaftlichen VertreterInnen der beiden Modelle veranlassen könnte, sich gegenseitig über ihre Ansichten auszutauschen, statt sich, wie geschehen, nur voneinander abzugrenzen.[83]

Ein wichtiger Unterschied setzt dann aber ein bei den Vorstellungen sozusagen der „Ernährung" des Über-Ichs. Während Fromm es als entscheidend wichtig ansieht, dass das durch elterliche Erziehung geschaffene Über-

Ich ständig durch Einwirkung der Gesellschaft (Schule, politische Ideologie, etc.) stabilisiert werden muss und es ohne diese gesellschaftliche Einwirkung in sich zusammenfallen würde[84], herrscht bei deMause – ebenso wie im Falle der „Gruppenphantasie" – die Vorstellung einer Art Dauererhalts der in früher Kindheit durch die Eltern erzeugten Schuldgefühle in ihrer ursprünglichen Form vor. Hier ist wieder die oben erwähnte Grundannahme wirksam, *dass Phantasieinhalte unabhängig von Situationen sind, ihren eigenen und nur ihren eigenen Gesetzmäßigkeiten gehorchen*. Die Realität ist ohne Einfluss; sie hat nur die Rolle, dass die Phantasien (des Individuums und der Gruppe) zu einem ihrer eigenen Logik folgenden Zeitpunkt „nach ihr greifen" können, z.B. Schuldgefühle gegenüber den Eltern aus der frühen Kindheit dann nach Realität greifen, wenn „die Nation über ihre Verhältnisse lebt". Wenn dieser „Griff nach der Realität" stattfindet, befinden sich die an der Gruppenphantasie teilnehmenden Menschen in einem, psychoanalytisch gesprochen, besonders regredierten Zustand.

Sie werden zu „verängstigten Babys".[85]

DeMause versucht etwa zu zeigen, dass entgegen ökonomischen Krisentheorien der Kriegsverursachung kriegerischen Auseinandersetzungen immer ökonomische Prosperität vorausgeht,[86] an der dann jene Schuldgefühle neu virulent werden und durch Reinigungsstrebungen die Kriegsinszenierungen einleiten.

Fragt man nach den Gründen, warum in beiden Modellen die Thematik des Erhalts frühkindlicher Phantasieinhalte unterschiedlich gesehen wird, kann man unter anderem darauf verweisen, dass beide Modelle für ihre je eigene Sicht durchaus auch eine eigene Logik bereitstellen. Im Falle Erich Fromms lautet sie etwa: Das frühkindlich durch die Eltern anerzogene Über-Ich bedarf der kontinuierlichen Stabilisierung durch die Gesellschaft, weil es sich bei diesem Über-Ich „nur" um eine sozialisatorische Grundlage der kapitalistischen Gesellschaftsstruktur handelt, die jederzeit durch Neubelebung unterdrückter Triebimpulse von Seiten des Individuums bzw. der eine Gruppe bildenden Individuen erschüttert werden kann.[87]

Im Falle von deMause lautet dagegen die Logik: Die frühkindlich zugefügten Schuldgefühle sind traumatisch, so eingegraben in die Persönlichkeit, dass die Wunden nur schwer verheilen können; die einzige Chance, zu einer

Bearbeitung dieses Traumas zu gelangen, ist eben die Gruppenphantsie, die „Reinigung durch Opferung" verspricht.

Im extrem entgegengesetzten Fall: Wenn nämlich die Kinder durch ihre Eltern Empathie und Unterstützung erfahren haben, werden sie *kein* repressives „Eltern-Ich" installieren, das immer aufs neue unerträglichen Druck erzeugt, „sich zu reinigen". Diese Menschen werden nicht an der Gruppenphantasie „Reinigung durch Krieg" teilnehmen. Sie werden im Gegenteil gesellschaftlich konstruktive Leistungen erbringen. Von diesen „berichtet" deMause auch immer wieder, allerdings wesentlich seltener als von jenen traumatisch induzierten Destruktionsaktionen. Ein Beispiel für eine derartige positive Aufbauleistung hat nach seiner Ansicht in Deutschland eine fortgeschrittene Psychoklasse nach dem ersten Weltkrieg erbracht, aber nicht vor allem deshalb, weil das Kriegsende die gesellschaftlichen Bedingungen für eine derartige Leistung herstellte, sondern weil diese Psychoklasse sozusagen kindheitshistorisch herangereift war:

> „Eine kleine Minderheit von Deutschen hatte um die Jahrhundertwende jedoch eine modernere, weniger brutale Kindererziehung erfahren, und diese Minderheit war es, die es in allen Schichten fertig brachte, eine neue Psychoklasse zu stellen, welche die demokratischen und wirtschaftlichen Reformen der Weimarer Republik unterstützte."[88]

Es handelt sich, so muss man vermuten, um jenen Typ des „modernen Menschen", der als Resultat langer Generationenfolge durch „Glück und Integriertheit" gekennzeichnet ist. Eine vielleicht interessante Hypothese für Untersuchungen der Weimarer Zeit.

Diese Hypothese schließt deMause' Auffassung ein, dass der Untergang der Weimarer Republik dann herbeigeführt wurde durch jene gleichzeitig vorhandene traditionelle deutsche Psychoklasse, deren repressives Eltern-Ich solchen gesellschaftlichen Fortschritt nicht zulassen konnte.

Wir sehen hier, dass mitunter die Rezipienten von Theorien diese annehmbarer reformulieren können als ihre Schöpfer. So hat Arno Gruen ohne all den deduktionistischen Ballast, den deMause' Thesen immer mit sich führen und ohne die für die „unabhängige Psychohistorie" stets verpflichtende Fernhaltung von „gesellschaftlichen Faktoren" in einer meines Erachtens durchaus unsere Erkenntnis zum Thema „Untergang der Weimarer Republik" erweiternden Art und Weise die deMauseschen Thesen verwendet:

„So kann die Wiederherstellung autoritärer gesellschaftlicher Machtstrukturen zum Ausgleich breiter Gesellschaftsschichten werden. DeMause ging davon aus, dass die Liberalisierungstendenzen und die Lockerung gesellschaftlicher Zwänge während der Weimarer Republik eine ‚Growth Panic', eine Angst vor Veränderung und Wachstum hervorrief. Weite Teile der Bevölkerung reagierten mit Gewalt und Mord auf die Erweiterung der inneren und äußeren Lebensalternativen, was schließlich zur Machtübernahme durch Hitler führte."[89]

Nebenbei sei angemerkt, dass Alice Miller die positive Logik einer guten Kindheitsentwicklung noch pointierter herausgestellt hat, indem sie in ihren Werken immer wieder betont, dass Menschen, die in ihrer Kindheit von „fühlenden Menschen" „begleitet" (statt „erzogen", F.N.) wurden, *gar nicht anders können* als in ihrem Erwachsenenleben Mitgefühl statt Hass zu empfinden.[90] Dieser Gedanke ist dem vom „glücklichen und integrierten" Menschen als Resultat der Evolution der Kindheit bei deMause ähnlich. Allerdings setzt deMause eher hedonistische Akzente, indem er immer wieder darauf verweist, dass im Falle sozusagen des Gelingens des „neuen Menschen" dieser Befriedigung durch Erotik, aber eben auch durch Wohlstand und demokratische Reformen anstreben wird, während Alice Miller eher Akzente der geglückten Trauerarbeit setzt. Denn anders als bei deMause geht sie – wie auch A. Gruen[91] – davon aus, dass auch unter den Bedingungen von Modernität Kinder Schmerzen der Erziehung leiden müssen, im besseren Fall diese aber durch ein Überwiegen von „empathischer Begleitung" über „Erziehung" mit Hilfe jener Trauerarbeit „vernarben" können.

Man kann es auch so auf eine Formel bringen: Im Falle des Gelingens realisiert sich nach deMause Eros statt Thanatos, nach Alice Miller Trauer statt Depression.

Aber zurück zur Thematik: Psychosoziale Dynamik versus reine Psychodynamik. Ich hatte festgestellt, dass die „Psychodynamik", die die Psychohistorie als Transportmittel für den Übergang von Gruppenphantasien auf die politische Bühne anbietet, in einer radikalisierten Motivationsvorstellung, d.h. in einem mit Kausalmacht ausgestatteten Motivationsdruck besteht.

Gleichzeitig hatte ich postuliert, dass dieser Motivationsdruck aber ohne sozusagen „objektive" Unterstützung – etwa durch ein „soziales" Phänomen wie „Organisation" – „verpuffen" muss. Bei der Suche eines Zusammenwirkens von motivierten Gruppenphantasien und objektiven Faktoren stieß ich auf Erich Fromms Konstruktion eines Zusammenhangs: Gesellschaft → Familie als psychologische Agentur der Gesellschaft → Über-Ich.

Jenes „Zusammenwirken", wie können wir uns das nun vorstellen?

Zu dieser Frage möchte ich folgende Überlegung anstellen: Die Erfinder des Konstrukts „Gruppenphantasie" (von denen einer deMause ist), das ist ideengeschichtlich wahrscheinlich, gingen ursprünglich von einer ähnlichen Vorstellung wie Erich Fromm (und andere wie Adorno, Lorenzer, aber auch weniger kritische Soziologen wie Durkheim, Parsons, etc.)[92] aus, also von einer Sozialisationsidee, wonach es Institutionen gibt, wie etwa die Familie, die die Funktion erfüllen, Kinder in die Gesellschaft zu integrieren. Dabei entsteht nicht nur ein individuelles Über-Ich, sondern auch ein mehreren Menschen gemeinsamer „Sozialcharakter"[93].Insofern Sozialisationstheorien dieses Typs kritisch sind, ist häufig die Rede vom „autoritären Charakter" oder „autoritätsgebundenen Charakter".

Wenn es denn so war (was empirisch nicht so wichtig ist, da es mir hier nur um die Verdeutlichung eines Gedankens geht), dass die Erfinder der Idee von der Gruppenphantasie ursprünglich aus dem Horizont solcher kritischen Sozialisationstheorien kamen, warum blieben sie dann nicht dabei? Ich stelle mir dies so vor: Sie beschäftigten sich mit jenen Sozialisationsprozessen auch repressiver Natur, machten dann aber, vor allem auch in der historischen Dimension, die Erfahrung, dass es nicht nur autoritäre Einflüsse auf das Kind wie etwa Gehorsamsforderung und Strafandrohung gab, sondern, sozusagen darüber hinausgehend, Formen schwerer Kindesmisshandlung wie sexuellen Missbrauch, rituelles Schlagen, Wickeln von Säuglingen, etc. Und sie entdeckten eine nach ihrer Einschätzung große Verbreitung solcher Modi der Eltern-Kind-Beziehung. Die Entdeckung verbreiteter traumatisierender Erziehungspraktiken von (insbesondere) Eltern führten zu der Vermutung, solche Praktiken seien dem öffentlichen Bewusstsein, aber auch kritischen Vertretern der Sozialisationstheorien, verborgen. Dies veranlasste sie zunehmend, anhand historischer Quellen zur Geschichte der Kindheit verborgene Realitäten aufzudecken. Was deMause betrifft, so überwältigte ihn das Ausmaß, in dem er in den Quellen traumatisierende Praktiken vorfand, so sehr, dass er die These formulierte: „Die Geschichte der Kindheit ist ein Alptraum, aus dem wir gerade erst erwachen."[94]

Der weitere Schritt weg von den Sozialisationstheorien und hin zur Konstituierung einer neuen Theorie, der „psychogenetischen Geschichte der Kindheit", bestand nun in dem Gedanken: Wenn wir zur Kenntnis nehmen müssen, dass verbreitete traumatisierende Kindesmisshandlungen geradezu konstitutiv für das Leben der Menschen waren, dann muss in Frage gestellt werden, ob hier überhaupt noch von Sozialisation gesprochen werden kann oder ob es nicht bei jenen Misshandlungen um etwas anderes geht, ob sie nicht andere Funktionen als die der „Integration in die Gesellschaft" erfüllen. Und hier bot sich die in der Psychoanalyse bereits angedachte These an: Es geht nicht um Sozialisation des Kindes, sondern um „Befriedigung" von deformierten Bedürfnissen der Eltern. Was früher sich als Gesellschaft darstellte, die Kinder beeinflusste, löste sich nun auf in eine Heerschar von Eltern, die ihre Kinder in allen erdenklichen Formen quälten, um ihre eigenen Kindheitsverletzungen zu kompensieren.

In einer Veröffentlichung schreibt deMause: „ Indeed, my conclusion from a lifetime of study of the history of childhood is that society is founded upon abuse of children, and that the further back in history one studies the subject the more likely children are to have been abused and neglected. Just as family therapists today find that children abuse often functions to hold families together as a way of solving their emotional problems, so, too, the routine assault, torture and domination of children has been society's most effective instrument of collective emotional homeostasy. Most historical families once practiced infanticide, incest, beating and mutilation of their children to relieve anxieties."[95]

Die Öffentlichkeit zumal, aber letztlich auch kritische Sozialisationstheorien haben, - so schien es jenen ForscherInnen- die Sicht auf traumatisierte Kindheit verhindert- und zwar infolge eines historisch tief verankerten Gebots der Elternschonung. Mit dieser Schonung muss jetzt aber, so fordern sie, ein Ende sein und dies geschieht dadurch, dass die psychogenetische Geschichte der Kindheit sich konstituiert, sozusagen als radikal traumakritische historische Theorie der Eltern-Kind-Beziehung. Die bisherigen Sozialisationstheorien haben nur dazu beigetragen, diese radikal-kritische Sicht auf Eltern-Kind-Beziehungen zu verhindern, indem sie doch eine irgendwie sinnvolle Verbindung zwischen Gesellschaft-Familie-Eltern-Kind annahmen. Und so kommt es bei deMause zu einer radikalen Kritik jeglichen Denkens in gesellschaftlich-funktionalen Zusammenhängen und zur Heraushebung traumatisch beschädigter Eltern-Kind-Beziehungen als der zentralen Variable, ja sogar der einzigen (negativen und durch „Generationendruck" dann auch positiven) Antriebskraft allen historischen Geschehens. Positiv wie negativ gilt: Eltern machen Geschichte, nicht Staatsmänner und Generäle.

Die Folge dieser Gedankenentwicklung war im Sinne einer Bereicherung die Etablierung des neuen wissenschaftlichen Gebietes „Geschichte der Kindheit", war aber auch im Sinne einer Verarmung – insbesondere nach der Transformation von Geschichte der Kindheit in Psychohistorie –, dass nur noch lineare Kausalbeziehungen in immer der gleichen Richtung aufgezeigt wurden: Eltern → Kindheitstrauma → Erwachsener → Teilnehmer an einer Gruppenphantasie → Gruppenführer → Reinigung durch Opferung.

Und die Interdependenz-Vorstellung der Sozialisationstheorie:

Gesellschaft ↔ Individuum
Sozialisation

ging verloren.

Es gibt keine Gesellschaft mehr in jenem erweiterten psychohistorischen Theoriekonstrukt. Und wer deMause' Schrift zur „Psychogenetischen Theorie der Geschichte", eine Art Katechismus der „unabhängigen" Psychohistorie, liest, dem schlägt eine radikale Negierung jeglicher Art von Denken in Begriffen einer Gesellschaftswissenschaft entgegen.

„Alle Begriffe wie ‚Gesellschaft', ‚Kultur', ‚Staat', ‚soziale Struktur'" müssen verworfen werden. Jede soziologische Erklärung, da „können wir sicher sein"[96]"ist falsch"[97]. Sie „wird ersetzt durch die psychohistorische Regel: ‚Für alle Gruppenphänomene gibt es psychologische Erklärungen'."[98] „Es kommt zum „Verschwinden der unsterblichen ‚Gesellschaft' ... die ganze Geschichte ... hat Kindheitsdeterminanten und Gruppenphantasien zur Ursache."[99]

Zur Ursache! Und das bedeutet: Ausgehend von dem erkenntnisleitenden Interesse an Aufdeckung traumatisierter Kindheit sind wir wieder angelangt in jenem uns bekannten Gefängnis eines quasi naturwissenschaftlich-universalistischen Erklärungsmodells, zu dem der einstige kindheitshistorische Pionier die „psychogenetische Theorie" umfunktioniert hat. Mit all jenen nicht abnehmenden Abstraktionen und Gegenstandsentgrenzungen, die wir kennen gelernt haben. Und nicht zuletzt mit jener theoretischen

Sackgasse, in die sein Modell der motivational aufgeladenen Gruppenphantasie hineingerät. Weil ihm jegliche Stützung von einer objektivgesellschaftlichen Seite fehlt.

Diese Stützung können wir nun meines Erachtens herstellen, indem wir etwas machen, wozu deMause selbst ganz und gar nicht bereit ist: Nämlich indem wir zu den kritischen Sozialisationstheorien zurückkehren, jetzt aber mit der vermehrten Erkenntnis, die wir durch Kindheitsgeschichte dazu gewonnen haben.

Anmerkungen

1. vgl. L. deMause: Die Unabhängigkeit der Psychohistorie, in: Ders.: Grundlagen der Psychohistorie, herausgegeben von Aurel Ende, Frankfurt a. M. 1989, S. 23 ff.
2. vgl. L. deMause: Hört ihr die Kinder weinen. Eine psychogenetische Geschichte der Kindheit, Frankfurt a. M. 1982.
3. vgl. Ph. Ariès: Geschichte der Kindheit, München 1975.
4. vgl. R. Dirx: Das Kind, das unbekannte Wesen, Gelnhausen/Berlin/Stein 1981.
5. vgl. E. Johansen: Betrogene Kinder: Eine Sozialgeschichte der Kindheit, Frankfurt a. M. 1986.
6. vgl. L. deMause: Die psychogenetische Theorieder Geschichte, in: Ders.: Grundlagen der Psychohistorie, herausgegeben von Aurel Ende, Frankfurt a. M. 1989, S. 97.
7. vgl. L. DeMause: Die psychohistorische Theorie der Geschichte in: Ders.: Grundlagen der Psychohistorie, herausgegeben von Aurel Ende, Frankfurt a.M. 1989, S. 95, S. 132 und L. deMause : The Psychogenic Theory of History, in: The Journal of Psychohistory, 2, 1997, S. 138 ff.
8. vgl. L. deMause: Einleitung zu Ders.: Grundlagen der Psychohistorie, herausgegeben von Aurel Ende, Frankfurt a. M. 1989, S. 18.
9. vgl. L. deMause: Hört ihr die Kinder weinen. Eine psychogenetische Geschichte der Kindheit, Frankfurt a. M. 1982, S. 20.
10. ebenda, S. 21.
11. ebenda, S. 32.
12. Im Journal of Psychohistory, Heft 1, Jg. 2001, wird deMause' Fortschreibung dieser Essays, die er in späteren Beiträgen des Journals vorgenommen hat, von einigen Autoren unter der Rubrik „Comments of The Evolution of Childrearing" diskutiert. Jene Fortschreibung erbringt m. E. keine neuen Aspekte.
13. vgl. L. deMause: Hört ihr die Kinder weinen. Eine psychogenetische Geschichte der Kindheit, Frankfurt a. M. 1982, S. 12.
14. vgl. K. Arnold: Kindheit und Gesellschaft in Mittelalter und Renaissance: Beiträge und Texte zur Geschichte der Kindheit, Paderborn, München 1980 und C. Löhmer: Die Welt der Kinder im fünfzehnten Jahrhundert, Weinheim 1989.
15. vgl. F. Nyssen: Die Geschichte der Kindheit bei L. deMause: Quellendiskussion, Frankfurt a.M. 1984. Ders.: Lieben Eltern ihre Kinder? Quellendiskussion zur Geschichte der Kindheit, Frankfurt a.M. 1989. Ders.: Neubeginn und Wiederholungszwang: Kindheit und Christentum in der Vergangenheit, Frankfurt a.M. 1993. Ders.: Der verzerrte Kinderwunsch in christlicher Vergangenheit, in A. Klomann, F. Nyssen: Der Kinderwunsch - Gegenwart und Geschichte, zwei Beiträge zur Frage nach der „Evolution der Kindheit", Frankfurt a. M. 1994. M. Bornhoff, F. Nyssen: Is there any such thing as „Evolution of chidhood"? in: „The Journal of Psychohistory, Vol. 16, No 2 (Special Issue: On writing childhood History - a Symposium, 1988).

16. vgl. U. Schuster-Keim: Psychoanalyse und Geschichte der Kindheit. Eine Diskussion der Hypothesen zur psychogenetischen Theorie von L. DeMause, in: U. Schuster-Keim: Zur Geschichte der Kindheit bei L. DeMause: Psychoanalytische Reflexion, Basel, Frankfurt a. M., New York 1988.
17. vgl. L. deMause: Hört ihr die Kinder weinen. Eine psychogenetische Geschichte der Kindheit, Frankfurt a. M. 1982, S. 14.
18. vgl. F. Nyssen: Zur Diskussion über die Kinderkrippe, mit Beiträgen von B. Kühn, F. Nyssen, P. Szoges, Frankfurt a. M. 1991, S. 73 ff.
19. vgl. E. Schneider: Einführung in die Wirtschaftstheorie II, Tübingen 1960, S. 382.
20. vorangehender Abschnitt B nach F. Nyssen: „Psychogenetische Geschichte der Kindheit" und „historische Demographie", eine gegenseitige Ergänzung" in: F. Nyssen, L. Janus: Psychogenetische Geschichte der Kindheit, Beiträge zur Psychohistorie der Eltern-Kind-Beziehung, Gießen, 1997
21. vgl. L. deMause: Die psychogenetische Theorie der Geschichte, in: Ders.: Grundlagen der Psychohistorie, herausgegeben von Aurel Ende, Frankfurt a. M., 1989, S. 90.
22. vgl. L. deMause: Hört ihr die Kinder weinen. Eine psychogenetische Geschichte der Kindheit, Frankfurt a. M. 1982, S. 14/15.
23. vgl. R. Scharf: Pedophobia, the Gynarchy and the Andocracy, in: The Journal of Psychohistory, 2, Vol. 25, 3, 2001, S. 281 ff. .
24. vgl. L. deMause: The psychogenic Theory of History, in: The Journal of Psychohistory, 2, 1997, S. 174 und passim. Eine ausführliche Analyse der Geschichte der Kindheit unter dem Tripat zwischengeschlechtlicher Konflikte hat Shari Thurer in ihrem Buch „Mythos Mutterschaft" (1997) vorgelegt. „Frauenverachtung im Patriarchat" ist hier zentrale Determinante von Kindheitsgeschichte
25. vgl. L. deMause: Hört ihr die Kinder weinen. Eine psychogenetische Geschichte der Kindheit, Frankfurt a. M. 1982, S. 86.
26. ebenda, S. 86.
27. ebenda, S. 86.
28. ebenda, S. 87.
29. vgl. deMause, L.: Die psychogenetische Theorie der Geschichte, in: Ders.: Grundlagen der Psychohistorie, herausgegeben von Aurel Ende, Frankfurt a. M. 1989, S. 91; unverändert diese Position in: L. deMause: The psychogenic Theory of History, in: The Journal of Psychohistory, Vo.. 25, 2, 1997.
30. vgl. L. deMause: Hört ihr die Kinder weinen. Eine psychogenetische Geschichte der Kindheit, Frankfurt a. M. 1982, S. 87.
31. vgl. L. deMause: Die psychogenetische Theorie der Geschichte in: Ders.: Grundlagen der Psychohistorie, herausgegeben von Aurel Ende, Frankfurt a. M. 1989, S. 91.
32. vgl. deMause, L.: Die psychogenetische Theorie der Geschichte, in: Ders.: Grundlagen der Psyohistorie, herausgegeben von Aurel Ende, Frankfurt a. M. 1989, S. 90.

33. vgl. L. deMause: Hört ihr die Kinder weinen. Eine psychogenetische Geschichte der Kindheit, Frankfurt a. M. 1982, S. 84.
34. vgl. L. deMause: Evolution der Kindheit. In: Ders.: (Hrsg.) Hört ihr die Kinder weinen, op. cit., 1982.
35. vgl. L. deMause: Die fötalen Ursprünge der Geschichte. In: Ders.: Grundlagen der Psychohistorie. Herausgegeben von Aurel Ende, Frankfurt a. M., 1989, S. 294.
36. vgl. Ph. Ariès: Geschichte der Kindheit, München 1975.
37. vgl. H.-D. König(1988): Reagans Amerika auf der Couch. Zur Kritik der Psychohistorischen Gegenaufklärung des L. deMause (Manuskript); in: H. J. Busch und A. Krovoza (Hrsg.): Subjektivität und Geschichte, Perspektiven politischer Psychologie, Frankfurt a. M. 1989, S. 56.
38. vgl. L. deMause: Einleitung zu: Ders.: Grundlagen der Psychohistorie, herausgegeben von Aurel Ende, Frankfurt a. M. 1989, S. 21.
39. vgl. Allgemeine Revision des gesamten Schul- und Erziehungswesens, von einer Gesellschaft praktischer Erzieher, 16 Bände, Hamburg, usw., 1785 - 92.
40. vgl. E. Key: Das Jahrhundert des Kindes, Berlin 1902.
41. Hier zitiert nach: L. deMause: Was ist Psychhistorie? Herausgegeben von A. R. Boelderl und L. Janus, Gießen, 2000, S.116.
42. vgl. L. deMause: The Psychogenic Theory of History, in: The Journal of Psychohistory, 2, 1997, S. 137.
43. vergl. S. P. Huntington: Kampf der Kulturen, die Neugestaltung der Weltpolitik im 21. Jahrhundert, München - Wien, 1998.
44. F. Fukujama zitiert nach S. P. Huntington, s. o., S. 34.
45. vgl. ebenda, S. 41.
46. vgl. ebenda, S, 29.
47. vgl. L. deMause: Jimmy Carter und die amerikanische Phantasie in: Ders.: Grundlagen der Psychohistorie, herausgegeben von Aurel Ende, Frankfurt a. M. 1989, S. 114/115
48. vgl. L. deMause: Reagan's Amerika, eine psychohistorische Studie, aus dem Amerikanischen von Jürgen Freund und Klaus Theweleit, Basel, Frankfurt a. M. 1984.
49. vgl. L deMause: Die Ursachen des 2. Weltkriegs und der Holocaust, in: W. Kurth, M. Rheinheimer, 2000, S. 104, S. 121/122.
50. vgl. L. deMause: Reagan's Amerika, eine psychohistorische Studie, aus dem Amerikanischen von Jürgen Freund und Klaus Theweleit, Basel, Frankfurt a. M., S. 76 ff.
51. vgl. A. Gehlen: Der Mensch, seine Natur und seine Stellung in der Welt, Bonn, 1958.
52. vgl. F. Nyssen: Neubeginn und Wiederholungszwang, Kindheit und Christentum in der Vergangenheit, Frankfurt a. M. 1993, S. 11 ff.
53. vgl. L. deMause: Jimmy Carter und die amerikanische Phantasie, Ders.: Grundlagen der Psychohistorie, herausgegeben von Aurel Ende, Frankfurt a. M. 1989, S. 115.
54. vgl. L. deMause: The Psychogenic Theory of History, in: The Journal of Psychohistory, 2, 1997, S. 174 ff.

55. vgl. L. deMause, hier zitiert nach: W. Kurth: Bindungstheorie und Psychohistorie in: W. Kurth und L. Janus: Psychohistorie und Persönlichkeitsstruktur, Jahrbuch für psychohistorische Forschung, Bd. 2, Heidelberg 2001, S. 282.
56. Diese Thematik: „Historische Variabilität versus transhistorische Gesetzes-Konstanz" ist zu unterscheiden von der anderen Thematik: „Historische Relativität von Kinderleid versus transhistorische Konstanz von Kindheitstraumata". In dieser letztgenannten Thematik würde ich der psychohistorischen Ansicht von deMause zustimmen, dass das geschlagene Kind, das missbrauchte Kind, das hospitalisierte Kind (vergl. Renè Spitz: Vom Säugling zum Kleinkind), allgemein: Das schwer traumatisierte Kind in *jeder* Epoche, ob Antike, Mittelalter, Neuzeit, unter seinen Verletzungen leiden muss. Die sonst berechtigte Annahme von Historikern, die historische Relativität gesellschaftlicher Phänomene zu betonen, ist *hier* nicht am Platze.
57. vgl. L. deMause: Historische Gruppenphantasien, in: L. deMause: Grundlagen der Psychohistorie, herausgegeben von Aurel Ende, Frankfurt a. M. 1989.
58. vgl. Bliersbach, Gerhard: Projektionsfläche Strauss, in: Psychologie Heute, März 1980
59. vgl. S. Mentzos in seinem Buch: Der Krieg und seine psychosozialen Funktionen, Frankfurt a. M. 1993.
60. vgl. W. Kurth: Das Projekt „Analyse von Gruppenphantasien in Deutschland - die Jahre 1998 und 1999" in: L. Janus und W. Kurth (Hrsg.), Psychohistorie, Gruppenphantasie und Krieg, Heidelberg 2000, S. 198/199.
61. vgl. L. deMause: The childhood origins of Terrrorism, in: The Journal of Psychohistory, Vol. 24, No. 4, Spring 2002, S. 340.
62. vgl. W. Kurth, in: Jahrbuch für Psychohistorische Forschung, herausgegeben von W. Kurth und L. Janus, Heidelberg 2002.
63. laut Radiomeldung „Bayern 5 aktuell" vom 18.06.02.
64. vgl. T. Parsons: The Social System, Glencoe, Illinois, Third Printing, 1959.
65. vgl. L. deMause: Die psychogenetische Theorie der Geschichte in: Ders.: Grundlagen der Psychohistorie, herausgegeben von Aurel Ende, Frankfurt a. M. 1989, S. 94.
66. vgl. L. deMause: Die Ursachen der 2. Weltkrieges und des Holocaust, in: W. Kurth, M. Rheinheimer, Heidelberg 2000, S. 105.
67. ebenda.
68. vgl. L. deMause: Die psychogenetische Theorie der Geschichte, in: Ders.: Grundlagen der Psychohistorie, herausgegeben von Aurel Ende, Frankfurt a. M. 1889, S. 90.
69. vgl. L. deMause: Einleitung zu: Ders.: Grundlage der Psychohistorie, herausgegeben vom Aurel Ende, Frankfurt a. M. 1989, S. 19.
70. vgl. L. deMause: Jimmy Carter und die amerikanische Phantasie, in: L. deMause, Grundlagen, etc., op. cit., S. 108.
71. vgl. H. Petri: Lieblose Zeiten, Psychoanalytische Essays über Tötungstrieb und Hoffnung, Göttingen 1996, S. 9.

72. Kritisch zum Begriff des „Psychosozialen" ganz im Sinne von deMause, vergl: R. Frenken: Kindheit und Autobiographie vom 14. bis 17. Jahrhundert, Bd. 1, S. 28.
73. vgl. L. deMause: Grundlagen der Psychohistorie, herausgegeben von Aurel Ende, Frankfurt a. M. 1989, S. 15.
74. vgl. L. deMause: Die psychogenetische Theorie der Geschichte, in: Ders.: Grundlagen der Psychohistorie, herausgegeben von Aurel Ende, Frankfurt a. M. 1889, S. 95.
75. vgl. H. Petri: Lieblose Zeiten, Psychoanalytische Essays über Tötungstrieb und Hoffnung, Göttingen 1996, S. 9.
76. Ex- Bundeskanzler Helmuth Schmidt, zitiert in: Peter Jüngst, „Raubtierkapitalismus" der Globalisierung - ein Resultat paranoid-schizoider Dynamik? Eine systemische Perspektive auf psychosoziale Prozesse in der Phase der flexiblen Kapitalakkumulation, in: W. Kurth und L. Janus, Psychohistorie und Persönlichkeitsstruktur, Jahrbuch für psychohistorische Forschung, Bd. 2, Heidelberg 2002, S. 156 ff.
77. vgl. H.J. Busch, A. Krovoza: Subjektivität und Geschichte, Perspektiven Politischer Psychologie, Frankfurt a. M. 1989.
78. vgl. E. Fromm (1936): Sozialpsychologischer Teil der „Studien über Autorität und Familie", herausgegeben von Rainer Funke, Bd. 1, München 1999.
79. vgl. H. Petri: Lieblose Zeiten, Psychoanalytische Essays über Tötungstrieb und Hoffnung, Göttingen 1996, S. 9.
80. Wichtig ist festzuhalten, dass hier ein modifizierter Begriff von „Gruppenphantasie" zugrunde gelegt werden müsste. Diese könnten jetzt nicht mehr allein als sozusagen das Leben hindurch erhalten gebliebene Phantasien des Kleinkindes, wie sie in der frühen Eltern-Kind-Beziehung entsteht, konzeptualisiert werden (obwohl dieser Ursprung auch in allen Theoriebildungen zu einer „Dialektik individueller und gesellschaftlicher Dynamik" einen bedeutenden Stellenwert erhalten), sondern sie erscheinen auch als „Kulturprodukt", in das, biographisch gesehen, Gefühls- und Bewusstseinsinhalte aller vorausgegangenen Lebensabschnitte eingehen.
81. vgl E. Fromm: Sozialpsychologischer Teil zu „Studien über Autorität und Familie" op. cit.
82. vgl. W. Kurth, in: L. Janus, W. Kurth: Psychohistorie, Gruppenphantasien und Krieg, Heidelberg 2000, S. 199.
83. vgl. L. Janus, in: L. Janus, W. Kurth: Psychohistorie, Gruppenphantasien und Krieg, op. cit., Heidelberg 2000, S. 43; und H.J. Busch, A. Krovoza: Subjektivität und Geschichte, Perspektiven Politischer Psychologie, Frankfurt a. M. 1989.
84. vgl E. Fromm: Sozialpsychologischer Teil zu „Studien über Autorität und Familie" op. cit.
85. vgl. L. deMause: Die psychogenetische Theorie der Geschichte in: Ders.: Grundlagen der Psychohistorie, herausgegeben von Aurel Ende, Frankfurt a. M. 1989, S. 94
86. vgl. L. deMause: Grundlagen der Psychohistorie, herausgegeben von Aurel Ende, Frankfurt a. M. 1989.

87. vgl. E. Fromm: Sozialpsychologischer Teil zu „Studien über Autorität und Familie" op. cit.
88. vgl. L. deMause in: W. Kurth u. M. Rheinheimer, 2001, op. cit., S. 120.
89. vgl. A. Gruen: Der Fremde in uns, Stuttgart 2001, S. 203.
90. vgl. A. Miller: Am Anfang war Erziehung, Frankfurt a. M. 1980.
91. vgl. A. Gruen: Der Verlust des Mitgefühls, Über die Politik der Gleichgültigkeit, München 1997, hier erwähnt nach 4. Auflage, 2001.
92. vgl. Th. W. Adorno und andere: The Authoritarian Personality, 1950. A. Lorenzer: Zur Begründung einer materialistischen Sozialisationstheorie, Frankfurt a. M. 1991. E. Durkheim: Die Regeln der soziologischen Methode, Frankfurt a. M. 1991. T. Parsons: The Social System, Glencole, Illinois, Third Printing, 1959
93. vgl. E. Fromm: „Der Begriff des sozialen Charakters gründet sich auf die Überlegung, dass jede Gesellschaftsform (oder jede soziale Klasse) sich gezwungen sieht, sich der menschlichen Energie in der spezifischen Form zu bedienen, die für das Funktionieren der betreffenden Gesellschaft notwendig ist. Ihre Mitglieder müssen das tun *wollen*, was sie tun *müssen*, wenn die Gesellschaft richtig funktionieren soll. *Dieser Prozess der Umwandlung der allgemeinen psychischen Energie wird durch den sozialen Charakter vermittelt* ... . Die Mittel, welche den sozialen Charakter formen, sind im Wesentlichen kultureller Art. Durch die Einwirkung der Eltern übermittelt die Gesellschaft den Jungen ihre Werte, Vorschriften, Befehle u.s.w." (E. Fromm: Anatomie der menschlichen Destruktivität, Hamburg 1977, S. 285).
94. vgl. L. deMause: Hört ihr die Kinder weinen. Eine psychogenetische Geschichte der Kindheit, Frankfurt a. M 1982, S. 12.
95. vgl. L. deMause: The Psychogenic Theory of History, in: The Journal of Psychohistory, 2, 1997, S. 136.
96. vgl. L. deMause: Die psychogenetische Theorie der Geschichte, in: Ders.: Grundlagen der Psychohistorie, herausgegeben von Aurel Ende, Frankfurt a. M. 1889, S. 90.
97. ebenda.
98. ebenda.
99. ebenda, S. 91.

Literaturverzeichnis

Adorno, Theodor W. u.a.: The authoritarian personality, 1950.
Adorno, Theodor W. und Horkheimer, Max: Dialektik der Aufklärung, 1944, hier nach Ausgabe Frankfurt a. M. 1988.
Ariès, Philippe: Geschichte der Kindheit, München 1980.
Arnold, Klaus: Kind und Gesellschaft in Mittelalter und Renaissance: Beiträge und Texte zur Geschichte der Kindheit, Paderborn/ München, 1980.
Bernfeld, Siegfried: Sisyphos oder die Grenzen der Erziehung, Frankfurt a. M. 1994 (erstmals 1925).
Bliersbach, Gerhard: Projektionsfläche Strauss, in: Psychologie Heute, März 1980.
Bornhoff, Marion/ Nyssen Friedhelm: Is there any such thing as „Evolution of Childhood?", in: The Journal of Psychohistory, Vol. 16, No 2: (= Special Issue: On Writing Childhood-history - a Symposium).
Busch, H. J.: Interaktion und innere Natur, sozialisationstheoretische Reflexionen, Frankfurt a. M./ New York, 1985.
Busch, H. J. / Krovoza, A.: Subjektivität und Geschichte, Perspektiven politischer Psychologie, Frankfurt a. M 1989.
DeMause, Lloyd: Hört ihr die Kinder weinen, Frankfurt a. M. 1982.
DeMause, Lloyd: Reagan's Amerika, eine psychohistorische Studie, aus dem Amerikanischen von Jürgen Freund und Klaus Theweleit, Basel/ Frankfurt a. M. 1984.
DeMause, Lloyd: Grundlagen der Psychohistorie, herausgegeben von Aurel Ende, Frankfurt a. M. 1989.
DeMause, Lloyd: The Psychogenic Theory of History in: The Journal of Psychohistory, 2, 1997.
DeMause, Lloyd: Was ist Psychohistorie?, herausgegeben von Arthur Boelderl und Ludwig Janus, Gießen, 2000.
DeMause, Lloyd: The Evolution of Childrearing, in: The Journal of Psychohistory, 4, 2001.
DeMause, Lloyd: The Evolution of the Psyche and Society, in: The Journal of Psychohistory, 3, 2002.
Dirx, Ruth: Das Kind, das unbekannte Wesen, Gelnhausen/ Berlin/ Stein 1981.
Durkheim, Emile: Die Regeln der Soziologischen Methode, Frankfurt a. M. 1991.
Frenken, Ralf: Kindheit und Autobiographie vom 14. bis 17. Jahrhundert, Bd. 1 und 2, Kiel 1999.
Fromm, Erich: Anatomie der menschlichen Destruktivität, Hamburg 1977.
Fromm, Erich: Sozialpsychologischer Teil der „Studien über Autorität und Familie", in: Fromm, Erich: Gesamtausgabe, herausgegeben von Rainer Funk, Bd. 1, München 1999.
Funk, Rainer: Erich Fromm heute, die Aktualität seines Denkens, München 2000.
Gehlen, Arnold: Der Mensch, seine Natur und seine Stellung in der Welt, Bonn 1958.
Gruen, Arno: Der Fremde in uns, Stuttgart 2001.

Huntington, Samuel P.: Kampf der Kulturen, Die Neugestaltung der Weltpolitik im 21. Jahrhundert, München/ Wien 1998.

Johansen, Erna: Betrogene Kinder: Eine Sozialgeschichte der Kindheit, Frankfurt a. M. 1986.

Jüngst Peter: „Raubkapitalismus" der Globalisierung - ein Resultat paranoid-schizoider Dynamik? Eine systemische Perspektive auf psychosoziale Prozesse in der Phase der flexiblen Kapitalakkumulation, in: Kurth, Winfried/ Janus, Ludwig (Hrsg.): Psychohistorie und Persönlichkeitsstruktur, Jahrbuch für psychohistorische Forschung, Bd. 2, Heidelberg 2002, S. 156 - 181.

Key, Ellen: Das Jahrhundert des Kindes, Berlin 1902.

Kurth, Winfried: Das Projekt Analyse von Gruppenphantasien in Deutschland, in: Janus, Ludwig/ Kurth, Winfried (Hrsg.): Gruppenphantasie und Krieg, Heidelberg 2000.

Kurth, Winfried/Janus, Ludwig: Psychohistorie und Persönlichkeitsstruktuur, Jahrbuch für Psychohistorische Forschung, Heidelberg 2002.

Kurth, Winfried/ Rheinheimer, Martin: Gruppenphantasien und Gewalt, Jahrbuch für Psychohistorische Forschung, Bd. 1, Heidelberg 2001.

Löhmer, Cornelia: Die Welt der Kinder im fünfzehnten Jahrhundert, Weinheim, 1989.

Lorenzer, Alfred: Zur Begründung einer materialistischen Sozialisationstheorie, Frankfurt a. M. 1972.

Mentzos, Stavros: Der Krieg und seine psychosozialen Funktionen, Frankfurt a. M. 1993.

Miller, Alice: Am Anfang war Erziehung, Frankfurt a. M. 1980.

Nyssen, Friedhelm: Die Geschichte der Kindheit bei L. deMause: Quellendiskussion, Frankfurt a. M. 1984.

Nyssen, Friedhelm: Lieben Eltern ihre Kinder? Quellendiskussion zur Geschichte der Kindheit, Frankfurt a. M. 1989.

Nyssen, Friedhelm: Zur Diskussion über die Kinderkrippe, Frankfurt a. M. 1991.

Nyssen, Friedhelm: Neubeginn und Wiederholungszwang: Kindheit und Christentum in der Vergangenheit, Frankfurt a. M. 1993.

Nyssen, Friedhelm: Der verzerrte Kinderwunsch in christlicher Vergangenheit, in: Klomann, Annette/ Nyssen, Friedhelm: Der Kinderwunsch - Gegenwart und Geschichte, zwei Beiträge zur Frage nach der „Evolution der Kindheit", Frankfurt a. M. 1994.

Nyssen, Friedhelm/ Janus, Ludwig (Hrsg.): Psychogenetische Geschichte der Kindheit, Beiträge zur Psychohistorie der Eltern-Kind-Beziehung, Gießen 1997. (2. Aufl. 2002)

Parsons, Talcott: The Social System, Glencole, Illinois, Third Printing, 1959.

Petri, Horst: Lieblose Zeiten, Psychoanalytische Essays über Tötungstrieb und Hoffnung, Göttingen 1996.

Postman, Neil: Das Verschwinden der Kindheit, Frankfurt a. M. 1983.

Revision... Allgemeine Revision des gesamten Schul- und Erziehungswesens, von einer Gesellschaft praktischer Erzieher, 16 Bände, Hamburg, u.s.w. 1785 - 92.

Scharf, Robert: Pedophobia, the Gynarchy and the Androcracy, in: The Journal of Psychohistory, Vol. 25, 3, 2001.
Schmidt, Helmut: Globalisierung. Politische, ökonomische und kulturelle Herausforderungen, Stuttgart 1998.
Schneider, Erich: Einführung in die Wirtschaftstheorie II, Tübingen 1960.
Schuster-Keim, Ute: Psychoanalyse und Geschichte der Kindheit, Eine Diskussion der Hypothesen zur psychogenetischen Theorie von Lloyd deMause, in: Schuster-Keim, Ute/ Keim, Alexander: Zur Geschichte der Kindheit bei Lloyd deMause: Psychoanalytische Reflexionen, Frankfurt a. M. 1988.
Spitz, Revé: Vom Säugling zum Kleinkind, Stuttgart, 1972.
Thurer, Shari: Mythos Mutterschaft, München 1997.

Gesellschaftsformationen und Traumata – zur Diskussion einer psychohistorischen Perspektive

Peter Jüngst

1. Problemstellung

DeMause hat als wesentliche Grundlage seiner „psychogenetischen Theorie der Geschichte" die beiden folgenden Thesen aufgestellt:

 1. In der Kindheit erfolgende Traumatisierungen bestimmen wesentlich die Geschichte der Menschheit.

 2. „die zentrale Antriebskraft historischen Wandels" ist „weder in der Technologie noch in der Ökonomie zu finden ..., sondern in den ‚psychogenen' Veränderungen der Persönlichkeit- oder Charakterstruktur, die sich aufgrund der Generationenfolge der Interaktion zwischen Eltern und Kindern ergeben" (deMause, 1977, S. 14; s. auch ders. 1988).

In diesem Kontext sucht der folgende Beitrag zu belegen:

 1. in der Kindheit erfolgende Traumatisierungen besitzen - hier ist deMause bedingt recht zu geben - durchaus wichtige Funktionen für gesellschaftliche Prozesse.

 2. sie stellen jedoch - im Gegensatz zur Auffassung von deMause - keineswegs den einzigen wichtigen Faktorenkomplex dar, der in sozialisatorischen bzw. überhaupt in sozialen Prozessen historischer Gesellschaften als Wirkungselement zur Geltung kommt.

 3. in der Kindheit erfolgende systematische Traumatisierungen sind - gleichfalls im Gegensatz zu der Auffassung von deMause - weniger gesellschaftlichen Prozessen vorausgesetzt, sie stellen vielmehr Teil gesamtsozialisatorischer Prozesse und Zusammenhänge dar, die jeweils mit spezifischen gesellschaftlich-ökonomischen Verhältnissen korrespondieren.

 4. in der Kindheit erfolgende systematische Traumatisierungen besitzen tendenziell eine jeweils spezifische Funktionalität im Rahmen gesellschaft-

lich-ökonomischer Verhältnisse und der Fortschreibung eben dieser Verhältnisse.

In einer idealtypisch angelegten Gegenüberstellung sollen diese Thesen an Beispielen dreier gesellschaftlicher „Formationen", den Sammler- und Jägergesellschaften, an „einfachen" Agrargesellschaften sowie an staatlich-hierarchisch organisierten Gesellschaften der „klassischen" Hochkulturen dargelegt und entfaltet werden. Um dabei die jeweils spezifische Funktion traumatischer Erfahrungen im Rahmen sozialisatorischer Prozesse und gesellschaftlicher Bezüge zu verdeutlichen, soll dabei auch der Kontext skizziert werden, innerhalb dessen jeweils systematisch zugefügte Traumatisierungen zustande kommen und ihre unmittelbaren und mittelbaren Wirkungsbezüge entfalten.

2. Traumatische Erfahrungen in der Sozialisation von Sammlern *und* Jägern - das Beispiel der San-Gesellschaften in Südwestafrika

Bei den nachfolgenden Ausführungen über die Sozialisation der San-Gesellschaften[1] und die in dieser enthaltenen traumatischen Elemente wird von der Annahme ausgegangen, das an den San-Gesellschaften sich relativ typische Lebens- und Sozialisationsformen von Sammler- *und* Jägergesellschaften[2]

---

[1] Unter einem auf die Thematisierung traumatischer Erfahrungen gerichteten Fokus rekurrieren die hier gebrachten Ausführungen über die San-Gesellschaften auf Teilaspekte einer von Jüngst und Meder verfaßten Studie über "Die San - egalitäre Sammler- und Jägergesellschaften in der Kalahari" (in Jüngst/Meder 2002).

[2] Zur Frage von Schlußfolgerungen aus egalitären Gesellschaften der heutigen Zeit auf frühere egalitäre Gesellschaften meint Breuer, daß diese nur begrenzt möglich „andererseits aber auch nicht völlig abwegig" seien, „da bestimmte Lebensumstände durchaus vergleichbar sind" (Breuer 1990, S. 45; s. auch Kleihauer 1991). Knauft (1994, S.41) kommt allerdings im Hinblick zu Schlußfolgerungen aus egalitären Gesellschaften der heutigen Zeit zu dem Schluß: „It is a quite reasonable hypothesis ...that the most prominent features of sociocultural collectivity evident in these societies could have been evident among simple/nonintensive *Homo sapiens* foraging populations from 100,000 years before the present (B.P.) and perhaps among populations of *Homo erectus*, which date to as early as 1.6 million years B.P., until the rise of „com-

festmachen lassen. Im übrigen werden Hinweise zu der Frage, inwieweit die hier zu den San-Gesellschaften gemachten Aussagen über Lebens- und Sozialisationsformen und darin eingelagerte traumatische Elemente gleichsam idealtypisch auch auf andere Sammler- und Jägergesellschaften übertragen werden können, unten gegeben.

Insgesamt entspricht der unter den vorhandenen Nutzungsbedingungen ökologischer Ressourcen notwendigen Eigenständigkeit der Mitglieder der San-Gruppen im südwestlichen Afrika[3] eine Sozialisation, die auf die Herausbildung individueller Entschlußkraft und Handlungsfähigkeit angelegt ist, wie sie für die wildbeuterische Fähigkeit in hohem Maße erforderlich sind. Nicht da-

---

plex" hunter-gatherers (beginning about 15,000 B.P.)." Demgegenüber beziehen sich Einwände gegen eine Vergleichbarkeit u.a. auf die Beschränkung heutiger Sammler-Jägergesellschaften auf marginale Lebensräume. Zudem sind heutige Sammler-Jägergesellschaften alle von umgebenden Gesellschaften in unterschiedlicher Weise beeinflußt. Im übrigen s. zur Frage der Vergleichbarkeit vorgeschichtlicher und rezenter Sammler- und Jägergesellschaften u.a. Johnson/Earle 1987, Knauft 1991, Lee 1992, Kelly 1995 und Kent 1996.

[3] Die San - bekannter unter dem abwertenden Namen „Buschmänner" - bestehen aus verschiedenen sprachlich und damit auch kulturell sich unterscheidenden Gruppen, insbesondere den!Kung, Naro, Gwi, Ko und Kxoe. Sie zeigen jedoch insoweit Übereinstimmung in ihrer Kultur, daß man von einer - mehr oder weniger ausgeprägten - gemeinsamen San-Kultur sprechen kann/konnte. Den Lebensraum der San bildet vor allem die für ihre starken Temperaturschwankungen und ausgeprägte Dürreperioden gekennzeichnete Kalahari. Insbesondere diejenigen Gruppen, die wie die!Kung (vgl. Marshall 1976, Lee 1979) oder die G/wi (siehe Silberbauer 1981) nur über wenige ganzjährige Wasserstellen verfügen, passen sich den schwierigen Umweltbedingungen durch eine mobile Lebensweise an.

Weiter sei darauf hingewiesen, daß die hier herangezogenen Primärstudien (relativ detaillierte, großteils durch Formen partizipativer Beobachtung charakterisierte Untersuchungen aus unterschiedlichen ethnologischen Perspektiven) und darauf aufbauenden Aussagen und Interpretationen zu bestimmten Lebensbereichen der San auf Untersuchungen zu sprachlich und auch kulturell voneinander abweichenden Teilgruppierungen der San beruhen (wobei freilich die!Kung als wohl weltweit am gründlichsten erforschte Sammler- und Jägergesellschaft im Vordergrund stehen). Nichtsdestoweniger wird hier davon ausgegangen, daß angesichts der insgesamt doch ausgeprägten strukturellen Ähnlichkeiten der Teilgruppierungen die hier angesprochenen Aspekte und darauf aufbauenden Aussagen und Interpretationen zu unterschiedlichen Teilgruppierungen aufeinander bezogen werden können.

gegen ist sie angelegt auf die Ausbildung etwa von fixierteren Führungsstrukturen und den diesen entsprechenden fokussierten Übertragungsbeziehungen oder auch kriegerischen Fähigkeiten, wie sie für viele „einfache" agrarische Gesellschaften als charakteristisch gelten können. Die in entsprechenden Sammler- *und* Jägergesellschaften entfallende Fixierung eines hierarchischen Verhältnisses zwischen alt und jung korrespondiert - wie gleichfalls das Beispiel der San-Gruppen indiziert - mit relativ egalitären Bezügen zwischen Mann und Frau, für deren Abwertung und Unterwerfung offenbar keine ausgeprägten inneren Zwänge etwa in dem Sinne bestehen, daß ein eigenes Unterwerfungsverhältnis der jungen Männer nach „unten" weiter gegeben werden müßte. Zudem bedingt die Art und Weise der Einbettung der Frau in die Prozesse der Produktion und Reproduktion ein hohes Maß an Eigenständigkeit, das sie im Konfliktfall auch zu wahren weiß. Wichtig ist im übrigen auch die Erlangung der Fähigkeit der Mitglieder dieser Gesellschaften, mit offenen und flexiblen Gruppenbezügen umgehen zu können, d.h. auch die Fähigkeit angesichts der variablen Bedingungen der Ressourcennutzung sich trennen und ankommen zu können.

Erreicht werden diese für die gesellschaftliche Funktionsfähigkeit von Jäger- *und* Sammler-Gruppen so wichtigen „Charakter"-Merkmale ihrer Mitglieder durch eine insgesamt eher fürsorgliche, zugleich Autonomiestrebungen des Kindes zulassende oder gar begünstigende Sozialisationspraxis, die ein vergleichsweise „gesundes" Selbstvertrauen in die Gruppenmitglieder „implantiert". Dieses focussiert auf die Verwirklichung und Behauptung des eigenen Selbst innerhalb des Gruppenzusammenhangs, auf den insbesondere eine „mütterlich" konnotierte Einbettung in die Kindergruppe ab etwa dem dritten/vierten Lebensjahr vorbereitet.

Zugleich werden im Kontext einer solchen offenbar durchaus auch „depressive" Positionen begünstigenden Sozialisationspraxis mehr oder weniger ausgeprägte Fähigkeiten zur empathischen Anerkennung der Bedürfnisse Anderer „hergestellt", wie sie das psychosoziale „Funktionieren" der Kleingruppen angesichts der offenen Bezüge zwischen ihren Mitgliedern voraussetzt. Vor allem geht in entsprechenden Gesellschaften die relativ ausgeprägte szenisch-räumliche Präsenz der Väter im Lager mit einer - im Vergleich zu vielen „einfachen" Agrargesellschaften - intensiveren Teilnahme der Väter am Sozialisationsprozeß der Kinder und partnerschaftlicheren und insgesamt „gelungeneren" Bezügen zwischen den Geschlechtspartnern einher mit den damit implizierten

Folgen für die generelle Beziehungsdynamik zwischen den Geschlechtern und zwischen alt und jung. Das Verhältnis zwischen mütterlichen Bezugspersonen und Kindern wird entlastet, so daß die internalisierten Bezüge zum anderen Geschlecht insgesamt nicht ein solches „Übermaß" an Aggressivität anzunehmen drohen, wie dies in patriarchal strukturierten „einfachen" Agrargesellschaften offenbar weithin der Fall ist. Im übrigen ist im Umgang zwischen Vätern und Kindern das ausgesprochen liebevolle und tolerante, Autonomiebestrebungen des Kindes zulassende Verhalten auffällig, das die Väter ihren Söhnen gegenüber von früh an an den Tag legen.

Als einzige systematische Traumatisierung, die offenbar jedes heranwachsende Mitglied der San-Gesellschaften erfährt, kann allerdings die abrupte Entwöhnung nach einer lang andauernden Stillphase (bis zu vier Jahren) gelten, wenn die Ankunft eines neuen Geschwisters Gewißheit wird.[4] Dem abrupten Ende des Stillens und der Beschränkung auf schwer verdauliche Nahrung aus dem „Veld" scheinen ganz offensichtlich traumatisierende Aspekte anzuhaften,[5] so daß es auf seine Erinnerung an die glücklichen ersten Lebensjahre fixiert bleibt, diese gleichsam als paradiesisch idealisiert und als fortwährenden Zustand ein Leben lang herbeisehnt.[6] Es ist dies der Zustand der unmittelbaren Bedürfnisbefriedigung durch die allzeit verfügbare Milch aus der Brust der Mutter. Kaum ein Aufschub in der Unmittelbarkeit der Befriedigung war zu erdulden. Die Wirklichkeit wird im Rückblick als verwöhnend, weil unmittelbar erlebt idealisiert, so daß die Zeitlichkeit des Subjektes auch mit der abrupten Entwöhnung auf die Unmittelbarkeit der Bedürfnisbefriedigung fixiert wird. Bei dieser abrupten Abstillung wird dem Kind von der Mutter und dem

---

[4] Wie die psychosoziale Trennungs- und Übergangssituation freilich im Falle des letzten Kindes aussieht, das kein nachfolgendes Geschwister mehr erlebt, scheint keine systematische Behandlung in der Literatur zu finden.

[5] S. z.B. Shostak 1982

[6] Es sei freilich darauf hingewiesen, daß manche Autoren für Sammler- und Jägergesellschaften auch das mit dem zunehmenden Gewicht des Kindes notwendige Ende des Getragenwerdens (mit drei oder mehr Jahren) bei den Sammel-Exkursionen und das damit notwendige Verbleiben des Kindes im Lager hervorheben, das von diesem als besonders einschneidend empfunden werde (s. u.a. Draper/Harpending 1987).

Vater kaum eine Hilfestellung geleistet.[7] Jener plötzlichen Frustration entsprechen wohl durchweg für weibliche und männliche Subjekte gleichermaßen extreme orale „Biß"-Wut und - damit verbunden - existentiell empfundene Auseinandersetzungen mit der Mutter, aber auch dem Vater.

Die in der Regel abrupte Abstillung des Kleinkindes im dritten/vierten Lebensjahr (sowie auch das offenbar gleichfalls als einschneidend erlebte Ende des Getragen-Werdens in dem Tragebeutel der Mutter) stellt eine gravierende Erfahrung des Kindes dar, die konstitutiv für seine weitere Sozialisation und sein späteres Verhalten ist. Der Haß gegen die Eltern wird vom verdrängten Kind offensichtlich auf das Neugeborene gerichtet. Dieses ist solange gefährdet, bis es dem verdrängten Geschwister gelungen ist, Anschluß an die Kindergruppe des Lagers zu finden. Erst dann werden die aggressiven Gefühle des Geschwisters gegen das Neugeborene durch zärtliche Gefühle abgelöst, ein Vorgang, der u.a. als Reaktionsbildung gelten kann und es dem verdrängten Geschwister ermöglicht, sich auch seinen Eltern zu nähern (vgl. Sbrzensny 1976, S. 237f). Mittler zur Kindergruppe bilden in der Regel die älteren Geschwister bzw. Cousins und Cousinen für das verdrängte Kind, das anfangs nur Mitläufer beim Spielgeschehen der Kindergruppe ist, jedoch mit der Zeit in diese hineinwächst und dort bestimmte Rollen in den Spielen der Kinder zu übernehmen lernt.

Die Erinnerungen an jenes abermalige Zerschneiden der Nabelschnur und die phantasmatisch überhöhte Ablehnung, ja Grausamkeit der Eltern bleiben offenbar als lebenslange Folie zumindest latent präsent (vgl. Shostak (1982) am Beispiel der Lebenserinnerungen einer!Kung-Frau). Freilich werden die Gefühle von damals meist nicht unmittelbar aufscheinen, bleiben vielmehr weitestgehend abgespalten und treten wohl erst - wie noch zu zeigen sein wird - in spezifischen Situationen hervor, d.h. sie werden gesellschaftlich „funktionalisiert". Im Alltag, so insbesondere im täglichen Erleben des szenisch-räumlichen Ambientes, des Lagers, aber auch des daran anschließenden Velds tritt freilich jene Legierung aus äußersten Verlassenheitsgefühlen, traumatisierender Frustration und explosiver „oraler" Wut in vor- und unbewußte Bereiche der Individuen

---

[7] Vgl. Ausführungen von Shostak (1976 und 1982) zu den!Kung (s. auch Konner 1972) sowie von Sbrzesny (1976) und Eibl-Ebesfeldt (1972, S. 461) anhand der!Ko-Buschleute zum Verhältnis von Kind und Eltern.

zurück. Hier hat das Kind weithin eine fraglose Akzeptanz erlebt, so auch im gegenseitigen Eintreten und Sorgen der Mütter für die Kinder, so daß ihnen das Gefühl, im Zentrum des sozialen Geschehens des Lagers zu sein, vermittelt wird. Allerdings erlebt hier das Kind auch schon die Fluktuation von mütterlichen Ersatzpersonen und ihrer Kinder, seiner ersten Spielgefährten und damit deren Austauschbarkeit, wenn Familien die Lokalgruppe verlassen oder andere hinzukommen. Das Veld erlebt es spielerisch - unter unmittelbarem Getragen-Werden durch die Mutter, d.h. im Rahmen einer großen Intimität. Gegenüber einer Umwelt, von der erhebliche reale Gefahren ausgehen, wird den Kindern ein Gefühl von Sicherheit und Vertrauen vermittelt, das ihr späteres Verhältnis zu eben jener Umwelt disponieren dürfte.

Angesichts der abrupten Ablösung von der Mutter übernimmt die Kindergruppe für das verdrängte Kind basal-mütterliche Versorgungsfunktionen im Hinblick auf die emotionale Zuwendung, die das Kind im Spiel erfährt. Auf die Position des mütterlichen Introjekts wird nach dem Bruch durch die Mutter die Gruppe mit ihrem Wir als gleichsam mütterliches Substitut aufgesetzt. D.h. mit dem Eintritt in die Kindergruppe des Lagers ist das abrupt verdrängte Kind von nun an in ähnlicher Weise emotional von der Zuwendung durch diese abhängig. Gerade aber diese Abhängigkeit ist höchst bedeutsam und damit funktional für die weitere Sozialisation des verdrängten Kindes im Rahmen dieser Kindergruppe. Jegliche Abweichung von den Normen der Kindergruppe wird mit Ausgrenzung sanktioniert (vgl. Sbrzesny 1976, S. 266f). Bei dieser Ausgrenzungserfahrung schwingt wohl immer eine Todesdrohung mit, die auf die ursprüngliche Abhängigkeit von der Mutter zurückzuführen ist und deren Kerben die Grundsatzentscheidung der Mutter über Leben und Tod des Kindes unmittelbar nach dessen Geburt[8], wohl auch die Drohung der Mutter, das Kind würde diese bei Verrat ihres außerehelichen Geschlechtsverkehrs an den Vater verlieren sowie die traumatische Erfahrung des abrupten Abgestilltwerdens bilden dürften.

---

[8] Die Entscheidung über Leben und Tod des neugeborenen Kindes überlassen die San-Gesellschaften der jeweiligen Mutter, die diese Entscheidung unter Berücksichtigung offenbar insbesondere der Geburtenabstände und der mit diesen verbundenen Lebens- und Zukunftschancen der Kinder fällt. Eine tatsächliche Kindstötung ereignet sich freilich nach den vorliegenden ethnologischen Berichten nur sehr selten.

Entlang dieser Gravuren wird das verdrängte Kind nun in der Kindergruppe sozialisiert. Diese wird von den ältesten Kindern dominiert, die über die Bestimmung der Spiele und der Spielweisen das Normensystem der Erwachsenengruppe anvermitteln und auf diese Weise auf ihren Übergang in die Welt der Erwachsenen vorbereiten. Im Rahmen der Spiele (so Sbrzesny (1976) in ihrer Studie zu den!Ko-Buschleuten) werden die Körperfunktionen ertüchtigt gemäß dem späteren Rollenerwarten an Mann und Frau, wobei es insbesondere eine beträchtliche Aggressivität zu binden gilt. Im tragenden Ambiente der Kindergruppe findet eine weitere Vorbereitung auf die späteren geschlechtsspezifischen Rollen und Aufgaben statt. Für beide, Jungen wie Mädchen bedeutet die Exploration des umliegenden Territoriums eine partielle Abfuhrmöglichkeit aggressiver Strebungen - und dies nicht nur im Hinblick auf das motorische Ausleben innerer Unruhe in Gestalt des Umherschweifens, sondern auch in den Formen der Jagd auf Kleintiere und der „Extraktion" von Wurzeln. Diese Aggressivität läßt sich psychoanalytisch verstehen als symptomatische Wiederkehr verdrängter Erfahrungen insbesondere mit der Mutter; für die Sammler- und Jägergesellschaften der San ist sie jedoch insofern konstitutiv, als sie entsprechend funktionalisiert die psychische Energie für eine aggressive Aneignung einer widerspenstigen Natur zur Verfügung stellt. Es ist ein Aggressionspotential, wie es vor allem im Zusammenhang existentieller Bedrohung, etwa angesichts der abrupten Abstillung prononciert „hergestellt" worden ist. Die Jungen agieren dieses Potential zunehmend in den legitimierten Formen der Jagd- und Geschicklichkeitsspiele, die sie antizipatorisch auf ihre späteren Rollen vorbereiten. In solchen Spielen können aggressive Impulse um so eher schuldlos ausgelebt werden, als ja die Spiele zugleich die Identifikation mit den Erwachsenen als Vorbilder ermöglichen, die diese kanalisierten Formen der Aggressivität für die eigene Subsistenz benötigen. Den im Vergleich zu den Spielen der Mädchen manifest wesentlich aggressiveren Spielen der Jungen unterliegt freilich noch eine weitere Erfahrungsschicht von Aggressivität. Es ist dies die „ödipale" Schicht, resultierend aus dem Verhältnis zum Vater und der Trennung von der Mutter, die in dieser Radikalität bei den Mädchen dieser Altersgruppe der Drei- bis Vierjährigen nicht zum Tragen kommt.

Zugleich wird durch die archaischen Interaktionen der Kindergruppe in den heranwachsenden Subjekten verankert, daß die Aggressivität sich nicht in zerstörerischer Weise gegen die Gruppe selbst richten darf. Durch die Wiederholungserfahrung der Ausgrenzung mit den begleitenden Momenten früher traumatischer Erinnerung zeigt sich ja die Gruppe - hier zunächst die Kindergruppe - als Repräsentantin eben jener Mutter, auf deren vollkommene Versorgung das Kind früher angewiesen war, so wie es nun auf die Kindergruppe emotional angewiesen ist. Bestätigt und gar verstärkt wird dieses Hineinwachsen des Kindes in eine Übertragungsbeziehung zur Kindergruppe durch das Verhalten der Erwachsenen, die in der Regel in die Entscheidungen der Kindergruppe nicht eingreifen und diese dadurch in ihrer absoluten parentalen Verfügungsmacht über das einzelne Kind bestätigen.

Innerhalb der Kindergruppe weisen die sozialen Verhaltensweisen des Teilens bestimmter Nahrungsmittel mit anderen Gruppenmitgliedern eine besondere Bedeutung auf, die freilich erst von jedem neu in die Kindergruppe aufgenommenen Kind „internalisiert" werden müssen: Hier greift der schon angesprochene psychische Mechanismus der Reaktionsbildung schon in jenen Momenten, wenn das Kind in die Kindergruppe aufgenommen wird. Durch die Aufnahme hat es wieder einen sozialen Ort gefunden; seine Verlorenheits- und Verlassenheitsängste sind beschwichtigt, so daß es sich seinem nachfolgenden Geschwister und seinen Eltern gegenüber anders verhalten kann. Zugleich bleiben freilich die frühen Ängste latent immer vorhanden. Sie treten hervor in den fortgesetzten Zuwendungen von Eßbarem an die älteren Leiter der Kindergruppen. Jene sind es nämlich, die über die Macht der Ausgrenzung verfügen und hierdurch das Kind immer wieder an sein frühes Trennungstrauma heranzuführen vermögen. Dem Kind wird zwar im Spiel das Teilen nahegebracht. Dabei wird es, wenn es sich „egoistisch" verhält, pönalisiert - hier wiederum vor allem durch Ausgrenzung - maßgeblicher ist jedoch dessen „freiwillige" Bereitschaft zum Teilen, indem es dem/der Kindergruppenältesten abgibt, um anerkannt zu werden und um nur nicht in den Geruch des egoistischen Verhaltens zu gelangen. Der Umkehrmechanismus wird dadurch deutlich, daß das Kind die „Mutterimago" versorgt, obgleich es gemäß seinem innersten Wunsch lieber von jener versorgt werden möchte. Freilich garantiert die „Mutterimago" in Gestalt des/der Kindergruppenältesten eine emotionale Zuwendung und ein Gefühl des Aufgehobenseins, das von der Mutter in einem gewissen Sinne auch nach der Stillung zugestanden wurde, wobei jedoch mit deren Älterwerden umgekehrt die Erwartung des Versorgtwerdens mit Nahrungsmitteln durch das Kind verbunden ist. Die Versorgung der „Mutterimago" der Kindergruppe graviert sich im täglichen Spiel in das heranwachsende Subjekt ein, um später - insbesondere im Verlauf einer Versorgungskrise der Gruppe - gleichsam bewußtlos zu funktionieren: Denn jene fungiert auch dann als kollektive „Mutterimago", so wie im Alltag, wenn eingebrachtes Fleisch in der Gruppe aufgeteilt wird.

Das Gruppenmitglied selber bleibt ob dieser Mechanismen der Gruppe wie auch seinen Eltern tief verbunden: den Eltern gegenüber aufgrund der allseitigen langen Zuwendung und Pflege, aber auch der Gruppe - hier der Kinder- und später Erwachsenengruppe, durch deren Aufnahme und Fürsorge in den Zeiten der Not - in unserem Falle, als das Kind abrupt abgestillt worden war und sich gleichsam selbst überlassen wurde. Die damals mit der Verlorenheit verbundenen massiven aggressiven Abwehrreaktionen haben sich offenbar als Reaktionsbildung umgewandelt in besonders geartete zärtliche Gefühle der Zuwendung gegenüber dem jüngeren Geschwister, aber auch den Eltern, die gleichsam jene aus der frühen Mutter-Kind-Beziehung erwachsenen Verbundenheitsgefühle ergänzen im Sinne eines zwingenden Bündnisses, das auch extremen Belastungen gegenüber standhalten wird. Zugleich ist jene frühe positive Grundzuwendung auch Voraussetzung dafür, daß jener Umkehrmechanismus von Enttäuschung und Wut zu gleichsam einer Form von „Überzärtlichkeit" (die durchaus auch gegen eigene Interessen gerichtet sein kann) in Kraft zu treten vermag. Dieser Umkehrmechanismus der Reaktionsbildung, der die aus der frühen Mutter-Kind-Beziehung erwachsenen Verbundenheitsgefühle ergänzt, stellt offenbar einen wichtigen Bestandteil des tragenden psychosozialen Substrats der Gruppe dar. Wirksam wird er innerhalb des Verwandtschaftssystems, insbesondere gegenüber den alten Eltern oder hilfsbedürftigen Geschwistern, denen gegenüber eine intrinsische Versorgungsverpflichtung resultiert. Ebenso besteht eine Versorgungsverpflichtung der Gruppe gegenüber, von der man sozusagen gerettet worden ist, als die Mutter das Kind „verstoßen" hat.

Die unterdrückte Aggressivität stellt andererseits das notwendige Potential bereit, um die männliche Rolle in den San-Gesellschaften hinreichend ausfüllen zu können: als „man the hunter" zu fungieren. Sie erfährt, wie schon angedeutet, eine erste Kanalisierung im Sinne der späteren Jagdtätigkeit in den Spielen der Jungen (Sbrzesny 1976, S. 171 ff). Die Möglichkeiten, entsprechende Phantasien real auszuleben, werden in den Gesprächen der Männer über ihre Jagderlebnisse verdeutlicht, so wie Ablauf, Taktik und Technik des Jagdgeschehens in einem solchen besonderen sozialen Zusammenhang den Jungen nahe gebracht werden. Jene Aussichten auf legitimierte und befriedigende Formen der Transformation aggressiver, narzißtischer und nicht zuletzt libidinöser Energien dürften ein bestimmendes Moment für den Jungen sein, wenn er - lange vor der eigentlichen Teilnahme an der Jagd - beginnt, sich im Gebrauch von Waffen zu üben, sie herzustellen und sie zu pflegen (vgl. u.a. Silberbauer 1972, S. 316f zu den G/wi). Die komplexe Abfolge und Verflechtung der verschiedenen Sozialisationselemente, die der heranwachsende Knabe erfährt, zielt also darauf ab, seine entsprechend modifizierten psychischen Energien und den phantasmatischen Rahmen, in dem diese umgesetzt werden, in die zukünftigen existentiell notwendigen Aufgaben des Mannes im Gruppenzusammenhang einzubinden, zu denen insbesondere die Bereitstellung einer hinreichenden Protein-Basis, die Fleischbeschaffung gehört.

Im Alter von 10 bis 11 Jahren beginnt der Vater seinen Sohn auf sogenannte Übungsjagden mitzunehmen. Zu diesem Zeitpunkt verfügt der Heranwachsende nicht nur über eine fortgeschrittene Geschicklichkeit und Körperkraft, sondern er ist auch den beginnenden Turbulenzen der frühen Pubertät ausgesetzt. In dieser Lebensphase werden - unter dem Triebdruck der sich nun endgültig ausformenden genitalen Sexualität - all jene verdrängten präödipalen und ödipalen Regungen wiederbelebt, deren Erfüllung die Dualität der Eltern entgegengestanden hatte. Mit der Jagd und den in Aussicht gestellten Beutetieren eröffnet nun der Vater oder ein anderer signifikanter Anderer reale Abfuhrmöglichkeiten, in denen die unter dem genitalen Triebdruck aufgeheizten aggressiven und libidinösen Strebungen ein Betätigungsfeld und Objekte finden. D.h. die aggressiv-narzißtischen und libidinösen Strebungen werden zu einem wichtigen energetischen Reservoir, aus dem sich das Jagdstreben speist.

Der heranwachsende Junge muß sich einem mehrjährigen Jagdtraining unterziehen, in dessen Verlauf die Geschicklichkeit des Jungen zunimmt. Eine wichtige lebensgeschichtliche Station dieses Verlaufes wird dadurch markiert, daß der Vater dem Jungen unvergiftete Pfeile, Bogen und Köcher erstellt - ein Vorgang, der die positive Identifikation mit dem Vater fördert, zugleich aber noch den Abstand zu ihm betont. Als anerkannter Jäger bei den!Kung gilt der junge Mann erst, wenn er zwei größere, für die Fleischversorgung wichtige Tiere beiderlei Geschlechts, eine Giraffe oder einen Büffel, vor allem aber eine große Antilope (die mit gefährlichen Hörnern ausgestattete Eland-Antilope

(Luig (1995)) erlegt hat. Der notwendige zweifache Nachweis (Erlegen von Tieren beiderlei Geschlechtes) ist möglicherweise nicht nur darin bedingt, nur zufälligen Erfolgen entgegenzuwirken, sondern scheint sich psychoanalytisch gesehen auch auf das phantasmatische Erleben des heranwachsenden!Kung, wie überhaupt der!Kung-Jäger zu beziehen. D.h. das erjagte Wild, insbesondere das gefährliche Großwild kann als veräußerlichte Repräsentation inneren Erlebens mit frühen Elternfiguren betrachtet werden, denen die unbewußte Aggressivität des Jägers gilt und die nun endlich nach langen Mühen und Leiden überwältigt werden.[9]

Die Frauen haben offenbar nicht die Möglichkeit, in ihrer täglichen Arbeitspraxis die Abfuhr von Aggression mit Lustempfindungen zu verbinden. Die anstrengenden Tätigkeiten des Grabens, Sammelns und schwerbeladenen Heimwegs, die die Nahrungssicherung von den Frauen fordert, scheinen eher so etwas wie einen Adaptionspuffer für die bei den Frauen vorhandene aggressive Grundspannung darzustellen, die sich auf diese Weise gleichsam erschöpft. Zudem sind die Frauen auf die sozialverträgliche Einbindung von Aggressivität durch entsprechende geschlechtsspezifische sozial-integrative Spiele, wie überhaupt ihre weiblichen Rollenidentifikationen gleichsam vorbereitet. Andererseits: Daß es vor allem die Frauen sind, die ihre Männer verlassen, mag nicht nur an der ausgeprägten Frauenknappheit bei den San-Gesellschaften liegen, sondern könnte auf die geringeren Möglichkeiten der Frauen verweisen, ihre aggressiven Grundspannungen in lustvoller Weise in ihrer Alltagspraxis zu binden: Aufgespeicherte Aggressionen werden im aggressiven Akt des Verlassens zum Ausdruck gebracht, wobei unbewußt das Abstilltrauma der Männer provoziert wird. Im übrigen ist im Falle offen aggressiven Umgangs zwischen Mann und Frau, wie es sich insbesondere zwischen Ehepartnern entwickeln kann, auffällig, daß die Frau, die in solchen Fällen meist vom Mann körperlich angegangen wird (vgl. Lee (1979, S. 370ff) am Beispiel der!Kung), sich ihrerseits keineswegs zurückhält. Sie scheint vielmehr durchaus in der Lage,

---

[9] So könnte auch die in Sammler-/Jägergesellschaften weithin praktizierte sexuelle Enthaltsamkeit vor der Jagd (Thiel 1984) u.a. auf die forcierte Übertragung libidinös-erotischer Phantasien auf das „ersehnte" Jagdtier hindeuten, das zugleich auch Objekt „tödlich"-aggressiver Phantasien wird. Auf diesem Hintergrund würde die Enthaltsamkeit zugleich dazu dienen, unbewußten Verwechslungen zwischen den zwei in ihren basalsten Unterströmungen prinzipiell ähnlichen Objekten vorzubeugen.

gleiches mit gleichem oder mit noch mehr vergelten zu können (Lee 1979, S. 377). Nicht nur auf der Grundlage vorhandener Fallgeschichten (s. Lee 1979, S. 370ff) liegt es nahe, daß ein Großteil solcher Konflikte Ehebruch als Anlaß haben und damit das aktivierte Abstill- und Verlassenheitstrauma, sei es seitens des Mannes oder seitens der Frau.

Ganz allgemein läßt sich damit festhalten, vorhandene, offenbar vor allem über abrupte „Entwöhnung" gesteigerte Aggressivität und deren „Derivate" werden vor allem in der Jagd, im bodenvagen Verhalten, in ehelichen Konflikten, aber auch im jederzeit möglichen Wechsel zu anderen kleinen Gruppen agiert.

Im übrigen möchte ich hier die Auffassung vertreten, daß die am Beispiel der San aufgezeigte komplexe - und dabei zugleich „egalisierende" - Beziehungsdynamik zwischen Subjekt und Gruppe, zwischen den Geschlechtern und alt und jung und die jener Beziehungsdynamik vorausgesetzte Sozialisation in der Grundtendenz Ähnlichkeiten mit entsprechenden Strukturierungen in weiteren Sammler- und Jägergesellschaften zumindest außerhalb der arktischen und subarktischen Regionen aufweist.[10] Dies dürfte vor allem dort der Fall sein, wo

---

[10] Aber auch hier sind jedenfalls merkbare Unterschiede zwischen den einzelnen Gesellschaften (und auch innerhalb dieser) zu beobachten. So weisen im Unterschied zu den San Südwestafrikas und insbesondere den Mbutis in Zentralafrika (in Zaire) (Turnbull 1961 und 1978; s. auch Seitz 1977) die Hadza-Väter in den trockenen Savannen des nördlichen Tansanias (Woodburn 1968 und 1979; Luig 1995) offenbar eine geringere Teilnahme am Sozialisationsprozeß der Kinder, eine ausgeprägtere szenisch-räumliche Separierung sowie auch ein problematischeres Verhältnis der Geschlechter auf. Letzteres eskaliert jedenfalls von Seiten der Männer offenbar öfter in Formen offener Gewalt gegenüber Frauen, gerade auch, soweit sie keine Ehepartner darstellen. Zugleich werden - im Vergleich zu den !Kung-Müttern - die Mütter der Hadza als „much harsher and less indulgent" (Jones 1996, S 211) gegenüber ihren Kindern charakterisiert.
Die Unterschiede im Verhältnis der Geschlechter sowie die variierende Präsenz und Teilnahme der Väter am Sozialisationsprozeß scheinen in diesen Fällen gewisse Korrespondenzen zu differierenden Mensch-Umwelt-Bezügen aufzuweisen. So sammeln bei den Hadza Männer und Frauen - und schon früh die heranwachsenden Kinder - ihre pflanzlichen Nahrungsmittel meist jeweils für sich selbst (Kelly 1995, S. 205), während dies bei den San wie bei den meisten außerarktischen Sammler- und Jägergesellschaften - im Rahmen einer familialen Arbeitsteilung - weitgehend die Frauen in der Nähe des Basislagers übernehmen und bei einem Teil der Mbuti-Gruppen sogar Frau-

wie bei den San eine stärkere szenisch-räumliche Präsenz der Männer am Lagerstandort, damit eine intensivere Teilnahme der Väter am Sozialisationsprozeß der Kinder sowie auch partnerschaftlichere und zugleich insgesamt „gelungenere" Bezüge zu ihren Ehefrauen gegeben sind mit den damit implizierten Folgen für die generelle Beziehungsdynamik zwischen den Geschlechtern und alt und jung.[11] Und gerade jene szenisch-räumliche Präsenz der Väter ist offenbar in den Sammler- und Jägergesellschaften der Tropen und Subtropen relativ weit verbreitet (Hewlett 1991).

Das heißt hier wird vermutet, daß die am Beispiel der San aufgezeigte Beziehungsdynamik für jene Sammler- und Jägergesellschaften typisch ist, die - bei aller Vielfalt und Unterschiedlichkeit der entsprechenden Kulturen (s. z.B. Kent 1996) - folgende Charakteristiken aufweisen: ein hohes Ausmaß an Autonomie und Mobilität - und auch Fluidität zwischen den einzelnen Gruppen („Horden"), relativ egalitäre Bezüge zwischen den Geschlechtern (bei vorwie-

---

en und Männer mehrerer Familien Jagdtiere gemeinsam in Netze treiben, wo sie dann von den Männern getötet werden (Luig 1995; s. auch Nanda 1987, S. 184f).

[11] Im übrigen sei darauf hingewiesen, daß für solche Gesellschaften immer wieder das „warme" und zugleich offene Verhältnis zwischen Kindern und Eltern betont wird, das mit einem beträchtlichen Grad an Autonomie und zugleich Zugang zu den eigenen Gefühlen im Falle auch der Erwachsenen korrespondiere. Entsprechend halten Johnson/Price-Williams (1996, S. 45) für entsprechende Gesellschaften fest: „Ethnographers consistently describe warm, intimate relationships between parents and children, with great respect for individual integrity, even toward small children." Weiter stellen Johnson/Price-Williams (1996, S. 48) für egalitäre Sammler- und Jägergesellschaften heraus: „Such peoples are generally calm and emotionally controlled. Their control takes the form of courtesies that include polite sharing of resources and a quiet, pleasant manner of speaking. But one discovers that they are also very self-assertive and emotionally impulsive. ... it is extremely difficult to shame or embarrass them into changing their minds. They also express emotions freely when aroused, whether to joyful play with children or to furious tirades and agonistic displays when angered. When the emotion is spent, however, it tends to disappear without lingering guilt or desires for revenge, unless something truly damaging, like theft or homicide, has occurred." Weiter betonen sie: „there is a general perception among such peoples that each individual has a substantial integrity that must not be violated. People should be generous, for example, and children are taught generosity. But if one grows up to be stingy, there is little others can do about it except to regulate their relations with the stingy one to protect their own self-interest."

gender Monogamie (s. z.B. Knauft 1994, S. 49)) wie auch innerhalb der Geschlechtergruppen bei gleichzeitiger Abwesenheit hierarchischer Strukturen und geringer Ausprägung von Asymmetrien im Verhältnis von jung und alt (s. auch Kap. 4.1.5) sowie schließlich - bei gewissen Variationen - ein meist gering ausgeprägtes Maß an Territorialität (z.B. Knauft 1994, S. 41). Unter dem hier interessierenden Fokus bleibt dabei insbesondere zu übepüfen: inwieweit finden die unter Verweis vor allem auf die Abstillsituation und die Funktion der Kindergruppe herausgearbeiteten traumatisierenden Elemente der Sozialisation der San-Gesellschaften sowie deren gesellschaftliche Funktionalität auch in anderen Sammler- und Jägergesellschaften ein Equivalent bzw. inwieweit weist die in deren Lebenszusammenhängen praktizierte Formierung aggressiver und libidinöser Strebungen (noch) andere Spezifika auf?

Egalitäre Lebensbezüge zwischen den Geschlechtern sind - entsprechend den statistischen Untersuchungen von Sanday (1981) - weniger vorhanden in Gesellschaften, bei denen das Sammeln zugunsten der (vor allem Großwild-)Jagd zurücktritt. In ihnen sind die Frauen in höherem Ausmaß auf die von den Männern eingebrachten Nahrungsmittel angewiesen, so wie auch die Männer sich häufiger bzw. länger vom Wohnstandort entfernt aufhalten. Bei solchen Gesellschaften, bei denen es sich freilich teilweise um „komplexere" Jägergesellschaften zu handeln scheint (vgl. Knauft 1991, S. 418f; s. allerdings auch Hewlett 1991, S. 136), dominieren offenbar eindeutiger die Männer, die zudem in diesen Gesellschaften eine größere Distanz zu dem Sozialisationsprozeß der Kleinkinder aufweisen.[12] Man mag daraus eine verstärkte Problematik sozialisatorischer Prozesse folgern mit entsprechenden Auswirkungen auch auf das Geschlechterverhältnis.[13]

---

[12] Im übrigen s. zum beträchtlichen Ausmaß, aber auch Variationen in der „Nähe" und Teilnahme der Väter am Sozialisationsprozeß der Kinder in Sammler- und Jägergesellschaften Hewlett (1992 und 1996), dem auch (Hewlett 1991) „the most systematic account of paternal love among hunter-gatherers yet published" (Hiatt, 1994, S. 172f) zugerechnet wird.

[13] D.h. diese Gesellschaften dürften in ihren Geschlechterbezügen sich jenen Verhältnissen annähern, wie sie im folgenden Kapitel für „einfache" agrarische Gesellschaften ausgeführt werden und die gemäß den dort entfalteten Aussagen die Herstellung eines verstärkten Ausmaßes an Aggressivität implizieren. Gerade letztere dürfte auch ein wesentliches Moment jener „Energie" darstellen, aus der sich die zeitaufwendigeren

In diesem Zusammenhang sei auch darauf hingewiesen, daß gerade in „einfachen" Gesellschaften, in denen die Jagd oder auch die Fischerei dominieren, im Falle einer ökonomischen Kontrolle über sehr ertragreiche Jagd- bzw. Fischereigründe - und teilweise wohl auch in Verbund mit der Ausbildung kollektiver Aktivitäten bei der Jagd (bzw. Fischerei) - Tendenzen zur Ausbildung einer stärkeren Territorialität[14] und damit verbunden kriegerischer Aktivitäten größerer Gruppen von Männern bestehen, ja es gar zur Ausbildung von „Big Man"-artigen Systemen oder gar Häuptlingstümern kommen mag (s. Johnson/Earle 1987, S. 58; Hayden 1995). Bei solchen komplexeren (häufig mehr oder weniger sesshaften) „foraging societies" handelt es sich nicht um „immediate return societies", sondern vielmehr - im Sinne von Woodburn (1980 und 1982) - um „delayed return societies", die sich unter besonderen Ressourcialbedingungen ausbildeten und von den oben mit den San in den Vordergrund gestellten Sammler- und Jägergesellschaften abweichende Bezüge zwischen den Geschlechtern, zwischen alt und jung sowie auch eine mehr oder weniger ausgeprägte Relativierung der „Egalität" aufweisen.

    Jagdaktivitäten in vor allem auf (Großwild-)Jagd ausgerichteten Gesellschaften speisen, die in einer als ausgesprochen feindlich wahrgenommenen Umwelt (Kelly 1995, S. 298) ihre Entfaltung finden. Gegenüber dem weiblichen Geschlecht äußert sich die akzentuierte Ambivalenz der Männer solcher (Großwild-)Jäger-Gesellschaften u.a. darin, „that men come to think of women as being subservient to them" (Kelly 1995, S. 298); eine Haltung, die es nach Sanday (1981) den Männern erleichtert, Frauen, Schwestern und/oder Töchter zu kontrollieren und zu dominieren. In solchen Gesellschaften wird offenbar auch Menstruationsblut und Geschlechtsverkehr als gefährlicher als in sonstigen Sammler-Jägergesellschaften wahrgenommen, eine Tendenz, die sich durchaus mit der vermutlich „problematischeren" frühen Sozialisation in solchen Gesellschaften in Übereinstimmung bringen läßt.

14   Dies im übrigen schon bei den etwas komplexeren Eskimo-Gesellschaften (Burch/Elleanna 1996, S. 61 und S. 220). Für die Eskimo-Gesellschaften ist zudem auch eine ausgeprägtere szenisch-räumliche Trennung der Lebenspraxis und Ungleichheit der Geschlechter und auch eine bemerkenswerte Aggressivität gegen Fremde kennzeichnend, so wie sie teilweise auch kriegerische Aktivitäten aufweisen (Spencer 1959 und Briggs 1974; vgl. auch Dux 1992, S. 130ff und S.173 und Gat 2000, S. 28).

3. Traumatische Elemente in der Sozialisation „einfacher" Agrargesellschaften

Im Falle der eher bevölkerungsreichen und bodenfesten „einfachen" Agrargesellschaften[15] nehmen die gesellschaftlichen Organisationsformen andere Qualitäten an. Angesichts einer spezifisch gearteten gesellschaftlich-ökonomischen Realität, die ihren Ausdruck findet in längerfristig angelegten Nutzungsstrategien, in Konkurrenzen um größere ortsfeste Ressourcen und damit in einer verstärkten Territorialität sowie in Organisations- und Regelungsproblemen, wie sie eine größere Anhäufung von Menschen und daraus resultierende Tendenzen zu einer Großgruppendynamik bedeuten, kommt es zu besonders gearteten psychosozialen Strukturierungen. Diese werden u.a. deutlich am Beispiel spezifischer Gestaltungselemente der frühen Kindheit und dem Rückbezug auf diese im gesellschaftlichen Umgang mit der Adoleszenz. Dabei kann als wichtiges Bestimmungselement, das den Einfluß gesellschaftlich-ökonomischer Verfaßtheiten auf die jeweiligen sozialisatorischen „Mechanismen" vermittelt, die besondere Relevanz szenisch-räumlicher Separierungen der Geschlechter und damit spezifischer triangulärer Ausgangssituationen hervorgehoben werden. Diese wirken, wie unten verdeutlicht wird, offenbar in entscheidender Weise mit bei der „Herstellung" übermäßiger Aggressivität. Diese wird im Binnenbereich der Gruppe über traumatisierende „Mechanismen" (so insbesondere mehr oder weniger abrupte Entwöhnung mit vielfach begleitender Eingliederung in die Kindergruppe und später über initiatorische Riten) einerseits einigermaßen ruhig gestellt, andererseits auch latent noch weiter gesteigert, um u.a. als kämpferisches Potential in der Auseinandersetzung mit jeweils anderen Gruppen zur Verfügung zu stehen. Denn grundsätzlich verzeichnen „einfache" Agrargesellschaften höhere Bevölkerungszuwächse als Sammler- und Jägergesellschaften (vgl. Maisels 1990) und stehen damit in verstärkten Konkurrenzen zu anderen Gruppen und dies insbesondere im Rahmen der spezifischen Territorialität solcher Gesellschaften, wie sie sich aus der Verfügung über größere ökonomische

---

[15] Der Terminus „einfache" Agrargesellschaften umfaßt hier Gruppen, deren Mitglieder keine Abgabe, Steuer oder einen Tribut an eine „Elite"- so etwa in einem komplexen Häuptlingstum oder einem staatlichen Gebilde - zahlen müssen (Johnson 1989, S. 52). Es sind im wesentlichen Gruppen von Pflanzern bzw. Gesellschaften mit niederem Bodenbau (vgl.u.a. Vivelo 1981, S. 90ff).

Ressourcen und der Notwendigkeit ihrer Verteidigung ergibt (Jüngst 1997a). Im übrigen werden die psychosozialen Wirkungen der Geschlechtertrennung ergänzt durch mehr oder weniger rigidisierte Erziehungspraktiken - als Medium und Ausdruck der Anpassung an die besonderen Erfordernisse agrarischer Produktion, aber auch der Sicherstellung des - angesichts der Erfordernisse von Konkurrenzen mit Anderen - notwendigen Gruppenzusammenhaltes unter der Führung der Ältesten. Es sind dies psychosoziale Aspekte, die im übrigen gerade auch durch die abrupte Entwöhnung mit begleitender Eingliederung in die Kindergruppe und die initiatorischen Riten abgestützt werden.

Darauf hingewiesen sei auch hier, daß diese Aussagen und die auf sie im Folgenden bezogenen Ausführungen idealtypischen Charakter haben und mit Hinweisen auf mögliche Abweichungen und die mit letzteren verbundenen besonderen Bedingungskontexte unten noch eine gewisse Relativierung erfahren sollen.

Zunächst zur - nach einer ausgesprochen „symbiotischen" Phase - mehr oder weniger abrupten Abstillung bzw. Entwöhnung des Kindes in „einfachen" Agrargesellschaften und seiner „Ersetzung" bei der Mutter durch ein jüngeres Geschwister[16]: Ihre traumatisierende Wirkung dürfte insofern möglicherweise

---

[16] Eine gewisse Einigkeit in der vielfältigen Literatur besteht sicherlich im Hinblick auf die Existenz der ausgeprägten frühen Mutter-Kind-"Symbiose" in den „einfachen" Agrargesellschaften, allerdings variieren die Angaben zur Art und Weise bzw. dem Grad der Abruptheit der Abstillung, wenn auch hier eher deren relativ ausgeprägte Abruptheit betont wird. Allerdings weisen Einzeluntersuchungen durchaus auch auf Gesellschaften hin, wo die Abstillung gradueller erfolgen soll (s. den zusammenfassenden Überblick bei Schultz (1980, S. 51ff; vgl. auch Ottenberg 1989) zu Schwarzafrika). Auch scheint in den „einfachen" agrarischen Gesellschaften keineswegs durchgehend auf die frühe „symbiotische" Phase ein sofortiger Übergang in die Abhängigkeit und Sicherheit der Kindergruppe stattgefunden zu haben (so Schultz (1980, S. 57ff wiederum am Beispiel Afrikas; a. auch Ottenberg 1989). Andererseits widerspricht vorhandene „empirische" Evidenz kaum der Annahme, daß in „einfachen" Agrargesellschaften das neue Geschwister ganz entscheidend die Beziehungsrelation zwischen Mutter und Kind verändert, so wie auch die Bedeutung der Kinder- bzw. Peer-Gruppen recht ubiquitär eine erhebliche Bedeutung für die Sozialisation in und nach der Latenzphase einnimmt (s. z. B. Erny (1981, S. 53ff) für Schwarzafrika). Die mit der Ankunft des neuen Geschwisters stattfindende Veränderung dürfte in der Tendenz umso tiefgreifender sein, je prononcierter sich die Separierung der Lebenswelt der Geschlechter darstellt, je weniger der Vater am sozialisatorischen Prozeß des Kleinkindes

noch die der Entwöhnungsphase bei den San-Gesellschaften übertreffen, als auf Grund der schon angesprochenen starken Separierung der Lebenswelt der Geschlechter - und teilweise auch des verstärkten Auftretens von Polygamie - in den meisten „einfachen" Agrargesellschaften der Vater kaum am sozialisatorischen Prozeß des Kleinkindes teilnimmt und damit die Abhängigkeit des Kindes von der Mutter zum Zeitpunkt seiner Abstillung noch höher ist als in Sammler- und Jägergesellschaften.

Traumatisierende Aspekte dürfte aber auch die Beziehung zwischen Mutter und Kind vor der „Entwöhnung" aufweisen. Denn wenn wir Traumatisierung auch als kumulatives Trauma fassen (Khan 1963; vgl. auch Mertens (Hg.) 1993, S. 170ff), so lassen sich unter diesem Begriff bestimmte Aspekte der frühen „symbiotischen " Dualität der Mutter-Kind-Beziehung sowie die Erfahrung einer dominant mütterlich-weiblichen Welt in den entsprechenden Gesellschaften fassen. Neben ihren „paradiesischen" Aspekten beinhaltet dieses frühe „psychische Matriarchat" nämlich auch die Durchsetzung der Tendenz, daß die mütterlichen Bezugspersonen, insofern sie aufgrund der Separiertheit ihrer Lebensbezüge zum gegengeschlechtlichen Partner nur sehr eingeschränkte Beziehungen zu unterhalten vermögen, kompensatorische Strebungen insbesondere auf die heranwachsenden Knaben richten - die sich hierfür aufgrund ihrer Gegengeschlechtlichkeit anbieten. Nicht zuletzt wechseln unter solchen Bedingungen, wenn wir Slater/Slater (1965; vgl. auch Chodorow 1985, S. 137 ff) folgen wollen, mit entsprechend „verführerischem" Verhalten auch Momente

---

unmittelbar teilnimmt und je „symbiotischer" sich damit die Beziehung zwischen Kind und der Mutter in der frühen Lebensphase gestaltet. Zudem sei auch auf die mehr oder weniger ausgeprägte ödipale Problematik hingewiesen, wie sie aus dem Kontext der Abstillung resultieren dürfte. So führt Devereux (1985, S. 168) zur Abstillung bei den Schwarzfußindianern aus, die etwa auf dem Höhepunkt der ödipalen Phase erfolgte: „Der Knabe hatte simultan mit drei Arten von Feindseligkeit fertig zu werden: seinem ödipalen Haß auf den Vater, seiner Geschwisterrivalität und seiner doppelten Enttäuschung durch die Mutter. Vieles deutet darauf hin, daß die stärkste dieser feindseligen Rührungen gegen die Mutter gerichtet war, indem diese den Sohn zunächst glauben gemacht hatte, daß er ihr einziger Liebling war, um sich dann doch wieder ihren sexuellen Bedürfnissen hinzugeben, ihn mit seinem Vater zu 'betrügen' und ihm ein Geschwister zu bescheren, das heißt, einen Rivalen um ihre Gunst. Die Feindseligkeiten gegen den Vater und das jüngere Kind verschmolzen auf diese Weise mit der Feindseligkeit gegen die Mutter oder den Mutterersatz und ordneten sich ihr unter."

feindseliger Abwertung - Ausdruck überstarker Ambivalenzen gegenüber dem anderen Geschlecht. Entsprechend sind die heranwachsenden Jungen einem latenten Wechselbad von auf sie gerichteten Strebungen ausgesetzt, die zwischen Aspekten der Überverwöhnung, der Überforderung (als Partnerersatz) und manipulativer Bemächtigung (im Sinne auch der Behinderung von Autonomiebestrebungen des Kindes), aber auch gelassener Zuwendung oszillieren. Die Trennung der Lebensbezüge der Geschlechter bringt es zudem tendenziell mit sich, daß der Junge keine allmähliche Herauslösung aus dieser ambivalenten Dualität mit der mütterlichen Welt im Sinne einer „Individuierung" und prozeßhaften Verarbeitung eben dieser antagonistisch besetzten Gefühlsströmungen erfährt. Einen wesentlichen Bestandteil jenes - angesichts des Angewiesenseins auf die Mutter - eher verborgenen Gefühlsantagonismus dürfte - auch im Falle lang andauernder Zugewandtheit und beträchtlicher Kontinuitäten psychosozialer Einbindung für das Kind - eine (jedenfalls latente) „basale" Aggressivität bilden, die letztlich auf die „Vernichtung" (Winnicott 1979) des mütterlichen Objekts bzw. für dieses stehender Imagines gerichtet ist.[17]

Für die gesellschaftliche und szenisch-räumliche Dynamik von Gruppenbezügen sind freilich nicht nur jene auf frühe kumulative Traumata zurückgehenden prononcierten Ambivalenzen gegenüber der mütterlichen Bezugsperson von Relevanz. Vielmehr werden die „basalen" Komponenten „vernichtender" Aggressivität offenbar gerade im Falle der Separierung geschlechtsspezifischer Lebensbezüge durch prononcierte Aspekte „ödipaler" Aggressivität ergänzt (deren Verarbeitung zudem durch das Ausmaß der zuvor schon in der Dualität zur Mutter erworbenen Ambivalenzspannung erschwert werden dürfte). Wenn

---

[17] Gerade Studien aus „einfachen" Kulturen mit separierten Geschlechterbezügen, aber auch aus Haushalten aus westlichen Gesellschaften, die durch die Abwesenheit der Väter gekennzeichnet sind (vgl. u.a. Whiting/Whiting 1975 und Munroe u.a. 1981), lassen sich dahingehend interpretieren, daß angesichts der Dominanz der mütterlichen Welt die gegen sie gerichtete Aggressivität zunächst eher latent gehalten wird und stattdessen eine Identifikation mit eben dieser Welt überwiegt. Im übrigen wird jene mit der frühen „Symbiose" zusammenhängende Aggression zugunsten offenbar einer gewissen Idealisierung dieser Phase durch ethnopsychoanalytische Autoren kaum gesehen, auch wenn z.B. der gerade in Gesellschaften mit langandauerndem postnatalen Sexual-Taboo weit verbreitete Hexenglaube (vgl. Whiting 1959) entsprechende Verdrängungs- und Verschiebungsleistungen nahelegt.

wir u.a. der Argumentation und den Belegen von Spiro (1993) in seiner Studie zum Ödipus-Komplex bei den Trobriandern folgen, so vermag in Gesellschaften, die durch „überenge" und lang andauernde Mutter-Kind-Bezüge gekennzeichnet sind, mit der Beendigung jener „paradiesischen" Bezüge durch die Väter ein verstärktes Maß „ödipaler" Aggressivität aufzuscheinen, das - jedenfalls unbewußt - nicht nur an der Mutter (infolge ihrer Frustrierung symbiotischer und inzestuöser Wünsche im Gefolge ihrer Zuwendung zum Vater), sondern auch am Vater als „Störenfried" der Mutter-Kind-"Symbiose" (vgl. Whiting u.a. 1958; s. auch Brain 1977), vor allem aber an seiner Rolle als übermächtiger sexueller Konkurrent festgemacht wird.[18]

Wenn diese Aspekte für die Vielzahl „einfacher" Gesellschaften auch durchaus unterschiedlich eingeschätzt werden (s. z.B. Parin 1978), so sprechen jedenfalls die in solchen Gesellschaften von Männern an den männlichen Jugendlichen weithin praktizierten initiatorischen Riten für die besondere - mit dem Triebschub der Adoleszenz verbundene - Aktivierung aggressiver (ödipaler, aber diese unterlegend sicherlich auch präödipaler) Strebungen zumindest gegen „väterliche" Figuren. Jene aktivierten Strebungen können u.a. als Medium der unbewußt ersehnten Durchsetzung jener übergroßen, in der Pubertät erneut aufkochenden erotisch-libidinösen Wünsche, aber auch der unterschwelligen Aggressivität der Kindheit betrachtet werden, die letztlich auf die Inbesitznahme der mütterlichen Figur, der endlichen Sicherung ihrer Zuwendung und die Entmachtung des Vaters gerichtet sind.

Im übrigen erfährt jene Aggressivität durch den traumatisierenden „Sadismus" der „väterlichen" Figuren nun noch eine weitere Zuschärfung, auch wenn jener „Sadismus", wie er sich insbesondere in initiatorischen Riten artikuliert, zugleich der direkten Umsetzung jener Aggressivität entgegenwirkt. Dabei mag es sich nicht nur um den „Neid" und die Bedrohungsgefühle der „alternden" Männer auf die sich entwickelnden Potenzen der Jungen handeln (einen Aspekt, den vor allem Bosse (1994) am Beispiel ethnischer Gruppen am Sepik in Neu-Guinea betont), sondern auch um die Wut und Eifersucht der „Väter" ob der Nähe der Jungen zu jenen frühen Zuständen und Repräsentanten paradiesi-

---

[18] Umgekehrt kann der „Knabe der ödipalen Phase, der eine lange Objektverbindung mit einem liebenden Vater hat, die bis ins erste Lebensjahr zurückreicht, einen Mordwunsch nicht länger aushalten" (Blanck 1989, S. 140).

schen Erlebens (s. u.a. Spiro 1982, S. 169f und Ottenberg 1994, S. 358; s. auch Herskovits 1958 sowie Brain 1977).[19] Zudem mochte, indem die Jungen es nicht besser als die Älteren haben durften, zugleich der angesichts des Schicksals der Jungen anklingende Schmerz um die eigenen Leiden abgewehrt, d.h. in Umkehrung eigenen traumatischen Erlebens diesen zugefügt werden.[20] Entsprechende ambivalente Gestimmtheiten zwischen Vätern und Söhnen dringen teilweise durchaus in das Bewußtsein solcher Gesellschaften und können schon zu Lebzeiten der Beteiligten Gegenstand etwa von Vermeidungsregeln und rituellen Praktiken sein (s. Fortes 1978). Dabei macht sich diese Ambivalenz auf der manifesten Ebene häufig in einem auch symbolisch zum Ausdruck gebrachten Antagonismus zwischen Vater und ältestem Sohn fest - so etwa bei den Tallensi (Fortes 1978).

Als traumatisierend - zumindest im Sinne eines kumulativen Traumas - können auch die - im Vergleich zu einfachen Sammler- und Jägergesellschaften - rigidisierten Erziehungspraktiken in vielen „einfachen" Agrargesellschaften betrachtet werden.

Jene rigideren Erziehungspraktiken interpretiert beispielsweise Mansfield (1982) - wie dies auch Barry u.a. (1959; s. auch Chodorow 1971) getan haben - als Ausdruck der Anpassung an die besonderen Erfordernisse agrarischer Produktion, die ein verändertes Verhältnis der Mitglieder solcher Gesellschaften zur Arbeit implizieren. Dementsprechend seien in Pflanzergesellschaften sozialisatorische Prozesse stärker auf die Einschreibung von Gehorsam[21] und die

---

[19] Wie es Hook (1994, S. 227) zum Ausdruck bringt: „This close, narcissistic, encompassing relationship between infant and nursing (or pregnant) mother arouses father's jealousy and envy."

[20] D.h. im Sinne von deMause (1977) sind die Älteren kaum - oder jedenfalls nicht hinreichend bzw. nur in abgespaltener Form - zu einer „empathischen Reaktion" fähig. Zudem projizieren die erwachsenen Männer möglicherweise auch ihre eigenen insbesondere mit der Initiation (u.a. Jüngst 1997a) verdrängten Wünsche nach Widerständigkeit gegenüber den Verhaltensregeln der Gesellschaft auf ihre Söhne und versuchen sie dort zu bekämpfen.

[21] Dies letztlich jedenfalls auch im Hinblick auf die Einordnung unter die „politische" und auch kriegerische Autorität von Führungsfiguren, wie sie der Zusammenhalt agrarischer Gruppen angesichts der Konkurrenzen mit anderen Gruppen tendenziell mit sich bringt. Es ist dies ein Aspekt, den Barry u.a. (1959) freilich nicht ins Auge fassen.

Übernahme von Pflichten[22] hin ausgelegt, eine Sozialisations- und Erziehungspraxis, die einschneidende tiefenpsychologische Auswirkungen auf die betroffenen Subjekte habe. Die erlittenen Frustrationen im Kontext dieser Sozialisationspraxis[23] seien so schwerwiegend, daß sie schließlich zu dem Schluß kommt:

---

[22] Wie dies auch Levinson und Malone (1980, S. 194) zum Ausdruck bringen: „The subsistence economy ... influences child rearing practices. Food accumulating societies (agriculturalists and pastoralists) raise their children to be responsible, obedient, and compliant; nonaccumulating societies (hunters, gatherers, fishers) raise their children to be independent, self-reliant, and achievement-oriented". In seinem Aufsatz über „Initiationen" kommt Müller (1992, S. 64) gar zu der Auffassung, daß in „traditionellen" Gesellschaften „immer eine Regel vor allem" herrschte: „unbedingter Gehorsam gegenüber allen Älteren, handle es sich um Geschwister, Spielgefährten, die Eltern, Verwandte oder sonstige Gruppenangehörige. Das wurde den Kindern nicht nur von frühauf mit unnachgiebigem Nachdruck eingeprägt, sie sahen es ebenso auch die Erwachsenen selbst gegenüber den ihnen je Älteren praktizieren." In diesem Kontext weisen Lancaster, J./Lancaster (1987, S. 189) auf die Folgen der häufigen Geburten in Hortikulturgesellschaften hin: „The birth of a child every other year might have produced intolerable demands on energy, time, and attention budgets of individual mothers if it were not for two countervailing forces: sibcare systems widely practiced in villagebased „middle-range" societies and the value of the labor of quite small children in horticultural routines, such as weeding, defending field crops, and the preparation of foods for cooking" (s. auch Draper/Harpending 1987).

[23] Mansfield (1982, S. 47) kennzeichnet die für die „einfachen" Agrargesellschaften charakteristischen Sozialisationsverläufe zusammenfassend wie folgt: „In contrast to children of hunting and gathering societies, who are breast-fed until they are three or four years old and who bear no responsibility for food collecting until they have reached physical and psychic maturity, the children of farmers are weaned at one or two and are likely to be incorporated into the adult work structure at a very early age. At about five or six years they are given siblings to care for; at around seven or eight they will be given responsibility for guarding pigs or acting as scarecrows; by ten or eleven they will be sharing responsibility for weeding, harvesting, and other tasks. Moreover, these responsibilities will be specifically prescribed, and the child will be punished if he or she fails to fulfill them. In effect, children's attempts to follow their own natural inclinations will be frustrated initially by physical force and ridicule, and eventually simply by an implied or remembered danger. By the time they are adults, they will „naturally" take to being farmers. They will have internalized the norms and controls necessary if they are to energize aggressive capacity according to a time schedule other than that of their own physiological needs."

„In effect, the transition to agriculture is accompanied by a childhood in which the desire for „revenge" against one's parents becomes an almost inevitable result of the socialization process" (Mansfield 1982, S. 48). Indem freilich sozialisatorische Prozesse in „einfachen" Agrargesellschaften dazu führen, daß die Gruppe im Verlauf der Sozialisation in verstärktem Maße parentale Funktionen für das Individuum übernimmt, diffundiert nach Mansfield das Erleben entsprechender Frustrationen gleichsam auf die Gesamtheit der Erwachsenen, wie sie (Mansfield 1982, S. 48) folgendermaßen zum Ausdruck bringt: „Because the tribal structure of such cultures submerges the biological in the social family, so that all adults are to a degree „psychic" parents to all children, the occasions for such denied anger are seldom idiosyncratic and focused. At the same time, however, refusal to conform to shared cultural norms is very dangerous, since it threatens the child with rejection by all adults. The resulting frustration and anger is no less real for being diffused among several objects."

Im Hinblick auf die äußeren Fakten des beobachtbaren Erziehungsverhaltens herrscht jedenfalls in der Literatur eine gewisse Einigkeit dahingehend, daß die Erziehungsnormen in „einfachen" Agrargesellschaften insgesamt rigider sind - und dies insbesondere im Hinblick auf die heranwachsenden Mädchen - als in den oben angesprochenen Sammler- und Jägergesellschaften. Allerdings scheinen die zwischengesellschaftlichen Variationen jener Erziehungspraktiken und Sozialisationsweisen beträchtlich zu sein,[24] wobei nicht zuletzt - in unserem Verständnis - auch ausgesprochen „sadistisch" anmutende Praktiken außerhalb und lange vor den eigentlichen initiatorischen Riten zum Einsatz kommen können.[25] Sicherlich ist mit diesen Erziehungspraktiken, die

---

[24] So hinsichtlich des Verhältnisses von Strafe, wechselnden Liebeszuwendungen durch parentale Figuren, von Beschämung und Spott oder auch vermittelten Gefühlen der Wertschätzung und Achtung durch die Außenwelt (s. z.B. Parin 1978 und die dort genannten Beispiele der Agni und Dogon; s. auch Rohner 1975 und Grohs 1996, S. 63). Im übrigen scheint auch das Verhältnis zur Arbeit und der von dieser ausgehenden Zwänge insbesondere für die Männer durchaus zu variieren und in einer Reihe von Gesellschaften den Verhältnissen in vielen Sammler- und Jägergruppen zu entsprechen (s. z.B. Clastres 1976, S. 183ff sowie auch unten).

[25] Hier sei nochmals an spezifische kulturelle Praktiken erinnert, wie sie z.B. Parin u.a. (1971) schon für die frühe Sozialisation der Agni herauszuarbeiten suchten. Im übrigen scheint hier bei vielen europäischen bzw. westlichen Ethnographen, die selbst noch aus einer durch rigide Erziehungspraktiken charakterisierten Erziehung hervor-

insgesamt weit weniger als in den oben thematisierten Sammler- und Jägergesellschaften spontane Bedürfnisse zulassen, ein beträchtliches Maß an „Frustrationen" verknüpft. Letzteres dürfte eine (freilich im Binnenverhältnis wohl eher latent bleibende) aggressive Grundstimmung der Individuen mitprägen, insbesondere soweit die Vermittlung jener Frustrationen weniger über Einsicht, als über expliziten und impliziten Zwang erfolgt.[26]

Auf Seiten der „Erziehenden" (der Eltern und hier zunächst insbesondere der Mutter, später der Kindergruppe und weiterer „parentaler" Figuren) ist jene auch in spezifischen Normen und Werten gefaßte rigidere Erziehungspraxis sicherlich auch hervorgerufen aus der Weitergabe der eigenen „erlittenen" „Erziehung". Als solche ist diese - gerade auch im Vergleich mit den oben angesprochenen Sammler- und Jägergesellschaften - stärker über den Entzug von Liebe, Achtung und Zugewandtheit, insbesondere aber auch die Evozierung von Ängsten und Schamgefühlen[27] sowie auch Drohungen und unmittelbare Zwänge (bzw. Gewalt) geprägt.

---

gegangen sind, häufig ein blinder Fleck vorhanden zu sein, der die Relevanz entsprechender „Daten" nicht zu begreifen vermag. Exemplarisch sei hier etwa auf den bekannten Ethnologen Fortes (Fortes 1978, S. 225) hingewiesen, der in einem Aufsatz zur Ahnenverehrung im Hinblick auf das antagonistische Verhältnis zwischen Vater und älterem Sohn bei den Tallensi zwar die beträchtliche Zuneigung bzw. „Liebe" zwischen beiden betont, aber die aus einer Interviewbemerkung eines Stammesmitglieds deutlich werdenden exzessiven Prügelstrafen des Vaters als solche in keiner Weise als bemerkenswert anspricht und in ihrer möglichen Bedeutung für die Bezüge zwischen beiden zu thematisieren sucht.

[26] So scheint in vielen „einfachen" Agrargesellschaften ein „empathischer" Umgang mit den der Stillphase entwachsenen Kindern bzw. Heranwachsenden von Seiten Älterer prinzipiell auch erschwert zu sein durch die im Vergleich zu den Sammler- und Jägergesellschaften weit höhere Arbeitsbelastung - und dies insbesondere der Frauen. Im übrigen kann ganz allgemein für „einfache" Agrargesellschaften mit Johnson/Earle (1987, S. 202) festgehalten werden: Die höhere Effizienz der Nutzungsformen in ihnen „does not necessarily preserve or improve the quality of life of the individual, as „economizing behavior" does in theory. On the contrary, the greater competitiveness, regulation, and violence that characterize the local group and the intergroup collectively make the individual's life decidedly more tense."

[27] So gelten „einfache" Agrargesellschaften weithin als Schamkulturen, worauf auch Mansfield verweist. „Their socialization process typically involves both the provision of a great deal of physical and psychic satisfaction through close identification with

So spiegelt solche - im einzelnen freilich sehr unterschiedlich gestaltete - Erziehung gerade auch in ihren (häufig in eher unregelmäßigen Abständen stattfindenden) „Exzessen" jene eigenen Verletzungen, die die „Täter" im Verlauf ihrer sozialisatorischen Bezüge zu parentalen Figuren erfahren haben. Solche Verletzungen dürften gerade an für die Älteren neuralgischen Punkten des verstärkten realen oder scheinbaren Widerstands der Kinder aufbrechen, Punkten in denen diese, indem sie nicht den Eltern (bzw. sonstigen parentalen Figuren) willfährig erscheinen, gleichsam im Sinne einer Umkehrung selber zu Repräsentanzen der Elternfiguren und damit zu entsprechenden Foci aktivierter aggressiv-sadistischer Strebungen geraten. In solchen Fällen kann gar für die Eltern die Charakterisierung von Sadismus durch Alford (1998, S. 80) zutreffen: „Sadism is the joy of avoiding victimhood, though that puts it too passively. Sadism is the joy of having taken control of the experience of victimhood by inflicting it upon another."

Suchen wir zusammenzufassen: In vielen „einfachen" Agrargesellschaften wird auf Grund der traumatisierenden Aspekte der szenisch-räumlichen Separierung der Geschlechter und der plötzlichen Entwöhnung die schizoid-paranoide Position offenbar in spezieller Weise fixiert. Die von Mansfield herausgestellten traumatisierenden Momente sozialisatorischer Praxis dürften darüber hinaus dazu beitragen, daß die frühen Festschreibungen auf jene schizoid-paranoide Positionierung in späteren Jahren eher zugeschärft, jedenfalls nicht korrigiert werden in dem Sinne, daß der/die Heranwachsende positive Erfahrungen im Rahmen der Kindergruppe oder im Hinblick auf parentale Figuren in dem Sinne macht, daß aufquellende Bedürfnisse nach größerer Eigenständigkeit und Abgrenzung, die mit den Normen und Werten der Gruppe nicht übereinstimmen, mit Toleranz behandelt, statt in verschiedensten Formen sanktioniert werden. Eine gewisse „Korrektur" früher Erfahrungen kann nämlich nur dann erfolgen, wenn die jeweils Anderen der als Angriff empfundenen Äußerung der Eigenständigkeit standhalten, ohne zur Vergeltung oder zum Liebesentzug greifen zu müssen. Gerade jene Äußerungen von Widerstreben und Ei-

---

the group and heavy reliance on ridicule, shame, and rejection as the cost of failure to conform to the group's norms. When children please adults and peers, they are defined as good and rewarded with approval; when they violate social norms, they are ridiculed" (Mansfield 1982, S. 51).

genständigkeit dürften jedoch, wie schon angesprochen, in patriarchal-autoritär strukturierten Gesellschaften an die eigenen Verletzungen rühren, entsprechende Reaktionen evozieren und damit die Disponierung zur schizoid-paranoiden Position durch die „Unterwerfung" des/der Heranwachsenden noch verstärken, wobei die bestehenden Werte und Strukturen die Akteure in ihrem Handeln bestätigen. D.h. es läßt sich davon ausgehen, daß mit den im weiteren Sozialisationsverlauf erfahrenen rigiden Erziehungspraktiken die problematischen, d.h. traumatisierenden Aspekte der frühen Mutter-Kind-Beziehung und der Beziehung zur Kindergruppe aufgegriffen und weiter geführt werden. Hierbei läßt der Vater, soweit er im Verlauf der Sozialisation unmittelbar mit dem heranwachsenden Sohn befaßt ist, angesichts der Nähe des Kindes zur Mutter sicherlich auch Eifersuchtsgefühle sowie sein ambivalentes Verhältnis zu eben dieser in die Beziehung zum Kind einfließen.

Die Sozialisation der Kinder und die ihr immanenten Möglichkeiten zur Kanalisierung „hergestellter" übermäßiger Aggressivität sind offenbar bis hin zur Pubertät meist hinreichend, eine gewisse Ruhigstellung ihrer „vernichtenden" Anteile im Binnenbereich der Gruppenbezüge zu gewährleisten. Die in „einfachen" Agrargesellschaften verbreiteten und auf die Adoleszenz bezogenen initiatorischen Rituale sind jedoch ein Hinweis darauf, daß gegenüber den in dieser Phase aktivierten triebhaften Virulenzen die bisherigen sozialisatorischen „Mechanismen" zur Ruhigstellung und Kanalisierung innerer Virulenzen zu versagen und diese selbst die psychosozialen Bezüge der Gruppe in Mitleidenschaft zu ziehen drohen. Die traumatischen Erfahrungen der Initationsriten schließlich geben den betreffenden Gesellschaften die Möglichkeit, mit den verstärkt hervorquellenden basalen und ödipalen Virulenzen in besonderer Weise umzugehen und ihrem drohenden unmittelbaren Durchbruch entgegenzuwirken: D.h, in der Adoleszenz werden die aus basalen und ödipalen Quellen stammenden „modifizierten" triebhaften Strebungen „kanalisiert" und formiert - und zugleich latent noch gesteigert - durch vor allem traumatisierende und fixierende Initationsriten, so daß sie in gesellschaftlich „produktiver" Weise wirksam zu werden vermögen. Die im Verlauf der primären und sekundären Sozialisation „hergestellte" Aggressivität wird nun endgültig in gesellschaftlich vorgegebene Bahnungen gelenkt, d.h. in ihren „vernichtenden" Anteilen vor allem nach außen gerichtet, wo sie zugleich in gesellschaftsspezifischem Sinne „funktional", häufig genug kriegerisch, eingesetzt werden kann. Zugleich weist die in solchen Gesellschaften durch sozialisatorische Abläufe vorbereitete und durch rigide initiatorische Riten endgültig festgeschriebene Unterwerfung unter die Autorität der Gruppe und parental konnotierte „Älteste" eine besondere Funktionalität im Kontext gesellschaftlicher Produktion und Reproduktion auf - dies insbesondere im Rahmen der spezifischen Territorialität solcher Gesellschaften, wie sie sich aus der Verfügung über größere ökonomische Ressourcen und der Notwendigkeit ihrer Verteidigung ergibt.

Im übrigen sei darauf hingewiesen: Beide Aspekte - die traumatisch fixierende frühe Einpassung in vorhandene Gruppenstrukturen wie auch die das „revolutionäre" Potential der Adoleszenz bändigende Initiation - können als durchaus aufeinander bezogen gesehen werden. Beide Vorgänge bauen vielfach wohl in dem Sinne aufeinander auf, daß im Kontext der regressiven Fokussierung in der Seklusionsphase der Initationsriten traumatische Aspekte frühen Erlebens, so insbesondere der „Entwöhnungs"- und Trennungsphase, erneut reaktiviert und diesmal die basal-mütterliche Übertragung - im Unterschied zu jenen frühen Transfererfahrungen - speziell dem Männerkollektiv angeheftet wird. Es ist dies ein Aspekt, der bisher noch nicht in den Blick der ethnologischen bzw. ethnopsychoanalytischen Forschung geraten zu sein scheint (Jüngst 1997a).[28]

Insgesamt wird beim Vergleich „einfacher" Agrargesellschaften mit den eher „egalitären" Sammler- und Jägergesellschaften deutlich, daß die stärkere Territorialität ersterer mit der gerade auch über traumatisierende Sozialisationspraktiken „hergestellten" Abhängigkeit ihrer Mitglieder von kollektiven Bezü-

---

[28] Die jeweils konkrete Umsetzung initiatorischer Riten sowie ihre psychische An- und Verknüpfung mit traumatischen Aspekten frühen Erlebens dürfte freilich durchaus unterschiedlich sein (s. u.a. Ottenberg 1994). Wenn wir Rosen (1988), Ottenberg (1988 u. 1989) und auch Herdt (1989) folgen wollen, sind sie sie u.a. abhängig von den, wie ihre Beispiele zeigen, jeweils spezifischen Bedingungen der Primärsozialisation, die die „Mechanismen" der „Einfrierung" stützen und vorbereiten und denen zugleich besondere psychische Problematiken inhärent sind, die in den initiatorischen Riten aufgegriffen werden. Zum anderen ist jedenfalls die konkrete Umsetzung initiatorischer Riten auch von den jeweiligen kulturellen Zusammenhängen und den strukturellen Prinzipien abhängig, die eine Gesellschaft und damit die Rollen erwachsener Männer in jeweils besonderer Weise bestimmen. Jene Prinzipien wiederum können nur dadurch überdauern, daß sie - trotz ihrer jeweils kulturspezifischen Ausformung - immer auch darauf ausgerichtet sind, ein längerfristiges Überleben in gegebenen ökologischen und gesellschaftlichen Umwelten zu ermöglichen.

gen, von den „mütterlichen" Qualitäten der Gruppe und den parentalen Funktionen der „Ältesten" korrespondiert. Dabei findet die mit dieser Abhängigkeit einhergehende unterlegte narzißtische bzw. Selbstwert-Problematik - im Verbund mit eben jener „übermäßigen" Aggressivität - u.a. ihren Ausdruck in kriegerischen Werten wie Mut und Tapferkeit sowie auch ihre „Entladung" vor allem in Auseinandersetzungen mit den jeweils Anderen.

Im übrigen eignen den auf die Sicherung des Territoriums ausgerichteten Beziehungssystemen dieser Gesellschaften[29] auf Grund ihrer traumatisierend-sozialisatorischen Voraussetzungen sowie den damit fixierten psychosozialen Asymetrien zwischen jung und alt und den Geschlechtern prononcierte untergründige Virulenzen. Die intra-/interpsychischen Beziehungssysteme werden u.a. stabilisiert und abgesichert durch reale und fiktive Konstruktionsprinzipien von Deszendenzgruppen, deren mythische Überhöhung in der weit verbreiteten Ahnenverehrung ihren Ausdruck findet. Dabei wirkt jene Ahnenverehrung, gleichsam in Ergänzung zu den initiatorischen Riten, wesentlich daran mit, die Deszendenzgruppe im Sinne ihrer Funktion als „mütterlich" konnotiertes „Wir" zusammenzuhalten: sie hilft das „parentale" Autoritätsgefüge innerhalb der Gruppe festigen, stellt einen „Behälter" für intra- und interpsychische Virulenzen bereit und schweißt zugleich die Gruppe bei der Verteidigung des von den Ahnen - als übermächtigen Imagines - übernommenen, ja ihnen gehörenden Bodens zusammen. Zudem sind beide psychokulturelle Phänomene, traumatisierende Inititationsriten und Ahnenverehrung, psychodynamisch meist in enger Weise aufeinander bezogen. Im Zusammenhang gerade auch der fixierenden Initiationsriten werden mythologische Vorstellungen und Wertungen aus dem Bereich der Ahnenverehrung in besonderer Weise internalisiert, so wie auch die Ahnen als präsent oder gar wesentliche Akteure der initiatorischen Riten imaginiert werden. Umgekehrt impliziert die durch die initiatorischen Riten gefestigte Unterwerfung der Jungen unter das Kollektiv und seine Vertreter, die Ältesten, die Fixierung eines Gemischs übergroßer Wünsche (insbesondere nach Versorgung), (delegierter) Allmachtsphantasien sowie übermäßiger Aggressivität (und Schuldgefühle). Im Moment des Todes von wichtigen Bezugspersonen droht jenes Gemisch freilich immer von neuem zu entgleisen und gefährdet damit den Gruppenzusammenhalt, erfährt aber seine Ruhigstellung -

---

[29] Zu dem Begriff „intra-/interpsyisches Beziehungssystem" s. Jüngst 2002.

zusammen mit den angesichts des Todes evozierten übergroßen Ängsten - gerade auch durch Bestattungsrituale und den Ahnenkult (vgl. Jüngst in: Jüngst/Meder 2002, Kap. 4.3.2.1.2).

Schließlich sei noch kurz auf ein besonderes für die psychosoziale Strukturierung jener Gesellschaften konstitutives Paradoxon hingewiesen: der Sippenverband steht trotz, aber auch gerade wegen der in ihm von früh an gegebenen sozialisatorisch-traumatischen Problematik - Implantierung von Verlassenheitsängsten, übergroßer Aggressivität und auch Selbstwertproblematik - um so eher für Geborgenheit, Schutz und Versorgung. Diese Spaltung zwischen sozialisatorisch-traumatischer Problematik und „mütterlicher" Schutzfunktion des Sippenverbandes kann um so leichter aufrecht erhalten werden, insoweit eben dieser Sippenverband dem Individuum in Anknüpfung an zugleich auch äußerst „befriedigende" und „paradiesische" Objektbezüge der frühen Kindheit - neben der „erzwungenen" Einpassung in hierarchische und gruppale Bezüge - zahlreiche Möglichkeiten relativ spannungsfreier Identifikation gestattet, wie sie etwa in den Spiel- und Arbeitssituationen von Kinder- und Jugendgruppen sowie später vielfach in eher horizontalen Gruppenbildungen Erwachsener zum Ausdruck kommen (s. u.a. Parin 1978). D.h. innerhalb der Gruppe existiert offenbar von Kindheit an ein Gegengewicht zu der vertikal-hierarchischen Struktur, ja jene horizontale Gruppenstruktur, die durch das gemeinsame traumatische Erleiden der kollektiven Initiation eine weitere Festigung erfährt, dürfte ihre besondere psychosoziale Funktion gerade auch aus dem Bedürfnis nach Entlastung von dem von der Altershierarchie ausgehenden Druck und den diesem Druck unterlegten traumatischen Erlebensaspekten beziehen.

Soweit es (und dies ist weithin der Fall) in solchen (vor allem patrilinearen) Gesellschaften[30] zur ausgeprägten Minderstellung der Frauen kommt, geht diese insbesondere von der Verfügung der Männer über die Bezüge zum „Draußen" und die damit verbundenenen Wissenspotentiale und von der zugleich vorhandenen „Verkriegerung" aus. Diese ermöglichen den Männern, ihre (im Kontext der Geschlechtertrennung und der mit dieser korrespondierenden „kumulativen Traumata") „hergestellten" übermäßigen Ambivalenzen - in freilich

---

[30] Auf besondere psychosoziale Konstellationen in matrilinearen bzw. matrilokalen Gesellschaften kann hier nur aufmerksam gemacht werden.

variierenden Ausmaßen - gegen die Frauen in den Bereichen der Produktion und Reproduktion dauerhaft zu agieren.

Hier sei nochmals der zwangsläufig nur idealtypische Charakter der gemachten Aussagen zu „einfachen" Agrargesellschaften betont. So sei hier hingewiesen auf „einfache" Agrargesellschaften, in denen die Initationen - zumindest vordergründig - einen „weicheren" Charakter haben, wie etwa bei zahlreichen nordamerikanischen Indianerstämmen, für die eine spezifische Art von Individualinitiation kennzeichnend war (Jüngst 1997a). Zudem gibt es auch Gesellschaften, die offenbar gar keine initiatorischen Riten aufweisen und für die jeweils spezifische Kontexte von Produktion und Reproduktion gelten - so etwa daß der Bodenbau recht extensiv vorgenommen wird und die Jagd noch eine bedeutsame Rolle spielt wie auch die Sozialisationsformen in anderer Weise ausgelegt sind oder sich gar denen der oben angesprochenen „einfachen" Sammler- und Jägergesellschaften annähern. Dort freilich, wo entsprechende Gesellschaften längerfristig unter starkem Druck konkurrierender Gruppen um Ressourcen stehen und diesem Druck auch nicht ausweichen können, scheinen auch extensiv und unter ökologisch prekären Bedingungen wirtschaftende „einfache" Agrargesellschaften eine Tendenz zur Ausprägung rigider/traumatisierender Kollektivinitiationen, wohl auch ihnen vorausgesetzter primärer und sekundärer sozialisatorischer „Mechanismen" und korrespondierender geschlossener kriegerischer Solidargemeinschaften der Männer aufzuweisen. Dies dürfte vor allem dann der Fall sein, wenn in ihrem räumlichen Umfeld mehr oder weniger ähnliche sozialisatorische „Mechanismen" und rituelle Praktiken „erfolgreich" zur Anwendung gelangen.

4. Traumata in staatlich-hierarchisch organisierten Gesellschaften „klassischer" Hochkulturen

Häuptlingstümer und staatlich-hierarchisch organisierte Gesellschaften „klassischer" Hochkulturen, aber auch „entwickeltere" „Big Man"-Systeme (Hayden 1995) zeigen schon Charakteristiken, wie sie nach Erdheim (1984) für „heiße" Gesellschaften charakteristisch sind. In ihnen ist die Auseinandersetzung mit der „äußeren Realität" durch erste Ansätze oder - wie im Falle staatlich-hierarchisch organisierter Gesellschaften „klassischer" Hochkulturen - ausdifferenziertere arbeitsteilige Organisationsformen gekennzeichnet, die mit einer „sozialnarzißtischen" Verselbständigung von Individuen und elitären Gruppen und deren Aneignung von gesellschaftlichem Surplus korrespondieren. Damit sind entsprechenden Gesellschaften ausgeprägte psychosoziale Spannungen unterlegt. Angesichts der ungleichen Möglichkeit von Wunscherfüllungen der Sub-Gruppen dieser Gesellschaften eignet den vorhandenen asymmetrischen psychosozialen Kompromißformen[31] eine prinzipielle Labilität, die unterschiedlicher Formen der Stabilisierung bedarf. In diesem Sinne erfolgt die Ausbildung des „Intra- und Interpsychischen" (Nyssen 2000) in solchen Gesellschaften gruppenspezifisch mehr oder weniger unterschiedlich: Insbesondere Mitglieder der im psychosozialen Kompromiß benachteiligten Gruppen in komplexen Häuptlingstümern und Staatsbildungen „klassischer" Hochkulturen werden in ihren Strebungen nach tendenzieller Veränderung psychosozialer Verhältnisse und Selbstentfaltung durch diverse sozialisatorische Formen und den psychosozialen Kompromissen angepaßte psychosoziale „Mechanismen" und Strategien (so institutionelle Regelungen, Mythologisierungen und die symbolisch-präsentative Generierungsmacht räumlicher Umwelt) mehr oder weniger „eingefroren". Dabei kommt es zugleich zu mehr oder weniger fraglosen Identifikationen mit den „Aggressoren", den als parentale Figuren agierenden Eliten (und den von ihnen vertretenen Werten). Das im Kontext der vorhandenen psychosozialen Asymmetrien „hergestellte", aber auch immer wieder evozierte Übermaß an unterschwelliger Aggressivität, aber auch an prononcierter Selbstwertproblematik wird mittels verschiedener „Mechanismen" der Ex-

---

[31] Zum Begriff der psychosozialen Kompromißform s. Jüngst/Meder 1992, Jüngst 1997b und 2002

ternalisierung kanalisiert, die zugleich in die Aufrechterhaltung der bestehenden psychosozialen Asymmetrien mehr oder weniger unmittelbar eingebunden sein können. Zu solchen Externalisierungen gehört - und dies gilt insbesondere für komplexere Häuptlingstümer und frühe staatliche Gesellschaften - ein meist manifest aggressives, auf territoriale Expansion gerichtetes Agieren nach außen, das an der Aufrechterhaltung bzw. Stabilisierung jeweiliger psychosozialer Kompromisse häufig wesentlich beteiligt ist.

Freilich sind solche psychosozialen Kompromisse schon insofern fragil, als die Mitglieder der benachteiligten Gruppen in komplexeren Häuptlingstümern und erst recht in frühen Staatenbildungen eine eher „orale" Orientierung aufweisen und trotz ihrer ausgeprägten Fixierung auf parental konnotierte Autoritäten zu „oralen" Durchbrüchen neigen, wenn diese nicht ein Mindestmaß an (realer wie imaginärer) Versorgung garantieren (vgl. auch Jüngst/Meder (1992) am Beispiel labiler psychosozialer Kompromißformen der römischen Gesellschaften). Insofern kann es – so unter Anleitung von parental konnotierten Vertretern der Eliten (oder auch von „Zwischen"gruppen) - zur zeitweisen Infragestellung des vorhandenen psychosozialen Kompromisses, freilich kaum zu dessen grundsätzlicher längerfristiger Veränderung kommen (sofern diese nicht durch tiefgreifende und krisenhafte Veränderungen in Produktion und Reproduktion und die häufig damit in Verbindung stehende Veränderung ökologisch-ressourcialer Rahmenbedingungen gestützt wird). Die Angehörigen der Eliten wahren sich einen - im Vergleich mit den benachteiligten Gruppen - unmittelbareren Zugang zu ihren aggressiven und vor allem auch narzißtischen Strebungen, wobei diese mittels besonderer sozialisatorischer Voraussetzungen in spezifischer Weise „legiert" werden.

Die genannten Aspekte, insbesondere im Hinblick auf die vorausgesetzten sozialisatorischen Prozesse für staatlich-hierarchisch organisierte Gesellschaften „klassischer" Hochkulturen expliziere ich im folgenden noch etwas genauer: Kennzeichnend für solche Gesellschaften sind offenbar veränderte Formen der „Herstellung", aber auch Tarierung von „übermäßiger" Aggressivität sowie auch prononcierter Selbstwertproblematik. So können Formen der Sozialisation jedenfalls für die „bäuerlichen" Bevölkerungen angenommen werden, die auf die Internalisierung autoritärer Beziehungsgefüge mit den diesen eignenden häufig „sado-masochistisch" konnotierten aggressiven Anteilen gerichtet sind. Das über die hierarchischen Herrschaftsbezüge vermittelte Aggressionsvolumen fließt auch in die familialen Bezüge ein und prägt das Verhältnis zu Frau und Kindern und beeinflußt auch das Verhältnis der Frauen zu letzteren.[32]

Mit diesen Aussagen lassen sich die Überlegungen in der schon benannten Studie von Mansfield - dort zu den sozialisatorischen Verlaufsformen in den von ihr als „peasant-based societies" bezeichneten Gesellschaften - in Übereinstimmung bringen.[33] Nach Mansfield existieren in diesen Gesellschaften „particular patterns of family organization and socialization of the young", „that function to adapt the young to participate effectively as adults in such a hierarchic society" (Mansfield 1982, S. 79). Wie Mansfield weiter hervorhebt, ist es das besondere Merkmal aller solcher Gesellschaften, daß ihre Familienstruktur ohne Ausnahme patrilinear, patrilokal und patriarchal ist. Das impliziere zugleich: „While there may be minor variations of degree, the outstanding characteristic is that women lose any recognized rights to significant amounts of property or to independent action. They become instead classified as possessions, dependent upon and ideally obedient to either their father or their husband. At the same time, the role of the eldest male within a family is elevated to a position of dominance in which his control of property and his right to give orders to younger men and all women is ideally unchallengeable." Auf diese Weise werde Hierarchie in die Grundeinheit menschlicher Interaktion eingeführt wie auch in die sekundären Strukturen.[34] Während Mansfield das - im

---

[32] Die hier gleichsam idealtypisch für die bäuerlichen Bevölkerungen „klassischer" Hochkulturen angestellten Überlegungen und Thesen lassen sich auch auf bäuerliche Bevölkerungen anderer staatlich-hierarchisch organisierter Gesellschaften, ja selbst auf abhängige bäuerliche Bevölkerungen des europäischen Absolutismus beziehen. Die hier vorgenommene Beschränkung auf solche der „klassischen" Hochkulturen resultiert u.a. aus dem Bemühen, diese mit sozialisatorischen Formen „einfacher" Agrargesellschaften zu kontrastieren.

[33] Der Begriff „peasant based society", so wie in Mansfield benutzt, schließt die „frühen Hochkulturen" mit ein, beschränkt sich aber keineswegs auf diese, sondern läßt sich beispielsweise auch auf das vormoderne China beziehen.

[34] Entsprechende sozialisatorische Vorgänge verdeutlicht Mansfield (1982, S. 82) weiter wie folgt: „Typically and by intent in a patriarchal household, children are expected to obey the commands of a parent immediately and regardless of their own inclinations. Since obedience to authority is one of the main lessons to be taught, allowing children to assimilate lessons at their own pace would be inappropriate. The arbitrariness of

Vergleich zu Sammler- und Jägergesellschaften - insgesamt frühere Abstillen sowie die Anforderungen an das Kind, sich früh an geregelter Arbeit zu beteiligen, bei „peasant-based societies" noch als ähnlich zu „horticultural societies" einschätzt, hebt sie als Besonderheit der „peasant-based societies" hervor, daß Kontrolle und Deprivation nach dem Alter von 5 oder 6 Jahren intensiviert werden. Körperliche Bestrafung insbesondere durch den Vater für unzureichende Arbeit, Ungehorsam oder einfach Unbequemlichkeiten verursachendes Verhalten bestimme den Alltag, während zugleich der Vater keine engen affektiv körperlichen Bezüge zu seinen Kindern unterhalte. Im Hinblick auf die Vaterfigur verweist Mansfield (1982, S. 79) im übrigen auf besondere identifikatorische Aspekte, wenn sie ausführt: „since the ideal image of adulthood presented is one of a father who works hard and is relatively formal, restrained, and distant in his affectional relations, the child will also have developed the image of a mature male adult as one who does not want or need constant affectionate interchange." Unter diesen Bedingungen „Indeed, he is likely to block consciousness of his own desires for physical affection (as well as of his desire to be lazy, independent, and generally self-motivated)." Mansfield (1982, S. 79) kommt schließlich zu dem Schluß: „Thus during their prepubescent and adolescent years, the major impact of civilization on children of both sexes is an increase in physical coercion"[35] und sie ergänzt hierzu, daß bis zur Volljährigkeit Männer und Frauen darauf programmiert sind, von sich selber Gehorsam gegenüber Autoritäten als eines der wichtigen Merkmale eines guten menschlichen Charakters zu fordern (Mansfield 1982, S. 80).

Speziell die Beziehung zur Mutter charakterisiert Mansfield folgendermaßen: „Any close affectionate physical contact will be predominantly with the mother. While girls will be given more physical fondling than boys in the early years, most civilizations will reverse this situation at about the time the child is five to seven years old. From then on the mother will tend to bestow more affection upon male children, while generally adopting an attitude of punitive

---

commands is accentuated, moreover, by a conscious system of discrimination that gives males priority over females and the elder over the younger."

[35] Man mag diesen Vorgang als partielles - und im Hinblick auf die „Einfrierung" ödipaler Potentiale wethin wohl auch effektiveres - Äquivalent zur Kollektiv-Initiation in „einfachen" Agrargesellschaften betrachten, wobei zugleich freilich das jener anhaftende Moment tendenzieller Gleichheit der Iniziierten entfällt.

detachment toward females.[36] But the mother, herself subservient to the elders of the extended family and to her husband, will also be an enforcer of the general norms of society and of her own personal demands upon children of both sexes. Her bestowal of love will be contingent upon obedience and will always be merged with punitive action, usually of a physical as well as psychic nature" (Mansfield 1982, S. 79). Im übrigen implizieren die Aussagen Mansfields eine besondere Problematik gerade auch der frühen Mutter-Kind-Beziehung. So hebt sie (Mansfield 1982, S. 79) das geringere Ausmaß an „physical fondling" in „peasant-based societies" hervor. Gerade auch auf die frühe Mutter-Kind-Beziehung dürfte sich im übrigen ihre Ausssage beziehen, daß die Mutter „typically engages in (for the child) unpredictable changes between indulgence and rejection" (Mansfield 1982, S. 82).

Die Aussagen von Mansfield lassen sich gut mit den oben benannten Annahmen von einer Sozialisation betont autoritären Charakters in staatlich-hierarchisch organisierten Gesellschaften „klassischer" Hochkulturen in Übereinstimmung bringen. So wie Mansfield die sozialisatorischen Verhältnisse bäuerlicher Familien in „peasant-based societies" skizziert, ist in ihnen von einer ausgeprägten Autorität des Vaters gegenüber Frau und Kindern bzw. im Falle der „erweiterten" Familie des Familienoberhaupts auszugehen. Daß dessen Autorität und der von dieser ausgehende sozialisatorische Druck freilich in beträchtlichem Maße aus den staatlich-hierarchischen Verhältnissen in den entsprechenden Gesellschaften herrühren dürften - im Sinne u.a. der Weitergabe eines über die hierarchischen Bezüge nach unten vermittelten Aggressionsvolumens - gerät ihr nicht in den Blick. In ihren Aussagen wird einerseits gleichsam „apriori" von einer Identität der absoluten Autorität des Familienoberhauptes mit einem hierarchischen Gesellschaftsgefüge ausgegangen (s. oben). Andererseits formuliert sie in ihren Ausführungen eine unmittelbare Ableitung der von ihr für die familiären Verhältnisse herausgestellten Unterwerfungshaltungen aus dem erhöhten Arbeitsumfang und den verregelten Pro-

---

[36] Hier sei auch noch auf folgende Aussage von Mansfield hinsichtlich der Mutterfigur verwiesen: „In conformity with societal norms she at first overly indulges and later rejects all females; with males she is likely to be secretly indulgent, protective, and an encourager of rebellion against the father, while publicly a defender of the father's rights and an angry enforcer of her own demands for affection and obedience" (Mansfield 1982, S. 82).

duktionsverhältnissen selbst - obwohl sich ja gerade deren Umfang auch aus den besonderen Forderungen ergibt, die von den sich ausbildenden Hierarchien an die Bauernschaft gestellt und damit, auch wenn über diverse identifikationsheischende Legitimationsstrategien vermittelt, zumindest vorbewußt bis unbewußt als aggressiv getönte Fremdbestimmung erlebt worden sein dürften. Gerade von hier aus resultieren Anforderungen, die eine Identifikation mit den zweifellos erhöhten Arbeitsanforderungen der bäuerlichen Produktionsweisen weniger aus emotional und kognitiv erwachsener Einsicht, als auf Grund gerade der von außen an den Produktionsprozeß und seine psychosoziale Konstellierung herangetragenen Zwänge implizieren. In dem, wie die Ausführungen verdeutlicht haben sollten, traumatisierenden Vermittlungsprozeß dieser Zwänge dürfte dem Familienoberhaupt die Schlüsselrolle zugekommen sein, waren doch unmittelbar an ihn die Tribut- bzw. Leistungsanforderungen gerichtet. Die mit jenen Anforderungen verbundene Kränkung konnte er in der „Identifikation mit dem Aggressor" und damit als Exekutor eben jener Forderungen innerhalb des familialen Kontextes zu kompensieren suchen, wobei ihm seine psychosoziale Positionierung als Familienoberhaupt zugleich die Möglichkeit verschaffte, Kränkung und Erleiden nach unten, in den familialen Kontext, weiter zu geben.

Insbesondere dieser Aspekt sollte im Auge behalten werden, wenn im folgenden - in Ergänzung zu Mansfield - im Hinblick auf die intrafamiliale Dynamik und den aus ihr gespeisten sozialisatorischen Prozessen noch einige weitere Aspekte kommentiert werden:[37] Mit der Autorität des bäuerlichen Familienoberhauptes korrespondiert ein diesem gegenüber ausgeübtes unmittelbares Gewaltverhältnis. Soweit dieses in Formen der Unterdrückung und des aggres-

---

[37] Die folgenden Bemerkungen lehnen sich teilweise an Ausführungen von Jüngst/Meder (1992) zur bäuerlichen Sozialisation in der römischen Republik, vor allem aber dem römischen Kaiserreich an. Sie versuchen sie im Hinblick auf die hier diskutierten staatlich-hierarchisch organisierten Gesellschaften „klassischer" Hochkulturen zu generalisieren, denen in diesem Fall - jedenfalls im Hinblick auf die Lebenssituation und sozialisatorische Aspekte seiner abhängigen bäuerlichen Bevölkerungen - auch das römische Kaiserreich subsumiert wird.

siv gefärbten Umgangs gegen die eigene Ehefrau weiter gegeben wird,[38] dürfte es jedenfalls schon deren empathische Fähigkeiten gegenüber dem Kleinkind eingeschränkt und sicherlich auch eine nochmalige partielle Weitergabe des unmittelbar erlittenen psychischen Drucks gleichsam in der Form fortwährender kumulativer Traumata während dessen Heranwachsens beinhaltet haben. Dabei mochte der Umgang mit dem Kind zugleich auch der Entlastung der Ehefrau dienen.[39]

Das heranwachsende Kind dürfte freilich - so im Vergleich mit den Verhältnissen in vielen „einfachen" Agrargesellschaften - angesichts der durchgehenderen Präsenz des Vaters und wohl auch einer gewissen Bedeutungsminderung des homosoexuell getönten Bündnisses der Männer zumindest in einem Teil der „peasant societies"[40] - der mütterlich-weiblichen Welt weniger ausschließlich ausgesetzt gewesen sein. Damit konnten einerseits „inzestuöse" Aspekte der Sozialisation eine Minderung erfahren, wie auch andererseits der Vater unmittelbarer erlebt wurde. Soweit der Junge in seiner ödipalen und vor allem auch weiteren Entwicklung einen rigiden, prügelnden Vater erfuhr, blieb ihm, wollte er psychisch überleben, nur die Identifikation mit jener als übermächtig erfahrenen Figur, wobei der Haß auf den Aggressor verdrängt werden mußte. D.h. die Gegenwart des Vaters war gleichsam nur zu ertragen über die Identifikation mit diesem in allen seinen subjektiven, sozialen und gesellschaftlichen Implikationen. Diese Implikationen stellten sich zunächst auf der Ebene des Drei-Generationen-Vertrags: Gerade angesichts des teilweisen Zurücktretens

---

[38] Soweit Formen einer „erweiterten" Familie - möglicherweise einschließlich Dienstpersonal - existierten, konnten entsprechende aggressive Strebungen freilich auch noch anderweitig agiert werden.

[39] Hierzu u.a Sagan (1991, S. 247) „the oppression of women must inevitably have a debilitating effect on child rearing. The child is taught that women (that is, mothers) are a second-rate species. The mothers revenge themselves on men by denigrating children (they play Medea is a deliberately exaggerated version of this syndrome). The denigration of women-mothers cannot advance the psychic health of children."

[40] Von einer im Vergleich zu vielen „einfachen" Agrargesellschaften höheren Präsenz des Vaters ist angesichts der geringeren Bedeutung kriegerischer Aktivitäten für die Bauern solcher Gesellschaften, des mehr oder weniger ausgeprägten Wegfalls der Jagd und insgesamt geringerer Ausprägung der kollektiven Bindungen und Aktivitäten der Männer untereinander jedenfalls in den Regenfeldbaugebieten und in Abhängigkeit freilich von den Jahreszeiten auch in den Bewässerungsgebieten auszugehen.

der Verwandtschaftsgruppe in staatlich-hierarchischen Gesellschaften und der von der Verwandschaftsgruppe ausgeübten Autorität sowie der verstärkten Bedeutung des unmittelbar der Familie zugeordneten Ackerlandes war es im Sinne des Dreigenerationenvertrages notwendig, den zukünftigen Erben derart zu sozialisieren, daß seine dienende Haltung bis zum Tod des Familienoberhauptes möglichst gewahrt blieb. Dabei mag die Erziehung der Erben teilweise ein Vabanque-Spiel zwischen Anpassung und Zuwendung dargestellt haben, denn die Versprechensdimension, einmal erben zu dürfen, mußte gewahrt bleiben, da sonst - soweit sich Alternativen ergaben - das elterliche Anwesen evtl. verlassen worden wäre. Die Versprechensdimension wurde insbesondere wohl aufrecht erhalten durch die lebenslange „oral"-regressive Zuwendung seitens der Mutter, wobei die verbliebene inzestuöse Thematik als Versprechen auf den Grund und Boden abgelenkt wurde, der schließlich später einmal „besessen" werden sollte.

Allerdings konnte die Beziehung zwischen Mutter und Sohn auf der präödipalen Ebene durch die Gegenwart der Vaterfigur eine gewisse Entlastung erfahren, zumal die Mutter mit der kontinuierlicheren Präsenz der Vaterfigur nicht mehr auf den Sohn in dem Maße wie in vielen der oben angesprochenen „einfachen" Agrargesellschaften als Beziehungsersatz angewiesen war. Gleichwohl war die latente Aggressivität zwischen Vaterfigur und Sohn aus den genannten Gründen vermutlich erheblich. Sie dürfte jedoch über die Identifikation mit dem Aggressor im unmittelbaren Beziehungsverhältnis weitgehend gebunden gewesen sein. Die Ausweich- und Fluchtmöglichkeiten für bäuerliche Erben waren in den staatlich-hierarchischen Gesellschaften der „klassischen" Hochkulturen trotz einer sicherlich vorhandenen gewissen Dynamik während des Zeitraums ihrer eigentlichen Entstehung gering. Die angesprochenen sozialisatorischen Vorgänge bewirkten wahrscheinlich bei den Heranwachsenden eine verstärkte Identifikation mit dem Aggressor, den Elternfiguren, unbewußt zunächst mit der übermächtigen Mutterfigur[41], dann mit dem diese wie überhaupt die nahe soziale Welt dominierenden Vater bzw. Familienoberhaupt. Als Abwehr eigener Gefühle von Haß und Minderwertigkeit beinhalteten sie jedenfalls eine Idealisierung „durch die Umkehrung des Erlebten" (Gruen 1997, S. 69; s.

---

[41] Zu entsprechenden „präödipalen" Prozessen früher „Identifikation mit dem Aggressor" s. grundsätzlich u.a. Gruen 1997.

auch S. 85-103)[42] und damit zugleich eine Internalisierung von Übertragungsbereitschaften, die die fraglose Akzeptanz übermächtiger Figuren im engeren und weiteren psychosozialen Umfeld, d.h. über das Familienoberhaupt hinaus bedeuteten.

Unter den einmal etablierten Verhältnissen tendierte die Sozialisation zur Wiederholung. Auch hier scheint zuzutreffen, was Gruen unter einer „narzißtischen" Perspektive als grundsätzliches Theorem sozialisatorischer Prozesse formuliert: „Eltern geben weiter, was ihnen selbst angetan wurde: Sie bestrafen ihre Kinder für das, was sie lernten, in sich selbst abzulehnen und zu hassen, nämlich Verletzlichkeit und Hilflosigkeit. Beides sind leidvolle Erfahrungen, die zu äußern jedoch ... einer Herabsetzung" des „Selbstwertes gleichkommt" (Gruen 1997, S. 18). Unter solchen Bedingungen wird „Zum Ziel des Lebens ... die Eroberung dessen, was außerhalb der Grenzen des eigenen Selbst liegt, das In-Besitz-Nehmen von Lebewesen oder Dingen. Diese nach außen gerichtete Handlung fungiert als „Fluchthelfer" vor der Konfrontation mit dem eigenen verletzten Selbst. Statt sich selbst ganz zu besitzen, werden äußere Dinge oder andere Personen in besitz genommen - wobei das Besitzen-Wollen eine Eigendynamik entwickelt, da es Erleichterung verschafft" (Gruen 1997, S. 32/33). Gerade im Falle der eigenen Kinder erlaubt deren Anhängigkeit, deren „Besitz", sie „zur Steigerung des eigenen Selbstwerts zu mißbrauchen" (Gruen 1997, S. 97). Hinzu kommt, daß indem die Eltern sie „für ihre Lebendigkeit, für das unmittelbare Zeigen ihrer Bedürfnisse" bestrafen, sie zugleich sich selbst bestrafen. „Denn das Kind erlebt das Bestraft-Werden immer als Folge eines eigenen schuldhaften Verhaltens." „Erwachsene und selbst Eltern bestrafen ... dann zum einen das Kind" in ihnen selbst und zum anderen die eigenen Kinder, „die durch ihre Lebendigkeit die alte Schuld wiedererwecken." Die Eltern geben weiter, was ihnen „selbst angetan wurde," ohne sich „jedoch dessen bewußt zu sein" (Gruen 1997, S. 36; s. auch S. 158).

Als Resultat solcher gerade für staatlich-hierarchische Gesellschaften „klassischer" Hochkulturen kennzeichnenden Sozialisation können im übrigen nicht nur ausgeprägte Tendenzen zur Regression auf paranoid-schizoide Befindlich-

---

[42] D.h. „Die Idealisierung des Aggressors und die Identifikation mit ihm ist eine Strategie, der Hilflosigkeit, Hoffnungslosigkeit und dem Terror des Nicht-Anerkannt-Werdens zu entfliehen" (Gruen 1997, S.100).

keiten gefördert worden sein, sondern auch in verstärktem Maße zumindest latente (und zugleich äußerst ambivalent konnotierte) Wünsche nach Zuständen betonter Außenleitung und damit innere Konstellationen, für deren Sicherstellung im Übertragungsgeschehen als frühe Elternfiguren fungierende Führungspersonen eine besondere Funktion übernahmen. Dies waren vermutlich gerade auch Personen, zu denen ein unmittelbares Subordinations- oder gar „Ausbeutungs"verhältnis bestand. Denn soweit entsprechende Übertragungen auf präödipale und ödipale Identifikationen mit gewalttätig-sadistischen Aggressoren, den elterlichen Bezugspersonen, zurückgehen, bedeutet dies, daß auch zukünftig „das Opfer sich mit dem Täter verbündet. Der Täter strahlt in den Augen des Opfers Geborgenheit aus. Seine Gefühle von Schmerz empfindet das Opfer dann als Schwäche und lehnt sie ab, erkennt sie jedoch in anderen Opfern wieder, die allerdings als Feinde wahrgenommen werden" (Gruen 1997, S. 97f).

Insgesamt sollten diese Ausführungen verdeutlichen, daß die Bereitschaft, sich hierarchisch-herrschaftlichen Strukturen unterzuordnen, sich nicht nur, wie es Mansfield herausstellt, veränderten Arbeitsbedingungen und der intergenerativen Fortschreibung sich aus jenen ableitenden sozialisatorischen „Mechanismen" verdankte, sondern in die familialen Bezüge und die in diese eingelagerten sozialisatorischen Prozesse wirkten gerade auch die im Rahmen herrschaftlicher Hierarchien erlittenen Zwänge und Verletzungen ein. Mit ihnen erfuhr offenbar das vorhandene und nach unten weiter gegebene Aggressivitätsvolumen der Eltern, zunächst insbesondere der Vaterfigur, eine immer neue Dynamisierung und vermochte wohl kaum - etwa im Sinne seiner zeitweisen Erschöpfung - zur Ruhe zu kommen.[43]

Die auch deshalb immer von neuem gebrochene Erbengeneration - hier tendenziell in einen sadomasochistischen Mechanismus und eine prononcierte Selbstwertproblematik hinein gezwängt - garantierte die Fortschreibung dieser Erziehungstradition im Sinne des hierarchisch-herrschaftlichen Zugriffs auf die ländliche Bevölkerung. Indem die alte Generation ein unbewußtes Bündnis einging (im Sinne der Weitergabe des Drucks von oben nach unten in die nachkommende Generation), konnte sie ihre Ohnmacht gegenüber der vorhandenen

---

[43] Damit dürften auch etwaige anläßlich der „zweiten Angstbearbeitung" im Subjekt (Nyssen 1991) emergierende Wünsche und Phantasien, daß die Kinder es einmal besser haben sollten, immer wieder zurückgedrängt worden sein.

Herrschaft leichter verwinden, vor allem soweit die Alterssicherung garantiert blieb. Die mit dem hierarchisch-herrschaftlichen Druck erzwungene Anpassung und Identifikation mit den Herrschaftsfiguren und den sie legitimierenden religiösen und mythischen Vorstellungen war für jene funktional in dem Sinne, als mit der Repression in der Familie die Söhne als spätere willfährige ländliche Bauern disponiert worden sind, um selber wieder jene Dispositionen an ihren Kindern vornehmen zu können. Umgekehrt vermochte die mit diesem Prozeß traumatischer Repression in die Subjekte implantierte Selbstwertproblematik in der Identifikation mit den Herrschaftsfiguren bzw. deren Stellvertretern trotz der mit solchen Bezügen verbundenen latenten bis manifesten Virulenzen eine Stützung zu erfahren, die zugleich freilich die eigene Ohnmacht gegenüber der Herrschaft um so mehr abstützte.

Die sozialisatorischen Dispositionsmechanismen des auf familialer Basis organisierten Dreigenerationenvertrags bildeten somit günstige Voraussetzungen für die Stabilisierung eines staatlich-hierarchisch organisierten Herrschaftssystems. Nur mittels der Selbstregulation der Repression durch die Unterdrückten konnten dauerhaft ausbeutbare Subjekte „hergestellt" werden, die bereit waren, mit relativer Passivität eine „ausbeuterische" Kontrolle samt eines verstärkten Arbeitszwangs zu akzeptieren, zumal sie ja zumindest latente Wünsche nach betonter Außenleitung internalisiert hatten. Festgehalten werden kann zudem weiterhin, daß das in die familialen Bezüge gerade auch von „oben" eingeflossene Aggressionsvolumen ein - im Vergleich zu „einfachen" Agrargesellschaften - erhöhtes Ausmaß an virulenter Aggressivität und prononcierter Selbstwertproblematik in die Subjekte implantiert hatte. Dabei standen weit weniger als in „einfachen" Agrargesellschaften spannungsfreie horizontale Gruppenbezüge als Entlastung gegenüber dem „von oben" ausgehenden, nun mehr oder weniger „despotisch" gewordenen Druck zur Verfügung.

Im übrigen dürfte die konkrete Ausprägung der hier in idealtypischer Weise angestellten Überlegungen durchaus zwischen und auch innerhalb staatlich-hierarchischer Gesellschaften „klassischer" Hochkulturen beträchtlich variiert haben - so etwa in Abhängigkeit von dem Ausmaß einer vorhandenen „Feudalisierung", von differierenden Formen ländlichen Großgrundbesitzes und der Existenz eines halb- oder unfreien Bauerntums oder einer eher „beamtenmäßigen" Organisation (mit einem möglicherweise nicht so starken Interesse an der „Ausbeutung" der Bauern). Auch die „Verkriegerung" betreffender Gesellschaften und deren Auswirkung auf das unmittelbare Gewaltverhältnis zwischen den Geschlechtern und nicht zuletzt das Ausmaß und die Art und Weise kollektiv organisierter Arbeiten bei dem Umgang mit den jeweiligen Ressourcen hatten vermutlich einen Einfluß auf entsprechende sozialisatorische Prozesse.

5. Abschließende Bemerkungen

Zusammenfassend wird hier folgende Auffassung vertreten: In allen drei hier idealtypisch thematisierten gesellschaftlichen Formationen besitzen bestimmte traumatische Prägungen sozialisatorischer Vorgänge einen ganz spezifischen Stellenwert, ohne den das gesellschaftliche „Funktionieren" dieser Gesellschaften - im Sinne der Fortschreibung ihrer Existenz - kaum möglich (gewesen) wäre. Zugleich könnte man im Sinne der von Deveraux eingeführten ethnopsychoanalytischen Begrifflichkeit von „normal und anormal" die hier angesprochenen Traumatisierungen als jeweils im Kontext der gesellschaftlichen Bezüge als „normal" kennzeichnen. Daneben gibt es sicherlich Traumatisierungen, die über das für das „gesellschaftliche Funktionieren" gleichsam notwendige Ausmaß hinausreichen bzw. von der „normalen" und damit zugleich „modalen" Traumatisierung abweichen, insofern sie sich als mehr oder weniger „disfunktional" im Sinne gesellschaftlichen „Funktionierens" erweisen. Diese mögen mit „therapeutischen" oder sonstigen Methoden ruhig gestellt werden – zu denken wäre hier etwa an die Trancetänze der San oder auch an diverse Mechanismen der Ausgrenzung, wie sie etwa in „einfachen" Agrargesellschaften gegenüber „Hexen" oder sonstigen sozialen Abweichlern praktiziert werden, zugleich aber durchaus auch für entsprechende Gesellschaften insofern eine besondere Funktionalität besitzen mögen, indem sie u.a. als „targets" für virulente Aggressionen innerhalb der Gruppe dienen. In den arbeitsteilig differenzierteren Gesellschaften der „klassischen" Hochkulturen mögen zudem eher psychosoziale „Nischen" vorhanden sein, in denen Subjekte einen Ort finden können, die „übermäßig" traumatisiert sind oder von der „normalen" Traumatisierung mehr oder weniger abweichen.

Man könnte in diesem Kontext auch die hypothetische Frage stellen: was würde mit Subjekten in Gesellschaften des skizzierten Typs passieren, die in unserem Verständnis weniger oder nicht „traumatisiert" sind? Sie wären in diesen Gesellschaften vermutlich „anormal", müßten gegebenenfalls, möglicherweise über entsprechende emisch-"therapeutische" Verfahren, nachsozialisiert und -"traumatisiert" werden. Zudem würde sich auch hinsichtlich solcher Subjekte die Frage nach entsprechenden Ausgrenzungsmechanismen stellen.

Schließlich sei noch die Frage aufgeworfen, was mit vorhandenen, in gegebenen gesellschaftlichen Kontexten „normalen" traumatischen Sozialisationspraktiken passiert, wenn es zu gesellschaftlichen Veränderungen kommt, in denen diese Sozialisationspraktiken in ihrer bisherigen Form nicht mehr in dem oben diskutierten Sinne „funktional" sind. Hier wäre zum einen sicherlich zu prüfen, ob sich entsprechend etwa den neuen gesellschaftlich-ökonomischen Bezügen die sozialisatorischen Praktiken ändern, zum anderen aber auch dem Aspekt nachzugehen, ob nicht die vorhandenen sozialisatorischen Praktiken dazu tendieren, sich in die neuen gesellschaftlich-ökonomischen Bezüge – möglicherweise in mehr oder weniger modifizierter Form – einzupassen, sie damit mitbeeinflussen, und zugleich innerhalb dieser - gleichsam in einer neuen Form von „Homeostase" - auch eine spezifische „Funktionalität" entfalten. So glauben etwa Jüngst/Meder (1990 und 1992) in ihrer Studie zur „Territorialität und präsentative Symbolik römischer Welten und die psychosoziale Kompromißfähigkeit ihrer Eliten" feststellen zu können, daß der römischen Expansion bis ins Prinzipat hinein als ein wesentliches psychodynamisches Element prononcierte Aggressionspotentiale zugrundelagen, die im Kontext äußerst autoritärer Erziehungsmechanismen sowie (zunächst jedenfalls) prononcierter Geschlechterseparierungen und darauf aufbauender sekundärer Sozialisationsinstanzen „hergestellt" und „formiert" worden waren. Indem sie nach außen gelenkt wurden, konnten sie im Inneren teilweise ruhig gestellt und tariert werden. Die endliche Schließung der Reichsgrenzen bedeutete hingegen das prinzipielle Ende entsprechender Verlagerungs- und Entlastungsmöglichkeiten. Stattdessen kam es zu einer verstärkten Rückwendung aggressiver Potentiale in Gestalt verstärkter Hierarchisierungen (die immer ja auch zur Abfuhr und Bindung von Aggressivität dienen) und autoaggressiver Wendungen der Subjekte selber. Kriegerische, unmittelbar auf Auseinandersetzung mit Anderen, d. h. im expansiven Drang nach außen gerichtete Kulte (Mars und Jupiter) wurden letztlich abgelöst durch Mythologeme, die „masochistische"

Momente in und von Subjekten fixieren halfen, deren aktive Handlungsmöglichkeiten in der „äußeren Realität" angesichts sich zuschärfender gesellschaftlicher Krisen gänzlich verloren zu gehen drohten.

Schließlich könnte man gar die Frage stellen, ob die von deMause im Hinblick auf seine „psychogenetische Theorie der Geschichte" vor allem in den Vordergrund gestellte historische Periode seit dem Altertum im Vergleich zu den oben behandelten Gesellschaften nicht in dem Sinne untypisch ist, als sie durchweg im Sinne von Levi-Strauss (1975) und Erdheim (1984) ausgesprochen „heiß" werdende, sich im dauernden Wandel befindliche Gesellschaften thematisiert. Ihnen eignete jedenfalls ein Prozeßgeschehen, dessen fortwährender mehr oder weniger krisenhafter Charakter es kaum zu den oben angesprochenen (mehr oder weniger ausgeprägten) „Homeostasen" sozialisatorischer und gesellschaftlicher Bezüge und der in diese eingebetteten Traumatisierungen kommen ließ. Vielleicht mögen insofern das Typische der von deMause behandelten Periode - gerade angesichts der fortwährenden gesellschaftlichen und damit immer auch psychosozialen Krisen - die verstärkt freigesetzten und zugleich gesteigerten Ängste und Aggressionen sein. Diese sind ja jeder psychosozialen Krise (vgl. Jüngst 2002) immanent, ja ihr wesentlicher Bestandteil. Gerade diese gesteigerten Ängste und Aggressionen - gepaart mit „entsublimierter" Libido - dürften aber, so könnte hierzu eine weitere These formuliert werden, als gleichsam überschüssiges Potential in die jeweils vorhandenen sozialisatorischen Praktiken eingeflossen sein, so daß es verstärkt zu gleichsam neuartigen oder zusätzlichen Traumatisierungen kam, die sich nicht mehr so ohne weiteres in die bestehenden psychosozialen „Homeostasen" vorhandener gesellschaftlicher Bezüge einfügten und gerade damit möglicherweise auch den extrem krisenhaften „Fortschritt" historisch-gesellschaftlichen Geschehens mitbestimmten und dynamisierten.

Zitierte Literatur:

Alford, C.: Freud and Violence. In: Elliott, A. (Hg.): Freud 2000. Oxford 1998, S. 61-87
Barry, H. u.a.: Relation of Child Training to Subsistence Economy. In: American Anthropologist 1959, S. 51-63
Blanck, R. und G.: Jenseits der Ich-Psychologie. Stuttgart 1989
Bosse, H.: Der fremde Mann. Jugend, Männlichkeit, Macht. Eine Ethnoanalyse. Frankfurt 1994
Brain, J.: Sex, Incest, and Death: Initiation Rites Reconsidered. In: Current Anthropology 1977, S. 191-208
Breuer, S.: Der archaische Staat. Zur Soziologie charismatischer Herrschaft. Berlin 1990
Briggs, J.: Eskimo Women: Makers of Men. In: Matthiason, C. (Hg.): Many Sisters: Women in Cross-Cultural Perspective. New York 1974, S. 261-304
Burch, E./Ellanna, L. (Hg.): Key Issues in Hunter-Gatherer Research. Oxford 1996
Chodorow, N.: Being and Doing: A Cross-Cultural Examination of the Socialisation of Males and Females. In. Gornick, V./Moran, B. (Hg.): Woman in Sexist Society. London 1971, S. 173-197
Chodorow, N.: Das Erbe der Mütter. Psychoanalyse und Soziologie der Geschlechter. München 1985
Clastres, P.: Staatsfeinde - Studien zur politischen Anthropologie. Frankfurt 1976
deMause, L.: Evolution der Kindheit. In: Ders.: Hört ihr die Kinder weinen? Eine psychogenetische Geschichte der Kindheit. Frankfurt 1977, S. 1-111
deMause, L.: On Writing Childhood History. In: The Journal of Psychohistory 1988, S. 135-171
Devereux, G.: Realität und Traum. Psychotherapie eines Prärieindianers. Frankfurt 1985
Draper, P./Harpending, H.: Parent Investment and the Child's Environment. In: Lancaster, J. u.a. (Hg.): Parenting across the Life Span. New York 1987, S. 207-235
Dux, G.: Die Spur der Macht im Verhältnis der Geschlechter. Frankfurt 1992
Eibl-Eibesfeldt, I.: Die!Ko-Buschmann-Gesellschaft. Gruppenbindung und Aggressionskontrolle bei einem Jäger- und Sammlervolk. München 1972
Erdheim, M.: Die gesellschaftliche Produktion von Unbewußtheit. Eine Einführung in den ethnopsychoanalytischen Prozeß. Frankfurt 1984
Erny, P.: The Child and his Environment in Black Africa. Nairobi 1981
Fortes, M.: Pietas bei der Verehrung der Ahnen. In: Kramer, F./Sigrist, C. (Hg.): Gesellschaften ohne Staat. Frankfurt 1978, Bd. 2, S. 197-232
Gat, A.: The Human Motivational Complex: Evolutionary Theory and the Causes of Hunter-Gatherer Fighting. Part I. In: Anthropological Quarterly 2000, Bd. 73, S. 20-33
Grohs, E.: Frühkindliche Sozialisation. In: Müller E./Treml, A. (Hg.): Ethno-Pädagogik Berlin 1996, S. 35-68

Gruen, A.: Der Verlust des Mitgefühls. Über die Politik der Gleichgültigkeit. München 1997

Hayden, B.: Pathways to Power: Principles for Creating Socioeconomic Inequalities. In: Price, T./Feinman, G. (Hg.): Foundations of Social Inequality. New York 1995, S. 15-86

Herdt, G.: Father Presence and Ritual Homosexuality: Paternal Deprivation and Masculine Development in Melanesia Reconsidered. In: Ethos 1989, S. 326-370

Herskovits, M./Herskovits, F.: Sibling Rivalry, the Oedipus Complex, and Myth. In: Journal of American Folklore 1958, S. 1-15

Hewlett, B: Intimate Fathers. University of Michigan Press 1991

Hewlett, B: Father-child-Relations. Cultural and Biosocial Contexts. New York 1992

Hewlett, B.: Cultural Diversity among African Pygmies. In: Kent, S. (Hg.): Cultural Diversity among Twentieth-century Foragers. Cambridge 1996, S. 215-244

Hiatt, L.: Indulgent Fathers and Collective Male Violence. In: Heald, S./Deluz, A. (Hg.): Anthropology and Psychoanalysis. An Encounter through Culture. London 1994, S. 171-207

Hook, R.: Psychoanalysis as Content. In: Heald, S./Deluz, A. (Hg.): Anthropology and Psychoanalysis. New York 1994, S. 225-238

Johnson, A.: Horticulturalists: Economic Behavior in Tribes. In: Plattner, S. (Hg): Economic Anthropology. Stanford 1989, S. 49-77

Johnson, A./Earle, T.: The Evolution of Human Societies. From Foraging Group to Agrarian State. Stanford 1987

Johnson, A./Price-Williams, D. (Hg.): Oedipus Ubiquitous. The Family Complex in World Folk Literature. Stanford 1996

Jones, N. u.a.: Differences between Hadza and!Kung Children's Work: Original Affluence or Practical Reason? In: Burch, E./Ellanna, L. (Hg.): Key Issues in Hunter-Gatherer Research. Oxford 1996, S. 189-216

Jüngst, P.: Initiationsriten, Aggressivität und Territorialität in unterschiedlichen Gesellschaften und raumzeitlichen Kontexten. In: Nyssen, F./ Janus, L. (Hg.): Psychogenetische Geschichte der Kindheit. Gießen 1997a, S. 41-87

Jüngst, P.: Psicodinamica y formas de compromiso psicosocial en la revolucion agraria portuguesa. In: Psicologia Politica 1997b, S. 41-59

Jüngst, P.: „Raubtierkapitalismus" der Globalisierung - ein Resultat paranoid-schizoider Dynamik? Eine systemische Perspektive auf psychosoziale Prozesse in der Phase der flexiblen Kapitalakkumulation. In: Jahrbuch für Psychohistorische Forschung 2, Heidelberg 2002

Jüngst, P./Meder, O.: Territorialität und präsentative Symbolik der römischen Welten und die psychosoziale Kompromißfähigkeit ihrer Eliten. Urbs et Regio, Bd. 58, Kassel 1992

Jüngst, P./Meder, O.: Psychodynamik, Machtverhältnisse und Territorialität in „einfachen" und frühen staatlichen Gesellschaften - Überlegungen und Thesen. Urbs et Regio, Bd. 74, Kassel 2002

Kelly, R. The Foraging Spectrum. Washington 1995

Kent, S. Cultural Diversity among African Foragers: Causes and Implications. In: Kent, S. (Hg.): Cultural Diversity among Twentieth-century Foragers. Cambridge 1996, S. 1-18

Kleihauer, M.: Kulturelle Regression bei Jäger- und Sammlerkulturen. Ethnologische Studien. Hamburg 1991

Knauft, B.: Violence and Sociality in Human Evolution. In: Current Anthropology 1991, S. 391-428

Knauft, B.: Culture and Cooperation in Human Evolution. In: Sponsel, L./Gregor, T. (Hg.): The Anthropology of Peace and Nonviolence. Boulder 1994, S.37-67

Lancaster, J./Lancaster, C.: The Watershed: Change in Parental-investment and Family-formation Strategies in the Course of Human Evolution. In: Lancaster, J. u.a. (Hg.): Parenting across the Life Span. New York 1987, S. 187-205

Lee, R.: The!Kung San: Men, Women and Work in a Foraging Society. New York 1979

Lee, R.: Art, Science or Politics? The Crisis in Hunter-Gatherer-Studies. In: American Anthropologist 1992, S. 31-51

Lévi-Strauss, C.: Das Feld der Anthropologie. In: Ders.: Strukturale Anthropologie II. Frankfurt 1975, S. 11ff

Levinson, D./Malone, M: Towards Explaining Human Culture: A Critical Review of the Findings of Worldwide Cross-Cultural Research. HRAF Press 1980

Luig, U.: Sind egalitäre Gesellschaften auch geschlechtsegalitär? In: Lenz, I./Luig, U. (Hg.): Frauenmacht ohne Herrschaft: Geschlechterverhältnisse in nichtpatriarchalischen Gesellschaften. Frankfurt 1995, S. 88-169

Maisels, C.: The Emergence of Civilization. London 1990

Mansfield, S.: The Gestalts of War. New York 1982

Marshall, L.: The!Kung of Nyae Nyae. Cambridge 1976

Müller, K.: Initiationen. In: Müller, K./Treml, A. (Hg.): Ethnopädagogik. Sozialisation und Erziehung in traditionellen Gesellschaften. Eine Einführung. Berlin 1992, S. 61-82

Munroe, R. u.a.: Male Sex Role Resolutions. In: Munroe, R. u.a.: Handbook of Cross-cultural Human Development. New York 1981, S. 611-632

Nanda, S.: Cultural Anthropology. Belmont 1987

Nyssen, F.: Kindergrippe und „Evolution" der Kindheit. In: Nyssen, F. (Hg.): Zur Diskussion über die Kindergrippe. Frankfurt 1991, S. 29-138

Nyssen, F.: Manuskript betr.: Intra- und Inter-Psychisches. 2000

Ottenberg, S.: Oedipus, Gender and Social Solidarity: A Case Study of Male Childhood and Initiation. In: Ethos 1988, S. 326-352

Ottenberg, S.: Boyhood Rituals in an African Society. Seattle 1989

Ottenberg, S.: Initiations. In: Bock, P. (Hg.): Handbook of Psychological Anthropology. Westport 1994, S. 351-377

Parin, P.: Der Widerspruch im Subjekt. Ethnopsychoanalytische Studien. Frankfurt 1978

Parin, P. u.a.: Fürchte Deinen Nächsten wie Dich selbst. Psychoanalyse und Gesellschaft am Modell der Agni in Westafrika. Frankfurt 1971

Rohner, R.: They Love me, they love me not. A Worldwide Study of the Effects of Parental Acceptance and Rejection. New Haven 1975

Rosen, L.: Male Adolescent Initiation Rituals: Whiting's Hypothesis Revisited. In: Boyer, L./Grolnick, S. (Hg.): The Psychoanalytic Study of Society. Bd. 12, Hillsdale 1988, S. 131-155

Sagan, E.: The Honey and the Hemlock. Harper Collins 1991

Sanday, P.: Female Power and Male Dominance. London 1981

Sbrzesny, H.: Die Spiele der!Ko-Buschleute. München 1976

Schultz, M.: Frühkindliche Erziehung in Afrika südlich der Sahara. Saarbrücken 1980

Seitz, S.: Die zentralafrikanischen Wildbeuterkulturen. Wiesbaden 1977

Shostak, M: A!Kung Woman's Memories of Childhood. In: Lee, R./De Vore, I. (Hg.): Kalahari Hunter-Gatherers. Cambridge 1976, S. 246-277

Shostak, M.: Nisa erzählt. Hamburg 1982

Silberbauer, G.: The G/wi Bushmen: In: Biccieri, M. (Hg.): Hunters and Gatherers today. New York 1972

Silberbauer, G.: Neither are your ways my ways. In: Kent, S. (Hg.): Cultural Diversity among Twentieth-century Foragers. Cambridge 1996, S. 21-64

Slater, P./Slater, D.: Maternal Ambivalence and Narcissism: A Cross-Cultural Study. In: Merrill-Palmer Quarterly of Behavior and Development 1965, S. 241-260

Spencer, R: The North Alaskan Eskimo: A Study in Ecology and Society. Bureau of American Ethnology, Bulletin 171, 1959

Spiro, M.: Oedipus in the Trobriands. Chikago 1982 (Neuauflage 1993)

Thiel, J.: Religionsethnologie. Berlin 1984

Turnbull, C.: The Forest People. New York 1961

Turnbull, C.: The Politics of Non-Aggression. In: Montagu, A. (Hg.): Learning Non-Aggression. The Experience of Non-Literate Societies. Oxford 1978, S. 161-221

Vivelo, F.: Handbuch der Kulturanthropologie. Klett-Cotta 1981

Whiting, J.: Sorcery, Sin and the Superego: a Cross-cultural Study of some Mechanism of Social Control. In: Jones, M. (Hg.): Nebraska Symposium on Motivation. Lincoln 1959, S. 174-195

Whiting, J.: Socialisation Process and Personality. In: Hsu, F. (Hg.): Psychological Anthropology. Dorsey Press 1961, S. 360-365

Whiting, J./Whiting, B.: Aloofness and Intimacy of Husbands and Wives: A Cross-Cultural Study. In: Ethos 1975, S. 183-207

Whiting, J. u.a.: The Function of Male Initiation Ceremonies at Puberty. In: Macoby, E. u.a. (Hg.): Readings in Social Psychology. New York 1958, S. 359-370

Winnicott, D.: Vom Spiel zur Kreativität. Stuttgart 1979

Woodburn, J.: Stability and Flexibility in Hadza Residential Groupings. In: Lee, R./De Vore, I. (Hg.): Man the Hunter. Chikago 1968

Woodburn, J.:Minimal Politics: The Political Organization of the Hadza of North Tanzania. In: Shack, W./Cohen, P. (Hg.): Politics in Leadership. A Comparative Perspective. Oxford 1979

Woodburn, J.: Hunters and Gatherers Today and Reconstruction of the Past. In: Gellner, E. (Hg.): Soviet and Western Anthropology. London 1980, S. 95-117

Woodburn, J.: Egalitarian Societies. In: Man 1982, N.S. 17, S. 431-451

Das Kinderopfer im Alten Testament und im Christentum

Hartwig Weber

Ausgangspunkt

Opferungen von Kindern, so lautet eine der spektakulärsten Behauptungen von Lloyd deMause, bildeten den Ausgangspunkt wie die Grundlage aller großen Religionen[1]. Dieser gleichermaßen hellsichtigen wie hinterfragbaren Beobachtung geht die hier vorgelegte Betrachtung nach: Sie kreist um das Kinderopfer als Faktum oder Vorstellung, Tatsache oder Phantasma. Wie jeder weiß, gibt es in der Mythologie der Griechen, Juden und Christen viele Kinderopfer- und Kinderkannibalismus-Erzählungen. Die wichtigsten Glaubensgeschichten, die zum Grundbestand des Judentums, des Christentums und des Islam gehören und die am Beginn der westlichen Zivilisation stehen, handeln von der rituellen Tötung von Kindern[2].

Viele Kindermord- und Kinderfressgeschichten kennzeichnen die griechischen Mythen. Sie erzählen, wie Uranos, der Schöpfer aller Dinge, zu verhindern sucht, dass seine Kinder ins Leben kommen, und wie er sie zwingt, in der Erde zu bleiben. Diesen Zug hat er seinen Göttersprösslingen vererbt: Kronos (Saturn) verschlingt seinen Nachwuchs. Zeus, von seiner Mutter mit Mühe gerettet, macht sich mit aggressiver Gewalt über einen seiner Nachkommen her. Herkules (Heracles) tötet drei Söhne in einem Anfall von Wahnsinn. Akrisios, König von Argos, verfolgt in tödlicher Absicht seine Tochter Danae und ihren Sohn Perseus, weil dieser ihn stürzen soll. Theseus verbannt seinen Sohn Hippolytos, der daraufhin stirbt. Prokne tötet

---

[1] Siehe Lloyd deMause, The Evolution of Childrearing, in: The Journal of Psychohistory 28 (2001) 4, S. 373ff.

[2] Vgl. Aviezer Tucker, Sins of our Fathers: A Short History of Religous Child Sacrifice, in: Zeitschrift für Religions- und Geistesgeschichte 51(1999), S. 30ff.

ihren Sohn und richtet ihn seinem Vater als Festmahl zu. Atalanta wird als Kind ausgesetzt, schließlich von wilden Tieren gerettet. Das Haus Atreus ist buchstäblich auf Kindermord gegründet: Tantalos, sterblicher Sohn des Zeus und Ahnherr von Agamemnon, Orest und Elektra, tötet seinen einzigen Sohn Pelops und setzt ihn den Göttern als Speise vor. Agamemnon, der zwei Generationen später aus dem Geschlecht der Atriden hervorgeht, opfert auf dem Weg nach Troja Iphigenie und liefert damit den Stoff für die bekannteste aller Kinderopfer-Geschichten des Abendlandes.

Der griechischen Mythologie steht, was Häufigkeit, Beliebtheit und Bedeutung dieses Themas betrifft, das jüdische und christliche Schrifttum nicht nach. Die Tatsache der großen Verbreitung dieser Erzählungen hat zu der Vermutung Anlass gegeben, dass diese Geschichten Erinnerungen an einen uralten und einst allgemein geübten Brauch kultischer Opferung von Kindern wachhielten. Die frühen Gesellschaften, so behauptete man, hätten kultische Riten vollzogen, bei denen Kleinkinder gefoltert und zu Ehren insbesondere von Muttergottheiten getötet worden seien. Das Kinderopfer stelle somit eine der ältesten religiösen Handlungen dar, so alt wie die Menschheit selbst. Man glaubte, dies mit Hilfe von Skelettfunden belegen zu können - mit Knochen, die angeblich nicht nur Hinweise auf gewalttätige Opferhandlungen, sondern auch Anzeichen von Kannibalismus aufweisen. Die betroffenen Kinder seien von ihren eigenen Eltern getötet und gegessen worden.

Überreste von Kinderopferungen will man zum Beispiel in Jericho und Stonehenge entdeckt haben. Die bemerkenswertesten Hinterlassenschaften solch grausamer religiöser Riten sollen indes aus Karthago stammen. In dieser nordafrikanischen Stadt haben Archäologen einen Friedhof mit 20 000 Urnen gefunden, gefüllt mit den Knochen angeblich lebendig geopferter Kinder. Nicht nur bei den Puniern, auch unter den frühen Arabern sei der Brauch verbreitet gewesen, Kinder - vor allem Mädchen - zu opfern. Was für Europa und Asien gelte, treffe auch auf die Neue Welt zu. Dort hätten die Azteken ihren Nachwuchs getötet, die Herzen der Kinder einer Schlangengottheit dargebracht, ihr Fleisch gegessen, das Blut getrunken. Zur selben Zeit sollen die Inka auf den eisigen Höhen der Anden ihre Kinder als lebendige Opfergaben ausgesetzt haben - dort glauben Forscher heute noch, die gut erhaltenen Überreste der einstigen Rituale auffinden zu können. Aufgabe der geopferten Kinder sei es gewesen, für die „Sünden" der eigenen Eltern zu büßen.

Dass die in aller Welt verbreiteten Schilderungen von Kinderschlachtungen häufig die Themen Opfer und Anthropophagie miteinander verbinden, ist nicht verwunderlich, besteht doch in der religiösen Vorstellung und Praxis zwischen Opferung und Essen eine originäre Beziehung. Im Opfer werden Götter und Menschen gespeist. Opfergemeinschaften sind meist auch Essgemeinschaften. Die Götter im Himmel, zu denen die Opfergabe im Rauch aufsteigt, und die Götter der Erde, in deren Tiefe hinab das Blut der Geopferten versickert, stellt man sich als Fleischverzehrer und Kannibalen vor: Die Opfergabe stärkt und befriedigt sie, stimmt sie friedlich und macht sie dem Opfernden geneigt. Nicht wenige Gottheiten treten als Kinderfresser auf, und einige sollen, nachdem sie sich nicht scheuten, ihre eigenen Kinder zu verschlingen, selbst zu Adressaten von Kinderopferkulten geworden sein.

Fragestellung

Wenn Lloyd deMause die Behauptung aufstellt, das Kinderopfer habe eine wesentliche kultur- und religionsstiftende Funktion, so wirft dies die Frage auf, ob es sich dabei wirklich um reale Kultpraktiken handelt. Können die überlieferten Geschichten über derartige Rituale als stichhaltige Beweise für das gelten, was sie unterstellen? Oder thematisieren sie statt realer Vorkommnisse lediglich Phantasien in immer neuen Varianten? Um seine Thesen zu stützen, bezieht sich deMause auf Zeugnisse unterschiedlicher Epochen und Kulturen, und er beruft sich sowohl auf literarische wie auch auf archäologische Quellen. Hier sollen im folgenden nun lediglich einschlägige Texte aus der christlichen Bibel herangezogen werden, um zu prüfen, ob das, was sie als Fakten vorgeben, auch glaubhaft ist.

Dabei gelten folgende Voraussetzungen: (a.) Kinderopferungen sind kultische Handlungen, bei denen Kinder mit religiöser Absicht getötet werden. Das geopferte Kind erscheint als Gabe für eine Gottheit, als Tauschartikel in der Beziehung zu Gott, die dem Menschen einen Mehrwert einbringt. Erst der an eine Gottheit gerichtete appellative Zweck der Handlung macht aus der Tötung eine Opferung, aus dem getöteten Kind ein Opfer. Kindesopfer impliziert Kindestötung, aber nicht jede Kindestötung ist ein Opfer. (b.) Die hier betrachteten biblischen Texte vertreten den Anspruch, wahr zu sein. Sie lügen und täuschen nicht, wollen vielmehr wörtlich genommen werden und als historisch gelten. Ob sie jedoch wirklich Tatsachenberichte darstellen und nicht bloß Vorstellungen über vermeintliche Tatsachen überliefern, muss erst untersucht werden; bei eingehender Betrachtung kann die Antwort auf diese Frage aus den Texten selbst erschlossen werden. (c.) Die Behauptung, es habe israelitische Kinderopferungen wirklich gegeben, kann nur gelten, wenn sie positiv erwiesen ist. Die biblischen Quellen sind die einzigen vermeintlichen Zeugnisse über Kinderopferkulte in Israel. Sollte ihre Analyse ergeben, dass ihnen kein Beweischarakter zukommt, werden die Behauptungen, die sie aufstellen, so lange hinfällig, bis neue stichhaltige Beweise für diese Opferpraxis auftauchen. (d.) Erzählungen über Kinderopfer ohne historische Grundlage würden zu der Frage Anlass geben, was diese Geschichten denn hervorgebracht hat.

Das Kinderopfer im Alten Testament

Keine heilige Schrift der Welt enthält so viele Hinweise auf Kinderopferungen wie die christliche Bibel, insbesondere das Alte Testament. Die berühmteste Erzählung zu dieser Thematik handelt von einer verhinderten Sohnestötung: Gott fordert Abraham, den Stammvater des Volkes Israel, auf, Isaak zu schlachten[3]: „Nimm doch deinen Sohn, deinen Einzigen, den du liebst, Jizchak, und geh vor dich hin in das Land von Morija, und höhe ihn dort zur Darhöhung[4] auf einem der Berge, den ich dir zusprechen werde." Gott, „der Elohim", wie er hier heißt, befiehlt, und Abraham gehorcht. Jedermann kennt das Ende, das die Geschichte genommen hat: Als der Augenblick der Opferung gekommen ist und der Vater zum Messer greift, um seinen Sohn zu töten – „Abraham schickte seine Hand aus, er nahm das Messer, seinen Sohn hinzumetzen" -, verheddert sich ein Widder mit dem

---

[3] Siehe Die Schrift, verdeutscht von Martin Buber, gemeinsam mit Franz Rosenzweig, Heidelberg 1987, Band I: Die fünf Bücher der Weisung, S. 57ff.
[4] „Opfere ihn dort zum Brandopfer", übersetzt Luther. Wörtlich heißt es etwa: „Laß ihn aufsteigen (als Rauch) zur Aufsteigung."

Gehörn im Gestrüpp. Abraham packt das Tier und schlachtet es an des Kindes statt.

Die Erzählung von Abraham und Isaak ist für Judentum, Christentum und Islam von grundlegender Bedeutung, gewichtig und maßgeblich. Mit ihr hat das Alte Testament das Thema Kinderopfer an den Anfang, d.h. in die heilige Urspungszeit des Volkes Israel gestellt. Später wird das Thema wiederkehren, wenn vom Auszug Israels aus Ägypten, von der Wüstenwanderung des Volkes, der Landnahme in Kanaan, den Richtern und der Bildung des israelitischen Stammesverbandes die Rede ist, und das Phänomen wird auch in der anschließenden Epoche der Könige sowie in der späteren Exilszeit lebendig bleiben. Die Texte, die von Kinderopferungen handeln, sind, wie die Exegeten festgestellt haben, zu unterschiedlichen Zeiten verfasst worden; sie erwecken den Eindruck, als habe dieses Thema in Israel nie an Brisanz verloren. Dabei wird unterstellt, dass auch bei anderen Völkern in der Umgebung Israels Kinder geopfert worden seien.

Die Erzählung von Abraham und Isaak stellt den Kinderopferkult zwar nicht als alltägliche, so doch als durchaus mögliche und deshalb weiter nicht erklärungsbedürftige Erscheinung dar. Dasselbe gilt auch für andere alttestamentliche Kinderopfer-Geschichten, die man in bestimmte Ereignisse der Geschichte Israels eingebettet hat (Richter 11, 30; 2. Könige 3, 27). Einem Gelübde des Hauptmannes Jephta, der auf den Sieg über seinen Gegner hofft, fällt die eigene Tochter zum Opfer (Richter 11, 30-40). Mescha, König der Moabiter, opfert seinen Sohn und schlägt mit dieser Tat das israelitische Heer in die Flucht (2. Könige 3, 27)[5]. Diese Texte sind die scheinbar frühesten israelitischen Zeugnisse zum Thema Kinderopfer. Stets geht es einem besonderen, bevorzugten Nachwuchs ans Leben: Isaak ist der einzige, der erste „richtige", der geliebte Sohn seines Vaters; der moabitische Königssohn hätte als Erstgeborener den Thron seines Vaters erben sollen, und auch Jephtas Tochter wird als einziges Kind vorgestellt. Privilegiert wie sie, sind auch die judäischen Königssöhne, die - wie es heißt - von ihren eigenen Vätern (Ahas und Manasse) „durchs Feuer" geschickt worden seien (2. Könige 16, 3; 2. Könige 21, 6).

---

[5] Wie im Fall Isaaks wird auch in diesen Geschichten den Vätern eine Brandopferung (hebr. *ola*) ihrer Kinder unterstellt.

Alle diese Geschichten berichten von Opferungen in einzelnen außergewöhnlichen Situationen. Daneben ist im Alten Testament aber auch von einem angeblich dauerhaften israelitischen Kinderopferkult die Rede: Man habe, so heißt es, Jahwe regelmäßig die Erstgeborenen dargebracht. Bereits zu Moses Zeiten soll Gott (neben dem ersten Stierjungen und dem ersten Kleinvieh) jeden erstgeborenen Sohn gefordert haben (2. Mose 22, 28ff.) - alle Erstgeburt gehöre ihm (2. Mose 34, 19). Allerdings musste - wie es einige (2. Mose 34, 19; 2. Mose 13, 11ff.), keineswegs alle Textstellen (2. Mose 22, 28ff.; 2. Mose 13, 2) ausdrücken - die „Erstgeburt unter den Söhnen" durch ein anderes Opfer „ausgelöst" werden.

Der Brauch, die Erstgeborenen zu opfern, wird auf eine Episode während des Aufenthaltes Israels in Ägypten zurückgeführt: Gott, so heißt es, sei eines Nachts „durch Ägypten geschritten", um alle Erstgeburt zu „schlagen", die des Pharao bis hin zu der jedes Gefangenen im Kerker; am Ende habe es kein Haus mehr gegeben, in dem nicht ein Toter beklagt worden wäre. Noch in derselben Nacht habe Gott Mose und Aaron aufgerufen, mit dem Volk Israel aus Ägypten weg zu ziehen (2. Mose 11, 4-7; 12, 29-31). Im Land Kanaan habe Israel dann in Erinnerung an die Tötung der ägyptischen Erstgeborenen die kultische Praxis eingeführt, Gott alles zu opfern, „was zuerst den Mutterschoß durchbricht" (2. Mose 13, 11-16). Anstelle der israelitischen Erstgeborenen habe Gott später die Leviten ausgesondert (4. Mose 3, 11ff.; 8, 16f.), das heißt, die Angehörigen des Stammes Levi als Ersatz, ihr Vieh anstelle des Viehs der Israeliten genommen (4. Mose 3, 44). Für die erstgeborenen Kinder, die die Zahl der Leviten überstiegen, sei eine Steuer erhoben worden - fünf Lot Silber pro Kopf (4. Mose 3, 46f.).

Jahrhunderte nach diesen Ereignissen haben sich die Propheten Israels sehr kritisch zur angeblichen Kinderopferpraxis ihrer Ahnen geäußert. Micha zum Beispiel wunderte sich, wie man nur auf den Gedanken kommen könne, seinen Erstgeborenen für eine Verfehlung, „seines Leibes Frucht für eine Sünde" hinzugeben (Micha 6, 7). Diese Aussage Michas wie auch die Scheltreden anderer Propheten belegen die Überzeugung, dass es in Israel in historischer Zeit Kinderopferkulte gegeben habe. Wie nur, fragen sich die betreffenden Propheten, konnte Gott eine derartig barbarische kultische Verehrung fordern und annehmen? Hesekiel versuchte sich das Rätsel auf folgende, ziemlich verworrene Weise zu erklären: Jahwe, so meinte er, habe den Vätern (Opfer-) Gebote gegeben, die nicht gut waren, sodass sie, als sie sie befolgten und Kinder durchs Feuer gehen ließen, sich selbst „unrein" machten. Damit erscheint Gott irgendwie von dem Vorwurf gereinigt, selbst ein Empfänger von Kinderopfern zu sein. Stattdessen wird die Schuld an der frevlerischen Kultpraxis den Israeliten selbst aufgeladen. Der Kinderopferkult gilt dann als Grund für ihr tragisches Geschick, das sie in die Verbannung führte.

Eine andere Sicht der Dinge vertritt Jeremia. Er behauptet, nie habe Gott die Verbrennung von Kindern geboten (Jeremia 7, 29ff; 32, 35; 19, 5). Vielmehr seien die Israeliten eigenmächtig von seinen Gesetzen abgewichen, als sie die „Höhen des Tophet" im Tal Ben-Hinnom bauten, um dort nicht nur ihre Söhne (auf die sich die Forderung des Erstgeburtsopfers sonst meist bezieht), sondern auch ihre Töchter zu verbrennen. Den Brauch, „seinen Sohn oder seine Tochter durchs Feuer gehen zu lassen", sollen die Israeliten, wie andere Stellen nahelegen, von den Kanaanäern übernommen haben (5. Mose 18, 9f.). Welcher Gottheit dieser Kult gegolten habe, ist nicht eindeutig zu sagen - bisweilen werden Jahwe (1. Mose 22, 20ff.; Richter 11, 30; Hesekiel 20, 25), am häufigsten Moloch (zum Beispiel 2. Könige 23, 10; Jeremia 32, 35), manchmal auch Baal (Jeremia 19, 1ff.; 19, 5) oder andere fremde Götter (2. Könige 3, 27; 2. Könige 17, 31) genannt. Auch bei den Sepharwitern (2. Könige 17, 31) soll dieser Brauch verbreitet gewesen sein. Von dort ausgehend, meinten manche Exegeten, habe er sich in Israel ausgebreitet. Bis zur Kultreform Josias sei es dort üblich gewesen, Kinder zu opfern; dann aber habe es sich dieser König zur Aufgabe gemacht, den Bund mit Gott zu erneuern und den Götzendienst auszurotten (2. Könige 22 und 23), weshalb er auch das Tophet im Tal Ben-Hinnom „unrein" gemacht habe, sodass dort niemand mehr seinen Sohn und seine Tochter für Moloch durchs Feuer gehen ließ (2. Könige 23, 10).

Bis in die zweite Hälfte des 20. Jahrhunderts, ja zum Teil bis heute haben Exegeten behauptet, dass die alttestamentlichen Erzählungen über Kinderopferungen durchaus historisch begründet seien, zumindest einen historischen Kern hätten: Nachdem die Israeliten den Brauch, Kinder im Kult zu töten, von den „heidnischen" Völkern, mit denen sie im Lauf ihrer Geschichte in Berührung kamen[6], übernommen hätten, sei der Menschenopferkult besonders in der assyrischen Periode zwischen 700 und 610 v. Chr. erneut aufgeblüht. Damals seien - wie 2. Könige 23, 10 und Jeremia 19, 3ff. angeblich belegen - an der berüchtigten Kinderopferstätte im Tal Ben Hinnom bei Jerusalem Jungen und Mädchen dem Moloch dargebracht worden. Andere Exegeten meinten indes, der „Jahwismus" habe den Kinderopferkult nicht von irgendwoher übernommen, sondern selbst hervorgebracht. Unter Berücksichtigung von Hesekiel 16, 20 nahm man Kinderopferungen schon für die Frühzeit Israels - die Phase der Wüstenwanderung - an. In Verbindung mit Magie und Mantik sei dieser Kult in der Epoche der Richter weitergeführt worden, um dann vor allem in der Königszeit eine bedeutende Rolle zu spielen. Später seien verschiedene Kulthandlungen ersatzweise an die Stelle der früheren Kinderopferungen getreten: Tieropfer und Beschneidung, Aussetzung und „Sakralprostitution", die Weihe von Kindern zum Dienst an einem Heiligtum und die Schlachtung des Passahlammes.

Wenn man sich die einschlägigen Texte des Alten Testaments zum Thema Kinderopfer jedoch genauer anschaut, kommt die Annahme, dass das Alte Testament historische Erinnerungen an tatsächlich vollzogene Kultbräuche beinhalte, schnell ins Wanken. Gewiss glaubten die Erzähler der

---

[6] Einige Exegeten versicherten, dass Israels Menschenopferkult aus Ägypten stamme, wo Kinder die bevorzugten Opferobjekte gewesen seien. Bei dieser Herleitung berief man sich auf griechische und römische Schriftsteller wie Diodor und Porphyrius, Euseb und Prokopius, Rufinus und Herodot. Häufig habe man dort Kinder getötet, um Wohnungen zu schützen und Gebäude zu bewachen. Kleine Mädchen seien dem Nil dargebracht worden, um reichliche Überschwemmungen zu erzielen. Viele Jahrhunderte lang hielt sich das Gerücht, die Ägypter verwendeten das Blut geopferter Kinder, um damit Aussätzige zu heilen. Andere bestanden darauf, dass die Israeliten den Brauch des Kinderopfers von den Kanaanäern übernommen hätten, die angeblich ihre Kinder ebenfalls anläßlich der Grundsteinlegung von Häusern und öffentlichen Gebäuden darbrachten. Während der Epoche seiner Eingliederung ins assyrische Reich sei in Israel der Kult des Kinderopfers, der im Zweistromland stets üblich gewsen sei, neu belebt worden. Die Sepharwiter, babylonische Kolonisten, die nach Samaria verpflanzt wurden, sollen auch noch in Palästina ihre Kinder den babylonischen Gottheiten Adrammelech und Anammelech dargebracht haben (2. Könige 17, 30f.). Daneben wurden weitere Völker - Perser, Aramäer, Araber und vor allem Phöniker und Punier - als originäre Kinderschlächter ausgegeben.

Patriarchengeschichten, dass das, was sie von Abraham und Isaak berichteten, wahr und wirklich sei. Deshalb haben sie die Erzählungen chronologisch geordnet und sie in einen umfassenden historischen Gesamtkontext eingefügt, der von der Erschaffung der Welt bis zur Königsherrschaft Salomos reicht. Unschwer aber ist die theologische Absicht bei dieser Konstruktion zu erkennen. Es geht nicht um historische Wahrheit, sondern um Glaubensvorstellungen. Deshalb ist es müßig, eine geschichtliche Verbindung zwischen den einzelnen Erzählungen und ihrem Inhalt zu suchen. Die Geschichten über Abraham und Isaak könnte man in jede beliebige Epoche des alten Orients einordnen; sie haben keine historische Grundlage und beinhalten auch keinerlei historische Tatsachen. Die Erzählung über die Opferung Isaaks ist vorisraelitischen mythischen Ursprungs und erinnert an andere mythische Erzählungen von bedeutungsvollen Kindern, die beinahe getötet oder ausgesetzt und im letzten Moment gerettet wurden. Als das Alte Testament diesen Stoff in die Tradition der Stammväter einbezog, hat es einen fremdkulturellen Kinderopfermythos historisiert, wobei auch der in die Geschichte des Volkes hineingestellte Stammvater Abraham Züge einer mythischen Gestalt mit mythischem Gewicht erhielt.

Abraham hat die Aufgabe, als Patriarch des späteren Israel zu agieren; als Idealperson sind seine Handlungen typisch, für alle späteren Israeliten gültig und richtungsweisend. Die Vorstellung von Stammvätern entstammt der Ideologie von Volksgemeinschaften, die aus Stämmen hervorgegangen sind, und sie besagt, daß alle Nachkommen eines Patriarchen verwandt und deshalb gleichberechtigt seien - Grundlage eines Selbstverständnisses, das prägende Auswirkung auf das zwischenmenschliche Verhalten der Menschen auch dann noch hat, wenn sie längst nicht mehr zu einem Stamm gehören. Deshalb ist die Religion der Väter weder alt noch primitiv noch an eine frühe Zeit gebunden; sie gehört vielmehr der Epoche der Erzähler dieser Geschichten an, die den Vätern die eigene Religion, zumal den eigenen Monotheismus, unterstellt haben - seit jeher sei Jahwe der einzige und alleinige Gott Israels gewesen. Diese Vorstellung paßt keineswegs in die altorientalische Bronzezeit; vielmehr gehört sie in den Grenzbereich zwischen der altorientalischen Welt und der späten jüdisch-hellenistischen Kultur[7].

---

[7] Vgl. Niels Peter Lemche, Die Vorgeschichte Israels, Stuttgart 1996, S. 212.

Wahrscheinlich ist die Erzählung von Abraham und Isaak also eine literarische Fiktion aus dem fünften, vierten oder gar erst dritten Jahrhundert v. Chr. Man tut gut daran, auf die Vorstellung zu verzichten, dass es eine historische Gestalt mit Namen Abraham gegeben habe, der einen Sohn namens Isaak hatte, den er auf Befehl seines Gottes opfern sollte. Aller Wahrscheinlichkeit nach ist die Figur Abrahams nicht historisch, sondern literarisch; sollte er dennoch existiert haben, so hatte er gewiss keinen Sohn mit Namen Isaak (dieser steht für eine andere als seine Tradition), folglich konnte er ihn auch nicht opfern. Die fiktive Geschichte eines Kindesopfers wurde irgendwann mit der fiktiven Gestalt Abrahams, des angeblichen Stammvaters Israels, verbunden, dessen gegenwarts- und zukunftsorientierende Bedeutung die Erfindung und Rückdatierung eines Kinderopfers in die Zeit der Anfänge allemal rechtfertige. Historischen Wert hat diese mythische Abenteuer- und Heldengeschichte nur für die Zeit ihrer Formulierung und Tradition, also für die Epoche der Erzähler[8].

Ähnliches gilt für die anderen Texte des Alten Testaments über Kinderopferungen, zum Beispiel für die Geschichte von Jephta und seiner Tochter (Richter 11, 30-40) sowie die Erzählung von Mescha und seinem Sohn (2. Könige 3, 27). Auch Jephtas Tochter ist eine mythische Figur. Der Text, der von ihr handelt, wirkt, wie Genesis 22, literarisch und überhaupt nicht historisch. Die Verbindung von Opfer und Gelübde ist häufig belegt, auch Euripides' Drama „Iphigenie im Lande der Taurer" sieht sie vor[9]: Agamemnon, so heißt es, habe gelobt, Artemis „die schönste Frucht des Jahres" als Opfergabe zu überlassen - es ist seine Tochter. Erst im letzten Augenblick wird das Kinderopfer durch ein Tieropfer ausgelöst. Vor diesem Hintergrund erscheint Jephtas Tochter wie eine hebräische Iphigenie. Der Vergleich ihrer beider Geschichten fördert einen Überlieferungstyp zu Tage, der in Sagen

---

[8] Vgl. Antoon Schoors, Die Königreiche Israel und Juda im 8. und 7. Jahrhundert. Die assyrische Krise, Stuttgart/Berlin/Köln 1998.
[9] Siehe Euripides, Iphigenie im Tauerlande, griechischer Text und deutsche Übersetzung von E. Buschor, hg. von G.A. Seeck, Euripides, Sämtliche Tragödien und Fragmente IV, München 1972, S. 6ff.

und Märchen verbreitet ist[10] und eine erstaunliche Kontinuität aufweist. In Märchen ähnlichen Inhalts trifft man auf Männer, die ihre Kinder, ihre einzigen und liebsten, einem Unbekannten - zum Beispiel einem Dämon, einem Zauberer, einem wilden Tier - versprechen, wenn ihnen nur aus einer Notlage geholfen werde. Oft wird die Herausgabe des Kindes ausdrücklich verlangt, manchmal auch nur indirekt, versteckt (wie im Fall Jephtas) oder verdunkelt, so dass sich die Tragweite des Gelübdes erst nachträglich zeigt.

In der Erzählung von der Tötung der Tochter Jephtas ist das märchenhafte Element in einen geschichtlichen Kontext hineingestellt worden - das Opfermotiv ist ungeschichtlich, der Bandenführer Jephta möglicherweise historisch. Folglich kann die Erzählung auch keine historische Opferpraxis bezeugen. Die Geschichte, die von Geschehnissen um die Zeit von etwa 1100 v. Chr. berichten will, dürfte (wie Genesis 22) in nachexilischer Zeit (vielleicht in der persischen oder erst in der hellenistischen Epoche) entstanden sein[11], wobei zwei Motive miteinander verbunden worden sind: dasjenige des Gelübdes, das zur Kindestötung führt, und dasjenige der Jungfrauenweihe (die Tochter Jephtas „beweint ihre Jungfrauenschaft auf den Bergen"), das mit dem Gedanken des Opfers verknüpft ist. Keines erlaubt den Rückschluss auf ein einmaliges historisches Geschehen.

Auch im Fall der Opferung des moabitischen Königssohnes wird ein mythisches Motiv (das Sohnesopfer) in einen historischen Kontext (die Auseinandersetzung der Israeliten mit den Moabitern) gestellt. Der Opferakt richtet sich (anders als bei Jephta und Abraham) nicht an Jahwe, sondern an eine nicht genannte Gottheit, deren „Wutgrimm" nach vollzogener Kulthandlung alsbald über das israelitische Heer kommt, so dass es von der belagerten Festung abziehen muss. Während es sonst keinerlei Hinweise auf Brandopferungen oder gar Menschenschlachtungen beim Nachbarvolk Israels gibt – auch die Mescha-Stele erwähnt die spektakuläre Schlachtung des Königssohnes mit keinem Wort[12] -, unterstellt der alttestamentliche Text

---

[10] Vgl. Walter Baumgartner, Israelitisch-griechische Sagenbeziehungen, in: ders., Zum Alten Testament und seiner Umwelt. Ausgewählte Aufsätze, Leiden 1959, S. 147ff.; S. 152f.
[11] Vgl. Römer, Why would the Deuteronomist Tell abaout the Sacrifice of Jephtha's Daughter? In: Journal of the Old Testament 77 (1998), p. 36.
[12] Vg. M. Lidsbarski, Handbuch der nordsemitischen Epigraphik I, S. 415f.; II (Tafel II).

den Brauch des Kinderopfers bei ihm. Israeliten wie Moabiter teilen denselben Glauben an die Wirkung des Kinderopferkultes.

Der israelitische Heerbann, so heißt es, habe sich angesichts der kultischen Handlung auf der Festungsmauer dermaßen beeindruckt gezeigt, dass er trotz des sich abzeichnenden Sieges kapitulierte. Die Wirkung des Opfers beruht also auf Augenschein, sozusagen auf teilnehmender Beobachtung der israelitischen Krieger. In Wirklichkeit ist eine Festungsmauer schwerlich ein geeigneter Opferort, schon gar nicht, wenn es sich, wie man annimmt, dabei um die Moabiterburg Kir-Hareseth handelte. Der Besucher steht dort vor einer Bergkuppe, die so hoch aufragt, dass aus der Nähe (vom Fuß des Hügels) niemand beobachten kann, was oben auf den Mauern vor sich geht, aus weiterer Entfernung sieht man erst recht nichts. So widersprechen schon äußere Umstände der israelitischen Zeugenschaft. Damit wird die Pointe der Geschichte hinfällig, sie selbst unglaubwürdig. Die Erzählung dürfte einmal dazu gedient haben, eine wenig ruhmvolle Situation Israels zu vertuschen, eine ärgerliche Niederlage im Streit mit Moab zu entschuldigen: Nicht Israels eigene Schwäche, sondern himmlische Mächte gaben den Ausschlag; kein feindliches Heer war es, sondern ein Gott, der, gestärkt durch ein königliches Sohnesopfer, Israel überwand. Die Erzählung gibt der Vorstellung Ausdruck, dass Kinderopferungen die Kraft der Opfernden stärken, bei Bedrohung schützen und ein schwankendes und desillusioniertes Heer wieder aufrichten können. Geschichten dieses Inhalts gibt es viele, Belege für historische Kinderopferungen sind sie nicht.

Weder Archäologen noch Ethnologen noch Historiker können beweisen, dass in Israel jemals menschliche Erstgeborene geopfert worden sind. Auch für seine Umgebung fehlen die Belege für eine solche Kultpraxis, die im übrigen bei keinem auf nomadischer Kulturstufe stehenden Hirtenvolk beobachtet wurde[13]. Kinderopferungen sind demnach für die geschichtliche wie für die vorstaatliche Zeit Israels auszuschließen. In die nomadische Welt gehört stattdessen das Opfer von Erstlingen der Herden. Die Vorschriften

---

[13] Angesichts seiner (angeblich) „seltenen Bezeugung" nahm Henninger an, daß das Menschenopfer ursprünglich nicht zur nomadischen Religiosität gehört habe, jedoch vom syrischen Kulturland her auch nach Nordarabien eingedrungen sei Vgl. Henninger, Menschenopfer bei den Arabern, in: Anthropos 53 (1958), S. 721-805. Vgl. Franz-Elmar Wilms, Freude vor Gott. Kult und Fest in Israel, Regensburg 1981, S. 165f.

des Alten Testaments über die Darbringung der Erstgeburten des Klein- und (sekundär) des Rindviehs sind offensichtlich sehr alt. Möglicherweise ist die Forderung, auch die menschliche männliche Erstgeburt zu opfern, als sekundäre Erweiterung in dieses Gesetz einbezogen worden, wobei die Auslösung des Menschenopfers durch Tieropfer immer schon gegeben war. Demnach wäre, was es nie gegeben hat - nämlich das Kinderopfer -, von Anfang an durch Tieropferungen ersetzt worden - ein zugegebenermaßen rätselhafter Vorgang.

Was der Annahme der kultischen Opferung von Erstgeborenen am entschiedensten entgegensteht, ist die fehlende Plausibilität. Welches Volk könnte es sich leisten, seinen Nachwuchs regelmäßig auszurotten, ihn zumindest permanent zu dezimieren? In Israel genossen Kinder hohe Geltung. Für ihre Eltern bedeuteten sie eine große Ehre, Kinderlosigkeit wurde als göttliche Prüfung oder Schande angesehen. Besonders wünschte man sich Söhne, unter denen die Erstgeborenen besondere Vorrechte genossen. Sie zu belehren, war heilige Pflicht der Väter [14]. Die theologischen Vorstellungen ums Kinderopfer bringen zwar eine besondere Wertschätzung, Heiligkeit und religiöse Potenz des Kindes (zumal des Erstgeborenen) zum Ausdruck; regelmäßige Tötungen des Nachwuchses sind mit der verbreiteten Haltung zum Kind schlechterdings nicht vereinbar[15].

Auch der Versuch, die Institution eines einstigen Kinderopfers aus seinen angeblichen Survivals zu erklären, ist nicht tragfähig. Haar- und Blutopfer, die als Überbleibsel ehemaliger Menschenopferungen angesehen wurden, passen eher in den Kontext von Initiations- und Desakralisationsriten[16]. Die immer wieder genannten Funde von „Bauopfern", bei denen angeblich kultisch getötete Kinder in Fußböden von Häusern oder in Fundamenten von Bauwerken deponiert wurden, stellen in Wirklichkeit Bestattungsreste dar.

---

[14] Vgl. Roland de Vaux, Das Alte Testament und seine Lebensordnungen, Band I, Freiburg/Basel/Wien 1960, S. 78ff.

[15] Zur Rolle des Erstgeborenen in Israel siehe Dtn. 21, 17; Gen. 27, 30ff.; 49, 3; Ps. 78, 51.

[16] „Weder aus Tieropfern, noch aus der Weihe lebender Menschen, noch aus dem Haaropfer oder der Sakralprostitution kann man neue Beweise für die Existenz früherer Menschenopfer ableiten, da alle diese Kultbräuche auch andere Wurzeln haben können und in vielen Fällen nachweisbar haben." Siehe Henninger, Menschenopfer bei den Arabern, S. 796.

Was den berüchtigten Molochkult betrifft, so enthält, bei genauerer Analyse, auch er keine eindeutigen Hinweise auf wirkliche Opfertötungen. Die meisten (wenn auch nicht alle) einschlägigen Stellen[17] drücken möglicherweise eine Übergabe oder Weihe von Kindern zum Molochdienst aus[18], die als „Feuerdurchschreitung" interpretiert oder praktiziert wurde. Demnach könnte sich hinter der Bezeichnung „Kinder durchs Feuer hindurchgehen lassen" ein Reinigungsritus, also ein spiritueller Vorgang, verbergen. Vielleicht bedeutete die Übergabe an Moloch eine Weggabe der Kinder zur Tempelprostitution[19] oder eine Handlung, die dem Bedürfnis diente, Kinder in einem Feuerritus vor Gefahren und Krankheiten zu schützen.

Einige Textstellen drücken jedoch klar aus, dass deren Autoren selbst keineswegs an symbolische Kinderweihen dachten, sondern ganz offensichtlich drastische Kindestötungen, ja Metzeleien vor Augen hatten: „Du nahmst deine Söhne, deine Töchter, die du mir geboren hattest, du *schlachtetest* sie ihnen *zum Essen*. Wars an deiner Hurerei noch zu wenig, daß du *metztest* meine Söhne und gabst sie, führtest jenen sie dar?!" (Hesekiel 16, 20f.) Wer immer diese Aussprüche getan oder formuliert haben mag, hatte nicht spirituelle Riten, sondern blutige Opfer[20] und faktische Schlachtungen im Blick[21], bei denen Blut floß und Fleisch brannte[22]. Die Verfasser waren der Überzeugung, dass die betroffenen Knaben und Mädchen wirklich getötet und der Gottheit vorgeworfen, mit Messern erstochen, zerschnitten und verbrannt worden seien[23]. Mit dem Bild der Opfer, die der Gottheit „zum Fraße" vorgeworfen wurden[24], deuten sie auf die Vorstellung von Götter-

---

[17] Zum Beispiel Levitikus 18, 21, 20, 2-4 und Jeremia 32, 35.
[18] So wie Hanna in 1. Samuel 1, 11 gelobt, wenn sie einen Sohn gebären sollte, werde sie diesen Jahwe für immer weihen.
[19] Als Beleg dafür dient Levitikus 18, 21 mit dem Kontext verbotener sexueller Handlungen.
[20] Neben Hesekiel 16, 20 deutet auch Hesekiel 23, 39 auf die Vorstellung eines realen Opferbrauchs hin.
[21] Siehe auch Hesekiel 16, 20. und 22, 28f.
[22] Jeremia 19, 5 läßt die Vorstellung einer Verbindung von Kinderverbrennung und Brandopfer vermuten.
[23] Vgl. Otto Kaiser, Den Erstgeborenen deiner Söhne sollst du mir geben, in: ders., Denkender Glaube, FS C.H. Ratschow, 1976, S. 24ff.; S. 40.
[24] Siehe Hesekiel 33, 37.

kannibalen als Opferempfänger hin - Kinderopfer erscheinen als Speisung der Gottheit[25]. Die Texte, die die Opfer nicht als symbolische Weihen, sondern als drastische Schlachtungen, ja Metzeleien vorstellen, zeigen, dass jüdische Gemeinden, die sich in exilischer und nachexilischer Zeit mit dem Thema Kinderopfer beschäftigten, der Meinung waren, ihre Vorfahren hätten diesen grausamen Kult wirklich vollzogen und davon sühnende und gnädig wirkende Kräfte erhofft - eine für die eigenen Ahnen gewiss nicht schmeichelhafte Vorstellung.

Christliche Opfervorstellungen

Nach verbreiteter Überzeugung ist eine Opferung nur dann wirksam, wenn das Opfer selbst ohne äußeren Zwang zur Hingabe bereit ist. Manche Ausleger behaupten, Isaak habe sein Opferleiden freudig und mit voller Zustimmung auf sich genommen und stelle somit das ideale Opfer dar. Jüdische Exegeten meinten, dass der zum Selbstopfer bereite Sohn Abrahams in seiner freiwilligen Duldung dem „leidenden Gottesknecht" gleiche, von dem das Alte Testament im 53. Kapitel des Buches Jeremia spricht. Nachdem Isaak vom Tod errettet wurde, konnte er, der in seiner Hingabe Sühne für andere geleistet habe, als Prototyp des „Auferstandenen" gelten. Unter dem Gedanken der Sühne verknüpfte die jüdische frühsynagogale Aqedah-Lehre (Lehre von der „Bindung" des Sohnes Abrahams) das Isaakopfer mit dem Passahopfer.

Diesen Gedanken nahm später das Neue Testament auf: Es rückte die Deutung des Todes Jesu in die Nähe der jüdischen Vorstellung von der stellvertretenden Sühne Isaaks. Die frühen Christen unterstellten dabei, dass Isaak wirklich getötet worden sei. Wie die Schlachtung Isaaks, so verstand man auch den Tod Jesu als Sühneopfer[26]. Auch Paulus hat in Römer 8, 32 Gedanken geäußert, die Abrahams Bereitschaft nahe stehen, Isaak zu op-

---

[25] Siehe neben Hesekiel 16, 20 und 25, 37 auch Deuteronomium 32, 27f.
[26] Vgl. Karl Hoheisel, Die Auslegung alttestamentlicher Opferzeugnisse im Neuen Testament und in der frühen Kirche, in: Karl Hauck (Hg.), Frühmittelalterliche Studien. Jahrbuch des Instituts für Frühmittelalterforschung der Universität Münster, Band 18, Berlin/New York 1984, S. 421ff.

fern: Gott habe seinen eigenen Sohn nicht verschont, sondern ihn für uns alle hingegeben. Jesus und Isaak gleichen einander. Der Tod des Sohnes Gottes erscheint als eine Art Menschenopfer „um unserer Sünden willen"[27].

Die Idee, dass es sich beim Tod Jesu am Kreuz um ein Opfer - vergleichbar der Schlachtung Isaaks - handelte, blieb für das frühe Christentum und die alte Kirche maßgeblich. Isaak, der geliebte Sohn Abrahams, und Jesus, der „Eingeborene" Gottes, sind im Opfer einander ähnlich. So scheint es, als führe die Interpretation des Todes Jesu als des von Gott geforderten blutigen Opfers die jüdische Auslegung von Genesis 22 fort[28]. Im Zentrum der christlichen Theologie und insbesondere der Christologie der folgenden Jahrhunderte steht die Überzeugung, die letztgültige Offenbarung Gottes habe sich im Tod des Gottessohnes ereignet, der „im Fluch des Gesetzes" den Zorn des Vaters erleiden musste[29]. Den christlichen Exegeten erschien die Opferung Isaaks wie ein Vorgriff auf das Geschick, das nach ihm Jesus von Nazareth treffen sollte: Wer den Sinn der Opferung des Gottessohnes verstehe, erkenne auch die Bedeutung des Opfers Isaaks gleichsam als deren „Vorschein". In diesem Sinn deuteten Kirchenväter wie Clemens und Cyrill von Alexandrien oder Diodor von Tarsus die Erzählung von Abraham und Isaak allegorisch; im Vorgriff auf das endgültige Heilsgeschehen bilde sie das „Geheimnis des Heilandes" ganz und gar ab[30]: Beide, Isaak wie Jesus, seien gehorsam gewesen, der eine angesichts der Schlachtbank auf dem Berg Morija, der andere am Kreuz von Golgatha[31].

---

[27] Vgl. D. Lerch, Isaaks Opferung christlich gedeutet, BHTh 12, 1950.
[28] Siehe Baudler, Töten oder Lieben, S. 193.
[29] Siehe Friedrich Neubacher, Isaaks Opferung in der griechischen Alten Kirche, in: Amt und Gemeinde 37 (1986), S. 72-76.
[30] Daß Isaak von seinem Vater geopfert wurde, sei Ausdruck der „göttlichen Heilsökonomie". Wenn der Knabe auf dem Weg zur Opferstätte seinem Vater willig folgte, so entsprach dies der freiwilligen „Erniedrigung Jesu", und wie auf Isaaks Schultern die Hölzer für das Brandopfer lasteten, so auf des Heilands Rücken das Kreuz.
[31] In Schriften aus frühchristlicher Zeit, dem Barnabasbrief und den Fragmenten des Melito von Sardes zum Beispiel, wird die Erzählung von Isaaks Opferung „typologisch" ausgelegt -, große Ereignisse wie die Passion Jesu, so glaubten die Verfasser, würfen ihre Schatten voraus, und bereits an Abraham und Isaak habe Gott offenbart, was dermaleinst im „Christusereignis" vollendet werde. So erschien die Opferung Isaaks als „Typus" der Opferung Christi. Alles Geschehene weist auf Späteres hin: Abraham ist den

Im Christentum ist das Opfer nicht nur zum Bestimmungsmerkmal der Beziehung zwischen Gottvater, Gottsohn und Mensch, sondern zur grundlegenden symbolischen Struktur des Glaubens und Lebens geworden. In der Mitte der christlichen Botschaft steht der Gedanke der Erlösung, die durch Jesus Christus, den geopferten Sohn, geschieht. „Also hat Gott die Welt geliebt, dass er seinen eingeborenen Sohn gab, auf dass alle, die an ihn glauben, nicht verloren werden, sondern das ewige Leben haben." (Johannes 3, 16) Das göttliche Opfer schließt die Vorstellung ein, Gott rette die Menschheit durch die Hingabe dessen, was ihm am liebsten ist, seines eigenen und einzigen Sohnes, und diese Opfergabe diene den Gläubigen zum ewigen Leben.

Nun aber wirft dieser Opfergestus mancherlei Fragen auf: Wem, so möchte man wissen, wird die Gabe, der getötete Sohn, zuteil - etwa dem opfernden Gott als eine Art Selbstversöhnungsopfer oder einer anderen Instanz, etwa einem Prinzip, das über ihm steht? Wer eigentlich hat das Opfer verlangt? Auf diese Fragen sind folgende logische Antworten möglich: 1. Vielleicht hat sich Jesus Christus selbst geopfert, um stellvertretend für die sündige Menschheit das Rachebedürfnis seines Vaters zu befriedigen. 2. Oder aber hat Gott seinen Sohn hingegeben, um einem ihm übergeordneten Prinzip - der Gerechtigkeit - Genüge zu tun. 3. Möglicherweise gilt jedoch das Opfer des Gottessohnes dem Teufel, aus dessen Macht die Menschen freigekauft werden sollen. 4. Schließlich könnte sich Christus geopfert ha-

---

Gläubigen Vorbild; der Sohn folgt, allen voranschreitend, im Leiden Gott nach. Wie Abraham sein Kind opferte, so habe Gott seinen geliebten Sohn hingegeben für unsere Erlösung. Allerdings - so die christlichen Theologen - gehe die Passionsgeschichte über Genesis 22 weit hinaus; dort erfahre die Geschichte eine „eschatologische" Steigerung. Isaak litt nicht, aber Christus mußte leiden. Erst die Schlachtung Jesu wird zur Voraussetzung der Rettung von uns allen. Durch seine Fesselung sind wir erlöst, durch seine Opferung losgekauft. Manche Ausleger setzten indessen noch einen anderen Akzent: Ihnen erschien Isaak nicht als Vorläufer des Gottessohnes, sondern als Typus des erlösungsbedürftigen Menschen: auf Christus deute der geschlachtete Widder hin. Alle wichtigen christlichen Exegeten vertraten jedenfalls die Überzeugung daß das Geschehen auf dem Berg Morija im Heilsmysterium auf Golgatha gipfele. Wie das Schaf für Isaak geschlachtet wurde, so habe sich das „wahre Lamm" für die Welt dahingegeben. Vgl. Friedrich Neubacher: Isaaks Opferung in der griechischen Alten Kirche, in: Amt und Gemeinde 37 (1986), S. 72-76; S. 75.

ben, um für die Sünden des Vaters zu büßen, und ihn, der diese unvollkommene Welt geschaffen, den Schöpfungsakt gewissermaßen verpfuscht hat, in den Augen der Menschheit zu rehabilitieren[32].

Die theologische Lehre von Jesus als dem Christus (Christologie) ließ keine dieser Antworten gelten. Gott soll weder die Personifizierung eines despotischen Gerechtigkeitsprinzips noch diesem oder sonst jemandem unterstellt sein. Gott im Tauschhandel mit dem Satan - dieser Gedanke wäre seiner Allmacht abträglich und würde sie zunichte machen. So ist die Theologie in eine ausweglose Situation geraten; es gelingt ihr nicht, den Opfergedanken von seinen misslichen Implikationen zu befreien. Stattdessen bleibt der Anschein, als habe Gott den Sündenfall erzeugt, um im Anschluss daran die Erlösung bewerkstelligen zu können. Vor der Erlösung von den Folgen von Sünde und Schuld muss, weil die Bedeutung der „Bezahlung für unsere Sünden" mit der Höhe der Rechnung wächst (vgl. Markus 10, 45; 1. Timotheus 2, 5f.; 1. Korinther 6, 20), zuerst nach Kräften schuldig gesprochen werden. Der Größe des göttlichen Opfers entspricht die Macht der Sünde des Menschen. In Schuld geboren, kann sich der Mensch nicht selbst loskaufen, nicht selbst erlösen. Das Opfer Gottes ist die einzige Rettung. Indem es Schuld tilgt, lastet es neue Schuld auf: Für immer stehen Christen in der Schuld Christi. Was er für sie getan hat, können sie niemals zurückerstatten. Aus dem Bewusstsein der Gnade (der Begnadigung des eigentlichen Opfers) erwächst das christliche Über-Ich.

So wirkt sich die das Verhältnis zwischen Gottvater und Gottsohn prägende Opferstruktur auch auf Ich, Selbstbild und Lebenswandel des Christen aus. Gott will durch sein Opfer die Menschen in Liebe an sich binden. Sein Opfer ist Ansporn für das Selbstopfer der Gläubigen. Sich selbst opfern heißt Askese üben. In der Entsagung wird aus einmaligem Verzicht das permanente Opfer. Dabei erweist sich, dass seine Voraussetzung, die Schuld, in und durch den Opfervollzug nicht abgetragen, sondern - im Gegenteil - immer wieder aufs Neue bestätigt wird. Das permanente Opfer, weit davon entfernt Schuld zu tilgen, bestätigt die Sünde und macht sie groß. Der Kreislauf aus göttlichem Gebot (Verbot), dessen Missachtung (Übertretung) durch den Menschen, der Sünde und deren Sühne durchs Op-

---

[32] Vgl. Slavoj Zizek: Die gnadenlose Liebe, Frankfurt am Main 2001, S. 39.

fer ist prinzipiell nicht zu durchbrechen - ein Glied ist die Bedingung des anderen und jedes dauerhaft auf jedes andere verwiesen. Dabei weiß jeder, dass das Opfer des Gottessohnes ohnedies nicht unmittelbar und eindeutig wirkt. Es stellt das erwartete Heil nicht her, sondern schafft nur die Bedingung seiner Möglichkeit - um der Freiheit des Menschen willen, wie es heißt.

Mythen der Schuldabwehr, historisch verursacht

Die theologischen Reflexionen über Sinn und Bedeutung des Opfers - des Opfers Gottvaters, des Opfers Abrahams, des Kreuzesopfers Jesu - bezeugen die Fruchtbarkeit religiöser Phantasiebildungen ums Kinderopfer. Außenstehende kämen gewiss nicht auf den Gedanken, die Hinrichtung des Mannes aus Nazareth am Kreuz durch die römische Besatzungsmacht Palästinas mit einer Opferung, gar einem Kinderopfer, in Verbindung zu bringen. Genau dies aber unternehmen fromme Spekulation und christliche Theologie, die der Phantasie die Weihe geben. Bei der Frage nach Logik, Tatsachen und Wahrscheinlichkeiten hält man sich dabei nicht auf. Zwar wird die Hinrichtung des Gottessohnes den Juden zum ewigen Vorwurf gemacht; gleichzeitig aber gilt sein Tod als Opfer der Gerechtigkeit des Vatergottes oder als freiwillige Selbstopferung zur Tilgung der Sünden oder beides gleichzeitig. Die Deutung des Todes Jesu als notwendigem Opfer trägt reichlich Gewinn, stellt sie doch das Geschehen um seine Person ins Licht der Verheißung aller Kinderopfer: Denen, die daran glauben, wird Heil und Segen, Machtzuwachs und ewiges Leben zuteil.

Wenn Erzählungen nicht auf realen Ereignissen, sondern auf Vorstellungen basieren, legt sich die Frage nach ihrem Sinn, ihrem Zweck und ihrer Verursachung nahe. Welche Absichten verfolgen sie? Was hat sie hervorgebracht, was hält sie lebendig? Weshalb und mit welcher Wirkung werden die offensichtlich unzutreffenden Beschuldigungen, die sie beinhalten, thematisiert? Mit diesen Fragen kommen Verursachungsmotive in den Blick, die kaum handfest zu beweisen, vielleicht nur zu erahnen und bestenfalls mit Wahrscheinlichkeitsargumenten plausibel zu machen sind.

Die Betrachtung der Erzählung über die Opferung Isaaks machte die Herkunft des Kinderopfermotivs aus der Mythologie deutlich - der transkulturelle Inhalt wird in die Überlieferung des Stammvaters Abraham eingebaut und trägt damit als Teil eines Gründungsmythos zur Fundierung des Daseins Israels bei. Einen ursprünglichen historischen Anlass für das alte mythische Kinderopfermotiv gibt es nicht. Seine Vorgeschichte ist auf kein geschichtliches Faktum reduzierbar - erst sekundär wurde es historisiert. So beginnt und endet der Mythos mit der Geschichte seiner Wirkung.

Mythisches ist nicht von individueller, sondern von allgemeiner Bedeutung und deshalb allen möglichen Situationen adaptierbar. Als traditionelles Antwortmuster weckt es Einverständnis. Als kulturbedingte Bilder sind die Mythen überall in der Geschichte der Menschheit auf die gleichen Grundfragen bezogen, deren Ähnlichkeit mit den basalen Bedingungen des menschlichen Lebens zusammenhängt - Fragen des Überlebens und Zusammenlebens zum Beispiel von Eltern und Kindern, Vätern und Söhnen. Dauerhaft und wenig veränderlich präsentiert sich das überkommene Material; seine jeweilige Bezugnahme hingegen ist kulturell variabel und für unterschiedliche Verwendungssituationen offen. Immer wieder werden dieselben Fragen aufgeworfen, Probleme, die dringender Entscheidung bedürfen; dann greifen die Menschen auf traditionelle Antwortmuster zurück; sie machen sich die Mythen dienstbar, indem sie sie auf die jeweils gegebenen historischen und kulturellen Lebensbedingungen beziehen. Kinderopfergeschichten lassen keinen Zweifel an den bestehenden Machtverhältnissen aufkommen. Obgleich am Rande des Vorstellbaren angesiedelt, fördern sie Zustimmung; sie machen Angst und dienen der Unterwerfungsbereitschaft der Jüngeren unter die Älteren.

Mehr noch. Unschwer ist festzustellen, dass das Alte Testament das Thema Kinderopfer in unterschiedlichen Texttypen präsentiert: nicht nur in mythisch gehaltenen Erzählungen (Abraham und Isaak), sondern auch in theologisch motivierter Pseudohistoriographie (Jephta, Mescha) und in aggressiv-polemischen Traktaten (Sepharwiter), die Fremde, Andersgläubige, Abweichler von den eigenen Überzeugungen und immer wieder die eigenen Vorfahren (Prophetentexte) attackieren. Offenbar zielen diese Geschichten auf unterschiedliche Zwecke ab. In polemischer Zuspitzung - zum Beispiel in der Zuschreibung kultischer Kinderopfer an die Adresse Anderer, Fremder - stellt es die empörten Denunzianten in ein und denselben Kreis. Wenn das Motiv je neuen Sprechanlässen dienstbar gemacht und veränderten Argumentationszusammenhängen eingepasst wird, wechselt seine Bedeutung nach der jeweiligen Verwendung, so dass noch im Nachhinein aus der Orientierung des jeweiligen Textes seine Funktion erschlossen werden kann.

Meine These lautet, dass es neben dieser Vielfalt sekundärer Zwecke eine primäre Funktion der Kinderopfermythen gibt, die darin besteht, Schuld abzuwehren. Kinderopfer-Erzählungen sind Schuldabwehr-Geschichten. Ältere (Väter) schreiben, was sie Jüngeren (Kindern, Söhnen) angetan haben und ihnen anzutun verpflichtet scheinen, höheren Mächten zu. Die ursächlichen Schuldgefühle sind durchaus begründet, rühren sie doch von dem weiten, möglicherweise allgemein verbreiteten Brauch her, Kinder angesichts faktischer oder vorgestellter Nötigung durch die gegebenen Verhältnisse in einer Art Brutpflege zu beseitigen. Demnach sind die überall anzutreffenden Kinderopfermythen und -erzählungen Zeugnisse der historischen Praxis, Kinder zu töten und auszusetzen. Davon geben sie Kunde; sie bearbeiten die Erinnerung daran, indem sie sie religiös motiviert erscheinen lassen.

Wahrscheinlich wurden in allen frühen Kulturen der Geschichte Kinder getötet. Dies geschah um des Überlebens ihrer Geschwister, ihrer Familien, ihrer Clans willen. Schwacher, kranker, überzähliger Nachwuchs wurde zum Vorteil des stärkeren, gesunden „geopfert" - eine Praxis die oft Mädchen, seltener Jungen traf. Infantizid aus unterschiedlichen Motiven und mit schwankender Intensität begleitet die Menschheitsgeschichte. Die vielfältigen Formen der Preisgabe von Kindern reichten vom planvollen Weggeben über das Verwahrlosenlassen bis zu direkter Tötung oder Aussetzung, die ein Wiederauffinden unwahrscheinlich machte. Subtilere Formen des Infantizids halten sich bis in die Neuzeit.

Ob Kindestötung als kulturelle Praxis eine Konsequenz biologischer Grundgegebenheiten darstellt, ist schwer sagen. Bei der Beobachtung von Tieren kann man feststellen, dass Junge von Müttern, die bereits zwei- bis dreimal geworfen haben, am kräftigsten sind und dass manche Weibchen erst nach dem zweiten Wurf mütterliche Gefühle entwickeln. Bisweilen töten sie die Jungen des ersten Wurfes oder fressen sie auf. Infantizid und

Kannibalismus der eigenen Jungen soll es bei fast allen Affenarten geben[33]. So scheint die Tötung Erstgeborener tierischem und menschlichem Verhalten gemeinsam zu sein. „Die Erstgebärenden der Tiere und der Menschen sind", so meinte Hans von Hentig, „in endokrinem Kurzschluss manchmal solchem Raptus unterworfen."[34] Vielleicht liegt den in aller Welt verbreiteten religiösen Vorstellungen um die erste Frucht, das erste Junge, das erste Kind, das um des Segens, der Abwehr von Unheil und der Fruchtbarkeit willen geopfert werden soll, ein ontogenetisches Motiv zugrunde.

Jedenfalls war der Brauch, Erstgeborene zu töten, in den ältesten Kulturen verbreitet, und was für Griechen, Germanen und Römern gilt, dürfte bereits vor dem Eintritt dieser Kulturen in die Geschichte an der Tagesordnung gewesen sein. Schwächliche Kinder pflegten die alten Ägypter mit Papyruswerk zu ersticken. In Griechenland scheint es regelrechte Aussetzungsriten gegeben zu haben: Gegenstück zur Zeremonie der Amphidromien, bei denen Neugeborene am fünften oder siebten Tag in den häuslichen Bereich eingegliedert und von ihrem Vater offiziell anerkannt wurden[35]. Nahm der Vater das Kind nicht an, so wurde es vom häuslichen Herd verwiesen, aus dem Haus und vom bebauten Land verbannt und in einem abgelegenen Bereich, dem *agrios*, der Wildnis, ausgesetzt. Einige griechische Staaten hatten die Aussetzung gesetzlich geregelt. In Sparta zum Beispiel stand die Entscheidung, ob ein Kind aufgezogen oder verstoßen wurde, nicht dem Vater, sondern den Phylenvorstehern (dem Ältestenrat) zu. Der Ort der Aussetzung war eine Schlucht namens Apothetes, „Ort der Niederlegung"[36]. Nach der solonischen Gesetzgebung war Kinderverkauf eigentlich verboten, aber in hellenistischer Zeit breitete sich der Brauch aus, an-

---

[33] Vgl. Itani, Junichiro: Intraspecific killing among non-human primates, in: Journal of Social and Biological Structure 5 (1982) 4, S. 361 - 368.
[34] Vgl. Hans von Hentig: Das Verbrechen, Band 3, Berlin 1963, S. 237. Siehe auch Sigurd Graf von Pfeil: Das Kind als Objekt der Planung. Eine kulturhistorische Untersuchung über Abtreibung, Kindestötung und Aussetzung, Göttingen (Jahr?), S. 168.
[35] Vgl. Claudia Müller: Kindheit und Jugend in der griechischen Frühzeit. Eine Studie zur pädagogischen Bedeutung von Riten und Kulten, Giessen 1990.
[36] Vgl. Louise Bruit-Zaidmann und Pauline Schmitt Pantel: Die Religion der Griechen. Kult und Mythos, München 1994, S. 67.

stelle von Darlehenszinsen Minderjährige zur Dienstleistung zu verpfänden oder zu verkaufen[37].

Wie in Griechenland so war auch im römischen Altertum die Aussetzung neben Empfängnisverhütung und Abortus ein gebräuchliches Mittel der Familienplanung; sie traf vor allem Mädchen[38]. Das Zwölftafelgesetz (450 v. Chr.) verpflichtete dazu, behinderte Kinder, die als ein schlimmes Omen galten, auszusetzen - eine Praxis, die auch in späteren Zeiten beibehalten wurde. „Mißgeburten löschen wir aus, Kinder auch, wenn sie schwächlich und mißgestaltet geboren worden sind, ertränken wir; und nicht Zorn, sondern Vernunft ist es, vom Gesunden Untaugliches zu sondern", erklärte Seneca (4 v. Chr. - 65 n. Chr.)[39].

Aus dem vorislamischen Arabien sind Klagen über Kinder überliefert, deren Dasein Unglück und Armut über ihre Familien bringt - besser wäre es, nur wenige von ihnen ernähren zu müssen. Diese Einstellung ist charakteristisch für Gruppen, die schwierigen Lebensbedingungen ausgesetzt sind und deren Alltag von Not und Armut dermaßen bedroht ist, dass sie Neugeborene, insbesondere Mädchen, töten müssen, um das Überleben des Clans zu gewährleisten. Erst Mohammed hat diesen Brauch bekämpft und sich nachdrücklich für den Schutz und die Fürsorge von Waisen eingesetzt (zum Beispiel Koran 81: 8f.; 6: 137, 140). Er verbot ihre Tötung und sprach Kindern ein generelles Recht auf Leben und Schutz zu (Koran 4: 11; 17: 31; 6: 151)[40].

Wie in Rom, so lag auch in den vorchristlichen Gesellschaften Germaniens die Entscheidung über Leben oder Tod eines Kindes in der Hand des Vaters: Wenn er das Neugeborene vom Boden aufhob, ihm einen Namen gab, es mit Wasser besprengte und wenn ihm die Mutter die erste Nahrung

---

[37] Vgl. Marieluise Deissmann-Merten: Zur Sozialgeschichte des Kindes im antiken Griechenland, in: Jochen Martin und August Nitschke (Hg.): Zur Sozialgeschichte der Kindheit, Freiburg/München 1986, S. 267ff.
[38] Vgl. Hildegard Handke: Die Kindestötung - rechthistorisch und rechtsvergleichend, Breslau-Neukirch 1937, S. 4ff.
[39] Vgl. Emiel Eyben: Sozialgeschichte des Kindes im römischen Altertum, in: Martin und Nitschke (Hg.): Zur Sozialgeschichte der Kindheit, S. 317ff.; S. 318.
[40] Vgl. Harald Motzki: Das Kind und seine Sozialisation in der islamischen Familie des Mittelalters, in: Martin und Nitschke (Hg.): Zur Sozialgeschichte der Kindheit, S. 391ff.

reichte, galt sein Leben als unantastbar. Von Tötung und Aussetzung waren vor allem missgestaltete Kinder betroffen. Im Laufe der Jahrhunderte entwickelte das christianisierte Europa immer bessere Formen der Aufnahme behinderter, unehelicher und verwaister Kinder, die man vor allem in Klöstern, Findelhäusern und Waisenspitälern unterbrachte.

In manchen Gegenden Europas war es aber noch nach der Jahrtausendwende üblich, unliebsame Kinder zu töten[41].

Dass die Praxis Kinder zu töten wenig Spuren hinterließ und selten offen zu Tage trat, überrascht nicht - die Sache wurde ohne Aufhebens erledigt. Mit der hier vertretenen These rückt ein neuer Korpus von Zeugnissen der Kindestötung in den Blick: die Mythen des Kinderopfers. Ihre wahre Botschaft geben sie nur ungern preis, erst wollen sie entschlüsselt werden. Ihre primäre Funktion besteht darin zu entlasten. Kindestötung wird der moralischen Zensur enthoben. Dies geschieht dadurch, dass sie in göttlichem Willen begründet scheint.

Von den Gefühlen früherer Menschen wissen wir nichts, jedenfalls nichts Gewisses. Welche Emotionen mögen mit den Kinderopfererzählungen verbunden, von ihnen erzeugt, genährt oder durch sie erledigt worden sein - Angst oder Entsetzen, Abscheu oder Wut, Faszination oder Schauder? Selbst wenn man sich bei dieser oder jener Geschichte für das eine oder das andere glaubt entscheiden zu können, weiß doch niemand, ob die bei uns heute ausgelösten Gefühle denen ähnlich sind, die die Erzähler bewegten. Wir wissen auch nicht, ob die Tradenten dieselben Affekte verursachen wollten, die sie selbst verspürten. Was zum Beispiel hat die Glaubensgemeinschaft, die sich zu „unserem Vater Abraham" bekannte und von ihm behauptete, er habe seinen geliebten Sohn beinahe geopfert, angesichts der Erkenntnis empfunden, einen Kinderopferer als Ahnen zu haben? Oder waren sie, indem sie sich mit Isaak identifizierten, vielleicht von der Vorstellung beseligt, sich selbst als zu opfernde und gerade noch einmal davongekommene Kinder fühlen zu dürfen? Schwer zu entscheiden. Noch schwieriger ist es herauszufinden, ob die Erzählung durch die Jahrhunderte hindurch die Absichten auch wirklich erfüllte, mit der sie auf den Weg geschickt

---

[41] Vgl. Klaus Arnold: Kindheit im europäischen Mittelalter, in: Martin und Nitschke (Hg.): Zur Sozialgeschichte der Kindheit, S. 443ff.

wurde. Die Rezeptionsgeschichte der Kinderopfermythen gibt von den durch sie wachgerufenen Empfindungen wenig preis. Deutlicher zeichnen sich die Zwecke ab, die mit den Erzählungen verfolgt wurden und über die die Texte und Kontexte Aufschluss geben, in denen man sie präsentierte.

Wer die Kinderopfermythen als religiös verbrämte Zeugnisse tatsächlicher Kindestötungen liest, findet in ihnen die Spuren der Ereignisse, auf die sie sich beziehen. Die inhaltsanalytische Deutung kann darüber Aufschluss geben. Bezeichnend ist vor allem die in den Texten unterstellte Begründung für die Tötung der Kinder: Der Nachwuchs muss beseitigt werden, weil es die Götter so wollen. An die Stelle des tötenden Vaters, der aussetzenden Mutter tritt eine Gottheit, die den Mord befiehlt, weil sie seiner bedarf - ihr ist der Akt geschuldet. Dem himmlischen Zwang kann sich kein Mensch entziehen. Genauso gewichtig und überwältigend sind auch die Zwecke, die mit der Kindestötung verfolgt werden: Es geht um Machtsteigerung und Sieg über unbezwingbare Feinde, um Todesüberwindung und Unsterblichkeit - Wünsche und Absichten der Opfernden, die fast jeden denkbaren Verlust einschließlich der Hingabe von Kindern verschmerzbar erscheinen lassen.

Die den Mythen des Kinderopfers und des Kinderkannibalismus eigentümliche Ambivalenz gegenüber dem Objekt der Handlung ist als historische Reminiszenz deutbar. Das Kind ist gleichzeitig wichtig und nichtig, gefährlich und heilig. Im Opfervorgang wird es auf extreme Weise traktiert: erstochen, geschächtet, zerstückelt, verbrannt. Das dermaßen aggressiv malträtierte Wesen ist wertvoller Besitz und bevorzugtes Liebesobjekt des Opfernden, seine Tötung bedeutet ihm höchsten Verlust, schmerzlichste Hingabe. Der Ambivalenz des Opfers entspricht die Ambivalenz des kannibalischen Aktes: Das getötete Kind wird zuerst gebraten oder gekocht, zerrissen und zerlegt; dann aber verschlingt es der Kinderfresser, vereinnahmt es, verwandelt es sich an. Der Widerspruch zwischen Aggression und Intimität gegenüber dem Kind ist zentrales Kennzeichen der Opfer- und Kannibalismusgeschichten, die ambivalente Gefühle dem Objekt gegenüber auf eine mythologische Ebene heben und theologisch begründet erscheinen lassen.

Kindestötung und Kindesaussetzung hätten nicht im mythologischen Gedächtnis bewahrt werden müssen, wären sie wie selbstverständlich und ohne

Bedauern vollzogen worden. Vielmehr stellte sich dem, was zweckmäßig und geboten schien, Widerstand entgegen. Dieser Widerstand ist die Bedingung für die Entstehung der Kinderopfer- und Kannibalismusmythen. Die Erzählungen bringen die extrem widersprüchlichen Gefühle zum Opferobjekt aus ihrer unerträglichen Gleichzeitigkeit in ein leichter aushaltbares Nacheinander. Der Tötung und Zerstückelung folgt mit dem Essen die Einverleibung und Anverwandlung des Opfers, und unter himmlischem Bezug wandeln sich Verursachung wie Zweck der Handlung: Das Kind wird nicht einfach nur beseitigt, sondern auf höchst bedeutsame Weise verwertet.

Das Dasein der Kinderopfermythen dokumentiert, dass die Menschen davor zurückscheuten, das zu tun, was vielleicht nötig war - ihre Kinder auszusetzen und zu töten. Als sie den Widerstand überwanden, blieben Schuldgefühle zurück. Darauf ist der Mythos des Kinderopfers gegründet. Er transformiert Schuld und macht sie damit aushaltbar. Indem sich Tötung zum Opfer wandelt, das Handlungsmotiv in die Verantwortung überirdischer Mächte übergeht, wird Schuld abgetragen. Dies schafft Erleichterung, Entschuldigung, Entschuldung.

Wenn der Mythos Schuldgefühle dadurch erledigt, dass er Verantwortung auf höhere Mächte und Zwecke verschiebt, drückt er ein frühes Moralempfinden der Menschen aus. Kinderopfermythen sind Dokumente sich regender Moral, die sich in den Mythen des Kinderopfers Entlastung verschafft. Die Vorstellung kinderkannibalischer Gottheiten ist der Preis der Moral. Ihnen sind die Verantwortlichen so unausweichlich ausgeliefert wie den herrschenden Verhältnissen, von denen sie sich zur Tötung ihres Nachwuchses gezwungen sehen.

Dies ist der primäre Sinn der Kinderopfererzählungen; daneben erfüllen sie vielerlei sekundäre Zwecke. In unterschiedlichen Kontexten übernehmen Mythenmotive argumentative, begründende und vor allem polemische Funktionen. Wenn mit der Anklage anderer als Kinderopferer auch deren Kult denunziert wird, geht es statt um Entschuldigung um Beschuldigung: Über die Jahrtausende hinweg erhält das mythische Kinderopfermotiv in dieser Bedeutung seine unversiegbare Plausibilität und Faszinationskraft, die bis in die Gegenwart hinein immer wieder neue phantastische Gestaltungen hervorruft.

Projektion oder Realität?

Der Beitrag von Psychohistorie und Ethnopsychoanalyse zum Verstehen kultureller Phänomene

Evelyn Heinemann

Inhalt

1. „Psychohistorie" bei Freud

2. Ethnologische und historische Revisionen Freudscher Theorien

3. Mißverständnisse einer an Freud orientierten Geschichtsforschung

4. Psychohistorie und Ethnopsychoanalyse

5. Heiligkeit, Besessenheit und Hysterie aus psychohistorischer Sicht

Literaturverzeichnis

Einleitung

Die Frage „Projektion oder Realität" scheint mir beim Prozeß des Verstehens geschichtlicher und kultureller Phänomene von entscheidender Bedeutung zu sein. Nur zu oft werden Phänomene auf dem Hintergrund der eigenen individualgeschichtlich erworbenen psychischen Struktur gedeutet.

Mein Beitrag geht dieser Frage auf verschiedenen Ebenen nach. Im ersten Kapitel beschreibe ich Freuds Verständnis von Psychoanalyse und Geschichte, seine gemeinhin bekannte Theorie von Phylo- und Ontogenese, seine Urzeithypothesen und die These des Erstarkens des Über-Ichs im Laufe der Geschichte.

Im zweiten Kapitel beginne ich mit einer Fußnote Freuds in Totem und Tabu (1912), in der er eine Kritik an der Erkennisgewinnung ethnologischer Theorien leistet. Leider verfolgte Freud diesen im Hinblick auf die Frage projektiver Verzerrungen der Realität vielversprechenden Ansatz nicht weiter und entwickelte stattdessen eine ausgesprochen historisch unreflektierte, auf Projektion beruhende Theorie zu den Phänomenen der Hexenverfolgung. Hexen sind bei Freud Besessene und gleichzeitig hysterische Frauen. Freud sah sogar die psychoanalytische Behandlungsmethode als Nachfolgerin der Foltermethoden.

Im dritten Kapitel kritisiere ich die Arbeit von Lyndal Roper (1995). Roper sucht in ihrer Arbeit als Geschichtswissenschaftlerin Freuds Thesen über Hexen zu belegen und kommt zu teilweise absurd anmutenden Behauptungen.

Das vierte Kapitel beschäftigt sich mit methodischen Fragen des psychoanalytischen Verstehens kultureller und geschichtlicher Phänomene. Ich stelle die Ansätze von deMause, Gay, Devereux und Parin vor. In Kritik an Parins ichpsychologischem Verständnis von Anpassungsmechanismen suche ich an meinen Arbeiten zur Ethnopsychoanalyse aufzuzeigen, daß jede Kultur gerade die Konflikte erzeugt, für die sie dann die entsprechenden Anpassungsmechanismen im Sinne der Triebabwehr und Abwehr narzißtischer Konflikte bereitstellt. Dies sichert die Identifikation mit der Kultur und die emotionale Abhängigkeit von dieser.

Im letzten Kapitel suche ich dann die Unterschiede in den Konflikten besessener Frauen, heiliger Frauen, der Kinderzeugen und Hexen herauszuarbeiten. Die gesellschaftliche Entwicklung in dieser Zeit kann ich hier aus Raumgründen nicht darstellen, an dieser Stelle sei auf meine Arbeiten zur Hexenverfolgung (1998, 2000) verwiesen. Die Analyse der genannten Phänomene führt dann zu einer Kritik an psychoanalytischen Theorien zum Über-Ich. Die aus der heutigen Behandlung entwickelten Theorien zum frühen Über-Ich werden durch historische Arbeiten in ihrer Allgemeingültigkeit in Frage gestellt. So kann auch die psychohistorische und ethnopsychoanalytische Arbeit zur Theoriebildung der Psychoanalyse beitragen, indem sie projektive Verzerrungen historisch und kulturell aufspürt und relativiert.

1. „Psychohistorie" bei Freud

Das Verhältnis von Psychoanalyse und Geschichtswissenschaft erscheint in der gegenwärtigen Literatur als spannungsreich. Hat Freud selbst durch seine Theorien der von Peter Gay (1994) verzeichneten Psychoanalyse-Feindlichkeit oder zumindest der eher ablehnenden Haltung der Historiker gegenüber der Anwendung psychoanalytischer Erkenntnisse auf geschichtliche Phänomene Vorschub geleistet?

So wird Freud vorgeworfen (Kimmerle 1998, S. 95, S. 161, S. 172), daß er Geschichte als Lebensgeschichte begreife, die er mit aufeinanderfolgenden infantilen Entwicklungsstufen gleichsetze. Geschichtliche Differenzen würden getilgt und kulturhistorische Phänomene arglos in individualpsychologische Diagnosen einbezogen. Die Analogie von Phylo- und Ontogenese würde biologisch verklären, indem sie die Vererbung erworbener Eigenschaften in einem verdrängten Unbewußten postuliere. Was sich in unvergänglicher Vergangenheit ereignet habe, menschheitsgeschichtliche Erfahrungen, würde unbewußt traditionsbildend transgenerationell weiter wirken, Gegenwart und Vergangenheit entschlüsselten sich so wechselseitig. Wo bleibe das Wahrheitskriterium? Die Geschichtlichkeit der eigenen Wahrnehmungsform bleibe bei Freud undurchschaut. Gegenwart und Vergangenheit bestätigten sich in einem Zirkel gegenseitig. Methoden und Theorien der Gegenwart würden den Menschen früherer Zeiten übergestülpt. Zumindest sei fraglich, ob psychoanalytische Interpretationen des Zurückblickenden zur Vertiefung der inneren Beweggründe führten oder nur eine Interpretation darstellten, die den Wissenshorizont einer späteren Zeit über die geschichtlich frühere stülpe. Geschichte werde bei Freud in das triebtheoretische Zusammenspiel von Psychologie und Biologie aufgelöst.

Freud beschäftigte sich bereits früh in Totem und Tabu (1912) mit dem Verhältnis von Psychoanalyse, Geschichte und Ethnologie. In dieser Arbeit entwickelte er die Theorie einer Analogie von Phylogenese und Ontogenese, einer Menschheitsentwicklung vom mythisch-animistischen, über das religiöse Stadium bis hin zum wissenschaftlichen Weltbild. Diesen Gedanken der Fortschrittsentwicklung führte er später in „Die Zukunft einer Illusion" (1927) weiter aus. Zunächst schreibt Freud über die Entwicklung der Menschheit:

„Außerdem aber ist er (der Mensch der Vorzeit; E.H.) noch in gewissem Sinne unser Zeitgenosse; es leben Menschen, von denen wir glauben, daß sie den Primitiven noch sehr nahe stehen, viel näher als wir, in denen wir daher die direkten Abkömmlinge und Vertreter der früheren Menschen erblicken. Wir urteilen so über die sogenannten Wilden und halbwilden Völker, deren Seelenleben ein besonderes Interesse für uns gewinnt, wenn wir in ihm eine gut erhaltene Vorstufe unserer eigenen Entwicklung erkennen dürfen" (1912, S. 5).

Natürlich sind Begriffe wie primitiv, wild oder halbwild, auch wenn sie durch das Wörtchen „sogenannt" abgeschwächt werden sollen, in besonderem Maße abwertend und für kulturhistorische und ethnologische Arbeiten sehr befremdlich. Die Gleichsetzung „wilder Völker" der Gegenwart mit den Völkern der Urzeit macht die Rezeption des Textes nicht weniger einfach. Sehen wir einmal von den sprachlichen Problemen ab, so hat Freud sich zumindest für die äußere Realität dieser Völker interessiert.

In „Totem und Tabu" referiert Freud ausführlich ethnologische Studien seiner Zeit, die er weitgehend den um 1912 vielbeachteten Werken von Frazer „The Golden Bough" (1910) and „Totemism and Exogamy" (1887) entnimmt. Frazer selbst war Jurist, beschäftigte sich aber mit der Antike und den ethnologischen Beschreibungen vor allem der Bevölkerung Uraustraliens und Polynesiens. Er selbst unternahm keine Feldforschungen. Freud war fasziniert von den Schilderungen über das Verhalten von Menschen in anderen Kulturen, deren Mythen und Riten. Er glaubte, Ängste und Verhaltensweisen wiederzuerkennen, die ihm aus der Krankenbehandlung bekannt waren. Er projizierte dabei allerdings nicht einfach Komplexe seiner Zeit (etwa den Ödipuskomplex in der Form seiner Zeit) auf die fremde Kultur, sondern suchte aus dem Verständnis des Gelesenen heraus dessen psychische Bedeutung zu verstehen und kam dabei zu höchst interessanten Erkenntnissen. Die Erkenntnis der unbewußten Bedeutung des Totemtieres zur Sicherung der Inzestschranke und der Exogamie ist keine Projektion von Erkenntnissen aus der Zeit Freuds auf die frühere Zeit. Wohl aber erkannte Freud Inzestangst und die spezifische Abwehrform derselben in der fremden Kultur, nämlich Totemismus anstelle der ödipalen Konstellation. Der Totemmahlzeit liege Haß und der Wunsch nach Identifizierung der Söhne zugrunde, der Vergötterung stehe eine unbewußte Feindseligkeit entgegen und die ambivalente Gefühlseinstellung sei grundlegend für die Religionsbildung. Totemismus beschreibt Freud als religiöses und soziales System, also nicht einfach als eine Analogie zur Individualpsychologie. Über die Ambivalenz schreibt er:

„Das Verbot verdankt seine Stärke - seinen Zwangscharakter - gerade der Beziehung zu seinem unbewußten Gegenpart, der im Verborgenen ungedämpften Lust, also einer inneren Notwendigkeit, in welche die bewußte Einsicht fehlt" (1912, S. 40).

Magie und Totemismus werden nicht abwertend als Aberglaube abgetan, sondern deren psychische Funktion als Träger von Projektionen beschrieben. Trägt Freud nicht durch das Verstehen des Sinnhaften zur Aufwertung des Fremden bei?

Freud erkannte Ängste und Entwicklungsaufgaben wieder, die auch für die Menschen seiner Zeit galten, zum Beispiel Inzestangst oder Idealisierung eines Gottes als Reaktionsbildung gegen Aggression. Diese Erkenntnisse werden nicht einfach übergestülpt, sondern in der kulturspezifischen Form, wie etwa dem Totemismus, wahrgenommen. Er glaubte, grundlegende Gefühle wie Aggression, Inzestangst, Wunsch nach Identifizierung, Gefühlsambivalenz und unbewußte Gegensteuerungen (später Reaktionsbildung genannt), Schuld, Reue u.a. wiederzuerkennen und damit war für Freud die Anwendbarkeit der Psychoanalyse keine Frage. Diese grundlegenden Gefühle führte er auf eine Theorie der Mischung von Vererbung und Erworbenem zurück. Daß rückschließend die Theorie der Psychoanalyse wiederum bestätigt wird, wenn sich selbst in der Geschichte und in von unseren völlig verschiedenen Kulturen Ängste, Abwehrmechanismen und psychische Anpassungsprozesse finden lassen, macht Freuds Faszination für Geschichte und Ethnologie verständlich.

Die Vererbung psychischer Affekte und Reaktionsweisen war für ihn dabei keineswegs eine einfache Frage simpler Instinkte, sondern ein kompliziertes Produkt einer möglicherweise angeborenen Disposition und einer erworbenen Organisation: „Die Verbote haben sich nun von Generation zu Generation erhalten, vielleicht bloß infolge der Tradition durch elterliche und gesellschaftliche Autorität. Vielleicht aber haben sie sich in den späteren Organisationen bereits 'organisiert' als ein Stück ererbten psychischen Besitzes. Ob es solche 'angeborenen Ideen' gibt, ob sie allein oder im Zusammenwirken mit der Erziehung die Fixierung der Tabu bewirkt haben, wer möchte es gerade für den in Rede stehenden Fall zu entscheiden? Aber aus der Festhaltung der Tabu ginge eines hervor, daß die ursprüngliche Lust, jenes Verbotene zu tun, auch noch bei den Tabuvölkern fortbesteht. Diese haben also zu ihren Tabuverboten eine ambivalente Einstellung; sie möchten im Unbewußten nichts lieber als sie übertreten, aber sie fürchten sich auch davor; sie fürchten sich gerade darum, weil sie es möchten, und die Furcht ist stärker als die Lust. Die Lust dazu ist aber bei jeder Einzelperson des Volkes unbewußt wie bei dem Neurotiker. Die ältesten und wichtigsten Tabuverbote sind die beiden Grundgesetze des Totemismus: Das Totemtier nicht zu töten und den sexuellen Verkehr mit dem Totemgenossen des anderen Geschlechts zu vermeiden" (1912, S. 41/42). Den Affekt der Ambivalenz fand Freud in der Verehrung und Vergötterung, dem Königstabu, dem im Unbewußten eine intensive feindselige Strömung entgegenstehe. Für verschiedene Kulturepochen erkennt Freud die Unterschiede in Bezug auf Ambivalenz an. Der Affekt wird kulturell verschieden bearbeitet: „Wenn wir auch an der Wesensgleichheit von Tabuverbot und Moralverbot festhalten, so wollen wir doch nicht bestreiten, daß eine psychologische Verschiedenheit zwischen beiden bestehen muß. Eine Veränderung in den Verhältnissen der grundlegenden Ambivalenz kann allein die Ursache sein, daß das Verbot nicht mehr in der Form des Tabu erscheint" (1912, S. 88).

Auch wenn Freud Affekte in der Krankenbehandlung verstehen lernte, so sah er den Unterschied zwischen Neurose und den Affekten, die er in geschichtlichen Phänomenen wahrzunehmen glaubte: „Wir haben uns bisher in der analytischen Betrachtung der Tabuphänomene von den nachweisbaren Übereinstimmungen mit der Zwangsneurose leiten lassen, aber das Tabu ist doch keine Neurose, sondern eine soziale Bildung; somit obliegt uns die Aufgabe, auch darauf hinzuweisen, worin der prinzipielle Unterschied der Neurose von einer Kulturschöpfung wie das Tabu zu suchen ist" (1912, S. 88).

Freud entdeckte in sozialen Phänomenen psychische Funktionen, die ihm aus der Krankenbehandlung vertraut waren, verstand die sozialen Phänomene dabei aus der Auseinandersetzung mit den ihm vorliegenden Beschreibungen der fremden Kultur. Problematisch erscheint mir dabei, daß Freud die historische Entwicklung einseitig als Fortschritt bewertet und diese mit den Fortschritten der Individualentwicklung vergleicht, wobei Freud hier auch den ihm vorliegenden Autoren seiner Zeit folgte. Die Betrachtung des zeitlich Früheren als Kindheit der Menschheitsentwicklung ist verständlicherweise für Historiker unannehmbar: „Wenn wir im Nachweis der Allmacht der Gedanken bei den Primitiven ein Zeugnis für den Narzißmus erblicken dürfen, so können wir den Versuch wagen, die Entwicklungsstufen der menschlichen Weltanschauung mit den Stadien der libidinösen Entwicklung des Einzelnen in Vergleich zu ziehen. Es entspricht dann zeitlich wie inhaltlich die animistische Phase dem Narzißmus, die religiöse Phase jener Stufe der Objektfindung, welche durch die Bindung an die Eltern charakterisiert ist, und die wissenschaftliche Phase hat ihr volles Gegenstück in jenem Reifezustand des Individuums, welcher auf das Lustprinzip verzichtet hat und unter Anpassung an die Realität sein Objekt in der Außenwelt sucht" (1912, S. 110f.).

In seiner Arbeit „Die Zukunft einer Illusion" (1927) betrachtet Freud geschichtliche Entwicklung uneingeschränkt als Fortschritt hin zu wissenschaftlicher Betrachtungsweise und Vernunft. Diese Entwicklung beruhe auf einem zunehmenden Erstarken des Über-Ichs. Über die Entwicklung schreibt Freud: „Es ist nicht richtig, daß die menschliche Seele seit den ältesten Zeiten keine Entwicklung durchgemacht hat und im Gegensatz zu den Fortschritten der Wissenschaft und Technik heute noch dieselbe ist wie zu Anfang der Geschichte. Einen dieser seelischen Fortschritte können wir hier nachweisen. Es liegt in der Richtung unserer Entwicklung, daß äußerer

Zwang allmählich verinnerlicht wird, indem eine besondere seelische Instanz, das Über-Ich des Menschen, ihn unter seine Gebote aufnimmt" (1927, S. 332).

Dieses Erstarken des Über-Ichs sei ein höchst wertvoller psychologischer Kulturbesitz. Wegen der Gefahren, mit denen die Natur die Menschen bedroht, haben diese sich zusammengetan und die Kultur geschaffen. Dabei war nach Freud der erste Schritt, die Natur zu vermenschlichen. Wenn man in der Natur Wesen um sich habe, die man kennt, dann atme man auf, fühle sich heimisch im Unheimlichen, kann die sinnlose Angst psychisch bearbeiten. Diese Situation sei nichts Neues. Sie habe ein infantiles Vorbild. In seiner Hilflosigkeit hatte das Kind ein Elternpaar vor sich, dessen Schutz es kannte. Beide Situationen wurden einander angeglichen.

Der Mensch machte die Natur zu Göttern, um den Schrecken der Natur zu bannen und für Leiden und Entbehrungen, welche die Kultur ihm auferlegt, versöhnt zu werden. Mit der Zeit verschob sich nach Freud der Akzent, der Mensch erkannte die Naturgesetze als unabhängig an. Die menschliche Ohnmacht und Hilflosigkeit sah Freud in dieser späteren Arbeit als entscheidend für die Religionsbildung. Die Naturkräfte würden nach infantilem Vorbild personifiziert werden, um so die Natur zu beherrschen. „Eher glaube ich, daß der Mensch, auch wenn er die Naturkräfte personifiziert, einem infantilen Vorbild folgt. Er hat an den ersten Personen seiner Umgebung gelernt, daß, wenn er eine Relation zu ihnen herstellt, dies der Weg ist, um sie zu beeinflussen, und darum behandelt er später in der gleichen Absicht alles andere, was ihm begegnet, wie jene Personen. Ich widerspreche also ihrer deskriptiven Bemerkung nicht, es ist wirklich dem Menschen natürlich, alles zu personifizieren, was er begreifen will, um es später zu beherrschen, - die psychische Bewältigung als Vorbereitung zur physischen, - aber ich gebe Motiv und Genese dieser Eigentümlichkeit des menschlichen Denkens dazu" (1927, S. 344).

Entwicklung der Kultur wird bei Freud jetzt ganz unter dem Aspekt des Erstarken des Über-Ich gesehen, Entwicklung von der Unterwerfung unter religiöse Normen hin zur Verinnerlichung. „Es ist zweifelhaft, ob die Menschen zur Zeit der uneingeschränkten Herrschaft der religiösen Lehren im ganzen glücklicher waren als heute, sittlicher waren sie gewiß nicht. Sie haben es immer verstanden, die religiösen Vorschriften zu veräußerlichen und damit deren Absichten zu vereiteln" (1927, S. 361). Man sündigte, so Freud, dann brachte man Opfer oder tat Buße und war frei, um von neuem zu sündigen. Das Über-Ich ist, so gesehen, strenger als die Unterwerfung unter die Religion. „Nach dieser Auffassung wäre vorauszusehen, daß sich die Abwendung von der Religion mit der schicksalsmäßigen Unerbittlichkeit eines Wachstumsvorganges vollziehen muß, und daß wir uns gerade jetzt mitten in dieser Entwicklungsphase befinden" (1927, S. 367).

Freud sieht den historischen Wert religiöser Lehren für die psychische Entwicklung, nun sollte die rationale Geistesarbeit folgen. Die einzige Absicht seiner Schrift sei, auf die Notwendigkeit dieses Fortschritts aufmerksam zu machen: die Erziehung zur Realität und die wunscherfüllende und tröstende Kraft der Illusion der Religion zu erkennen. „Die Stimme des Intellekts ist leise, aber sie ruht nicht, ehe sie sich Gehör geschafft hat. Am Ende, nach unzählig oft wiederholten Abweisungen, findet sie es doch" (1927, S. 377).

Auf Dauer kann der Vernunft und der Erfahrung nichts widerstehen, der Widerspruch der Religion gegen beide sei greifbar, so Freud.

In „Das Unbehagen an der Kultur" (1930) beschäftigt sich Freud weiter mit der Frage der Analogie von Kulturprozeß und individueller Entwicklung. „Fassen wir aber die Beziehung zwischen dem Kulturprozeß der Menschheit und dem Entwicklungs- oder Erziehungsprozeß des einzelnen Menschen ins Auge, so werden wir uns ohne viel Schwanken dafür entscheiden, daß die beiden sehr ähnlicher Natur sind, wenn nicht überhaupt derselbe Vorgang an andersartigen Objekten" (1930, S. 499f.).

Bei der individuellen Entwicklung läge der Hauptakzent auf egoistischem Streben nach Glück, in der kulturellen Entwicklung in der Regel bei den Einschränkungen. Der Entwicklungsprozeß des Einzelnen habe besondere Züge, die wir im Kulturprozeß der Menschheit nicht wiederfinden. Die Analogie zwischen dem Kulturprozeß und der Entwicklung des Individuums in die Gemeinschaft bilde das Über-Ich aus, unter dessen Einfluß sich die Kulturentwicklung vollziehe. Das Über-Ich einer Kulturepoche habe einen ähnlichen Ursprung wie das des Einzelmenschen. Im Über-Ich sieht Freud die Verbindung zwischen kultureller und individueller Entwicklung. Dabei sei das spätere Über-Ich nicht etwa gleichzeitig das strengere. „Über den heute lebenden Primitiven haben wir durch sorgfältigere Erkundung erfahren, daß sein Triebleben keineswegs ob seiner Freiheit beneidet werden darf; es unterliegt Einschränkungen von anderer Art, aber vielleicht von größerer Strenge als das des modernen Kulturmenschen" (1930, S. 475).

Die Strenge des Über-Ichs hänge ab vom Maße der Unterdrückung der Aggression, eine Erkenntnis, die eine lineare Fortschrittsentwicklung zumindest relativieren kann. „Der wesentliche Unterschied aber ist, daß die ursprüngliche Strenge des Über-Ichs nicht - oder nicht so sehr - die ist, die man von ihm erfahren hat oder die man ihm zumutet, sondern die eigene Aggression gegen ihn vertritt. Wenn das zutrifft, darf man wirklich behaupten, das Gewissen sei im Anfang entstanden durch die Unterdrückung einer Aggression und verstärke sich im weiteren Verlauf durch neue solche Unterdrückungen" (1930, S. 489).

Freud sah allerdings auch, daß die Analogie nur eingeschränkt gesehen werden kann: „Der Kulturprozeß der Menschenart ist natürlich eine Abstraktion von höherer Ordnung als die Entwicklung des Einzelnen, darum schwerer anschaulich zu erfassen, und die Aufspürung von Analogien soll nicht zwanghaft übertrieben werden; aber bei der Gleichartigkeit der Ziele - hier die Einreihung des Einzelnen in eine menschliche Masse, dort die Herstellung einer Masseneinheit aus vielen Einzelnen - kann die Ähnlichkeit der dazu verwendeten Mittel und der zustandekommenden Phänomene nicht überraschen" (1930, S. 500).

In „Der Mann Moses und die monotheistische Religion" (1938) beschäftigt sich Freud erneut mit der Frage der Vererbung psychischer Erinnerungsspuren: „Es wird uns nicht leicht, die Begriffe der Einzelpsychologie auf die Psychologie der Massen zu übertragen, und ich glaube nicht, daß wir etwas erreichen, wenn wir den Begriff eines 'kollektiven Unbewußten' einführen. Der Inhalt des Unbewußten ist ja überhaupt kollektiv, allgemeiner Besitz der Menschen. Wir behelfen uns also vorläufig mit dem Gebrauch von Analogien. Die Vorgänge, die wir hier im Völkerleben studieren, sind den uns aus der Psychopathologie bekannten sehr ähnlich, aber doch nicht ganz die nämlichen. Wir entschließen uns endlich zur Annahme, daß die psychischen Niederschläge jener Urzeiten Erbgut geworden waren, in jeder neuen Generation nur der Erweckung, nicht der Erwerbung bedürftig...Wir erfahren, daß unsere Kinder in einer Anzahl von bedeutsamen Relationen nicht so reagieren, wie es ihrem eigenen Erleben entspricht, sondern instinktmäßig, den Tieren vergleichbar, wie es nur durch phylogenetischen Erwerb erklärlich ist. Die Wiederkehr des Verdrängten vollzieht sich langsam, gewiß nicht spontan, sondern unter dem Einfluß all der Änderungen in den Lebensbedingungen, welche die Kulturgeschichte der Menschen erfüllen" (1938, S. 241).

Trotz Annahme einer Vererbung geht Freud nicht so weit, die Bedeutung kultureller Ausformungen herabzusetzen. Da nicht alle Ereignisse der Vorzeit vererbt werden, gibt Freud an, unter welchen Bedingungen eine Erfahrung „den Weg der archaischen Erbschaft" antritt: das Ergebnis muß wichtig genug gewesen und oft wiederholt worden sein. Aktiv, d.h. bewußt wird es schließlich durch rezente reale Wiederholungen des Ereignisses, der sogenannten Wiederkehr des Verdrängten.

Verfolgen wir Freuds Gedanken über seine verschiedenen Schriften, so scheint mir die früheste Arbeit, Totem und Tabu, noch von einem emphatischen und empathischen Versuch zu zeugen, das Fremde zu studieren und sich mit der dort vorfindlichen Realität auseinanderzusetzen, diese mit Hilfe psychoanalytischer Erkenntnisse zu verstehen, auch wenn Freud sich lediglich auf Bücher seiner Zeit bezog, die Realität nicht selbst erforschte. Demgegenüber drücken die späteren Arbeiten immer mehr eine Vernachlässigung der Realität aus, indem sie in unproduktiver Weise Analogien und Fortschrittsentwicklungen konstruieren.

Brunner (1996) zufolge wandte sich Freud von realen Zuständen seiner Zeit ab und entwickelte beim Versuch, eine wissenschaftliche Erklärung der Ursprünge und Funktion der Religion zu liefern, selbst mythische Erklärungskategorien, z.B.

- die Annahme einer transhistorischen und transkulturellen Vererbung erworbener Eigenschaften.
- das Postulat eines kastrierenden Urvaters, der sich in den Prototyp aller Väter verwandelte.
- die Vermutung, daß tatsächlich ein folgenschwerer Vatermord wegen Inzest stattgefunden habe.
- die Annahme eines Unbewußten, in dem die Erinnerung an das Urverbrechen und ein allgemeines Schuldgefühl bewahrt werden.

Brunner zufolge müssen gesellschaftliche Phänomene zuerst sorgfältig historisch untersucht werden und können dann auch psychoanalytisch verstanden werden. Psychoanalyse müsse sich auch mit realer Macht auseinandersetzen und diese einbeziehen.

Wir können uns zumindest fragen, ob diese zunehmende Vernachlässigung der Erforschung der Realität mit dem Primat der psychoanalytischen Erkenntnisgewinnung aus der Krankenbehandlung verbunden ist, oder ob die psychoanalytische Methode auch einem psychischen Bedürfnis des Psychoanalytikers nach Rückzug von der Realität dient.

2. Ethnologische und historische Revisionen Freudscher Theorien

Ist das Problem der Anwendung der Psychoanalyse auf historische Epochen und andere Kulturen weniger die Frage einer prinzipiellen Anwendbarkeit, wenn wir nicht davon ausgehen wollen, daß Menschen anderer Zeiten und anderer Kulturkreise über eine völlig andere psychische Disposition verfügen, so taucht viel eher die Frage nach dem auf, was eigentlich psychoanalytisch interpretiert wird. Wie sind die dargestellten geschichtlichen oder ethnologischen Erkenntnisse erworben und möglicherweise bereits verzerrt? Damit kommen wir zur Notwendigkeit einer geschichtswissenschaftlichen oder ethnologischen Fundierung psychoanalytischer Erkenntnisse. Gewährleistet nicht erst die Beschreibung geschichtlicher und ethnologischer Phänomene eine psychoanalytische Interpretation, die nicht maßgeblich durch Projektionen des eigenen kulturellen Hintergrundes verzerrt sind? Psychoanalytische Interpretation ist auf ein historisches Quellenstudium oder ethnologische Feldforschung angewiesen. Schließlich erfordert es die Selbstreflexion (Gegenübertragungsanalyse) des Analytikers, den historischen Quellentext oder seine Erfahrungen auf einer Feldforschung möglichst kulturspezifisch zu verstehen. Es ist sicher kein Zufall, daß Freud beim Versuch, historische Phänomene psychoanalytisch zu verstehen immer wieder auf die Ethnologie ausweicht. Dort lassen sich die für die Psychoanalyse wichtigen Erkenntnisse zumindest aus der direkten menschlichen Interaktion herleiten.

In einer wenig beachteten Fußnote führt Freud den Gedanken einer Kritik an den Methoden der Erkenntnisgewinnung aus, führt den Gedanken in seinen Schriften aber leider nicht weiter. Freud schreibt: „Vielleicht tun wir aber vorher gut daran, dem Leser die Schwierigkeiten vorzuführen, mit denen Feststellungen auf diesem Gebiete zu kämpfen haben: Zunächst: die Personen, welche die Beobachtungen sammeln, sind nicht dieselben, welche sie verarbeiten und diskutieren, die ersteren Reisende und Missionäre, die letzteren Gelehrte, welche die Objekte ihrer Forschung vielleicht niemals gesehen haben.- Die Verständigung mit den Wilden ist nicht leicht. Nicht alle der Beobachter waren mit den Sprachen derselben vertraut, sondern mußten sich der Hilfe von Dolmetschern bedienen oder in der Hilfssprache des pidgin-english mit den Ausgefragten verkehren. Die Wilden sind nicht mitteilsam über die intimsten Angelegenheiten ihrer Kultur und eröffnen sich nur solchen Fremden, die viele Jahre in ihrer Mitte zugebracht haben. Sie geben aus den verschiedenartigsten Motiven...oft falsche oder mißverständliche Auskünfte.- Man darf nicht daran vergessen, daß die primitiven Völker keine jungen Völker sind, sondern eigentlich ebenso alt wie die zivilisiertesten, und daß man kein Recht zur Erwartung hat, sie würden ihre ursprünglichen Ideen und Institutionen ohne jede Entwicklung und Entstellung für unsere Kenntnisnahme aufbewahrt haben. Es ist vielmehr sicher, daß sich bei den Primitiven tiefgreifende Wandlungen nach allen Richtungen vollzogen haben, so daß man niemals ohne Bedenken entscheiden kann, was an ihren gegenwärtigen Zuständen und Meinungen nach Art eines Petrefakts die ursprüngliche Vergangenheit erhalten hat, und was einer Entstellung und Veränderung derselben entspricht. Daher die überreichlichen Streitigkeiten unter den Autoren, was an den Eigentümlichkeiten einer primitiven Kultur als primär und was als spätere sekundäre Gestaltung aufzufassen sei. Die Feststellung des ursprünglichen Zustandes bleibt also jedesmal eine Sache der Konstruktion.- Es ist endlich nicht leicht, sich in die Denkungsart der Primitiven einzufühlen. Wir mißverstehen sie ebenso leicht wie die Kinder und sind immer geneigt, ihr Tun und Fühlen nach unseren eigenen psychischen Konstellationen zu deuten" (1912, S. 125).

Die Frage der Anwendung psychoanalytischer Erkenntnisse hängt von den ethnologisch oder geschichtswissenschaftlich erworbenen Erkenntnissen ab. Einerseits kann es also bereits im Prozeß der Erkenntnisgewinnung zu unzureichendem Verstehen der Realität kommen, aber auch noch sekundär zur Verzerrung des Wahrgenommenen. Im Totemismus sieht Freud beispielsweise eine Vaterreligion. „Wenn das Totemtier der Vater ist, dann fallen die beiden Hauptgebote des Totemismus, die beiden Tabuvorschriften, die seinen Kern ausmachen, den Totem nicht zu töten und kein Weib, das dem Totem angehört, sexuell zu gebrauchen, inhaltlich zusammen mit den beiden Verbrechen des Ödipus, der seinen Vater tötete und seine Mutter zum Weibe nahm, und mit den beiden Urwünschen des Kindes, deren ungenügende Verdrängung oder deren Wiedererweckung der Kern vielleicht aller Psychoneurosen bildet" (1912, S. 160).

Die Totemreligion war nach Freud im Aufstand der Söhne gegen den Vater entstanden: „Die Totemreligion war aus dem Schuldbewußtsein der Söhne hervorgegangen als Versuch, dies Gefühl zu beschwichtigen und den beleidigten Vater durch den nachträglichen Gehorsam zu versöhnen. Alle späteren Religionen erweisen sich als Lösungsversuche desselben Problems, variabel je nach dem kulturellen Zustand, in dem sie unternommen werden, und nach den Wegen, die sie einschlagen, aber es sind alle gleichzielende Reaktionen auf dieselbe große Begebenheit, mit der die Kultur begonnen hat, und die seitdem die Menschheit nicht zur Ruhe kommen läßt" (1912, S. 175)

Meine eigenen Forschungen in einer totemistischen, matrilinearen Kultur Mikronesiens (Heinemann 1995) - auch Freuds Quellen beziehen sich auf den pazifischen Raum - zeigen, daß die Totemgötter männliche und weibliche Paare bilden, so daß eine analoge Entwicklung für Mädchen und Jungen besteht, die mit sechs Jahren der altershomogenen Geschlechtsgruppe, dem Männer- bzw. Frauenclub, überantwortet werden. Die Zugehörigkeit zum Männer- oder Frauenclub mit den geschlechtsspezifischen Arbeitsaufgaben und politischen Organisationen stabilisiert die Geschlechtsidentität und ermöglicht die psychische Lösung von der Mutter. Auf einer allgemeineren Ebene - nämlich der Strukturierung der Geschlechtsidentität und Etablierung des Inzesttabus - entsprechen die Riten den Aufgaben, die in unserer Kultur der Ödipuskomplex erfüllt. Die Geschlechtsidentität in der von mir untersuchten Kultur wird durch äußere Trennung aufrechterhalten, Frauen und Männer dürfen nicht miteinander essen und gehören den äußerlich getrennten Frauen- und Männerseiten der Gesellschaft an. Ziehen wir diese

Ergebnisse in Betracht, hätte Freud lediglich die patriarchalische Verzerrung projiziert, nicht jedoch den gesamten Ödipuskomplex seiner Zeit - die familiale Drei-Personen-Struktur, indem er die psychische Funktion der totemistischen Riten zur Einhaltung der Inzestschranke erkannte. Die Betonung des Vater-Sohn-Konfliktes erscheint dann allerdings einer Projektion und Fixierung Freuds zu entsprechen, auch ein Ausdruck seiner Zeit. In der totemistischen Kultur Mikronesiens und in den matrilinearen Kulturen Polynesiens ist nicht der Vater, sondern das Geschwisterpaar Oberhaupt des Clans.

Erst die ethnologische Feldforschung in Verbindung mit psychoanalytischer Theorie und der Selbstreflexion des Analytikers ermöglicht Erkenntnis. Leider ist Freud diesen in seiner Fußnote angedeuteten Weg nicht weitergegangen. Die ethnologischen Erkenntnisse mangeln letztlich wie die geschichtlichen an einer direkten Erforschung der fremden Kultur.

Wie notwendig die sorgfältige historische Forschung als Voraussetzung der psychoanalytischen Interpretation ist, möchte ich am Beispiel der Analyse Freuds zur Hexenverfolgung aufzeigen.

Freuds Gedanken zu Besessenheit, Hexenangst und Hysterie liegen drei historische Mängel zugrunde.

- Freud verlegte die Zeit der Hexenverfolgung ins Mittelalter. Historisch gesehen ist das 16. und 17. Jahrhundert aber das Zeitalter der frühen Neuzeit mit völlig anderen sozialen und strukturellen Gegebenheiten.
- Freud glaubte, daß es sich bei den als Hexen beschuldigten Frauen um Besessene handelte, die er dann in der Tradition Charcots beide mit Hysterikerinnen gleichsetzte.
- Freud sah in der Hexenfolter den Vorgänger der psychoanalytischen Behandlung.

Besessene Frauen wurden in der Regel nicht als Hexen bezeichnet. Besessene Frauen waren junge Frauen, die unter großer Anteilnahme der Bevölkerung exorziert wurden, also gerade nicht angeklagt und verurteilt wurden. Sie kämpften gegen den Teufel, ihre abgewehrten Impulse, und wurden darin unterstützt. Manche beschuldigten andere, ihnen die Symptome angehext zu haben, die daraufhin als Hexen angeklagt und verurteilt wurden. Als Hexen wurden die meist armen und am Rande der Gesellschaft lebenden

Frauen bezeichnet, deren Rache man fürchtete, weil man ihnen ein Unrecht antat (vgl. Heinemann 1998).

Trotzdem schreibt Freud: „Im Mittelalter hat die Neurose eine bedeutsame kulturhistorische Rolle gespielt, ist infolge psychischer Kontagion epidemisch aufgetreten und liegt dem Tatsächlichen aus der Geschichte der Besessenheit und des Hexenwesens zugrunde" (1888, S. 72). In einem Brief an Fließ schreibt Freud am 17.1.1897: „Was sagst Du übrigens zu der Bemerkung, daß meine ganze neue Hysterie-Urgeschichte bereits bekannt und hundertfach publiziert ist, allerdings vor mehreren Jahrhunderten? Erinnerst Du dich, daß ich immer gesagt, die Theorie des Mittelalters und der geistlichen Gerichte von der Besessenheit sei identisch mit unserer Fremdkörpertheorie und Spaltung des Bewußtseins?" (Freud 1986, S. 237).

Hexen und Besessene machte Freud dann auch noch zu Hysterikerinnen. Besessenheit, Hexerei und Hysterie war für Freud eins, lediglich die Reaktionen auf die Frauen waren nach Freud im Mittelalter und zu seiner Zeit verschieden, was mit der Interpretation mal aus dämonologischer Sicht und mal aus medizinischer Sicht zusammenhing. „Eine Hysterische war in unseren Jahrzehnten fast ebenso sicher, als Simulantin behandelt zu werden, wie sie in früheren Jahrhunderten als Hexe oder Besessene beurteilt und verurteilt wurde" (1956, S. 40)

Die Stigma diaboli waren dann hysterogene Zonen. „Das Mittelalter kannte genau die 'Stigmata', die somatischen Kennzeichen der Hysterie, welche es in seiner Weise deutete und verwertete" (1956, S. 40). Freud sah darin den Beweis für „die Identität der Hysterie zu allen Zeiten und an allen Orten" (1956, S. 42) und „daß ihre Symptomatologie bis auf den heutigen Tag keine Veränderung erfahren hat" (1888, S. 72), wohl aber ihre Deutung. „Eine Würdigung und ein besseres Verständnis der Krankheit beginnt erst mit den Arbeiten Charcots und der von ihm inspirierten Schule der Salpetriere", so Freud (1888, S. 72).

Charcot sah dämonische Besessenheit als religiöse Fehldeutung eines medizinisch erklärbaren Tatbestandes. Charcot deutet die Besessene zur Hysterikerin um. Die dämonologische Auffassung wird als Ausdruck einer unaufgeklärten, unwissenden Zeit abgetan, als Wende vom theologischen zum medizinischen Deutungsmuster. Hexen und Besessene wurden zu Hysterikerinnen umgedeutet, die ein religiöser Wahn fälschlich mit dämonisch Kranken in Verbindung gebracht hatte.

Wir sehen, daß Freuds Glaube an die Fortschritte menschlicher Entwicklung zu historischen Kurzschlüssen führte. Aus der fehlerhaften Gleichsetzung von besessenen Frauen mit Hexen kommt Freud schließlich zu dem dritten historischen Mangel seiner Interpretation. Er interpretiert die Folter der Hexenrichter als Vorstadium der psychoanalytischen Therapie.

Freud fragte in dem oben erwähnten Brief an Fließ weiter: „Warum aber hat der Teufel, der die Armen in Besitz genommen, regelmäßig Unzucht mit ihnen getrieben und auf ekelhafte Weise? Warum sind die Geständnisse auf der Folter so ähnlich den Mitteilungen meiner Patienten in der psychischen Behandlung?" (Freud 1986, S. 237).

Die Stecknadeln, die bei den Hexen (es waren besessene Frauen, die Stecknadeln spuckten) zum Vorschein kamen, sah Freud als Teil der Verführungsgeschichte, gleichzeitig habe die Hysterische Angst, gestochen zu werden. „Nun stechen die Inquisitoren wieder mit Nadeln, um die Stigmata Diaboli zu finden, und in der ähnlichen Situation fällt den Opfern in Dichtung (vielleicht durch Verkleidungen der Verführer unterstützt) die alte grausame Geschichte ein. So erinnerten sich dabei nicht nur die Opfer, sondern auch die Henker an ihre erste Jugend" (Freud 1986, S. 238).

Die Verführung durch den Teufel wird hier als ödipale Phantasie gesehen, die Hexenrichter sah Freud als Opfer dergleichen Phantasie. Die Phantasien der Hexen werden als ödipale Verführung gedeutet. Der Besen sei ein Symbol des Penis. Freud glaubte sogar, in den Symptomen Reste eines uralten Sexualkultes vor sich zu haben. „Ich träume also von einer urältesten Teufelsreligion, deren Ritus sich im geheimen fortsetzt, und begreife die strenge Therapie der Hexenrichter" (1986, S. 240).

Ich habe versucht, in meiner Studie zur Hexenverfolgung nachzuweisen, daß es weder einen Geheimkult gab noch daß die als Hexen beschuldigten Frauen ödipale Konflikte hatten. Sie wurden der Hexerei angeklagt, da sie Opfer eines Über-Ich-Konfliktes der Hexenbeschuldiger waren, die aus Schuldgefühlen heraus die Rache der Frauen für das ihnen zugefügte Unrecht fürchteten (Heinemann 1998). Scheinbar beunruhigte Freud der Widerspruch der psychoanalytischen Praxis mit den inquisitorischen Mitteln, Geständnisse zu erzwingen, wenig. Freud erkannte dem Psychoanalytiker und dem Hexenrichter dieselbe Funktion zu, so gesehen trat die Psychoanalyse das Erbe der „strengen Therapie der Hexenrichter" an. Daß die Mitteilungen seiner Kranken und die Geständnisse der Gefolterten so seltsam inhaltsgleich sind, erklärte sich für Freud sehr einfach daraus, daß sich in ihnen dieselbe Vergangenheit (ödipale Phantasien) vergegenwärtigt. In beiden Fällen müsse ein Widerstand gebrochen werden, der verhindere, daß zur Sprache gebracht werde, was sich in ihm verbirgt.

Eine genauere historische Analyse wäre zu anderen Ergebnissen gekommen. Unterscheiden wir zwischen den Besessenen und den als Hexen beschuldigten Frauen, so ist nicht die Folter der Vorläufer der psychoanalytischen Therapie, sondern der Exorzismus (vgl. Heinemann 1998). Ich denke, daß der Vergleich mit dem immensen Bemühen, das man besessenen Frauen im Exorzismus zuteil werden ließ, dem psychoanalytischen Verfahren auch angemessener ist. War es Freuds Fortschrittsglaube, der ihn über diesen fast ungeheuerlich anmutenden Gedanken hinwegsehen ließ, oder nur seine Mißachtung des Studiums der Realität?

Lorenzer (1984), der die Geschichte der Psychoanalyse vom Exorzismus bis Freud aufzeigt, betont im Gegensatz zu Freud den fundamentalen Unterschied der Folter und des psychoanalytischen Verfahrens. „Die folie a deux zwischen Opfer und Inquisitor als das infernale Gegenbild dessen, was nachmals die Psychoanalyse charakterisieren sollte. Den Platz freier Selbstdarstellung - später einmal das Kennzeichen der Psychoanalyse - nimmt hier die Unfreiheit einer erzwungenen Inszenierung durch die Inquisition ein. Anstelle der intimen Verschränkung von Übertragung und Gegenübertragung steht der erzwungene Rapport zwischen Opfer und Inquisitor" (1984, S. 45). Eine erzwungene und abgepreßte Rollenübernahme gab es nur bei den Hexenprozessen, nicht bei den besessenen Frauen. Die Besessenen waren nach Lorenzer selbst aktiv und forderten den Vergleich mit der Hysterie heraus. Das 19. Jahrhundert sprach deshalb von Hysterodämonopathie. Die Medizinalisierung der Besessenheit schritt im 18. Jahrhundert schnell voran. Der Exorzist und Pater Johann Josef Gassner, der 1774 mit Beschwörungsformeln im Zeichen des Kreuzes zahlreiche Krankenbehandlungen durchführte und Arzt Franz Anton Messmer (1734-1815) mit seiner magnetischen Krankenbehandlung bereiteteten den Weg zur Hypnose, zu Charcot und Freud.

3. Mißverständnisse einer an Freud orientierten Geschichtswissenschaft

Bis heute ist die Psychoanalyse in der historischen Forschung wenig beliebt. Trotz einiger Versuche, die Psychoanalyse der Geschichtswissenschaft näher zu bringen, ist das Interesse der Historiker an ihr gering geblieben und dies, obwohl es doch naheliegend ist, daß es bei der Betrachtung geschichtlicher Phänomene nicht ausreicht, bewußte Interessenskonflikte alleine zu betrachten. Allzuhäufig gibt es keine rationalen Erklärungen für historische Vorgänge, sondern nur oberflächliche Rationalisierungen, hinter denen sich anderes verbirgt (Kimmerle 1998, S. 77).

Der Historiker Peter Gay (1994) schildert die Situation mit drastischen und dramatischen Worten. Die meisten Historiker hätten mit Angst und kalter Wut auf Versuche, die Psychoanalyse in die Geschichtswissenschaft einzubeziehen, reagiert. Diese Historiker argumentierten, wer mit psychoanalytischen Kenntnissen an die Vergangenheit herangehe, beleidige den gesunden Menschenverstand, übersehe die Relevanz oder verkenne die Dürftigkeit des Quellenmaterials. Die Psychoanalyse sei ihrem Wesen nach unhistorisch, da sie doch von einer unveränderlichen Natur des Menschen ausgehe, die dem Interesse des Historikers an Entwicklung und tiefgreifendem Wandel dieser Natur zuwiderlaufe. Das Menschenbild Freuds sei eine Verallgemeinerung des Wiener Bürgertums der Jahrhundertwende. Die Psychoanalyse habe auf dem Gebiet der Geschichtsschreibung versagt. Jeder, der Psychoanalyse in die Geschichtswissenschaft einzubringen suche, stoße auf massiven Widerstand, kommentiert Gay seine eigenen Erfahrungen (1994, S. 19ff.).

Noch drastischer schreibt er, Psychohistorie sei zum Katastrophengebiet erklärt worden. Die Historikerzunft habe sich gegen die Psychoanalyse abgeschottet. Hauptkritikpunkte seien ihr bedenkenloser Umgang mit Quellenmaterial und ihr Hang zum Reduktionismus (1994, S. 32f.). Schließlich werde Freud aus Unkenntnis heraus falsch dargestellt und dann abgelehnt. Er werde erst verbogen, dann verworfen: „Diese Historiker machen es sich allzu leicht; erst legen sie Freud Unsinn in den Mund, dann können sie mir nichts, dir nichts beweisen, daß Freud Unsinn erzählt" (1994, S. 46f.).

Die Streifzüge der Psychoanalytiker durch die Psychohistorie seien bisher wenig überzeugend. „Ganz unbestreitbar ist das, was psychoanalytisch orientierte Historiker, allen voran Freud selbst, an historischem Material zusammengetragen haben, nicht im mindesten vertrauenerweckend" (1994, S. 194f.). Aber auch die Historiker, die Psychoanalyse in ihre Arbeiten einbezogen, unterlagen nach Gay dem gleichen Reduktionismus, sie verwendeten psychoanalytische Erkenntnisse äußerst unzureichend. Gay plädiert nichtsdestotrotz für die Verwendung der Psychoanalyse als Hilfswissenschaft in der Geschichtswissenschaft.

Zu welchen Auswüchsen eine dogmatisch an Freud orientierte historische Arbeit kommen kann, möchte ich an der australischen Historikerin Lyndal Roper „Ödipus und der Teufel" (1995) anführen. Roper hat einen umfassenden Versuch unternommen, psychoanalytische Theorie auf die Phänomene der Hexenverfolgung anzuwenden. Leider bleibt sie gänzlich an Freuds Thesen verhaftet, so daß ihre Arbeit notgedrungen das Ressentiment auf Seiten der Geschichtswissenschaftler erhöhen dürfte. Indem sie zwanghaft Freuds Thesen in der Geschichte zu beweisen sucht, kommt Roper sowohl historisch wie psychoanalytisch betrachtet zu teilweise grotesk anmutenden Behauptungen. Wie Freud unterscheidet sie nicht zwischen den besessenen Frauen und den Hexen. Schließlich versucht sie noch die Folter als Therapie darzustellen. Freuds Kommentar über die Hexenrichter wird jetzt zu einem zentralen Punkt, den Roper zu beweisen sucht. Roper geht davon aus, daß in den erfolterten Geständnissen der Hexen deren Unbewußtes zum Ausdruck gebracht wird. Sie gibt zwar zu, daß die Geständnisse gewaltsam abgezwungen wurden, dennoch behauptet sie, daß die so Verhörten ihre eigenen Überzeugungen ausgesprochen haben. „Ihre Überzeugungen kennen wir aus den Verhören, die zunächst ohne, später jedoch unter Anwendung der Folter durchgeführt wurden" (1995, S. 82).

Das Geständnis wird jetzt sogar zu einer kreativen Leistung der Hexe: „Die Geständnisse der Hexen sind oft als Projektionen einer männlich dominierten Gesellschaft verstanden worden. Doch würde das bedeuten, die eigene kreative Leistung der Hexe zu ignorieren, die ihre Lebenserfahrungen in die Sprache des Diabolischen übersetzte und ihr eigenes diabolisches Theaterstück inszenierte. Die Phantasien, die sie spann, waren, wenn auch oft durch Folter erzwungen, ihre eigenen Verdichtungen gemeinsamer kultureller Überzeugungen" (1995, S. 37).

Folter wird zu einem quasi therapeutischen Gespräch umgedeutet: „Ihre Richter und die Geschichtsschreiber notierten all dies fasziniert und sehr aufmerksam. Die Hexen leisteten kulturelle Arbeit, indem sie die Hexenerzählung neu schufen und sich so Emotionen und kulturelle Prozesse erklärten. Ob willentlich oder nicht bilden die Hexenprozesse einen Kontext, in dem Frauen längere Zeit 'sprechen' konnten und mehr Aufmerksamkeit erfuhren als vielleicht bei irgendeiner anderen Gelegenheit" (1995, S. 38).

Der Zwang der Folter und die Ängste der Menschen vor der Rache der Frauen, die sie als Hexen beschuldigten und denen sie vorher ein Unrecht taten, beispielsweise den ihnen zustehenden Lohn nicht auszuzahlen, werden bei Roper ignoriert und Folter zur Selbstheilung der Gefolterten verformt. Diese Konstruktion kommt zustande, da Roper - wie Freud - nicht zwischen den Besessenen, die sich in der Regel selbst bezichtigten, und den als Hexen beschuldigten Frauen unterscheidet. Dieser Unterschied ist bedeutsam, denn die Reaktionen auf Besessene und Hexen waren grundverschieden. Die einen suchte man im Exorzismus zu heilen, die anderen folterte man und richtete sie hin.

Die erfolterten Phantasien werden nicht aus der Dynamik des Verhörs verstanden, in dem die Verhörenden den Verhörten ihre Bilder aufnötigten, dabei mit deren Phantasmen übereinstimmten, da sie derselben Kultur angehörten. Durch wiederholte Folter wurden Details gefestigt und Unstimmigkeiten überprüft, bis am Ende kein Zweifel mehr an der Darstellung bestand. Trotzdem schreibt Roper: „Es war eine Wahrheit, die die Hexe selbst freiwillig zugegeben und für die nur sie allein den Stoff geliefert hatte" (1995, S. 212).

Folter wird zur Sinnfindung: „Aber wenn Menschen im Äußern ihrer psychischen Konflikte deren Sinn zu erfassen versuchen, greifen sie nicht selten zu einer Sprache, die im Grunde nicht die ihre ist" (1995, S. 214). Es ist dann sogar auszumachen, „inwieweit der Sadismus des Verhörs den Bedürfnissen der Hexe selbst entgegengekommen sein mag" (1995, S. 237).

Das Inquisitionsgericht wird zur Bühne, auf der die Hexe das Schauspiel ihrer inneren Konflikte inszeniert: „Die Hexenbefragung, könnte man sagen, bot den Beschuldigten eine Bühne, um die miteinander verknüpften Konflikte zu erzählen und in Szene zu setzen - ein besseres Publikum als die hochaufmerksamen Ratsmitglieder und den Henker hätte man sich schließlich nicht wünschen können" (1995, S. 240).

Würde Roper hier von den Exorzismen sprechen, die ihr als Historikerin ja bekannt sein dürften, könnte man ihr an manchen Stellen zustimmen. Statt dessen wird das Verhör zu einem Gespräch verharmlost, in dem die Hexe zu erkennen gibt, was sie innerlich umtreibt: „Ihre Darstellung war das Ergebnis eines Gesprächs" (1995, S. 243). Dabei wird der auf sie ausgeübte Zwang umgedeutet: „Mit dem Teufel stand der Hexe eine Figur zur Verfügung, die es ihr ermöglichte, psychische Konflikte in außerordentlicher Klarheit zu dramatisieren" (1995, S. 242).

Auch hier beschreibt Roper im Grunde wieder die Besessenen, nicht die Hexen, wie sie glaubt.

Roper geht schließlich sogar so weit, ein familiäres Beziehungsmuster in dem Gerichtsablauf zu sehen. Sie behauptet: „Wenn man die Interaktion des Verhörs betrachtet, ist festzustellen, daß ein großer Teil davon Vater-Tochter-Beziehungen dramatisiert" (1995, S. 243f.). Das Geständnis wird zu einem eigengesteuerten Geschehen, in dessen Verlauf es der Hexe gelingt, „das Drama der ungehörigen Tochter zu inszenieren" (1995, S. 250).

Die Tätigkeit der Inquisitoren wird zur Hilfestellung für die von ihren Fragen bedrängte Hexe.

„Elemente in der Interaktion zwischen der Hexe und ihren Verfolgern ließen die Hexenphantasie entstehen. Die mit der Stellung als Frau verbundenen psychischen Konflikte, ob sie nun ödipaler Natur waren oder mit Mutterschaft zu tun hatten, bildeten die Grundlage für das psychische Drama des Hexenverhörs und gaben das Material ab, an dem die Befrager - fasziniert und entsetzt zugleich - arbeiten konnten, in dem sie ihrerseits eigene Phantasien über Weiblichkeit, Vaterschaft und diabolische Handlungen entwickelten" (1995, S. 251).

Die Hexe äußerte nach Roper ödipale Phantasien in den Folterungen, die Folterer wurden zu ödipalen Objekten, Folter zur seelischen Entlastung: „So wurde der Schmerz gleichsam als rettende Arznei betrachtet, die der Hexe in ihrem Ringen helfen sollte, auf daß sie reumütig in den Schoß der Kirche zurückkehre und, der Gnade teilhaftig geworden, sterbe. Die Hexen und ihre Peiniger hatten ja dasselbe Verständnis von der Wechselbeziehung zwischen Körper und Seele, und die Folter war ein Bestandteil dieses Verständnisses, demzufolge, wollte man zur Wahrheit der Seele vordringen, die Haut der sie umgebenden Person in Fetzen gerissen werden mußte. Diejenigen, die die Folter aushielten, wurden trotz der Schwere der Anschuldigungen freigelassen, denn sie hatten, wie es hieß, ihre Unschuld unter Beweis gestellt: Sie standen nicht unter der Macht des Teufels" (1995, S. 210).Und: „In diesem sadistischen Spiel von Enthüllung und Verheimlichung zwang die Hexe ihre Peiniger, ihr ein ums anderemal Schmerz zuzufügen und ihren Körper auseinanderzureißen, um hinter ihr Geheimnis zu kommen" (1995, S. 213).

Hexen hatten, einmal angeklagt, so gut wie keine Chance, dem Tod zu entgehen. Roper verkennt hier historisches Material, um die Theorie der ödipalen Phantasien der Hexen zu beweisen. Dieses, meiner Einschätzung nach gravierende Mißverständnis, kommt auf, da sie zur Dokumentation ihrer Thesen den Fall des Mädchens Regina heranzieht. Nach der Analyse der von mir vorgelegten Studie (Heinemann 1998) würde es sich hier um ein Mädchen handeln, das als Kinderzeuge zu sehen wäre. Durch verwahrlosende Situationen und/oder sexuellen Mißbrauch benötigten diese Kinder tatsächlich die Hilfe des Gerichtes, um über die Teufelsphantasien Täter anzuklagen und sich psychisch zu entlasten. Die Mutter von Regina hatte zahlreiche sexuelle Affären und wurde schließlich wegen Ehebruchs verbannt. Regina hatte ihre erste sexuelle Affäre mit 12 Jahren mit dem wesentlich älteren Gefängnisaufseher. Bei Roper wird daraus die Verwirklichung einer ödipalen Phantasie (1995, S. 240). Regina gab an, wie die meisten Kinderzeugen, daß ihr erster Verführer der Teufel selbst gewesen sei (1995, S. 239). Kinderzeugen wurden in der Regel nicht als Hexen verurteilt, sondern man gewährte ihnen Buße und religiöse Erziehung (vgl. Weber 1991; 1996). Bei einer sorgfältigen Untersuchung der Realität kann man erkennen, daß in der frühen Neuzeit, Besessene, Hexen und Kinderzeugen Ausdruck völlig verschiedener innerer und äußerer Konflikte waren.

Roper sieht zwar, daß die Selbstanklage Regina die Möglichkeit der Anklage und Rache gegen Männer bot, die sie sexuell ausbeuteten und verführten, sie interpretiert das Verhalten des Mädchens aber als ödipale Wünsche. So werden aus Opfern Täter, die Folge einer einseitigen Auslegung von Freuds Verführungstheorie.

Der Fall Regina zeige nach Roper das selbstzerstörerische Potential einer Hexe. Regina erzwang ihre Inhaftierung selbst. Ein ausschlaggebendes Moment für Reginas Prozeß war ihr Drang, sich selbst zu beschuldigen, sich selbst zu bestrafen und die Wahrheit über ein Vergehen zu enthüllen, das sie begangen zu haben glaubte (1995, S. 238ff.). Einerseits schreibt Roper: „Regina Bartholomes Darstellung von ihren Verbindungen mit dem Teufel, mit deren Zusammenfassung ich begonnen habe, war kein freies Geständnis. Es kam erst, mit beträchtlichem Widerstand, im Verlaufe von acht Verhören zum Teil unter der Folter bzw. unter Androhung von Folter zustande" (1995, S. 238), dann aber schreibt sie weiter: „Dies war ein außergewöhnliches, freiwilliges Eingeständnis und nicht die Antwort auf eine Frage. Regina selbst brachte den Teufel ins Spiel, als sie erzählte, wie er sie bei ihrer ersten Inhaftierung durch den Rat in ihrer Zelle besucht habe" (1995, S. 238).

Auf groteske Weise werden hier die als Hexen beschuldigten Frauen zu Tätern. Betrachten wir Regina nicht als Hexe, sondern als einen tragischen Fall der Kinderzeugen. Ihr erster Verführer war ein Gefängnisaufseher, und sie wollte, daß dieser bestraft werde. Dieser mag wohl selbst der Teufel gewesen sein, so Regina. Bei Roper wird aus der sexuellen Verführung eine ödipale Phantasie: Regina glaubte, Strafe zu verdienen, weil sie ödipale Phantasien verwirklichte, weil sie die Liebe des Vaters und die Position der Mutter bekam, als sie den Haushalt führte und für den Vater kochte (1995, S. 240).

Psychoanalytisch gesehen wird hier Ursache und Wirkung vertauscht. Erst die sexuelle Verführung mit 12 Jahren und die Bedrohung durch inzestuöse Sexualität führen zu inneren Konflikten, auf die Regina mit dem Abwehrmechanismus der Sexualisierung reagiert. Nicht aus freien Stücken wendet sich Regina dem Teufel zu, sondern durch innere Konflikte ist sie zur Abwehr inzestuöser Ängste in dieser Form gezwungen. Mit dem Abwehrmechanismus der Sexualisierung zeigt Regina nun selbst sexualisiertes Verhalten, wird darin vom Teufel unterstützt. In der Phantasie, Braut des Teufels zu sein, wird der sexuelle Mißbrauch oder die Angst vor sexuellen Übergriffen abgewehrt. Während sie in der Realität Opfer war, das sich nicht wehren konnte, ist sie in der Phantasie und dann auch sekundär später in der Realität Täterin, die Sexualität aktiv sucht. Die Teufelsphantasie ist, so gesehen, Abwehrprodukt, nicht Ausdruck einfacher ödipaler Wünsche, wie Roper glaubt.

Goldberg (1975) beschreibt den Abwehrmechanismus der Sexualisierung. Durch Wendung von der Passivität in die Aktivität werden traumatische Erfahrungen über Sexualisierung psychisch verarbeitet: „The passive experience of being overcome by painful affects - not merely anxiety but clearly delineated feeling states - is handled by sexualizing the entire situation which then can be tolerated or mastered in this active sexual manner" (1975, S. 337). Nach Goldberg kann sogar die Antizipation seelischen Schmerzes, nicht nur die Erfahrung sexuellen Mißbrauchs, zur Sexualisierung führen, was neue Impulse für die Diskussion von Freuds Verführungstheorie gibt.

Warum Regina nicht, wie andere Kinderzeugen, durch kirchliche Erziehung „geheilt" wurde, liegt an der unglückseligen Vermischung mit Elementen des Schadenzaubers. Sie gab unter Folter an, daß der Teufel ihr aufgetragen habe, Gift zu besorgen, daß sie versucht habe, zwei Häuser in Brand zu stecken und die Braut des Mannes, den sie liebte, zu vergiften.

Regina wurde meiner Einschätzung nach hingerichtet, weil sie unter der Folter Phantasien äußerte, die von der sexuellen Verführung durch den Teufel abwichen, weil sie ihre aggressiven Wünsche und Phantasien äußerte. Die Selbstbezichtigungen der Kinderzeugen kann man im Sinne Ropers als Versuch einer Selbstheilung verstehen, nicht aber die Hexenprozesse. Die Reaktionen der Menschen des 17. Jahrhunderts zeigen, daß sie einen genauen Unterschied machten, im Gegensatz zu den an der Psychoanalyse orientierten Forschern. In der Regel kümmerte man sich durch Bekehrungen um die Kinderzeugen, mit Exorzismus um die besessenen Frauen und verurteilte die als Hexen beschuldigten Frauen, da man ihre Rache fürchtete.

Trotz der Betonung der ödipalen Phantasien der Hexen bei Roper lag ihrer Ansicht nach dem Vorwurf der Hexerei stets tiefe Feindschaft zwischen Frauen zugrunde. Dies widerspricht den in meiner Arbeit zitierten historischen Erkenntnissen: Etwa 80% der Ankläger waren männlich (Weber 1996, S. 63). Auch Demos gibt an, daß der größte Teil der Opfer von Hexen männlich war: „Young men supplied a far larger number of victims than any other category" (Demos 1982, S. 157).

Doch Roper sucht ihre Theorie präödipaler Neidkonflikte zu belegen. Im Mittelpunkt der Anschuldigungen standen Dinge, die mit Säugen, Gebären, Nahrung und Versorgung, der körperlichen Verfassung von Wöchnerinnen und der Anfälligkeit von Neugeborenen zu tun hatten (1995, S. 209). Die von Müttern erhobenen Anschuldigungen waren ihrem Wesen nach präödipal, d.h. sie betrafen die Beziehung des Kindes zur Brust und zur Mutter. Auch der Neid geht auf diese frühe Phase zurück. „Das Muster der Hexenbeschuldigungen folgte einer klaren psychischen Logik: Erhoben wurden sie von einer Frau, die vor kurzem ein Kind zur Welt gebracht hatte, und in aller Regel richteten sie sich gegen eine Frau jenseits des Klimakteriums, eine unfruchtbare Frau also, die für die Pflege des Neugeborenen zuständig war. Oft war das, wie in dem eingangs dargestellten Fall, die Kindbettkellerin"(1995, S. 209).

Das Vergehen der Hexen war nach Roper ein Schaden an Neugeborenen: mißgebildete Beine, seltsame Male am Körper, das Leiden des Kindes oder dessen Tod. Der Nährboden für Hexengerüchte war der Schmerz der Mutter, die ihren zarten Säugling verloren hatte. Warum aber läßt die Mutterschaft solch mörderische Feindschaften zwischen Frauen aufbrechen, fragt Roper. Sie beantwortet ihre Frage mit dem Abwehrmechanismus der Spaltung, durch den die Mutter sich selbst als ausschließlich gute Mutter sieht und die negativen Gefühle auf die andere Mutter, die Kindbettkellerin projiziert. Diese sei wie geschaffen für die Rolle der bösen Mutter. In der frischgebackenen Mutter seien Erinnerungen an die früheste Kindheit wachgerufen worden, an die beängstigende Abhängigkeit von der eigenen Mutter. Die Kindbettkellerin war zu alt, unfruchtbar und ohne Ehemann. Sie stellte eine doppelte Bedrohung für die Mutter dar, denn sie verkörperte auch eine sexuelle Gefahr. In vielen Fällen brachten Kindbettkellerinnen uneheliche Kinder zur Welt und gerieten in Verdacht, den Ehemann verführt zu haben (1995, S. 223).

Daß es sich bei den als Hexen beschuldigten Frauen vorrangig um Kindbettkellerinnen oder Hebammen handelte, scheint unwahrscheinlich zu sein. Hebammen zählten in der Realität nicht zu den bevorzugten Opfern (Labovie 1991, S. 180f.; Haustein 1990, S. 127, S. 177). Aufgrund der hohen Kindersterblichkeit sind vielleicht Kinder häufig interpretierte Schadensopfer einer Frau, die man schon vorher durch einen Über-Ich-Konflikt in Verdacht hatte, Hexe zu sein. Da der Schaden nicht immer dem Konflikt unmittelbar folgte, konnte die Erkrankung eines neugeborenen Kindes leicht als Hexen -Schaden interpretiert werden.

Roper reduziert Psychoanalyse, indem sie ödipale Phantasien und die Imago der bösen Mutter, die ja tatsächlich im Bild der Hexe enthalten sind, in der Realität zu finden glaubt. Aus sexueller Bedrohung und schweren inneren Konflikten, die über Sexualisierung abgewehrt werden, wird eine ödipale Wunschphantasie. Freuds Verführungstheorie wird einseitig zugunsten ödipaler Phantasien ausgelegt. Der komplizierte Weg, daß sexueller Mißbrauch oder sexualisierte, bedrohliche Situationen ödipale Phantasien in bestimmte Richtungen lenken, vertiefen und zu schweren inneren Konflikten führen können, die abgewehrt werden müssen, erscheint bei Roper auf eine Wunschphantasie reduziert. Aus Opfern werden Täter. Das sexualisierte Verhalten ist bei ihr nicht mehr Produkt des Mißbrauchs oder bedrohlicher Situationen sowie sexueller Ängste, sondern lediglich eine Wunschphantasie der Tochter, die dann auch noch die Folter als Therapie sucht.

Aus der Imago der bösen Mutter wird bei Roper nicht eine Verfolgungsphantasie bei beiden Geschlechtern, die wiederum auf Frauen projiziert werden kann, sondern nun müssen reale Frauen wirklich böse Mütter gewesen sein. Roper meint, „Nicht zufällig haben wir in diesem Zeitraum auch einen dramatischen Anstieg von tatsächlich bösen Müttern, nämlich von Kindsmörderinnen zu verzeichnen: Solche Frauen mußten hingerichtet werden" (1995, S. 229f.).

Dülmen (1991) dagegen zeigt in seiner sorgfältigen historischen Studie, daß im 17.Jahrhundert vermutlich die Anklagen gegen Kindsmörderinnen zunahmen, nicht jedoch der Kindsmord. Der Druck auf die Frauen war gewachsen.

Im Bild der Hexe ist auch meiner Einschätzung nach die Imago der bösen Mutter und ödipalen Verführerin enthalten, diese wird aber erst über Vorgänge der projektiven Identifikation den Frauen durch komplizierte Interaktionen, in denen Schuldgefühle der Hexenbeschuldiger eine wesentliche Rolle spielen, übergestülpt. Es sind nicht real böse Mütter oder verführerische junge Mädchen, die als Hexen hingerichtet wurden. Bei Roper wird Psychoanalyse reduziert und in völlig grotesker Weise die Realität verzerrt.

4. Psychohistorie und Ethnopsychoanalyse

Die psychologische Untersuchung geschichtlicher Phänomene entwickelte sich nicht aus der Pädagogik, Psychologie oder der Geschichtswissenschaft, sondern aus der Kultursoziologie. Besondere Erwähnung verdienen die zwei Bände von Elias (1976) über den Prozeß der Zivilisation. In diesen Werken zeigt Elias auf, wie der Vorgang der Zivilisation von einem immer höheren Zwang zum Selbstzwang begleitet ist. Hier stimmt er ganz mit Freuds Theorie der Menschheitsentwicklung überein. In der Frage des Zivilisationsprozesses erinnert Elias noch sehr an Freud, er setzt aber an die Stelle der Vererbung und des Wiederholungszwanges die sogenannte Verflechtungsordnung. Als treibende Kraft für einen geschichtlichen Wandel betrachtet Elias die Interdependenz der Menschen, die Verflechtung menschlicher Pläne und Handlungen. Diese ergeben eine Struktur, die nicht gleichgesetzt werden kann mit dem Willen oder der Vernunft der einzelnen Menschen. „Es ist diese Verflechtungsordnung, die den Gang des geschichtlichen Wandels bestimmt; sie ist es, die dem Prozeß der Zivilisation zugrunde liegt" (1976, Bd.2, S. 314). Je dichter das Interdependenzgeflecht wird, in dem der Einzelne durch die fortschreitende Funktionsteilung eingebunden ist, und je größer die Menschenräume sind, über die sich das Geflecht erstreckt, desto mehr müssen spontane Wallungen gedämpft, Affekte zurückgehalten, Gedanken über den Augenblick hinausgehen und körperliche Gewalt monopolisiert und ausgesondert werden (1976, Bd.2, S. 312ff.).

Elias beschreibt mit der Entwicklung des Selbstzwanges und der zunehmenden Affektunterdrückung einen wichtigen Aspekt der Entwicklung der abendländischen Kultur und belegt diesen mit einem beeindruckenden historischen Quellenstudium, was methodisch eine wichtige Erweiterung gegenüber Freud darstellt. Allerdings lassen sich kompliziertere psychische Fragestellungen, wie etwa die nach der Hexenangst oder der Besessenheit im 16. und 17. Jahrhundert nicht allein mit der Entwicklung zu mehr Selbstzwang erklären.

Auch Lloyd DeMause (1982), geht von einem engen Konzept der Evolution aus. Er versteht Psychohistorie als angewandte Psychoanalyse und ersetzt Freuds Vorstellungen vom Wiederholungszwang durch das Konzept der Evolution. „Da der Wiederholungszwang per definitionem den historischen Wandel nicht erklären kann, mußte jeder Versuch von Freud, Roheim, Kardiner und anderen, eine Theorie des historischen Wandels zu entwickeln, letztlich in einem fruchtlosen Disput um die Priorität von Henne oder Ei enden, das heißt hier: in einem Disput über die Frage, ob die Kindererziehung von der Art der Kultur abhängt oder ob es sich umgekehrt verhält. Es ist häufig genug gezeigt worden, daß die Praktiken der Kindererziehung die Grundlage für die Persönlichkeit des Erwachsenen bilden. Die Frage nach dem Ursprung jener Praktiken aber versetzte jeden Psychoanalytiker, der sie stellte, in Verlegenheit" (1982, S. 13f.).

Wie ich bereits zu zeigen suchte, ging Freud keineswegs von einem Wiederholungszwang als Motor gesellschaftlicher Entwicklung aus. DeMause reduziert hier Freud und kann die Frage der Veränderungen historischer Epochen nur über ein Evolutionskonzept beschreiben, das in seinem Fortschrittsglauben wiederum sehr an Freud erinnert. DeMause bezeichnet seinen Ansatz als psychogenetische Theorie der Geschichte. Zentrale Antriebskraft historischen Wandels ist weder die Technologie noch die Ökonomie, sondern die psychogene Veränderung der Persönlichkeit oder Charakterstruktur, die sich aufgrund der Generationenfolge durch die Interaktion von Eltern und Kind ergibt. Seiner Theorie liegen fünf Grundannahmen zugrunde, die, so deMause, alle durch empirische, historische Zeugnisse beweisbar oder widerlegbar sind, auch hier wird letztlich wieder die Realität benutzt, psychoanalytische Theorien zu belegen. DeMause behauptet:

– Die Evolution der Eltern-Kind-Beziehung bildet eine unabhängige Quelle historischen Wandels. Der Ursprung dieser Evolution liegt in der Fähigkeit der jeweils nachfolgenden Elterngeneration, sich in das psychische Alter ihrer Kinder zurückzuversetzen und die Ängste dieses Alters, wenn sie ihnen zum zweiten Mal begegnen, besser zu bewältigen, als es ihnen in der eigenen Kindheit gelungen ist.

– Diese von der Generationenfolge abhängende Tendenz zu psychischem Wandel ist nicht nur spontan, sondern tritt auch unabhängig von sozialem und technologischem Wandel auf.

– Die Geschichte der Kindheit ist eine Kette von immer engeren Beziehungen zwischen Erwachsenen und dem Kind, wobei jede Verringerung der psychischen Distanz neue Angst hervorruft. Die Verminderung dieser Angst

der Erwachsenen ist der entscheidende Bereich, der die Praktiken der Kindererziehung eines jeden Zeitalters neu bestimmt.
– Je weiter man in der Geschichte zurückgeht, sind die Eltern immer weniger in der Lage, den sich entwickelnden Bedürfnissen der Kinder zu entsprechen.
– Weil die psychische Struktur von Generation zu Generation durch den Engpaß der Kindheit weitergegeben werden muß, sind die Praktiken der Kindererziehung in einer Gesellschaft mehr als ein beliebiges kulturelles Merkmal neben anderen. Sie stellen vielmehr die entscheidende Bedingung für die Überlieferung und Entwicklung aller anderen Merkmale der Kultur dar. Es bedarf spezifischer Kindheitserfahrungen, um spezifische Merkmale einer Kultur aufrechtzuerhalten; sobald die betreffenden Erfahrungen fehlen, verschwindet auch das entsprechende kulturelle Merkmal (1982, S. 14f.).

Positiv erscheint mir, daß deMause zur Untermauerung seiner psychogenetischen Theorie ein historisches Quellenstudium betreibt. Er sucht die reale kulturelle Entwicklung in seine Theorie einzubeziehen. Historische Phänomene werden dabei allerdings mehr oder weniger lediglich als Verifikation oder Falsifikation seiner psychogenetischen Theorie herangezogen. Explizit schreibt er, daß die Evolution der Eltern-Kind-Beziehung eine unabhängige Quelle historischen Wandels bildet. Psychischer Wandel tritt unabhängig vom sozialen und technologischen Wandel auf. Die Fähigkeit der Eltern, sich in das psychische Alter der Kinder zurückzuversetzen und damit die Ängste dieses Alters besser zu verstehen, erscheint mir als treibende Kraft für einen psychischen Wandel in der Geschichte kaum wahrscheinlich. Evolution faßt deMause als eine kontinuierliche Entwicklung auf, als eine Entwicklung, in der Eltern immer fähiger werden, ihre Kinder zu verstehen. Dieser eklatante Mangel in der Theorie von deMause wird bei einer Anwendung auf die frühe Neuzeit sichtbar. Wenn psychischer Wandel durch die besser werdenden Bedingungen der Kindheit erklärt werden kann, wie ist es dann möglich, daß zur Zeit der Hexenverfolgungen die Bedingungen der Kindheit jedoch keineswegs einen analogen positiven Entwicklungsschritt machten wie wir ihn für die vielen revolutionären Entwicklungen in der frühen Neuzeit (Beginn der Naturwissenschaften, Reformation, Buchdruckkunst etc.) zu verzeichnen haben? Eher das Gegenteil ist der Fall. Können allein die Erziehungspraktiken Zeugnis über eine Kultur liefern?

Müssen diese nicht viel eher in ihrer psychodynamischen Funktion für die Anpassung an die jeweilige Gesellschaft gesehen werden? Auch deMauses (2002) späteres Evolutionskonzept, nach dem ein kleinerer Teil der Bevölkerung angesichts rascher Fortschritte „Entwicklungspanik" bekomme, was dann die Ursache von Hexenverfolgung, Krieg und Holocaust sei, scheint mir kulturelle Phänomene auf einem sehr reduzierten, einfachen Modell zu erklären. Letztlich wird alles auf eine unspezifische Entität Angst reduziert, zumal gerade die von ihm beschriebenen kulturellen Phänomene nicht nur Resultate einer Minderheit in der Bevölkerung waren.

Gay (1994) dagegen sieht die Psychoanalyse als Hilfsmittel, Zusammenhänge in der Geschichte nachzuvollziehen, die sonst nicht zu verstehen wären. Dabei lasse sich die Psychoanalyse auf historische Ereignisse anwenden, denn die Triebe beispielsweise können unterschiedliche Schicksale haben, sie sind also weitgehend vom kulturellem Umfeld bestimmt und werden im Inneren in psychische Repräsentanzen umgesetzt. Dieselbe Mischung aus Plastizität und Verwandtschaft kennzeichne auch die Abwehrmechanismen, eine zweite Konstante menschlichen Lebens. Abwehrmechanismen seien eine gemeinsame und in erstaunlicher, aber nicht unbegrenzter Vielfalt sich äußernde Erfahrung im Umgang mit Konflikten. Gäbe es so etwas wie menschliche Natur nicht, könnte man in der Geschichte keine allgemeinen Gesetze aufstellen (1994, S. 106ff.). Der aufschlußreichste und problematischste Konflikt sei der Ödipuskomplex. Für den Analytiker sei die Standardversion nur der Ausgangspunkt, für andere Zeiten und Kulturen werden andere Lösungen gesehen. „Die interessantesten Bauteile zu einer derartigen Geschichtsschreibung sind unzweifelhaft die von Anna Freud so genannten Abwehrmechanismen. Interessant sind sie, weil sie zwar hochindividualisierte psychische Maßnahmen darstellen, aber zum Großteil in Reaktion auf die äußere Wirklichkeit ausgebildet werden und mit ihr in dauerhaftem und engen Kontakt bleiben. Allgegenwärtig, wendig und findig, wie sie sind, machen diese unbewußten Taktiken die Kultur möglich und erträglich" (Gay 1994, S. 176).

Die Triebe seien keine fixen Verhaltensdispositionen, sie werden grundsätzlich in soziale Bahnen gelenkt und durch die Gesellschaft umgestaltet. Gay geht - wie auch von mir postuliert - von Grundvorstellungen der Psychoanalyse aus, die in ihrer historischen Ausformung betrachtet werden müssen. Nicht zufällig kommt Gay - wie Freud - an dieser Stelle auf die Ethnologie zu sprechen, den Ödipuskomplex auf den Trobriand-Inseln (1994, S. 113).

An Einzelschicksalen könne man das Ganze einer Kultur herauslesen, dies hänge aber von der Erforschung der umgebenden sozialen Lebenswelt ab. Wie in meiner Kritik an Freud, kommt auch Gay zu dem Schluß, daß es weniger um die Frage einer prinzipiellen Anwendbarkeit der Psychoanalyse auf historische Phänomene gehe, sondern um die Sorgfältigkeit der historischen wie psychoanalytischen Forschung.

Beim Versuch, das Verhältnis von psychischer Entwicklung und Kultur zu verstehen, müssen wir uns wieder der Ethnologie, speziell der Ethnopsychoanalyse zuwenden. Die Ethnopsychoanalyse untersucht die bewußten und unbewußten Konflikte eines Individuums in der jeweiligen Kultur. Dabei wird die fremde Kultur nicht als reifer oder höherentwickelt als eine andere gesehen, die im Evolutionskonzept tendenziell enthaltene Abwertung des Früheren nicht übernommen. Unbewußte Konflikte, die eine Kultur erzeugt, werden in Funktion für diese Kultur gesehen, d.h. als unbewußter Anpassungsprozeß.

Devereux, der als Begründer der Ethnopsychoanalyse gilt und der vor allem bei den Sedang Moi in Vietnam und den Mohave-Indianern der USA forschte, geht von einem Unbewußten aus, das sich aus zwei Elementen zusammensetzt, dem ethnischen Unbewußten und dem idiosynkratischen Unbewußten. Das ethnische Unbewußte eines Individuums ist jener Teil seines gesamten Unbewußten, den es gemeinsam mit der Mehrzahl der Mitglieder seiner Kultur besitzt. Es setzt sich aus all dem zusammen, was jede Generation, entsprechend den fundamentalen Anforderungen ihrer Generation, die nächste Generation zu verdrängen zwingt. Es verändert sich ebenso wie die Kultur und wird ebenso wie diese durch eine Art Unterweisung überliefert, nicht aber biologisch vererbt. Das ethnische Unbewußte wird durch Auseinandersetzung mit der Kultur erworben.

„Jede Kultur gestattet gewissen Phantasien, Trieben und anderen Manifestationen des Psychischen den Zutritt und das Verweilen auf bewußtem Niveau und verlangt, daß andere verdrängt werden. Dies ist der Grund, warum allen Mitgliedern ein und derselben Kultur eine gewisse Anzahl unbewußter Konflikte gemeinsam ist... Allerdings können die Abwehrmittel, welche die Kultur dem Individuum zur Verfügung stellt, um ihm die Verdrängung seiner kulturell dystonen Triebe zu ermöglichen, sich als unzulänglich erweisen. Wenn dies der Fall ist, dann haben eine große Zahl von Individuen - und nicht mehr nur jene, die in ihrer frühen Kindheit atypische Traumata erlitten - Schwierigkeiten, ihre Konflikte zu meistern und zu verbergen" (Devereux 1982, S. 12).

Der Sektor des idiosynkratischen Unbewußten ist nach Devereux aus Elementen zusammengesetzt, die das Individuum unter der Einwirkung von einzigartigen und spezifischen Belastungen, die es zu erleiden hatte, zu verdrängen gezwungen war. Die idiosynkratischen Traumata rufen bei Individuen Konflikte hervor, die permanent im privaten (individuellen) Unbewußten lokalisiert sind (Devereux 1982, S. 11ff.).

Die Kultur bietet dem ethnischen Unbewußten Unterstützung im Abwehrprozeß. Zwischen äußerer Realität und innerer Realität bilden sich die Inhalte der Mythen, des Glaubens und der Anschauungen, einer Mediumebene, die besonders beachtet wird. Diese Materialien stellen in gewisser Hinsicht Abwehrmittel dar, denn sie bieten eine Art Kühlschrank, in dem durch innere Konflikte hervorgerufene Phantasien eingelagert werden können, so Devereux.

Ethnopsychoanalyse wirft einen Blick auf die unbewußte Dynamik von Kultur und Individuum. Kultur beeinflußt den Verdrängungsprozeß der Individuen und stellt gleichzeitig Abwehrmittel zur Verfügung. Auf diese Weise werden die Mitglieder einer Kultur an diese affektiv gebunden. Unbewußte Konflikte haben, so gesehen, eine zentrale Funktion im Anpassungsprozeß an die Kultur. Zur Erforschung der unbewußten Dynamik innerhalb einer Kultur bedarf es der ethnopsychoanalytischen Methoden.

Schon Freud wies auf die Bedeutung des eigenen Unbewußten für die Erforschung des fremden Unbewußten hin. „Aber ich habe nicht ohne gute Gründe behauptet, daß jeder Mensch in seinem eigenen Unbewußten ein Instrument besitzt, mit dem er die Äußerungen des Unbewußten beim anderen zu deuten vermag" (Freud 1913, S. 445).

Ethnopsychoanalyse bezieht nach Devereux die Selbstreflexion des Forschers ein, die emotionale Verstrickung mit den Menschen und die Reflexion der eigenen emotionalen Reaktionen in der fremden Kultur, die erst Erkenntnis ermöglichen. Nach Devereux ist das Revolutionäre der Psychoanalyse nicht die Deutung der Übertragung, sondern die Analyse der Gegenübertragung. Die Informationen aus der Übertragung könne man auch aus anderen Erkenntnisquellen gewinnen. Wird der Forscher durch Konfrontation mit dem Fremden so stark in seinen angestammten Haltungen verunsichert und geängstigt, daß er sich der neuen Erfahrung verschließen muß, wird Gegenübertragung allerdings auch im Dienste der Abwehr zur Störungsquelle der Erkenntnis. Nach Devereux haben die Verhaltenswissenschaften hier ihren Ursprung. Die fremden sozialen Verhältnisse oder Daten erregen Ängste und Unsicherheiten. Bei sorgfältiger und bewußter Handhabung wird die Gegenübertragungsreaktion aber ein wichtiges Forschungsinstrument, allerdings auch nur ein Mittel unter anderen Mitteln, das Fremde zu verstehen. Die Erforschung der Realität mit anderen Mitteln steht somit auch im Mittelpunkt und wird nicht vernachlässigt. Dabei hat die Ethnopsychoanalyse den großen Vorteil, daß sie durch Konfrontation mit den fremden Kulturen direkt erfahren, Gespräche mit den Menschen der fremden Kultur eingehen, d.h. Übertragungs- und Gegenübertragungsprozesse unmittelbar erleben und reflektieren kann. Ethnopsychoanalyse kann sich auf reale Beziehungen einlassen.

Wie können wir die spezifische Beziehung zwischen inneren Konflikten im ethnischen Unbewußten, deren Abwehr und deren Funktion im Anpassungsprozeß an die jeweilige Kultur genauer verstehen?

Parin, Morgenthaler und Parin-Matthèy (1963; 1978) gehen davon aus, daß psychoanalytische Grundvorstellungen zum Verstehen einer anderen Kultur herangezogen werden können, nicht jedoch unsere Vorstellungen von normal und anormal (Heinrichs 1982, S. 36). Parin schreibt über die Forschungsergebnisse bei den Dogon und Agni Westafrikas: „Die ödipale Formel, die Mutter zu besitzen und den Vater zu töten, ist bereits eine kulturspezifische Variante... Der väterliche Rivale wird bei den Dogon verteilt und durch wechselseitige Identifikationen (nicht durch eine Introjektion seiner versagenden Haltungen) erledigt" (Parin 1973, S. 245).

Neben der Abwehr von Triebkonflikten untersucht Parin die Bedeutung sogenannter Anpassungsmechanismen. Gruppen-Ich und Clangewissen sind für Parin bestimmte Formen von Anpassungsmechanismen, die „das Ich in ähnlicher Weise von der Auseinandersetzung mit der Außenwelt entlasten, wie die Abwehrmechanismen (in Anlehnung an Anna Freuds Theorien) das gegenüber den abgewiesenen Triebansprüchen leisten" (Parin u.a. 1978, S. 82).

Das Gruppen-Ich bezeichnet dabei den identifikatorischen Umgang mit den anderen: „Die Entstehung des Gruppen-Ich führen wir auf relativ spannungsfreie identifikatorische Beziehungen zurück, die sich in der Kindheit und Adoleszenz vorzugsweise zu gleichgeschlechtlichen Gleichaltrigen in 'horizontalen' Gruppen etablieren. Sind in einer sozialen Situation Gemeinschaften oder Gruppen vorhanden, in denen wegen ihrer Struktur und der besonderen Psychologie der Mitglieder gegenseitige brüderliche bzw. schwesterliche Identifikationen möglich sind, ist das Gruppen-Ich ein Garant für eine gute, soziale Anpassung (z.B. in Dogon-Dorf). Dieser Anpassungsmechanismus gibt die Gemeinschaftsstruktur der Gesellschaft genauer wieder als andere. In der Kleinfamilie hat er keinen Platz. Im öffentlichen Leben der urbanisierten Industriegesellschaft muß er versagen" (Parin u.a. 1978, S. 87).

Das Clan-Gewissen beschreiben Parin, Morgenthaler und Parin-Matthèy als eine Art externes Über-Ich: „Die Dogon haben die Bilder der Erziehungspersonen, mit ihrer Forderung, bestimmte Triebregungen nicht zuzulassen, nicht ebenso haltbar verinnerlicht wie wir. Statt die Triebregungen abzuwehren, haben sie die Gestalten der frühen Kindheit ersetzt, ihre Bedeutung aufgeteilt, auf die Mitmenschen des erwachsenen Lebens übertragen" (1963, S. 500).

Das Clangewissen entlastet das Ich von unerträglichen Ängsten, Schuldgefühlen oder archaischen Vorläufern derselben. Es kommt zu einer Art Identifikation mit der Rolle, die die Beweglichkeit des Ich einschränke. Das Ich kann die Fähigkeit bewahren, äußere Autoritäten oder Institutionen zeitweise oder vorübergehend an die Stelle des verinnerlichten Über-Ichs zu setzen. Sie werden mit den gleichen Triebenergien besetzt und wirken verbietend und belohnend auf das Ich zurück. Das Clangewissen schränkt ein, da es jene Selbständigkeit gegenüber der sozialen Umwelt verliert.

„Anpassungsmechanismen nennen wir im Ich des Erwachsenen mehr oder minder fest etablierte Mechanismen, die unbewußt, automatisch und immer wieder gleich ablaufen, gerade so, wie es für die Abwehrmechanismen beschrieben ist. Während sich diese jedoch im Ich etabliert haben, um unerwünschte oder störende Triebregungen, Wünsche oder Affekte abzuwehren, haben die von uns gemeinten Anpassungsmechanismen den Zweck, mit eingreifenden Einflüssen der sozialen Umwelt fertig zu werden" (Parin 1977, S. 481).

Anpassungsmechanismen haben nach Parin nicht die Funktion der Triebabwehr. Sie sollen den Erfordernissen der Umwelt gerecht werden und dem Ich damit relative Stabilität verleihen. „Daß dieses Ich eine Abwehrorganisation aufweist, die Triebregungen zuläßt, sollte wie bisher auf die psychische Realität von Phantasien, Wünschen und Ängsten und nicht auf die Umwelt und ihren Einfluß bezogen werden" (Parin 1977, S. 488).

Parin schreibt den Anpassungsmechanismen keine konstante Beziehung zu den Affekten zu. Ihr Funktionieren ermögliche Wohlbefinden, beim Versagen der Anpassung trete Angst auf. Abwehrmechanismen erfordern Energie (eine Gegenbesetzung), um das Ich von Triebansprüchen zu befreien, während Anpassungsmechanismen das Ich von dieser Aufgabe entlasten. Während man die Abwehrmechanismen als Niederschlag (oder als das im Ich errichtete Erbe) der kindlichen Triebkonflikte ansehen kann, sind die Anpassungsmechanismen ein viel direkterer Ausdruck dessen, wie die soziale Umwelt in die Ich-Struktur eingreift: Sie werden zwar ebenfalls bereits in der Kindheit angelegt, bleiben aber zeitlebens sozialen Kräften unterworfen (Parin 1977, S. 489).

Äußere Anpassung erfolgt in diesem Modell automatisch, Identifikation bietet immer Befriedigung, narzißtischen Gewinn und stärkt die Identität. Hier wird Parins Orientierung an der Ich-Psychologie deutlich, in der Anpassung an eine im Mittel zu erwartende Umwelt verstanden wird, womit das Konflikthafte im Anpassungsprozeß verloren geht. Die Entstehung des Gruppen-Ich führt Parin auf relativ spannungsfreie identifikatorische Beziehungen zurück. Gibt es diese spannungsfreien Sphären im Anpassungsprozeß? Sind Anpassungsmechanismen wirklich von Abwehrmechanismen zu trennen?

Betrachten wir die Ergebnisse meiner Feldforschung in der matrilinearen Kultur Palaus (Heinemann 1995), so können wir sehen, daß die Erziehungspraktiken zu einer hohen oralen Triebbefriedigung führen. Die Mutter wird bis zu zehn Monate nach der Geburt des Kindes von jeder Arbeit freigestellt und von ihren Brüdern und dem Ehemann mit Delikatessen versorgt. Der Säugling soll gestillt werden, wann immer er danach verlangt. Mit zehn Monaten kommt es in der Regel zu einer abrupten Trennung von der Mutter, der Säugling wird nun auch von den anderen weiblichen Mitgliedern des Clans versorgt. Die abrupte Trennung von der Mutter führt meinem Verständnis nach zu einer lebenslangen tiefen Trennungsangst, die im ethnischen Unbewußten besteht. Durch die Praxis der Adoption, etwa ein Drittel der Kinder werden innerhalb des mütterlichen oder seltener väterlichen Clans adoptiert, wird diese Trennungsangst weiter vertieft. In meiner Gegenübertragung konnte ich diese Angst deutlich spüren, wenn ich fast täglich gefragt wurde, ob ich wirklich längere Zeit in Palau bleiben werde, ob ich nicht vielleicht doch morgen schon abreise.

Die Erziehungspraktiken erzeugen unbewußte Konflikte, für die nun die Kultur im Sinne Devereuxs Abwehrmittel bereithält. Die Identifikation mit der gleichgeschlechtlichen Gleichaltrigengruppe, mit der man sein Leben lang verbunden bleibt, unterstützt die Triebabwehr. Die Angst, von der Mutter verlassen zu werden, führt zur Angst von der Gruppe ausgestoßen zu werden. Die Übernahme der Gruppenvorschriften wird so unbewußt gesichert, indem sie der Abwehr von Trennungsängsten dient. Körperstrafen und individuelle Strafen sind in der Kultur Palaus traditionell nicht vorhanden. Die mit dem Trennungstrauma verbundene Aggression wird in Riten innerhalb der Gruppe kompromißhaft ausgelebt und abgewehrt.

Anpassung an die kulturellen Anforderungen erfolgt, indem Kultur genau die Konflikte in der Erziehung produziert, für die sie später die passsenden Abwehrmittel in Form von Riten und sozialen Institutionen zur Verfügung stellt. Anpassungsmechanismen werden dann nicht beliebig von der Gesellschaft bereitgestellt, sondern unterstützen die Triebabwehr oder die Abwehr narzißtischer Konflikte. Ändern sich die Anforderungen der Kultur, muß sich auch die Erziehungspraxis ändern. Es kommt zu neuen Anforderungen an die im ethnischen Unbewußten bestehenden Konflikte.

Die vielfältigen Möglichkeiten der Ethnopsychoanalyse, das Verhältnis von Psyche und Gesellschaft zu erforschen, bestehen in der Geschichtswissenschaft nicht. Dort ist man angewiesen auf meist spärliche Quellen, in denen oft für psychoanalytische Erkenntnisse wichtige Informationen fehlen. Als Psychoanalytiker/Psychoanalytikerin ist man nur zu oft auf Sekundärliteratur angewiesen, als Historiker meist nur mit psychoanalytischen Kenntnissen aus Büchern ausgestattet. So ist das Übertragungs- und Gegenübertragungsgeschehen, das auch von historischen Quellen ausgeht, um ein Vielfaches erschwert.

5. Heiligkeit, Besessenheit und Hysterie aus psychohistorischer Sicht

Die Zeit von 1200 bis 1500 war das Zeitalter der lebenden Heiligen (Weinstein u. Bell 1982; Bell 1985). Im 16. und 17. Jahrhundert nahm die Zahl der Heiligen dann drastisch ab (Weinstein u. Bell 1982, S. 45). Während im 11. und 12. Jahrhundert Heilige meist Edelleute waren, nahm im 13. Jahrhundert der Anteil unterer Schichten der Bevölkerung an den Heiligen zu. Die Heiligen waren bis zum 13. Jahrhundert in der Regel Männer, etwa drei von vier Heiligen waren im 13. Jahrhundert noch Männer (Weinstein u. Bell 1982, S. 224).

Vom 14. Jahrhundert bis zur Reformation ging die Zahl der weiblichen Heiligen in den Klöstern zurück, in der Bevölkerung stieg dagegen der Anteil der Frauen, die sich für heilig hielten. Höhepunkt der Verehrung der weiblichen Heiligen war etwa die Zeit um 1500 (Bell 1985, S. 149f.).

Weinstein und Bell (1982) und Bell (1985) sehen in den Heiligen adoleszente Mädchen, die um ihrer Autonomie willen und in Ablehnung der Heirat mit einem nicht gewollten Ehemann oder aus Ablehnung der Sexualität gegenüber die Autonomie im Kloster vorziehen. Sie beschreiben die Heiligen als heilige Anorektikerinnen, weil sich in ihrem Verhalten bereits der Konflikt, den wir heute im Krankheitsbild der Anorexie finden, zeige. Die Autoren geraten damit in die Problematik, heutige Krankheitsbilder in die damalige Zeit zu projizieren.

„Between the ages of four and seven, occasionally a bit later, a medieval girl began to be aware of what society had in store for her. From her peers, from the church, but most especially from her parents, she learned the norms of her class and sex. She might be allowed a few more years of frivolous play, but already she was being subtly cued for courtship, marriage and motherhood" (Weinstein und Bell 1982, S. 42).

Es habe für die Mädchen eine Anziehungskraft gehabt, die weißgekleideten Nonnen durch die Straßen laufen zu sehen. Die Mädchen gerieten in den Konflikt zwischen Fleischeslust und spiritueller Welt. „Invariably the conflict escalated: against the parents' greater worldly strength the child needed greater spiritual resources, resources sought in ever greater spiritual extremes of self-mortification" (Weinstein und Bell 1982, S. 44).

In 48% aller von Weinstein und Bell (1982, S. 71) geschilderten Fälle wurde die Entscheidung für eine religiöse Berufung in der Adoleszenz getroffen. Die elterliche und gesellschaftliche Antwort auf diese Entscheidung variierte in den Jahrhunderten. Der Wunsch nach Keuschheit im Kampf gegen die Versuchungen des Fleisches und der Konflikt der Verheiratung durch die Eltern waren die Motive für die Hinwendung zum Heiligenstand. Margaret etwa drohte, ihre Nase und Lippen abzuschneiden, wenn man sie zwinge, zu heiraten. So ließ man sie in Ruhe (Weinstein und Bell 1982, S. 88).

Die Mädchen wurden an den verheiratet, den der Vater aussuchte. Sie konnten kaum Unterstützung oder Sympathie im Elternhaus finden. Die Identifikation mit Maria bot den Frauen die Möglichkeit, den Anforderungen von Ehe und Mutterschaft zu entgehen. Fand die religiöse Hinwendung im Erwachsenenalter statt, war dies meist eine Reaktion auf eine Krise oder Konflikte: Tod eines Geliebten, eine ernste Krankheit, übernatürliche Erfahrungen, plötzliche Schuldgefühle für die Sünden des vergangenen Lebens (Weinstein und Bell 1982, S. 98ff.). Die Heiligen waren meist Jungfrauen oder Witwen (Weinstein und Bell 1982, S. 87). Bell (1985, S. 56) beschreibt den inneren Kampf der heiligen Mädchen: Sie waren abergläubige Mädchen mit starkem Willen. Als Kind wurden sie oft von einer streng religiösen Mutter erzogen und der Vater zwang sie früh zur Heirat. Sie leisteten Widerstand, entwickelten anorektische Symptome und flüchteten ins Kloster, der Vater starb, oder er gab auf. Später wurden sie von Dämonen gequält und waren nicht fähig zu essen. Manche Mädchen erholten sich mit Anfang dreißig und wurden im Kloster sehr aktiv. Als Äbtissinnen fasteten sie jetzt unter Selbstkontrolle.

Andere erholten sich nicht und peinigten sich in aggressiver Selbstzerstörung. Um ihre inneren Dämonen zu vertreiben, peitschten und verbrannten sie sich (Bell 1985, S. 112). Diese Frauen identifizierten sich mit dem Leiden Christi. In ihren Körpern teilten sie die Erbsünde, die Verantwortung für den Tod des Erlösers. Bell nennt dies den asketischen Masochismus der jungfräulichen heiligen Anorektikerinnen (Bell 1985, S. 113).

Von den 42 italienischen Heiligen des 13. Jahrhunderts, die als Heilige anerkannt wurden, habe die Hälfte anorektisches Verhalten gezeigt. Ein neues Ideal von Heiligkeit wurde nach Bell (1985, S. 149) geformt. Junge

Frauen suchten nach Autonomie und lehnten die passive, reproduktive Rolle von Maria ab. Sie bekämpften ihre Dämonen mit sich immer weiter eskalierenden Torturen und verleugneten Hunger und Müdigkeit. Später wurden sie unfähig, zu schlafen und zu essen. Ihre sexuellen Bedürfnisse wurden in der Vorstellung einer mystischen Einheit mit Gott erfüllt. Sie hatten nur Hunger nach der Oblate, nach dem Körper ihres „Ehemannes". Sie galten als heilig, weil sie sich scheinbar nur von dem Leib Christi in Form der Oblate ernährten. Im späten 15. Jahrhundert wurde die mittelalterliche Vorstellung in Zweifel gezogen, so Bell (1985, S. 157).

Ich stimme zwar mit Bell (1985) überein, daß die unbewußte Bedeutung der Nahrungsverweigerung sowohl der Heiligen im 14. und 15. Jahrhundert als auch der anorektischen Mädchen unserer Zeiten in der Gleichsetzung von Essen und Sexualität liegt. Nichtessen bedeutet, keine Sexualität zu haben. Die Bezeichnung der Heiligen als Anorektikerinnen, die ihren Autonomiekonflikt mit dem Eintritt ins Kloster lösten, halte ich für eine Projektion des Krankheitsbildes Anorexie unserer Zeit in die Geschichte. Das Klosterleben wird dabei unrealistisch als autonomiefördernd idealisiert. Zeigen doch die Lebensgeschichten der männlichen und weiblichen Heiligen, aber auch die Krankengeschichte des Malers Haitzmann (Freud 1923), daß das Klosterleben gerade die Strafbedürfnisse und masochistischen Abwehrformen unterstützte. Habermas (1990, S. 46ff.) betont, daß die Heiligen den Adoleszenzkonflikt lösten, indem sie sich gegen den Vater und oft auch gegen kirchliche Autoritäten durchsetzten und ins Kloster gingen, die magersüchtigen Mädchen heutiger Zeit demgegenüber Angst vor Autonomie hätten und sich gerade nicht von der Familie lösen könnten. Die Gleichsetzung beider Erscheinungsformen ist nach Habermas zu eng an einer den kulturellen Kontext vernachlässigenden Parallelisierung der Symptome orientiert. Trotzdem betont auch er den Autonomiekonflikt in beiden Erscheinungen.

Wenn wir im 14. und 15. Jahrhundert von einer von unserer heutigen Zeit verschiedenen psychischen Entwicklung und Struktur ausgehen, können wir die Heiligen nicht als Anorektikerinnen bezeichnen, auch wenn der Adoleszenzkonflikt damals und heute ins Auge sticht.

Betrachten wir die historische Entwicklung vom 13. bis 15. Jahrhundert, so sehen wir eine Zunahme an weiblichen Heiligen mit ihren Vorstellungen,

Braut Christi zu sein, und ihren asketischen Lebensweisen mit teilweise selbstverletzendem Verhalten und Nahrungsverweigerung. Chasseguet-Smirgel (1987, S. 20f.) sieht in der Vorstellung der jungfräulichen Geburt Marias die Funktion der Vermeidung des Ödipuskomplexes. Die Vorstellung, daß die Mutter ohne Penetration geschwängert wird, erst die Geburt die Mutter defloriert, drücke die Komplizenschaft des Kindes mit der ödipal verführerischen Mutter aus. Der Vater tut nichts, was das Kind mit seiner prägenitalen Sexualität nicht auch tun könnte. Die Geburt Christus gibt dem Sohn eine genitalere Rolle als dem Vater, da ja der Sohn die Mutter bei der Geburt defloriert. Die prägenitale Sexualität wird einem Idealisierungsprozeß unterworfen.

Dies würde bedeuten, daß in der Vorreformationszeit die Anpassung an die Kultur nicht über den klassischen Ödipuskomplex vollzogen wurde, sondern über die Vermeidung der ödipalen Situation. Jones (1972) versteht das Entstehen der Reformation als Übergang vom negativen zum positiven Ödipuskomplex. Die katholische Einstellung zu Gott war nach Jones in der Vorreformationszeit geprägt von Unterwerfung. Die Liebe Gottes wurde durch eine feminine Einstellung diesem gegenüber gewonnen. Verweiblichung und symbolische Kastration werden im Zölibat, der Kleidung des Priesters und der Tonsur deutlich. Die feminine Einstellung ruft besonders intensive Kastrationsängste hervor, die sich nach Jones beispielsweise im Glauben an die gasförmige Befruchtung Marias äußern. Die Identifikation mit Maria erleichterte die feminine Einstellung. Die Reformation beendete die Marienverehrung. Der protestantische Pfarrer konnte heiraten. Er hatte die feminine Einstellung zu Gott überwunden. Jones führt diese veränderte Haltung Gott gegenüber auf ein neues Stadium der ödipalen Entwicklung zurück. „Man könnte sagen, daß die protestantische Lösung des Ödipuskomplexes die Ersetzung der Mutter durch die Frau ist, während die katholische in der Änderung der männlichen in die weibliche Rolle besteht" (1972, S. 211).

Wurde diese Veränderung der ödipalen Entwicklung vielleicht durch die Frauen eingeleitet, die sich als Heilige zwar der Askese verschrieben, aber doch auf dem Wunsch, Braut Christi zu sein bestanden?

Die weiblichen Heiligen des 13. bis 15. Jahrhunderts unterstützen zwar durch die Askese die Anpassung an eine Entwicklung, in der ödipale Konflikte vermieden wurden, sie bestanden aber auch auf der Phantasie, Braut Christi zu sein. Bei der Betrachtung der Heiligen steht der Aspekt der Abwehr, die Askese und die Selbstbestrafung, im Vordergrund. Ist aber nicht vielleicht das Abgewehrte das Bedeutendere an den heiligen Frauen, die sich als Bräute Christi phantasierten? Drückten sie nicht den Wunsch nach ödipaler und genitaler Erfüllung aus, den sie sogleich durch asketische Selbstbestrafung abwehrten? Im Gegensatz zu besessenen Frauen bestraften sie sich selbst. Sie trieben den Teufel selbst aus. Sie sind noch Siegerinnen im Kampf gegen den Teufel, wie dies für die Zeit vor dem 16. Jahrhundert noch möglich war. Als Bräute Christi bestanden die Frauen auf einer Liebesbeziehung, die allerdings asexuell sein mußte. Sie identifizierten sich nicht mit Maria, sondern mit Christus. Der Trieb wird abgewehrt, das Objekt ist allerdings bereits ansatzweise ödipal, wird dann aber durch Identifikation bzw. Introjektion oral einverleibt.

War die Vorstellung prägenitaler Sexualität im Marienbild für Frauen ein Zwang, sich den sexuellen Ängsten der Männer unterwerfen zu müssen, so bestanden die heiligen Frauen ansatzweise auf einer ödipalen Entwicklung, d.h. auf dem Liebesobjekt.

Wurmser (1998) sieht Masochismus als wiederholten Versuch, Verlust und Schmerz abzustreiten. „Schmerz des Leidens schützt vor größerem Schmerz des Verlustes " (1998, S. 91). Der Masochist überbetont die Wichtigkeit der Objektbeziehung und verleugnet die Bedeutung der Triebentladung: Rivalisiere nicht, sondern opfere dich, heile, statt zu verletzen und zu töten, trauere statt Wut zu empfinden, opfere, statt mörderische Rache zu nehmen. Passivität statt Selbstdurchsetzung, Niederlage statt Wettstreit, magische Macht statt Hilflosigkeit sind die Abwehrformen in der masochistischen Wendung (1998, S. 147).

Indem die Heiligen ein ödipales Objekt suchten, wurde die Angst vor dem bedrohlichen Triebaspekt größer, der dann auf die Imago der Hexe und den Teufel projiziert wurde. Die Hexe ist das genaue Gegen-Bild der Heiligen: Die eine ist jung, die andere alt; die eine hat die Tränengabe, die andere kann keine Tränen vergießen; die eine trägt die Male Christi am Körper, die andere die Teufelsmale; die eine bekämpft die Fleischeslust, die andere gibt sich dem Teufel freiwillig hin (Heinemann 1998, S. 136). Besessenheit und

Hexenangst waren die Folge, aber auch eine zunehmende Verinnerlichung und Autonomie des Über-Ichs.

Bei den Heiligen sehen wir die Versuchung durch den Teufel, der Teufel wird als bedrohlich erlebt und bekämpft. Der Teufel erscheint in Visionen und die Heiligen erhalten Macht durch Askese. Sie zahlten den Preis der Unterwerfung, wobei die weiblichen Heiligen in der Vorstellung, Braut Christi zu sein, am Objekt der Begierde festhielten. Um so heftiger mußten die Frauen mit Selbstbestrafung reagieren. Die weiblichen Heiligen bestraften den Trieb, das Objekt wurde beibehalten und oral einverleibt.

Bei den Besessenen ist der Konflikt durch zunehmende Unbewußtmachung gekennzeichnet. Der Teufel gewinnt zeitweise die Oberhand, mal repräsentiert er das strafende Über-Ich, mal den Triebimpuls selbst. Mit Unterwerfung unter äußere Autoritäten wurde das Über-Ich besänftigt. Indem Über-Ich-Aspekte aber zunehmend internalisiert wurden, übernahm der Teufel auch strafende Funktionen, wenn er beispielsweise Nicole Obri (Heinemann 1998, S. 111ff.) die Kellerstufen herunterfallen ließ, weil sie tanzen ging statt auf ihr Geschwisterchen aufzupassen, wie ihr die Mutter befohlen hatte. Die Besessenen bestraften sich scheinbar nicht mehr selbst, dies übernahmen jetzt verinnerlichte Über-Ich-Anteile.

Die Ähnlichkeiten der Symptome besessener Frauen mit denen hysterischer Frauen, wie Freud sie in seiner Zeit beschrieb, sind groß, auch wenn wir beide Erscheinungen aufgrund unterschiedlicher kultureller Bedingungen und psychischer Strukturen nicht einfach gleichsetzen können.

Das Gemeinsame in der großen Vielfalt der ehemals hysterischen Störungen und Phänomene ist nach Mentzos (1996) nicht in der Annahme eines einheitlichen, ödipalen Konfliktes zu sehen, sondern im Modus der Konfliktverarbeitung. Sowohl ödipale, orale und narzißtische Konflikte werden abgewehrt, pseudogelöst oder kompensiert, indem der Betroffene im Rahmen einer unbewußten Inszenierung sowohl für die Anderen als auch für sich selbst als quasi anderer erscheint, als er tatsächlich ist. Sowohl die Konversionssymptome als auch die dissoziativen Störungen dienen letztlich diesem Ziel (Mentzos 1996, S. 92). Es ist nicht die Intensität des Affektes oder das scheinbare Fehlen eines Affektes, was die Hysterie ausmacht. Die Hysterie ist eine Verkehrung ins Gegenteil. Wenn der Patient scheinbar gleichgültig über die Lähmung der Beine spricht, steckt dahinter ein gegenteiliger Affekt (Mentzos 1996, S. 97).

Die Abwehrleistung der Patienten ist Vernebelung, Negierung durch das Gegenteilige, aber auch eine kompromißhafte Befriedigung durch Handeln unter falschem Vorzeichen und vorgetäuschter Betonung und Überaktivierung des Gegenteiligen. Der hysterische Modus ist wegen unerträglichen Schulderlebens, aber auch im Zusammenhang mit unerträglicher Scham notwendig (Mentzos 1996, S. 99). Der ödipale Konflikt ist in jedem Fall triangulär, es gibt im hysterischen Modus aber auch dyadische Konflikte. Das Theatralische der Hysterie verweise auf einen inneren und äußeren Zensor. Der hysterische Patient imponiert, da er sich seiner zur Schau gestellten Affekte nicht schämt. Der Modus dient der Abwehr der Scham und Schuld. Die Tendenz der Abwehr ist, das Gegenteil dessen zu behaupten, was wirklich vorliegt. Es geht um einen zum Zwecke der Inszenierung aktualisierten unechten Affekt und um einen abgewehrten wahren Affekt. Die Affekte sind nicht pathologisch, sie werden nur im obigen Sinne eingesetzt.

Die hysterischen Inszenierungen mit ödipalem Inhalt unterscheiden sich nicht von denen anderer Themen, zum Beispiel Trennung, Hilflosigkeit, narzißtische Verwundungen oder Kränkungen (Mentzos 1996, S. 101).

Betrachten wir Hysterie nicht mehr als Neurose mit ödipalem Konflikt, sondern als Modus der Konfliktverarbeitung im Sinne von Mentzos, so läßt sich die Entwicklungslinie von der Besessenheit zur Hysterie leichter ziehen. Bereits bei den Besessenen führte ein zunehmender Druck eines verinnerlichten Über-Ich zur Symptombildung, sie inszenierten einen inneren Konflikt als öffentlichen Kampf mit dem Teufel, um das Über-Ich zu beschwichtigen und das Ich zu entlasten. Während die Besessenen die abgewehrten Triebwünsche und Über-Ich-Anteile noch nicht als dem Selbst zugehörig empfanden, diese auf Hexen oder Teufelsbilder projizierten, sind diese in der Hysterie stärker integriert, aber auch verdrängt, d.h. der Prozeß der Unbewußtmachung ist vorangeschritten.

Dabei ist der Lösungsversuch in der Hysterie stärker durch eine progressive Sexualisierung gekennzeichnet. Rupprecht-Schampera (1996) geht bei der Hysterie von einem Zusammenwirken präödipaler und ödipaler Faktoren aus. Die Separation von der Mutter ist oft mißglückt, der Vater steht nicht für eine Triangulierung zur Verfügung. Das Mädchen verwendet dann die ödipale Triangulierung, um die präödipale Trennung von der Mutter zu lösen. Gleichzeitig besteht häufig ein erotisierender Umgang des Vaters mit dem Kind. Die Hysterie lebt von der - zumindest partiellen - Wirksamkeit des sexualisierten Lösungsversuches.

Die Verdrängung ist der Versuch, das erotische Geschehen aus dem Bewußtsein fernzuhalten. Inzestuöses Agieren, schwere Schuld- und Schamgefühle bedrohen das Selbst. Die Hysterikerin hat eine ödipale Szene geschaffen, die dem Ödipuskomplex ähnelt, aber einen komplizierten Abwehrvorgang darstellt.

Die Hysterie ist ein sexualisierter, progressiver Abwehrversuch unter Verwendung ödipaler Phantasien zur Aufrechterhaltung der Abwehr. Der hysterische Lösungsversuch kann ganz ohne sexuelle Traumatisierung stattgefunden haben. Es können im Rahmen des sexualisierten Abwehrversuchs aber auch sexuelle Traumen hinzutreten. Es kann nicht überraschen, wenn sexuelle Traumen im Rahmen eines sexualisierten Lösungsversuches zu finden sind. Nicht sexuelle Verführung oder sexueller Mißbrauch sind Ursachen der Hysterie. Sie können lediglich zur Ausformung einer Hysterie im Rahmen eines sexualisierten progressiven Abwehrvorganges beitragen (Rupprecht-Schampera 1996, S. 68f.).

Die Hysterie bedient sich der Verdrängung, der Sexualisierung und der Verkehrung ins Gegenteil. Bei den Besessenen finden wir dagegen einen Kampf gegen den Trieb, der in Form des verführerischen Teufels mit Hilfe des Exorzismus nach Außen gewendet (exkorporiert wird) und so bekämpft wird.

Bei den Kinderzeugen (Weber 1991, 1996; Heinemann 1998, S. 126ff.) können wir dagegen durch sexuellen Mißbrauch oder andere schwere Traumatisierungen den Abwehrvorgang der Sexualisierung beobachten, die Kinder verwendeten die Hexen- und Teufelsphantasien im Rahmen des Abwehrvorganges Sexualisierung, denn sie bekundeten öffentlich, Geschlechtsverkehr mit dem Teufel zu haben. Die Besessenen dagegen versuchten, eigene Triebimpulse und Über-Ich-Aspekte auf Teufels- und Hexenvorstellungen zu projizieren und in der Inszenierung eines Kampfes diese abzuwehren. Über Exkorporation suchten die Besessenen im Exorzismus Heilung. Die Kinderzeugen und die Besessenen erhielten in ihrem Abwehrkampf die massive Unterstützung durch die Kirche und Bevölkerung. Bei den Besessenen kam es bereits zur Symptombildung, nicht sie, sondern der Teufel führte diese oder jene Handlung durch, über die sie keine bewußte Kontrolle hatten. Diese Symptombildung fehlte bei den Kinderzeugen. Auch war der Teufel nicht immer Ausdruck einer Sexualisierung bei der Besessenheit. Bei Anna Tschudi stand im Vordergrund der Konflikt mit der geliebten Magd, die scheinbar wie die Mutter die Schwester vorzog. Ihre Symptome bestanden aus Lähmungen und dem Spucken von Stecknadeln (vgl. Heinemann 1998, S. 115ff.).

Vergleichen wir Nicole Obri (Heinemann 1998, S. 111ff.), die Symptome der Besessenheit entwickelte, nachdem sie statt auf ihr Schwesterchen aufzupassen, zum Tanzen ging, mit Freuds Patientin Elisabeth von R. (Freud 1895, 196ff.). Elisabeth von R., eine 24jährige unverheiratete junge Frau, litt zum Zeitpunkt der Behandlung seit eineinhalb Jahren an großen Schmerzen beim Gehen, wobei die Schmerzen von einer schlecht abgrenzbaren Stelle an der Vorderseite des rechten Oberschenkels ausgingen. Ihr bisheriges Leben schien durch schwere Schicksalschläge gezeichnet. Sie verlor nach längerer Krankenpflege ihren Vater, zu welchem sie ein inniges Verhältnis hatte. Auch wurde anschließend ihre Mutter augenleidend und pflegebedürftig, schließlich starb ihre jung verheiratete Schwester während der zweiten Schwangerschaft. Zusätzlich zu den Schmerzen entstand eine funktionelle Gangstörung.

Eine Schicht der Symptombildung ist der Konflikt zwischen den durch die Pflege des Vaters auferlegten Pflichten und der erotischen Anziehung zu einem geheimen Freund. Die Patientin berichtet davon, wie sie vom Krankenbett weg zu einer Gesellschaft ging, um besagten Freund zu treffen, erst spät zurückkehrte und sich wegen des verschlimmerten Zustandes ihres Vaters die heftigsten Vorwürfe machte. Die Konversion kann dabei als Abwehr einer erotischen Vorstellung verstanden werden. Eine weitere Schicht des Symptoms ist mit dem Vater verbunden. Die Stelle des Oberschenkels ist genau die, die das Bein des Vaters beim Wickeln berührte. Der aktuelle Konflikt besteht aus der erotische Anziehung des Freundes und der Pflicht, den Vater zu pflegen, der mit einer ödipalen Thematik unterlegt ist.

Während bei Nicole Obri die Verfluchung durch die Mutter und die Bestrafung durch den Teufel im Vordergrund steht, Lösung in der Exkorporation gesucht wird, ist bei Elisabeth eher die progressive Lösung über Sexualisierung und Zuflucht zum ödipalen Objekt zu erkennen.

Bei den heiligen Frauen des 13. - 15. Jahrhunderts können wir den Beginn eines progressiven Lösungsversuches (Suche nach einem ödipalen Objekt) sehen in der Vorstellung, Braut Christi zu sein. Noch dominiert die asketische Lösung, die Vermeidung ödipaler Konflikte und Selbstbestrafung. Bei den Besessenen ist der Über-Ich-Druck verinnerlichter. Sie können den Teufel nicht mehr selbst austreiben, dieser hat teilweise Kontrolle über sie gewonnen. Sie finden Entlastung durch Exkorporation im Exorzismus. Der Über-Ich-Konflikt wird reexternalisiert. Die besessenen Frauen strafen sich nicht mehr selbst, sondern der Teufel macht dieses oder jenes mit ihnen, eine zunehmende Verinnerlichung des Über-Ich-Konfliktes.

Hysterische Frauen verwenden neben der Verkehrung ins Gegenteil die Sexualisierung und Suche nach einem ödipalen Objekt zur Lösung prägenitaler Konflikte, aber auch im Zusammenhang mit der Abwehr von Verführung und Mißbrauch. Statt Externalisierung des Konfliktes über Hexen- und Teufelsbeschuldigungen wird in der Hysterie die Lösung des Konfliktes stärker in der Sexualisierung des ödipalen Objektes mit anschließender Verdrängung gesucht. Bei den Kinderzeugen boten die Hexen- und Teufelsphantasien die Möglichkeit, eine Traumatisierung über Sexualisierung abzuwehren und Aggression und Schuldgefühle über Beschuldigung von Tätern zu lindern.

Die Abhängigkeit von einem externalen Über-Ich, wie wir es für die Zeit vor der Hexenverfolgung annehmen können, führte nicht nur zur Vermeidung ödipaler Ängste, sondern auch zur Unterwerfung unter äußere Autoritäten. Ob dies allerdings immer in Form von Unterwerfung unter sadistische Über-Ich-Vorläufer, wie wir sie aus der heutigen Krankenbehandlung erfahren (Kernberg 1978; Klein 1972; Jacobson 1973), stattgefunden hat, muß historisch in Frage gestellt werden. Zeigt doch die mittelalterliche Einstellung behinderten Kindern gegenüber, daß Dämonen nicht nur als sadistisch erlebt wurden, sondern daß mit ihnen auch gehandelt werden konnte. Immerhin führte die Vorstellung der mittelalterlichen Wechselbälger zu zumindest teilweiser Akzeptanz von Menschen mit Behinderungen. Die Mütter waren von Schuldgefühlen entlastet und konnten ohne Überbehütung als Reaktionsbildung auf massive Aggression mit ihren behinderten Kindern umgehen (Heinemann 1998, S. 121). Auch die Moral und Praxis der gegenseitigen Hilfe, die durch Furcht vor Strafe und Hoffnung auf Belohnung im Jenseits Menschen milde Gaben spenden ließ (Schindler 1992, S. 265), und der fürsorgliche Umgang mit Kinderzeugen und besessenen Frauen zeigen, daß nichtödipale Über-Ich-Formen keineswegs nur sadistisch sein müssen und unter Umständen einen moralisch höheren Standard haben können als das ödipale Über-Ich. Das auf Verinnerlichung beruhende Über-Ich führt auch zur Wendung von Aggression gegen die eigene Person, die, wiederum projiziert, erhebliche Aggression freisetzen kann.

Nach Parin (1973) funktioniert das sogenannte Clangewissen, indem Autoritäten der Außenwelt das Gewissen verkörpern. Mächtige Chefs, Heiler und Magierinnen drohen mit tödlichen Strafen. Es entsteht ein Introjekt eines vergewaltigenden mütterlichen Phallus, von dem sich die Person Kraft leiht, gemäß der Moral zu handeln. Ohne solche Identifikations- und Herrschaftsformen, deren Gestalt manchmal vom Vater, deren Funktion aber immer von der Mutter der Frühkindheit abgeleitet ist, geht die Orientierung verloren (1973, S. 244).

In der matrilinearen Kultur Palaus (Heinemann 1995) haben die totemistischen Götter für die Einhaltung der sozialen Regeln zu sorgen und machen auf Regelbrüche aufmerksam. Sie müssen zufriedengestellt werden. Die Götter sind aber wohlwollend und belohnend, bei Verstößen geben sie Gelegenheit zur Wiedergutmachung. Körperstrafe ist in der traditionellen Erziehung unbekannt. Das Über-Ich ist ein Gruppen-Über-Ich mit hohem moralischen Standard und nicht mit sadistischen Über-Ich-Formen gleichzusetzen. Die ethnopsychoanalytischen und psychohistorischen Forschungen zeigen, daß mütterliche, externalisierte Über-Ich-Formen genauso wie die des ödipalen Über-Ichs unterschiedliche Ausprägungen und Reifezustände entwickeln können. Sie sind nicht mit sadistischen Über-Ich-Vorläufern gleichzusetzen und von der Entwicklung der narzißtischen Konflikte und den Triebkonflikten abhängig, d.h. von Sozialisation und Erziehung.

Auch Grunbergers (1974) Theorie zum mütterlichen Über-Ich ist aus der Krankenbehandlung gewonnen und kommt von daher zu anderen Erkenntnissen als ethnopsychoanalytische und psychohistorische Forschungen. Das frühe Über-Ich ist nach Grunberger Ergebnis verschiedener Introjektionen und Identifikationen. Es hat tiefreichende, triebhafte prägenitale und narzißtische Quellen. „Das moralische Über-Ich, das Gewissen, hat einen eminent sozialen Aspekt, und das gilt - so paradox es auf den ersten Blick erscheinen mag - noch mehr für das frühe als für das ödipale Über-Ich. Das frühe Über-Ich spielt in der Tat für das religiöse, politische, moralische und soziale Leben des einzelnen eine große Rolle und bestimmt weitgehend den Gebrauch, den er von Ideologien macht, die, wie wir aus täglichen Erfahrung wissen, vorwiegend Über-Ich-Charakter haben" (Grunberger 1974, S. 509).

Das Über-Ich sei in seiner frühen Gestalt vor allem ein kollektives Phänomen. Es bestehe in der Notwendigkeit, sich in das kollektive Über-Ich einzufügen. Es habe damit zweifelsohne wesentlichen Anteil an den kollektiven Erscheinungen. Das primitive Ich wird sich nach Grunberger dem Über-Ich unterwerfen und sich mit ihm identifizieren. „Es ist zweckmäßig, hier an die Tatsache zu erinnern, daß das kleine, schreiende Kind gefangen in einer von Gewalten beherrschten Beziehung, sich ohnmächtig fühlt angesichts der Riesin - so schreckenerregend, weil Trägerin der projizierten Aggressivität des Kindes - , die ihm ihren Willen ohne die geringste Möglichkeit der Gegenwehr aufzwingt. Indem es ihr gehorcht, assimiliert sich das Kind gerade dieser absoluten Gewalt und wird auf diesem Umweg Besitzer der mütterlichen Allmacht...Indem es sich dem Mutter-Überich unterwirft, hat es seine eigene Aggressivität in Gestalt einer entsprechenden Vergeltung nicht mehr zu befürchten, wodurch das schreckenerregende Objekt vertrauenerweckend wird" (Grunberger 1974, S. 515).

Solange man alle Anweisungen der mütterlichen Erziehung befolgt, kann einem niemand etwas vorwerfen. Es handelt sich um das anale, mütterliche Über-Ich, das die frühe Dressur widerspiegelt (Grunberger 1974, S. 521). Die totale Unterwerfung ist bedingungslos, d.h. man kann zu keinem anderen Arrangement Zuflucht nehmen, nur gehorchen, ohne zu wissen warum. Es erlaubt weder eine Übereinkunft noch einen Kompromiß. In der Tat kann ja ein Säugling nichts anderes tun als seiner Mutter gehorchen. Bleibt ihm nur der Ausweg, an ihrer Macht teilzuhaben. Das frühe Über-Ich nährt sich nach Grunberger von der kannibalistischen Aggression des Säuglings, es fordert blinden Gehorsam, und umgekehrt erhebt alles, was blind ist, absoluten Gehorsam und erinnert an die allererste Mutterbeziehung, die sowohl Ursprung als auch Ursache der aggressiven Ladung ist. Das Unerklärliche übt Macht aus, denn es stürzt den Menschen wieder in absolute Abhängigkeit von der Ur-Mutter und der Identifikation mit ihr. Das mütterliche Über-Ich ist der Gegenspieler des väterlichen: Man ist entweder dem Diktat des Kollektiven oder des eigenen Gewissens unterworfen.

Das mütterliche Über-Ich ist nach Grunberger Resultat einer doppelten Identifizierung: der Identifizierung mit sadistischen Affekten, die auf die Mutter projiziert werden, und mit den gleichen wieder introjizierten Affekten, zum anderen mit dem Inhalt der Dressur, allerdings leicht verändert. Es besteht aus Verboten, moralischen Urteilen in projizierter Form. Es wird, so Grunberger, als Knüppel gegen das väterliche Über-Ich benutzt, gegen die ganze väterliche Welt und als Schutzmaßnahme gegen jede ödipale Konfliktstellung (Vermeiden des Ödipus-Konfliktes).

Das mütterliche Über-Ich funktioniert nur in Beziehung mit einem genau definierten Objekt, mit Texten, Verordnungen, Dogmen. Es ist nach Grunberger zwanghaft, sadistisch und unerbittlich. Das väterliche Über-Ich habe Realitätssinn und sei geschmeidiger. Das frühe Über-Ich treibt zu Mord und Projektion, das väterliche Über-Ich dagegen sei eine innere Stütze und strebe nach narzißtischer Vollkommenheit im Erreichen der Ideale des Lebens. Das Über-Ich integriert narzißtisches und triebhaftes, das frühe Über-Ich dagegen habe nur den sadistischen Affekt besetzt.

Historisch und ethnologisch muß diese Sicht des Über-Ichs relativiert werden. Freud hat zwar die zunehmende Verinnerlichung des Über-Ichs in der Geschichte zu Recht angenommen, die Bewertung des historisch früheren als, wie bei Grunberger dann differenzierter ausgeführt, archaisch und deshalb rigider und sadistischer, sprich unvollkommener, muß aber zurückgewiesen werden. Die Hexe als aggressive Über-Ich-Imago ist erst mit Beginn der frühen Neuzeit, der Etablierung des individuellen Über-Ichs, zur bedrohlichen, verfolgenden Imago geworden. Die Dämonen und Teufel des Mittelalters konnten durch Abwehrzauber und Rituale unter Kontrolle gehalten werden, die Menschen fühlten sich von ihnen keineswegs nur bedroht, man konnte mit ihnen handeln und sie überlisten.

Literaturverzeichnis

Bell, R.M. (1985): Holy Anorexia, Chicago und London
Brunner, J. (1996): Die Macht der Phantasie - die Phantasie der Macht. Freud und die Politik der Religion, Psyche 50: 786-816
Chasseguet-Smirgel, J. (1987): Das Ichideal. Psychoanalytischer Essay über die Krankheit der Idealität, Frankfurt a.M.
Demause, L. (1982): Evolution und Kindheit. In: ders. (Hg.), Hört ihr die Kinder weinen? Eine psychogenetische Geschichte der Kindheit, Frankfurt a.M.
- (2002): The Emotional Life of Nations, www.psychohistory.com vom 27.4.2002
Demos, J. (1982): Entertaining Satan. Witchcraft and the Culture of Early New England, Oxford
Devereux, G. (1982): Normal und anormal. Aufsätze zur allgemeinen Ethnopsychiatrie, Frankfurt a.M.
Dülmen, R.V. (1991): Frauen vor Gericht. Kindsmord in der Frühen Neuzeit, Frankfurt a.M.
Elias, N. (1976): Über den Prozeß der Zivilisation, 2 Bände, Frankfurt a.M.
Frazer, J.G. (1887): Totemism and Exogamy, Edinburgh
- (1910): The Golden Bough, London
Freud, S. (1888): Aphasie, in: Villaret, A. (Hrsg.), Handwörterbuch der gesamten Medizin. Bd. 1
Freud, S.; Breuer, J. (1895): Studien über Hysterie, GW Bd. I, Frankfurt a.M. 1967
Freud, S. (1912): Totem und Tabu, GW Bd. IX
- (1913): Die Disposition zur Zwangsneurose, GW Bd. VIII
- (1923): Eine Teufelsneurose im siebzehnten Jahrhundert, GW Bd. XIII
- (1927): Die Zukunft einer Illusion, GW Bd. XIV
- (1930): Das Unbehagen in der Kultur, GW Bd. XIV
- (1938): Der Mann Moses und die monotheistische Kultur, GW Bd. XVI
- (1956): Bericht über meine mit Universitäts-Jubiläums-Reisestipendum unternommene Studienreise nach Paris und Berlin Oktober 1885 - Ende März 1886, G.W., Nachtr., S. 31-44
- (1986): Briefe an Wilhelm Fliess, in: Masson, J.M. (Hrsg.), Sigmund Freud. Briefe an Wilhelm Fliess 1887-1904, Frankfurt a.M.
Gay, P. (1994): Freud für Historiker, Tübingen
Goldberg, A. (1975): A Fresh Look at Perverse Behaviour, International Journal of Psycho-Analysis 56: 335-342
Grunberger, B. (1974): Gedanken zum frühen Über-Ich, Psyche 29:508-529
Habermas, T. (1990): Heißhunger. Historische Bedingugen der Bulimia nervosa, Frankfurt a.M.
Haustein, J. (1990): Martin Luthers Stellung zum Zauber- und Hexenwesen, Münchener Kulturhistorische Studien Bd.2, Stuttgart
Heinemann, E. (1995): Die Frauen von Palau. Zur Ethnoanalyse einer mutterrechtlichen Kultur, Frankfurt a.M.

- (1998): Hexen und Hexenangst. Eine psychoanalytische Studie des Hexenwahns der frühen Neuzeit, Göttingen
- (2000): Witch es. A Psychoanalytic Exploration of the Killing of Women, Free Association Books, London

Heinemann, E. u. Hopf; H. (2001): Psychische Störungen in Kindheit und Jugend. Symptome - Psychodynamik - Fallbeispiele- psychoanalytische Therapie, Stuttgart

Heinrichs, H. J. (1982): Das Fremde verstehen. Gespräche über Alltag, Normalität und Anormalität, Frankfurt a.M.

Jacobson, E. (1973): Das Selbst und die Welt der Objekte, Frankfurt a.M.

Jones, E. (1972): Eine psychoanalytische Studie über den Heiligen Geist, in: Spiegel, Y. (Hrsg.), Psychoanalytische Interpretationen biblischer Texte, München

Kernberg, O.F. (1978): Borderline-Störungen und pathologischer Narzißmus. Frankfurt a.M.

Kimmerle, G. (1998): 'Hysterie und Hexerei', in Kimmerle, G. (Hrsg.), Hysterisierungen, Tübingen

Klein, M. (1972): Das Seelenleben des Kleinkindes und andere Beiträge zur Psychoanalyse, Reinbek bei Hamburg

Labovie, E. (1991): Zauberei und Hexenwerk. Ländlicher Hexenglaube in der Frühen Neuzeit, Frankfurt a.M.

Lorenzer, A. (1984): Intimität und soziales Leid. Archäologie der Psychoanalyse, Frankfurt a.M.

Mentzos, S. (1996): Affektualisierungen innerhalb der hysterischen Inszenierung, in: Seidler, G.H. (Hrsg.), Hysterie heute. Metamorphosen eines Paradiesvogels, Stuttgart

Parin, P. (1973): Der Beitrag ethno-psychoanalytischer Untersuchungen zur Aggressionstheorie, Psyche 27: 237-248

- (1977): Das Ich und die Anpassungsmechanismen, Psyche 31: 481-515

Parin, P.; Morgenthaler, F. und Parin-Matthey, G. (1963): Die Weißen denken zuviel. Psychoanalytische Untersuchungen bei den Dogon in Westafrika, Frankfurt a.M.

- (1978): Fürchte deinen Nächsten wie dich selbst. Psychoanalyse und Gesellschaft am Modell der Agni in Westafrika, Frankfurt a.M.

Roper, L. (1995): Ödipus und der Teufel, Frankfurt a.M.

Rupprecht-Schampera, U. (1996): Hysterie - eine klassische psychoanalytische Theorie? In: Seidler, G.H. (Hrsg.), Hysterie heute. Metamorphosen eines Paradiesvogels, Stuttgart

Schindler, N. (1992): Widerspenstige Leute. Studien zur Volkskultur in der frühen Neuzeit, Frankfurt a.M.

Weber, H. (1991): Kinderhexenprozesse, Frankfurt a.M.

- (1996): „Von der verführten Kinder Zauberei". Hexenprozesse gegen Kinder im alten Württemberg, Sigmaringen

Weinstein, D. u. Bell, R.M. (1982): Saints and Society. The Two Worlds of Western Christendom 1000-1700, Chicago

Wurmser, L. (1998): Das Rätsel des Masochismus. Psychoanalytische Untersuchungen von Gewissenszwang und Leidenssucht, Berlin, Heidelberg, New York

„Angst im Abendland". Apokalyptische Vorstellungen der frühen Neuzeit. Ein psychohistorischer Beitrag zur europäischen Religionsgeschichte

Edmund Hermsen

Ob man den Formierungsprozeß des kapitalistischen Weltsystems, die Herausbildung des frühmodernen Staates, die Genese der (bürgerlichen) Familie, die Erfindung der Kindheit, die langsame Ablösung des religiösen Deutungsmonopols durch die Wissenschaften, die Entdeckung und Eroberung der „neuen" Welt oder die Reformation an den Anfang setzt, spätestens Mitte des 16. Jahrhunderts beginnt nach der gängigen historiographischen Phaseneinteilung die (frühe) Neuzeit und damit die Grundlegung der modernen Welt. Ist also demnach zwischen Mittelalter und Neuzeit eine Zeit der Wende zu konstatieren, steht in einem überraschenden Kontrast dazu das Lebensgefühl der zeitgenössischen Menschen: nämlich in einer Endzeit zu leben. Nach Delumeau sahen sich die Menschen „zu Beginn der Neuzeit durch Predigten, religiöses Theater, Kirchenlieder, Erzeugnisse der Buchdruckerkunst, Druckgraphiken und andere bildliche Darstellungen förmlich von apokalyptischen Drohungen eingekreist."[1] Obwohl diese Epoche von Entdeckungen und Eroberungen gekennzeichnet war, gab es demnach auch Menschen, die von dem Gefühl, tatsächlich an der Schwelle einer neuen Zeit zu stehen, weit entfernt, vom Gefühl des Untergangs, der Sünde und des Gerichts bestimmt waren und in der Gewißheit lebten, daß ihre Epoche den Schlußpunkt der Geschichte darstellte.

Der Titel meines Artikels zitiert die Monographie des französischen Historikers Jean Delumeau „Angst im Abendland. Die Geschichte kollektiver Ängste im Europa des 14. bis 18. Jahrhunderts". Das französische Original

---

[1] J. Delumeau: Angst im Abendland. Die Geschichte kollektiver Ängste im Europa des 14. bis 18. Jahrhunderts. Reinbek bei Hamburg 1985, 330.

erschien 1978;² die deutsche Übersetzung, die seit 1985 vorliegt, wird bis heute – auch außerhalb der Geschichtswissenschaft – vielfältig rezipiert.³ Das Buch und sein Autor stehen im Mittelpunkt meiner hier vorgetragenen Gedanken und sollen den Ausgangspunkt für die in diesem Sammelband zu diskutierenden Ansprüche und Grenzen der Psychohistorie, also für die Problematik psychohistorischer Forschung bilden. Aus Gründen, die im weiteren Verlauf des Textes expliziert werden, eignet sich die mentalitätshistorische Studie von Delumeau für eine solche Auseinandersetzung besonders gut.⁴

Delumeau entwirft in seinem Buch ein beeindruckendes Panorama kollektiver Ängste in Eliten- und Volkskultur und verwendet alle wesentlichen Argumentationsfiguren und Deutungstraditionen der Mentalitätsgeschichte.⁵ Er beschreibt sowohl die epidemischen Ängste des „Volkes" vor Pest (Seuchen), Krieg, Hunger, Aufständen und Naturgewalten als auch die von der Kirche induzierten Ängste der kulturellen Eliten vor dem Jüngsten Gericht, Satan und seinen Helfershelfern („Götzendiener und Muselmanen", Frauen, Hexen und Juden).⁶ Eindeutig im Mittelpunkt der mentalitätsgeschichtlichen

---

[2] J. Delumeau: La peur en Occident (XIVᵉ - XVIIIᵉ siècles). Une cité assiégée. Paris 1978. Delumeau verwendet in seinem Untertitel das Bild der „belagerten Stadt" zur Kennzeichnung der Mentalität Europas im Spätmittelalter und in der Frühen Neuzeit.

[3] Man kann sogar sagen, daß Delumeau eher außer- als innerhalb der Geschichtswissenschaft mit Begeisterung gelesen wird. Sein „Bestseller" steht exemplarisch für eine neue Art der Kulturgeschichtsschreibung, die in Frankreich entstanden ist.

[4] Es geht also in diesem Artikel nicht um eine kritische historische Auseinandersetzung mit Delumeaus Werk, in dem Sinn, ob er die Quellen adäquat berücksichtigt oder methodologisch exakt gearbeitet hat etc. Dazu liegt jetzt Literatur vor, auf die ich verweisen möchte, vgl. den Review Article von J. K. Powis, „Repression and Autonomy: Christians and Christianity in the Historical Work of Jean Delumeau", Journal of Modern History 64 (1992), 366-374, vor allem aber: Fear in Early Modern Society. Ed. by W. G. Naphy & P. Roberts. Manchester 1997. In diesem Sammelband werden einige wichtige Korrekturen an Delumeaus Ergebnissen angebracht, insgesamt spiegeln die Beiträge den aktuellen Umgang mit dem Thema Angst/Furcht in der Frühneuzeitforschung wider.

[5] Vgl. P. Dinzelbacher (Hg.): Europäische Mentalitätsgeschichte. Hauptthemen in Einzeldarstellungen. Stuttgart 1993.

[6] Zum Verhältnis von Volk und Elite in der Frühen Neuzeit vgl. R. Muchembled: Kultur des Volkes – Kultur der Eliten. Die Geschichte einer erfolgreichen Verdrängung. Stuttgart 1984.

Studie über die „Angst im Abendland" steht die Gestalt des Satan. Nach Delumeau begleitete eine unglaubliche Furcht vor dem Teufel die Heraufkunft der Moderne in Westeuropa, wobei das Wüten Satans mit dem baldigen Weltuntergang in Zusammenhang gebracht wird. Die Entlarvung Satans bildete eines der großen Unterfangen der europäischen Gelehrtenkultur zu Beginn der Neuzeit. So wird das Bild einer epochenspezifischen „Kultur der Angst" und einer Gesellschaft des Unbehagens gezeichnet. Die zahlreichen materiellen Verluste sorgten für Panikreaktionen, individuelle und gruppenspezifische Ängste verdichteten sich zu einer mentalen Disposition, die besonders im befürchteten Weltuntergang - in der Apokalypse - deutlich faßbar wird. Aus zivilisationskritischer Perspektive stellt sich vor allem die Zeit zwischen 1450 und 1650 als eine Epoche pathologischer Formen der Angstbewältigung dar. Delumeau konstatiert in diesem Zeitabschnitt eine „Atmosphäre der Angst", eine „Krankheit der westlichen Kultur" und eine noch von den Eliten geschürte „Belagerungsmentalität", deren Spuren er in Motiven zeittypischer Ängste und besonders in den Momenten kollektiver Gewalt und staatlicher Repression nachgeht.[7]

Für den großen Erfolg des Buches ist sicherlich eher die „apokalyptische Stimmung" des gegenwärtigen Lesepublikums verantwortlich, als ein echtes historiographisches Interesse an der Übergangszeit vom Mittelalter zur Neuzeit. Denn durchaus zutreffend kennzeichnete man schon früh das 20. Jahrhundert insgesamt als ein „Zeitalter der Angst"[8], das durch die beiden Weltkriege, die Möglichkeit der nuklearen Vernichtung der ganzen Welt, ökologische Katastrophen und die Weltseuche Aids Untergangsstimmung in Europa erzeugte.[9] In einem noch engeren Sinn trifft das insbesondere auf

---

[7] Vgl. L. Raphael: Die Erben von Bloch und Febvre. *Annales*-Geschichtsschreibung und *nouvelle histoire* in Frankreich 1945-1980. Stuttgart 1994, 373.

[8] W. H. Auden: Das Zeitalter der Angst. Ein barockes Hirtengedicht. Eingel. von G. Benn. Wiesbaden 1951. Nachdruck: München 1979.

[9] „Nicht erst die Atombombe hat den Gedanken an das Ende aufkommen lassen. Aber sie hat uns die Möglichkeit eröffnet, den Mythos vom Weltende zur Geschichte werden zu lassen. Die Bombe ist das Symbol der Angst vor dem Untergang, in welchem reale Gefahr und mythische Drohung zusammenfallen und die Grenze zwischen Mythos und Wirklichkeit aufgehoben wird. Sie ist gleichermaßen Objekt der Angst wie deren Manifestation. Das

die achtziger Jahre des 20. Jahrhunderts zu, obwohl sich die eigentümliche apokalyptische Stimmung dieses Jahrzehnts um das Jahr 1990 nach „Wiedervereinigung" und Fall des eisernen Vorhangs zunächst praktisch in Nichts auflöste.[10] Zur Jahrtausendwende 2000/2001 lebte nicht unbedingt das apokalyptische Lebensgefühl wieder auf, aber dafür nahm die Literatur über die Apokalyptik unermeßlich zu.[11] Wie man an diesen apokalyptischen „Stimmungsschwankungen" sehen kann, ist die Apokalypse längst zu einer säkularisierten Chiffre eines Krisen- oder Untergangsgefühls geworden.

Die umfangreiche Studie Delumeaus über die abendländische Angst kann als eine psychohistorische Untersuchung gelesen werden, Gegenstand der Analyse bildet ein „psychologisches" Gefühl,[12] dem innerhalb eines spezifischen Kulturzeitraumes historisch nachgegangen wird. Wie zu zeigen sein wird, spielten autobiographische Umstände und zeitgeschichtliche Entwicklungen für den Autor eine entscheidende Rolle bei der Abfassung des Buches. Hiermit ergibt sich eine weitere psychohistorische Ebene, die mit der ersten verschränkt ist. Dadurch daß Delumeau die europäische Transformationszeit vom Mittelalter zur Neuzeit in den Fokus bringt, wird der westliche Säkularisierungsprozeß - nicht nur in bezug auf die Ängste - thematisiert, der zu entscheidenden Wandlungen in der europäischen Religionsgeschichte geführt hat.[13] Die abendländische Angst ist zunächst eine zutiefst religiöse Angst und damit Teil der christlichen Eschatologie. Diese verschiedenen

---

Atomzeitalter [...] ist das Zeitalter der Angst." U. H. J. Körtner: Weltangst und Weltende. Eine theologische Interpretation der Apokalyptik. Göttingen 1988, 9.

[10] Die apokalyptische Stimmung dieser Zeit hat J. Ebach, „Apokalypse. Zum Ursprung einer Stimmung", Einwürfe 2 (1985), 5-61, analysiert.

[11] Daran hat sich auch Delumeau beteiligt, siehe J. Delumeau, „Apokalypse revisited", in: U. Eco/J.-C. Carrière/St. J. Gould/J. Delumeau: Das Ende der Zeiten. Köln 1999, 71-132 (Interview vom 18.12.1997).

[12] Neben Glück, Überraschung, Wut, Ekel, Traurigkeit und Ekel zählt Angst zu den sieben Grundgefühlen in der Psychologie, siehe Ph. Zimbardo/R. J. Gerrig: Psychologie. Berlin [7]1999, 361.

[13] Die Frühe Neuzeit (von den Historiographen etwa zwischen 1500 und 1650 datiert – es läßt sich über solche Datierungen allerdings streiten) wird als das „Musterbuch der Moderne" bezeichnet. W. Schulze, „'Von den großen Anfängen des neuen Welttheaters'. Entwicklung, neuere Ansätze und Aufgaben der Frühneuzeitforschung", Geschichte in Wissenschaft und Unterricht 44 (1993), 3-18.

Ausgangsfaktoren bedingen aufeinanderbezogene Fragestellungen, die insgesamt grundsätzliche Probleme der Psychohistorie darstellen. Die folgenden Überlegungen sollen dies erhellen.

Jean Delumeau, 1923 in Nantes geboren, hatte von 1975 bis 1994 die Professur für neuzeitliche Geschichte Europas am Collège de France inne. Er ist in seiner historischen Arbeit der *Annales*-Schule verpflichtet, persönlich bekennt sich Delumeau zu einem liberalen Katholizismus.[14] In den sechziger Jahren des 20. Jahrhunderts wird der Prozeß der fortschreitenden Dechristianisierung Westeuropas[15] für ihn zu einem immer größer werdenden Problem. „The Catholic intellectual and the historian of popular sentiment alike needed to know how, and why, contemporary Western Europe has become in important respects post-Christian Western Europe."[16] In diesem Kontext, verbunden mit entscheidenden Kindheitserlebnissen, gehören eine ganze Reihe von Büchern, die durch die „Angst im Abendland" eröffnet werden.

Für Delumeau war das Buch „Angst im Abendland" der Beginn eines umfassenden Projekts, an dem er seit über zwanzig Jahren arbeitet und das zum Ziel hat, „nach und nach in der Vergangenheit die Ängste und das Sicherheitsbedürfnis unserer Zivilisation zu erforschen und dabei die Träume von der Glückseligkeit wiederaufleben zu lassen".[17] Als fortführende Werke, die alle noch nicht ins Deutsche übersetzt sind,[18] erschienen 1983 „Die Sünde und die Angst. Die Erzeugung eines Schuldgefühls im Abendland (13. - 18. Jahrhundert)"[19], 1989 „Sich beruhigen und schützen: das Sicherheitsgefühl im früheren Abendland"[20] und zuletzt seit 1992 eine mehrbändi-

---

[14] In der Einführung zum Interview wird Delumeau so charakterisiert: „Als weltoffener Katholik tritt er für eine Kirche ein, die Galilei rehabilitiert hat, die Evolutionstheorie anerkennt, sich ihrer jüdischen Wurzeln bewußt ist und 1986 in Assisi ein Treffen der Vertreter der verschiedenen Religionen organisiert hat." Delumeau, „Apokalypse revisited", 72 f.
[15] Delumeau sieht dagegen die USA als weniger säkularisiert an.
[16] Powis, „Repression and Autonomy", 366.
[17] Delumeau, „Apokalypse revisited", 103.
[18] Die deutschen Titel dienen lediglich dem besseren Verständnis.
[19] J. Delumeau: Le péché et la peur. La culpabilisation en Occident (XIIIe-XVIIIe siècles). Paris 1983.
[20] J. Delumeau: Rassurer et protéger. Le sentiment de sécurité dans l'Occident d'autrefois. Paris 1989.

ge „Geschichte des Paradieses"[21], der erste Band trägt den Titel „Der Garten der Freuden" (1992), der zweite „Tausend Jahre Glückseligkeit" (1995). Es ist offensichtlich, daß Delumeau sich bei der Aufeinanderfolge seiner Interessensschwerpunkte nicht allein nach der Logik der Geschichtsschreibung richtet, sondern ebenso einer individuellen Suche nachgeht, die sich als Apologie seines persönlichen Christentums erweist. Auf die Angst und die Sünde folgen der Trost und die Hoffnung. Paradigmatischen Stellenwert haben dabei für Delumeau wie für die Mentalitätshistoriker überhaupt die Träume der Menschen, die einen Teil ihrer Geschichte bilden und viele ihrer Handlungen erklären, somit den Ablauf der Geschichte wesentlich beeinflussen.[22]

Bevor ich inhaltlich auf die apokalyptischen Erwartungen der frühen Neuzeit eingehen kann, sind einige Begriffe und methodische Voraussetzungen zu klären. Delumeaus Studie entstammt der Mentalitätsgeschichte, die sich gegen Ende der fünfziger Jahre als eine Weiterentwicklung der *Ecole des Annales* herausgebildet hat. Der neue Gesichtspunkt der Mentalitätsgeschichte in der *nouvelle histoire* liegt in der epochenkonstitutiven Bedeutung von kollektiven Vorstellungen, zeittypischen Anschauungen, latenten Dispositionen und den aus diesen hervorgehenden Verhaltensmustern. Der Begriff „Mentalität" meint aber nicht nur vorherrschende Denkfiguren und mentale Strukturen einer Epoche, sondern auch die psychischen Faktoren, die unbewußten und halbbewußten Beweggründe, die soziale Handlungsmuster und kulturelle Ausdrucksformen prägen.

---

[21] J. Delumeau, Jean: L'Histoire du paradis. 1. Bd. Le jardin des délices. Paris 1992; 2. Bd. Mille ans de bonheur. Paris 1995; 3. Bd. Que reste-t-il du paradis? Paris 2001. Ergänzt werden die Untersuchungen jetzt auch durch einen Bildband zum Paradies, siehe J. Delumeau: Le paradis. Paris 2001. Es sieht so aus, als wäre mit den zuletzt angeführten Büchern sein Projekt beendet.

[22] Im Interview zitiert J. Delumeau die amerikanische Historikerin Marjorie Reeves mit dem Satz: „Die Träume der Menschen bilden einen Teil ihrer Geschichte und erklären viele ihrer Handlungen." Delumeau, „Apokalypse revisited", 103 f. Dahinter steht der methodische Begriff „Imaginaire" der *Annales*-Schule. Gerade das „Imaginäre" hätte Anlaß zu weiteren psychohistorischen Reflexionen geben können. Vgl. E. Patlageau, „Die Geschichte des Imaginären", in: Die Rückeroberung des historischen Denkens. Hg. von J. Le Goff u.a. Frankfurt a.M. 1994, 244-276.

Eher zögerlich griff die Mentalitätsgeschichte die Untersuchung der Gefühlswelten früherer Zeiten auf, stimmt aber mit der „neuen Kulturgeschichte" (*New Cultural History*)[23] darin überein, daß auch menschliches Denken und Fühlen historischen Veränderungen unterliegt. Diese Position führt notwendigerweise zu dem psychohistorischen Problem, aber die Mentalitätsgeschichte hat es versäumt, ein eigenständiges psychohistorisches Profil zu erarbeiten.[24] Weder suchten die Mentalitätshistoriker die Zusammenarbeit mit neuen Forschungsansätzen in der Psychologie, noch verfolgten sie systematisch die historisch so wandelbaren sozialen Regelungen und Normierungen des Gefühlslebens. Inzwischen sind in bezug auf die Emotionen gerade im Zusammenhang mit der Körpergeschichte, die sich in den letzten zwanzig Jahren akademisch etabliert hat, völlig neue historische Ansätze entwickelt worden, die in Themengebiete der Psychohistorie hinüberreichen und teilweise sogar psychohistorische Methodik aufnehmen.[25]

Wenn sich die Gefühle bzw. die Ängste des 16. Jahrhunderts von denen des 20. Jahrhunderts unterscheiden, also allgemein die „Geschichtlichkeit des Seelischen"[26] festgestellt werden muß, kann die moderne wissenschaftliche Psychologie nicht ohne weiteres auf Menschen früherer Zeiten oder anderer Kulturen übertragen werden. Dies gilt für die empirisch-experimentelle Psychologie, die nun einmal nicht dazu in der Lage ist, ver-

---

[23] Im Anschluß an neuere Kulturtheorien wird in der *New Cultural History* „die den Menschen umgebende Lebenswelt als ein kulturelles und soziales Konstrukt [begriffen]; die Institutionen und Artefakte sind ebenso wie die Codes, die menschliches Handeln leiten und Sinngebungsprozesse prägen, Produkte der jeweiligen Kulturen und als solche wandelbar." Metzler Lexikon Literatur- und Kulturtheorie, hg. von A. Nünning. Stuttgart 1998, 399. Damit werden ehemals als unveränderlich angesehene Phänomene wie Krankheit, Kindheit, Sexualität oder der Körper zum Gegenstand der Geschichte.

[24] Vgl. Raphael, Erben von Bloch und Febvre, 365.

[25] Ein Überblick bietet M. Lorenz: Leibhaftige Vergangenheit. Einführung in die Körpergeschichte. Tübingen 2000 (Rez. T. Walter, in: *Forum Qualitative Sozialforschung [Online Journal]*, 3 (2001). Verfügbar über: http://www.qualitative-research.net/fqs/fqs.htm [Zugriff: 1.9.2002]); vgl. auch T. Walter, „Medikalisierung, Körperlichkeit und Emotionen: Prolegomena zu einer neuen Geschichte des Körpers", Journal für Psychologie 8 (2000), 25-49.

[26] G. Jüttemann (Hg.): Die Geschichtlichkeit des Seelischen. Der historische Zugang zum Gegenstand der Psychologie. Weinheim 1986.

storbene Versuchspersonen zu testen, aber auch für die Psychoanalyse, die sich einseitig einer modernen Subjektvorstellung der westlich säkularen Kultur verpflichtet sieht. Dabei beginnen sich die modernen Vorstellungen von Individualität und Subjektivität in Europa erst langsam seit dem Hochmittelalter herauszubilden.[27] Kompliziert wird das Problem dadurch, daß sich natürlich auch hinter dem Begriff der Psyche eine lange kulturspezifische Geschichte verbirgt und deshalb der moderne westliche Psychebegriff, der der akademischen Psychologie und der Psychoanalyse zugrunde liegt, nicht direkt historisch und interkulturell zu verwenden ist.[28] Sind Emotionen historischer Menschen nicht durch direkte Befragung erforschbar, können sie nur über zufällig überlieferte und erhaltene Medien (Texte und Bilder) rekonstruiert werden, damit ergibt sich für die Analyse historischer Gefühlswelten die grundsätzliche Problematik der Text- oder Bildinterpretation.

Erik H. Erikson (1902-1994) hat das psychohistorische Problem so formuliert: „Wollen wir die historischen und psychologischen Methoden in Einklang bringen, so müssen wir uns zuerst einmal mit der Tatsache abfinden, daß die Psychologen und Psychologien historischen Gesetzen unterstehen und die Historiker und historischen Berichte den Gesetzen der Psychologie."[29] Diese Einsicht lenkt die Aufmerksamkeit auf den jeweiligen Autor, der persönliche und allgemeine Fragen und Probleme der Gegenwart an die Vergangenheit richtet und in ihr austrägt. Dabei verwendet jeder Historiker, so Dinzelbacher, (in der Regel) unreflektiert psychologische Begriffe, sobald er von menschlichen Verhältnissen anders als in bloßen Quellenzitaten

---

[27] Vgl. E. Hermsen, „'Der innere Gerichtshof'. Die Entwicklung des Gewissens aus religionspsychologischer und psychohistorischer Sicht", Jahrbuch für psychohistorische Forschung 2 (2002), 77-101, bes. 83 ff.

[28] Vgl. E. Hermsen, „Psyche", in: Metzler Lexikon Religion. Hg. von Ch. Auffarth, J. Bernard und H. Mohr. Bd. 3. Stuttgart 2000, 86-95.

[29] E. Erikson: Kindheit und Gesellschaft. Stuttgart [11]1992, 393; zu Eriksons Beitrag zur Psychohistorie vgl. E. Hermsen, „Werk und Wirkung Erik H. Eriksons als Wegbereiter psychohistorischer Forschung", in: Psychohistorie – Ansätze und Perspektiven, hg. v. L. Janus. Heidelberg 1995 (Ms.).

und Statistiken berichtet.[30] In Bezug auf den Autor ist die moderne Psychologie sicherlich anwendbar und auch notwendig, um aus Texten persönliche Interessen, Strategien, Eitelkeiten, Kränkungen etc. herauszufiltern. DeMause hingegen sieht die Aufgabe des Wissenschaftlers als unumgänglich persönlich und psychologisch an. Für ihn ist die Psychohistorie eine Wissenschaft der historischen Motivationen, „bei der die *Gefühle* des Forschers genauso (oder sogar weit mehr) zum Forschungsinstrumentarium gehören wie seine Augen und seine Hände".[31] Die Psychohistorie soll sich der Selbstbeobachtung emotionaler Reaktionen des Forschers als des primären Werkzeugs für Entdeckungen bedienen. Nach der Einsicht in die Historizität des Psychischen ist dieses Forschungsinstrument allerdings nicht unreflektiert verwendbar. Alle eben genannten Problemfelder weisen auf Grenzen der Psychohistorie hin, die langsam erweitert, aber nicht grundsätzlich aufgehoben werden können. Hiermit ist natürlich noch nicht geklärt, was unter Psychohistorie oder historischer Psychologie[32] jeweils verstanden wird. Wie in der Religionspsychologie, die aufgrund der ähnlichen Kombination einer Fachwissenschaft mit der Psychologie zahlreiche methodologische Probleme mit der Psychohistorie teilt, gibt es auch in der Psychohistorie keine „grand unified theory".[33] Das hat seine Gründe in der starken Aufsplitterung

---

[30] P. Dinzelbacher: Angst im Mittelalter. Teufels-, Todes- und Gotteserfahrung: Mentalitätsgeschichte und Ikonographie. Paderborn 1996, 10.

[31] L. deMause: Grundlagen der Psychohistorie. Frankfurt a.M. 1989, 45. Der Amerikaner Lloyd deMause wird oft als <u>der</u> Psychohistoriker angesehen, er ist – wie immer in solchen Fällen – nur einer unter vielen anderen, deswegen werde ich ihn hier nicht fokussiert behandeln. Zum aktuellen Stand der Psychohistorie von deMause vgl. W. Kurth, „Wechselseitige Bezüge von Bindungstheorie und psychohistorischer Forschung", Jahrbuch für psychohistorische Forschung 2 (2002), 261-313.

[32] Die Bezeichnung „historische Psychologie" wird teilweise identisch mit, aber auch im Unterschied zu der Psychohistorie verwendet. Vgl. Lorenz, Leibhaftige Vergangenheit, 51 ff.

[33] Amerikanische Handbücher, meist in psychoanalytischer Ausrichtung, präsentieren jedoch die Psychohistorie als einheitlich geschlossene Wissenschaft in Theorie und Praxis, siehe H. Lawton: The Psychohistorian's Handbook. New York 1988; J. Szaluta: Psychohistory. Theory and Practice. New York 1999.

psychologischer Forschung[34], der Komplexität historischer Methoden und Theorien sowie in den äußerst unterschiedlichen Ausbildungsgängen der Forscher selbst.[35]

Die seit dem Mittelalter so bedeutsam gewordene Gestalt des Teufels[36] macht das psychohistorische Dilemma besonders deutlich. Psychologisch gesehen stellt der Teufel eine verdichtete, überdeterminierte imaginäre Gestalt dar, die allerdings weit mehr als die „Personifikation des verdrängten, unbewußten Trieblebens" (Freud) oder die „Verkörperung der ureigenen Ängste der individuellen Psyche" (Jones) ist. Wenn nun aber auch der Teufel psychoanalytisch als Spaltungsphantasie zu verstehen ist, „so darf nicht übersehen werden, daß die europäischen Gesellschaften der Vormoderne den Teufel als Realität erlebten, und zwar nicht nur die 'ungebildeten' Massen, sondern auch die theologisch-gelehrte Elite".[37] Nach Freud, der zwischen „Realangst" und „neurotischer Angst" unterscheidet, wäre die Angst vor dem Teufel „neurotisch".[38] Im Bewußtsein der in Mittelalter und Neuzeit Betroffenen handelt es sich jedoch um eine „Realangst".

Eine vergangene Gesellschaft oder eine fremde Kultur muß erst einmal in ihrem Gefühlsleben, ihren Einstellungen zum Tod, in ihren Eltern-Kind-Beziehungen, in der Körpererfahrung, in der Geschlechterdifferenz, in der Konstruktion von Subjektivität, im Verhältnis von Gesundheit und Krankheit etc. historisch erfaßt werden, bevor moderne westliche Psychologie

---

[34] Die Sachlage wird zusätzlich durch die Spaltung der Psychologie in eine akademisch-experimentelle Psychologie und eine außeruniversitäre Psychoanalyse erschwert.

[35] „Vielmehr stützen sich einzelne Forscher – je nach Gegenstand, Epoche, Ausbildung und nationaler Wissenschaftstradition – auf unterschiedliche psychologische Modelle und Theoreme." H. Röckelein, „Psychohistorie und Mediävistik", in: Moderne Mediävistik, hg. von H.-W. Goetz. Darmstadt 1999, 288.

[36] A. di Nola: Der Teufel. Wesen, Wirkung, Geschichte. München 1993; J. B. Russel: Biographie des Teufels. Das radikal Böse und die Macht des Guten in der Welt. Wien 2000; P. Stanford: Der Teufel. Eine Biographie. Frankfurt a.M. 2000; B. McGinn: Antichrist. Two thousand years of the human fascination with evil. New York 2000.

[37] H. Röckelein, „Psychohistorie(n) zur Religions- und Kirchengeschichte", Kirchliche Zeitgeschichte 7 (1994), 19.

[38] Neben Realangst und neurotischer Angst definiert Freud noch die dem Über-Ich zugeordnete Gewissensangst, siehe S. Freud, „Hemmung, Symptom und Angst", in: Freud-Studienausgabe. Hg. von A. Mitscherlich u.a. Frankfurt a.M. 1971, 227-308.

sinnvoll eingesetzt werden kann. Zur Erfassung eines Psychogramms einer (früheren) Kultur wären alle noch erhaltenen Quellenzeugnisse und alltagsgeschichtlichen Dokumente heranzuziehen. Textquellen sind insofern besonders wichtig, weil Sprache wirklichkeitskonstituierende Bedeutung besitzt. Diese Einsicht wird noch durch den „linguistic turn"[39] verstärkt, nach dem alle menschliche Erkenntnis – auch die scheinbar direkte körperliche Erfahrung - durch (gedachte oder geschriebene) Sprache strukturiert wird, Wirklichkeit jenseits von Sprache nicht existent oder zumindest unerreichbar ist.[40] Davon sind Bilder insofern nicht ausgenommen, als sie in einem semiotischen Kontext ebenfalls zu „Texten" werden. Die Einsicht, daß Wirklichkeit jenseits von Sprache nicht zu haben sei, hat zu heftigen Debatten, ausgelöst vor allem durch den Philosophen und Historiker Michel Foucault (1926-1984), geführt, dessen Werk maßgeblich an dem „linguistic turn" in Verbindung mit seinem Diskursbegriff beteiligt gewesen ist.[41] Schöttler hat die Angst im Umgang mit dem „linguistic turn", die seiner Meinung nach besonders unter deutschen Historikern verbreitet sei, analysiert. Er weist daraufhin, daß Sprache kein Gegenstand wie jeder andere ist. „Sie kann Objekt und Subjekt zugleich sein. Sie beherrscht den Historiker, sofern er nur ein wenig selbstkritisch ist, mehr, als daß er sie beherrscht."[42] In die (geschriebene) Sprache fließen auch die Wünsche, Hoffnungen und Ängste der Autoren ein, auf die Relevanz dieser Ängste im Umgang mit Texten und Erkenntnissen hat der Psychoanalytiker und Ethnologe Deve-

---

[39] Der Ausdruck stammt von R. Rorty (Ed.): The Linguistic Turn. Chicago 1967.
[40] Vgl. G. G. Iggers, „Zur ‚Linguistischen Wende' im Geschichtsdenken und in der Geschichtsschreibung", Geschichte und Gesellschaft 21 (1995), 557-570; P. Schöttler, „Wer hat Angst vor dem ‚linguistic turn'?", Geschichte und Gesellschaft 23 (1997), 134-151. Das gilt *vice versa* auch für Körpertherapien oder nonverbale frühkindliche Erfahrungen, die für den Behandlungsverlauf versprachlicht werden müssen.
[41] Abgesehen vom Werk M. Foucaults selbst, vgl. zur Einführung C. Kammler, „Historische Diskursanalyse (M. Foucault)", in: K.-M. Bogdal (Hg.). Neue Literaturtheorien. Eine Einführung. Opladen 1997, 32-56; für den praktischen Gebrauch siehe S. Jäger: Kritische Diskursanalyse. Eine Einführung. 2. erw. Aufl. Duisburg 1999. Jäger wendet die Diskursanalyse am Beispiel des „alltäglichen Rassismus" an, auch die BILD-Zeitung als Massenmedium wird anhand zahlreicher Textbeispiele diskursanalytisch untersucht.
[42] Schöttler, „Angst", 149.

reux schon 1967 hingewiesen.[43] Daneben gibt es noch ganz andere, mehr praktische Probleme, die in der Regel nicht erwähnt werden. Lernt ein Psychohistoriker beispielsweise Mittel- oder Neuhochdeutsch, wenn er Quellen dieser Sprachformen zur Geschichte der Kindheit auswerten will?[44]

Aus der umfangreichen Angstforschung sollen nun einige für das Thema wichtige Gesichtspunkte skizziert werden. Zum einen hat die Angst als Affektzustand eine notwendige Überlebensfunktion, da sie angesichts einer tatsächlichen Gefahr die Angriffs- oder Fluchtreaktion ermöglicht. Aber selbst in dieser biologischen Notwendigkeit erweist sich die Angst schon als doppeldeutig, indem sie derart lähmend auf die motorische Reaktion einwirken kann, daß Bewegung unmöglich wird. Andererseits bilden Unsicherheit, Instabilität, Gefährdung und Ungewißheit über die Zukunft des menschlichen Lebens, besonders aber die Sterblichkeit selbst die Grundlagen der Angst. „In der Angst wird, auf unbestimmte oder bestimmte Weise, eine furchtbare Wirklichkeit als Möglichkeit vorweggenommen."[45] Paradigmatisch steht dafür die Todesangst. Dazu sagt Delumeau in einem Interview aus dem Jahr 2001: „Angst ist ein ständiger Begleiter der Menschheit. Jede Angst ist letztlich Todesangst."[46] Traditionell wird zwischen Angst und Furcht unterschieden, Angst soll auf eine unbestimmte Gefahr, Furcht immer auf eine konkrete Gefahr oder ein bestimmtes Objekt gerichtet sein. Aber nicht zuletzt Freud hat durch seine Einsicht, daß Angst jedesmal durch etwas Bestimmtes ausgelöst wird, diese Unterscheidung relativiert.[47]

---

[43] G. Devereux: From Anxiety to Method in the Behavioral Sciences. Paris 1967 (dt.: Angst und Methode in den Verhaltenswissenschaften. Frankfurt a.M. ³1992).

[44] Dabei bleibt dieses Beispiel noch in einem vertrauten Sprachraum, bei außereuropäischen Sprachen, denen eine ganz andere Art von Grammatik als europäischen Sprachen zugrunde liegt, wird die Sachlage noch um einiges schwieriger. Sprachen zu erlernen ist mühsam und zeitintensiv, zudem ist mit dem Erlernen der Sprachen noch längst nicht der angemessene interpretatorische Umgang mit Texten gegeben.

[45] R. Schlesier, „Angst", in: H. Cancik/B. Gladigow/M. Laubschner (Hg.): Handbuch religionswissenschaftlicher Grundbegriffe. Bd.1. Stuttgart 1988, 469.

[46] „Das Abendland hat eine Höllenangst". Interview mit Jean Delumeau. DIE ZEIT Nr. 44 (25.10.2001).

[47] In der Umgangssprache wird schon längst nicht mehr zwischen Furcht und Angst differenziert, Angst hat sich für beide Bedeutungen durchgesetzt, vgl. H. Bergenholtz: Das Wort-

Angst ist immer ein psychosomatischer Vorgang und kann neben der Lähmung mit einem Gefühl der Enge und Beklemmung einhergehen. Im Extremfall kann man ohne äußere Einwirkung vor Angst sterben, was im 16. Jahrhundert durchaus bekannt war. Michel de Montaigne (1533-1592) berichtet in seinen *Essais* von einer Belagerung Roms, bei der einem Edelmann die Furcht „dergestalt das Herz packte und zusammendrückte, daß er in die Bresche mausetot niederfiel, ohne im geringsten verwundet zu sein".[48] Eine weitere Ambivalenz der Angst liegt darin, daß sie normalerweise als unlustvoll erlebt wird, aber wie das Medium Film zeigt, gibt es eine global verbreitete Lust an der Angst. Dem entspricht eine „Appetanz nach angstauslösenden Situationen" (P. Leyhausen), die sich vor allem in Flucht- und Verfolgungsspielen zeigen kann.[49] Die neuere Angstforschung hat herausgestellt, daß Angst zu dogmatischem Denken, rigider Stereotypenbildung und schließlich zu Vermeidungsreaktionen führt. Alle genannten Erscheinungsformen der Angst sind sowohl innerhalb als auch außerhalb religiöser Zusammenhänge sowie als individuelle wie als kollektive Phänomene zu beobachten.

Religionswissenschaftlich betrachtet, hat die Angst in den Religionen einen prominenten Stellenwert.[50] Schon in der antiken Religionskritik wurde behauptet, daß Angst die Götter geschaffen habe. Das Motiv der Angstbewältigung als Ursprung der Religion führte in der Aufklärung dazu, die Götter zu personifizierten Naturgewalten zu erklären, um sie dadurch als rächende Schicksalsmächte nicht mehr fürchten zu müssen. Gerade die Aufklärung versprach die Befreiung von Angst, was natürlich Illusion blieb. Wird inzwischen die Herleitung von Religionen aus der Angst zumindest als problematisch angesehen, so zählen doch sowohl Angstbewältigung wie

---

feld Angst. Stuttgart 1980. Deshalb wählten die Übersetzer Delumeaus für den Titel das Wort „Angst" aus.

[48] Delumeau, Angst im Abendland, 16.

[49] Vgl. B. Floßdorf, „Angst", in: R. Asanger/G. Wenninger (Hg.): Handwörterbuch Psychologie. Weinheim ⁴1992, 34-37.

[50] Vgl. E. Benz, „Die Angst in der Religion", in: Die Angst. Mit Beiträgen von G. Benedetti/E. Benz u.a. Zürich 1959, 189-221; H. von Stietencron (Hg.): Angst und Gewalt. Ihre Präsenz und ihre Bewältigung in den Religionen. Düsseldorf 1979; H. von Stietencron (Hg.): Angst und Religion. Düsseldorf 1991.

Angsterzeugung zu zentralen Funktionen von Religionen. In Religionen, die der menschlichen Schuld und Verantwortung eine wesentliche Bedeutung beimessen, wie z.B. dem Juden- und Christentum sowie dem Islam, ist die Angst besonders stark ausgeprägt. Wenn das Christentum also trotz der „Frohen Botschaft" des Neuen und in gewisser Hinsicht auch des Alten Testamentes eine spezielle Beziehung zur Angst hat, muß dennoch gefragt werden: War die Angst zu allen Zeiten gleich stark? Gibt es Unterschiede in der Angstbewältigung? Wenn die Angst tatsächlich in bestimmten Zeitperioden besonders stark gewesen ist, welche Gründe sind dafür verantwortlich? Wie wurde Angst in der Vergangenheit erlebt? Mit Hilfe welcher kultureller und religiöser Deutungsmuster wird Angst verstanden?

In seinem Buch „Angst im Abendland" definiert Delumeau unter Aufnahme einer zentralen Position der Existenzialphilosophie die Angst als existentielle Bedingung des menschlichen Lebens. Er vermeidet eine Auseinandersetzung mit neuen neurobiologischen und sozialpsychologischen Forschungsansätzen und überträgt individuelle Angstphänomene auf kollektive Vorgänge. So entsteht eine relativ statische Massenpsychologie der Angst, die sich für ihn aus einem Zusammentreffen kultureller Deutungsmuster, psychischer Triebkräfte und materieller Bedingungen erklärt.[51] Delumeau geht davon aus, daß in einer langen Folge kollektiver seelischer Erschütterungen das Abendland die Angst besiegt hat, „indem es einzelne Ängste 'benannte', das heißt identifizierte und sogar produzierte".[52]

Der Historiker Kittsteiner nimmt in seinem Artikel „Angst in der Geschichte" im Zusammenhang der freudschen Unterscheidung von „neurotischer Angst" und „Realangst", ohne allerdings die Anwendung der Psychoanalyse auf die Geschichte zu problematisieren, die Argumentation von Delumeau in bezug auf die Angstbewältigung in der (europäischen) Geschichte auf. Bei der Angstbewältigung gehe es darum, eine passiv erfahrene Situation der Ohnmacht in eine aktive Handlungsmöglichkeit zu verwandeln, d.h. die Objektlosigkeit der Angst müsse überwunden werden. Wenn die unverfügbare Angst in eine objektbezogene Furcht transformiert, wenn ein Gegner in Reichweite sichtbar werde, kann gehandelt werden und die Angst löse

---

[51] Raphael, Erben von Bloch und Febvre, 374.
[52] Delumeau, Angst im Abendland, 31.

sich auf. Die ursprünglich traumatische Angst erfordere eine Re-Personalisierung zur Bewältigung. In Anwendung auf Delumeau wären die „Gegner" die Helfershelfer Satans. „Die Angst wird – allerdings nur vor dem Hintergrund unseres modernen Weltbildes – in einer falschen kausalen Zurechnung auf eine verursachende Personengruppe übertragen. Dadurch wird das Unverfügbare, z.B. ein Schadensgewitter, eine verhagelte Ernte in den Bereich des abwehrenden Handelns gerückt."[53] Erst mit der Aufklärung – so Kittsteiner - löse sich dieses Prinzip auf. Ist auch dieses psychohistorische Erklärungsmuster nicht von der Hand zu weisen, so fehlt doch der Bezug zur kulturell-religiösen Symbolwelt, die bei Delumeau dagegen ständig präsent bleibt. Bei dem Werk „Angst im Abendland" hat aber zusätzlich die individuelle Angstbewältigung des Autors eine Schlüsselrolle gespielt.

Als hätte er die methodischen Anweisungen von deMause[54] gekannt, beschreibt Delumeau in seiner Einleitung ein traumatisches Kindheitserlebnis im Alter von zehn Jahren, das zu seiner Entdeckung des Todes und der Angst davor geführt hat. Ein Apotheker hatte bei bester Gesundheit die Familie abends besucht und verstarb unerwartet am nächsten Morgen. Nach dieser für ihn bedrohlichen Erfahrung war Delumeau drei Monate lang krank und konnte nicht zur Schule gehen. Vertieft wurde das Erlebnis durch ein beunruhigendes Gebet vom Tod, das er zwei Jahre lang im Kollegium der Salesianer hörte. Dadurch wurde für ihn eine ältere, tiefsitzende und spontane Angst vor dem Tod durch eine theologische, daß nämlich Sünde und Fegefeuer furchtbarer seien als der physische Tod, ersetzt. Diese „Lektion" bildet seiner eigenen Ansicht nach den Schlüssel zu seinem Buch.

---

[53] H. D. Kittsteiner, „Die Angst in der Geschichte und die Re-Personalisierung des Feindes", in: Übersetzen, Übertragen, Überreden. Hg. von S. Eickenrodt u.a. Würzburg 1999, 150. Für Kittsteiner ist letztlich die Angst in der Geschichte die Angst vor der nicht machbaren Geschichte.

[54] „Wie die Psychoanalyse bedient sich die Psychohistorie der Selbst-Beobachtung emotionaler Reaktionen des Forschers als dem primären Werkzeug für Entdeckungen; nichts wird jemals ‚dort draußen' entdeckt, bevor es nicht erst ‚hier drinnen' empfunden wurde." DeMause, Grundlagen der Psychohistorie, 89. Delumeau kennt die Texte von deMause nicht, zitiert aber den Historiker Besançon mit dem Satz: „Es gibt keine Forschung, die nicht Erforschung des eigenen Ich wäre und somit in gewissem Maße eine Selbstbeobachtung". Delumeau, Angst im Abendland, 42.

Noch in einem Interview von 1997 antwortet Delumeau auf die Frage nach dem persönlichen Hintergrund von „Angst im Abendland" mit seinen Kindheitserinnerungen[55] und verweist auf folgende Sätze:

„Denn während ich mein Buch plante und Material dazu sammelte, überraschte ich mich bei der Feststellung, daß ich vierzig Jahre später noch einmal den psychologischen Weg meiner Kindheit beschritt und daß ich von neuem unter dem Deckmantel einer historischen Untersuchung die Stationen meiner Angst vor dem Tod durchlief. Die Abschnitte dieses Werkes spiegeln in einer Art Übertragung meinen eigenen Weg wider: meine ersten Ängste, die schwierigen Anstrengungen, mich an die Angst zu gewöhnen, meine jugendlichen Betrachtungen über das Ende und schließlich eine geduldige Suche nach Ruhe und Zufriedenheit im Akzeptieren des Todes."[56]

Insofern verschränken sich in der Studie „Angst im Abendland" zwei psychohistorische Ebenen miteinander, die sekundäre Angstbearbeitung des Autors trifft auf die historische Analyse der Angst im 14. bis 18. Jahrhundert. Verbunden wird die für die psychohistorische Arbeit typische Problematik durch die christliche Tradition des Abendlandes, in der sich Delumeau als Katholik beheimatet fühlt. Deshalb besitzen Antworten der Vergangenheit auf seine religiösen Fragen genauso Relevanz wie die Lösungen der Gegenwart, vor allem was die Eschatologie, die „Lehre von den letzten Dingen" betrifft. In der kanonischen Textsammlung, der Bibel, ist das Christentum als Buchreligion zentriert. Entscheidend für die Entwicklung des Christentums als Weltreligion, aber auch für Fragen der Eschatologie war und ist der letzte Text des Kanons, die Apokalypse. Allerdings hat dieser verdichtete, komplexe Text, wie die vielfältige Auslegungspraxis zeigt, höchst unterschiedliche Deutungen und Reaktionen hervorgerufen. Zum besseren Verständnis soll die christliche Apokalyptik kurz skizziert werden.

Lebten die ersten Christen noch in der unmittelbaren Heilserwartung der Wiederkehr Christi, so war die Erfahrung der sogenannten Parusieverzögerung ohne Zweifel die erste große Krise des frühen Christentums.[57] Bis zum

---

[55] Delumeau, „Apokalypse revisited", 129.
[56] Delumeau, Angst im Abendland, 45 f.
[57] O. Böcher, „Naherwartung und Geschichtsbild in der Apokalypse des Johannes", in: Zur Erschließung von Zukunft in den Religionen. Hg. von H. Wißmann. Würzburg 1991, 107.

5. Jahrhundert konnte der Millenarismus marginalisiert werden, wenngleich er weiterhin geschichtliche Bedeutung behielt. Ab der zweiten Hälfte des 14. Jahrhunderts nimmt die Endzeiterwartung in einem vorher nicht gekannten Ausmaß wieder zu. Daß es ein Ende der Zeiten geben soll, liegt in der Konsequenz der jüdisch-christlichen Gottesvorstellung. Dadurch, daß es einen bestimmten Zeitpunkt der Schöpfung gegeben hat, stellt sich auch die Frage nach dem Ende der Zeit und der menschlichen Geschichte. Die Art und Weise des Weltendes ist in Texten der jüdisch-christlichen Apokalyptik beschrieben worden.[58]

Schon dem Judentum des zweiten vorchristlichen Jahrhunderts entstammt die Vorstellung, daß Gottes Gericht durch die Vernichtung der Frevler die verdorbene Gegenwart beenden und für die Frommen eine Zeit des Heils herbeiführen werde. Im Neuen Testament wird Jesus die Aufgabe übertragen, die letzten Zeiten einzuleiten und die eschatologischen Versprechen zu verwirklichen. Die Schlüsseltexte für den Ablauf der „Letzten Dinge" liegen im Daniel-Buch, in der synoptischen und vor allem in der Johannes-Apokalypse vor. Die Johannes-Apokalypse könnte um 95 n.Chr. unter Kaiser Domitian auf der Insel Patmos entstanden sein, wohin der Verfasser, ein gebildeter Judenchrist, von den Römern verbannt worden war.[59] In der Apokalypse wird das letzte Gericht über die Menschen angekündigt, dem allerdings drei Phasen vorausgehen. Nach einer Zeit langer und schmerzhafter Prüfungen und Katastrophen folgt das Tausendjährige Reich, in dem der Teufel gefesselt ist. Danach findet der endgültige Kampf zwischen Gut und Böse statt, der das Ende der Zeiten mit dem Jüngsten Gericht einleitet. Mit

---

[58] Inzwischen liegt eine umfassende Geschichte der Apokalyptik vor: The Encyclopedia of Apocalyptism. Ed. by B. McGinn, J. J. Collins, and S. J. Stein. Vol. 1: The origins of apocalypticism in Judaism and Christianity. Vol. 2: Apocalyptism in western history and culture. Vol. 3: Apocalyptism in the modern period and the contemporary age. New York 1998; für das Mittelalter B. McGinn: Visions of the End. Apocalyptic Traditions in the Middle Ages. New York ²1998.

[59] Böcher, Naherwartung und Geschichtsbild, 105. Kaiser Domitian (81-96) hat sich seit 85 „dominus et deus noster" (unser Herr und Gott) nennen lassen. Damit nahm gleichzeitig die Propagierung des Kaiserkultes zu. Gegen Ende seiner Regierungszeit wurden Oppositionelle gewaltsam verfolgt. Eine allgemeine Christenverfolgung unter Domitian kann nicht belegt werden, aber die Situation der Apokalypse fügt sich gut in das unter ihm entstandene Klima der Verunsicherung ein.

dem Weltgericht geht eine allgemeine Totenauferstehung einher: die Frevler sterben den „zweiten Tod", für die Gerechten beginnt eine ewige Heilszeit im himmlischen Jerusalem. Sowohl für den Verfasser selbst als auch für viele andere Exegeten der Apokalypse stand der Untergang der Welt unmittelbar bevor. Diejenigen, die als nächstes das Millenium erwarteten, haben manchmal versucht, das tausendjährige Reich der Gerechtigkeit mit Gewalt herbeizuführen.[60] Augustinus hatte aber insofern eine entscheidende Umdeutung der Apokalypse vorgenommen, als mit dem irdischen Erscheinen Christi bereits das tausendjährige Reich als Zeit der Kirche begonnen habe. Es konnten jetzt also nur noch der Endkampf und das Jüngste Gericht kommen. Das ist im Prinzip der Ausgangspunkt für die Zeit vom 14. bis zum 17. Jahrhundert.[61]

Als Erklärung für den Anstieg eschatologischer Erwartungen führt Delumeau eine Aufeinanderfolge von Unglücken und Schicksalsschlägen an, die seit dem 14. Jahrhundert über das Abendland hereingebrochen sind. Als wichtigstes Unglück sieht er die Schwarze Pest von 1348 an, gefolgt von der großen Kirchenspaltung (1378-1417) mit zwei, manchmal sogar drei konkurrierenden Päpsten. Das Schisma wurde zwar Anfang des 15. Jahrhunderts beendet, dafür begann hundert Jahre später die Reformation, die das Christentum endgültig spaltete. Dazu kommen noch unzählige Hungersnöte, der Hundertjährige Krieg, die Rosenkriege und die Türkengefahr. Im 16. Jahrhundert brachen die Religionskriege aus, die in den Dreißigjährigen Krieg mündeten. In diesem dramatischen Kontext blühten die Vorstellungen einer Endzeit wieder auf.

Die Pest im 14. Jahrhundert war tatsächlich eine der größten Katastrophen der europäischen Geschichte, der ungefähr ein Drittel der Bevölkerung (23,5 Millionen) zum Opfer fiel.[62] Mit dem Jahr 1348, das als „Konzepti-

---

[60] Vgl. N. Cohn: Die Sehnsucht nach dem Millennium. Apokalyptiker, Chiliasten und Propheten im Mittelalter. Freiburg i.Br. 1998.

[61] Zur Eschatologie im Mittelalter und ihrer Veränderung im Übergang zur Neuzeit, siehe Ch. Auffarth: Irdische Wege und himmlischer Lohn. Kreuzzug, Jerusalem und Fegefeuer in religionswissenschaftlicher Perspektive. Göttingen 2002.

[62] Vgl. F. Graus: Pest, Geissler, Judenmorde. Das 14. Jh. als Krisenzeit. Göttingen 1987; Th. Esser: Pest, Heilsangst und Frömmigkeit. Studien zur religiösen Bewältigung der Pest am Ausgang des Mittelalters. Altenberge 1999. Zur apokalyptischen Gewaltsamkeit vor der

onsjahr des Menschen der Neuzeit" (Friedell) bezeichnet wird, fängt in Europa ein neues Zeitalter an.[63] „Das eigentlich apokalyptische Saeculum[64], das mit der Erfahrung des fast universalem Todes in den Pestepidemien von 1349/50 einsetzt, ist grundsätzlich schon vorbereitet mit der Idee, daß dem Jüngsten Gericht Gottes das menschliche Gericht der Inquisition vorbereitend zu Hilfe kommen müsse."[65] Die Pest galt von Anfang an als „Strafgericht Gottes", Flagellanten verbreiteten Endzeitstimmung. Schon im Alten Testament war die Pest die Strafe Gottes par excellence (Ex 9,15). Daß die Schicksalsschläge, die von der Großen Pest an das Abendland heimsuchten, oft mithilfe der apokalyptischen Literatur gedeutet werden, erklärt sich auch durch eine Theologie des rächenden Gottes. „Der Zusammenhang zwischen Verbrechen und göttlicher Strafe noch auf Erden wurde für die abendländische Mentalität immer mehr zur Selbstverständlichkeit."[66] Gleichzeitig wiesen diese Strafen Gottes, quasi als Vorgriff auf das Jüngste Gericht, auf die beginnende Endzeit hin.

Nach Delumeau ist für die Zeit des 14. bis 17. Jahrhunderts, der eigentlichen „Epoche der Angst", charakteristisch, daß ab dem 14. Jahrhundert in Ikonographie und Literatur im Motiv des Jüngsten Gerichtes immer stärker die entsetzlichen Heimsuchungen der Menschheit, die Strenge des Richtergottes und die gräßlichen Höllenqualen betont und dargestellt werden. Im Kontext eines strafenden und rächenden Gottes sieht Delumeau auch die großen Hexenverfolgungen des 16. und 17. Jahrhunderts, wobei sich Gott zur Vollstreckung seiner Gerechtigkeit der Dämonen und Hexen bediene. Während des ganzen 16. und in der ersten Hälfte des 17. Jahrhunderts stieg

---

Pest, siehe C. Ginzburg: Hexensabbat. Die Entzifferung einer nächtlichen Geschichte. [Storia notturna. Torino 1989] Berlin 1990.

[63] E. Friedell: Kulturgeschichte der Neuzeit. Die Krise der europäischen Seele von der schwarzen Pest bis zum ersten Weltkrieg. München 1989; K. G. Zinn: Kanonen und Pest. Über die Ursprünge der Neuzeit im 14. und 15. Jahrhundert. Opladen 1989; K. Bergdolt: Der schwarze Tod in Europa. Die große Pest und das Ende des Mittelalters. München ^{4}2000.

[64] Mit dem apokalyptischen Saeculum ist die Zeit des späten Mittelalters und der Reformationszeit gemeint, siehe W.-E. Peuckert: Die große Wende. Das apokalyptische Saeculum und Luther. Hamburg 1948 (ND Darmstadt 1966).

[65] Auffarth, Irdische Wege, 19.

[66] Delumeau, Angst im Abendland, 341.

die Zahl der Prozesse und Hinrichtungen von Hexen und Hexenmeistern in verschiedenen west- und mitteleuropäischen Gebieten um ein Vielfaches an und erreichte ihren Höhepunkt zwischen 1560 und 1630. Dabei gab es im Kampf gegen das Hexenwesen keinen Unterschied zwischen katholischen und protestantischen Gebieten. Nach Delumeau bildete Feindseligkeit unter Nachbarn, zwischen zwei benachbarten Dörfern oder zwischen zwei rivalisierenden Familien einer Ortschaft den Hauptgegenstand des „Hexenwahns". Daß die Macht der Hexen und Hexenmeister kaum über ihre nähere Umgebung hinausreiche, hatte im 16. Jahrhundert schon R. Scot bemerkt, wenn er den Zusammenhang von Zaubereikünsten und sozialem Umfeld notierte.[67] Die Hexe oder Zauberin mußte mit der behexten Person in Kontakt gekommen sein.[68]

In einer Fülle von Beispielen verweist Delumeau auf die massiv auftretenden Weltuntergangs- und Endzeitvorstellungen, die vielfach am Beginn der Neuzeit zu genauen Berechnungen des Weltendes geführt haben, wobei sich der Zeithorizont von der Erschaffung bis zum Ende der Welt auf maximal 6000-7000 Jahre belaufen soll.[69] Besonders astrologische Spekulationen deuteten auf bestimmte Jahre des Weltuntergangs hin.[70] Eines dieser Jahre war 1524, der erwartete Zeitpunkt einer Kometenkonstellation sollte

---

[67] R. Scot: Discovery of Witchcraft. London 1584.

[68] E. Labousie, „Hexenspuk und Hexenabwehr", in: Hexenwelten. Hg. von R. van Dülmen. Frankfurt a.M. 1987, 83 f.; vgl. auch A. Macfarlane: Witchcraft in Tudor and Stuart England. London 1970, 168 ff.; 194 ff. Nach Meinung von Macfarlane zeigt die Masse der Hexereianklagen den ungelösten Konflikt zwischen nachbarschaftlichem Verhalten und zunehmend individualisierten Verhaltensformen auf, welche durch die wirtschaftlichen Veränderungen des 16./17. Jahrhunderts entstanden.

[69] Auch Luther ging beispielsweise davon aus, daß die gesamte Geschichte der Menschheit nur 6000 Jahre beträgt und inzwischen das letzte aetas der Weltgeschichte erreicht sei. M. Luthers Werke. Kritische Gesamtausgabe. Bd. 53. Weimar 1920, 1-184 (= *Supputatio annorum mundi*, es handelt sich um eine Geschichtstabelle). Dieser enge christliche Zeithorizont wird immer wieder für die Entstehung von Angstgefühlen verantwortlich gemacht. In anderen Kulturen z.B. in der altägyptischen oder in den asiatischen Kulturen dagegen gehen die Menschen von Millionen von Jahren aus, die die Welt oder einzelne Weltperioden andauern.

[70] H. Talkenberger: Sintflut, Prophetie und Zeitgeschehen in Texten und Holzschnitten astrologischer Flugschriften 1488-1528. Tübingen 1990.

eine neue Sintflut oder den Weltuntergang ankündigen. Auch unabhängig von den Ereignissen ihrer Zeit, die das Weltgericht ankündigten, zweifelten die Christen nach Delumeau nicht daran, „daß die Menschheitsgeschichte ihren Höhepunkt überschritten hat".[71] Zwar räumt Delumeau ein, daß die eschatologischen Erwartungen Quellen der Hoffnung sein können, geht aber davon aus, daß diese überwiegend Angst ausgelöst haben und die menschliche Vorstellungskraft sich besonders mit den Plagen beschäftigt hat, die sowohl dem Millenium als auch dem Jüngsten Gericht vorausgehen.

Obwohl Delumeau zu Recht zwei Lesarten der apokalyptischen Prophezeiungen unterscheidet, die eine stelle das Versprechen eines Jahrtausends des Glücks, die andere die Endphase der Menschheitsgeschichte mit der Furcht vor dem Jüngsten Gericht in den Mittelpunkt, stellt er fast ausschließlich die angsteinflößende und furchterregende Seite der Apokalypse heraus.[72] Religionswissenschaftlich ist zwischen a) der Apokalypse als literarischem Genre, Menschen wird - über ein Buch vermittelt - verborgenes Wissen von Gott offenbar, das aber noch zu interpretieren ist, und b) der Apokalyptik als sozialer Bewegung deutlich zu differenzieren. In Letzterer wird die katastrophale Gegenwart in Frage gestellt und in Hinblick auf ihre Überwindung ertragen. Die gegenwärtige Niederlage wird in einen größeren Zusammenhang eingeordnet, sie wird „vorläufig", weil das „Letzte" alles umkehren wird. „Die Klammer einer begrenzten Weltgeschichte umfaßt Schöpfung und Weltende, Protologie und Eschatologie. Eben die gegenwärtige Katastrophe als Auftakt zu einem folgenden und endgültigen Sieg zu verstehen, macht die Gegenwart erträglich. Daraus kann ein quietistisches Zuwarten ebenso zur Handlungsmaxime erwachsen wie ein gewaltsames Beseitigen der Hindernisse gegen eine millenaristische Revolution."[73]

---

[71] Delumeau, Angst im Abendland, 347.
[72] Das mag damit zusammenhängen, daß er einerseits zu sehr von der Auffassung der Apokalypse im 20. Jahrhundert ausgeht, oder daß er andererseits teilweise seine persönliche Angsterfahrung und -bewältigung auf die Neuzeit überträgt.
[73] Ch. Auffarth, Rez. „The Encyclopedia of Apocalypticism", Arcadia 36 (2001); sowie H. Kippenberg, „Apokalyptik/Messianismus/Chiliasmus". In: H. Cancik, B. Gladigow, M. Laubscher (Hg.): Handbuch religionswissenschaftlicher Grundbegriffe 2. Stuttgart 1990, 9-26.

Allgemein kann man festhalten, daß in Epochenkrisen der abendländischen Geschichte die Apokalypse zum heilsgeschichtlichen Deutungsmuster des Weltgeschehens geworden ist, und zwar in zeitkritischer Intention. Aber wie bereits im frühen Christentum ist die Johannes-Apokalypse in erster Linie als Trostschrift zu lesen. Nur noch eine kurze Zeit und die Unterdrückung und Verfolgung durch Rom, umschrieben mit der Hure Babylon, wird durch die Vernichtung der Stadt vorüber sein, und die Zeit der Gerechtigkeit und des Heils in Christi Gegenwart bricht an. So bedeutet auch die glühende Naherwartung während der Reformation eine Angstüberwindung und Angstbewältigung in der sicheren Glaubensgewissheit, Gott werde in einem letzten Kampf endgültig über die Mächte der Finsternis siegen. Für Luther galt der Jüngste Tag als ein erwünschter Tag, in einem Brief heißt es: „Komm, lieber Jüngster Tag!"[74] Fürchten müssen ihn nur die Ungläubigen, die Gläubigen ersehnen ihn in ungeduldiger Erwartung herbei.[75] So ist das 16. Jahrhundert auch eine Zeit der großen Hoffnungen und Erwartungen, ja, eines durchaus positiven Lebensgefühls. Dem steht jedoch der vom 13. bis zum 20. Jahrhundert bei fast jeder katholischen Totenmesse gesungener Hymnus *Dies Irae* gegenüber, wonach selbst der Gerechte kaum vor dem Richtergott sicher sein kann.

Nun gab es aber im apostrophierten Zeitraum tatsächlich ein Kontinuum der Angst, das sowohl mit den Ängsten vor Hölle, Fegefeuer und Gericht, als auch mit dem Sündenbegriff und dem Teufel operierte. Diese „Seelsorge des Schreckens" (P. Dinzelbacher), die erst mit Schwinden des konkreten Jenseitsglaubens im 20. Jahrhundert katechetisch nicht mehr zu gebrauchen war,[76] wurde von Priestern durch Predigt, Beichte und bildliche Darstellungen praktiziert und ist eingebettet in den Disziplinierungsprozeß der neuzeitlichen Menschen. Nach Delumeau konnte die Angst im Abendland deshalb

---

[74] M. Luther: Briefe. Hg. von J. Schilling. Frankfurt a.M. 1990, 218.
[75] J. Schilling, „Der liebe Jüngste Tag. Endzeiterwartung um 1500", in: Jahrhundertwenden. Endzeit- und Zukunftsvorstellungen vom 15. bis zum 20. Jahrhundert. Hg. von M. Jakubowski-Tiessen u. A. Göttingen 1999, 15-26.
[76] Die wissenschaftlichen Pauschalisierungen stimmen oft nicht mit individuellen Erfahrungen überein, ich erinnere mich gut an meinen katholischen Religionsunterricht in den sechziger Jahren des 20. Jahrhundert, in denen ein für den Schulunterricht abgestellter Ordensgeistlicher mit einer gewissen Hingabe uns Kindern die Schreckbilder der Hölle ausmalte.

besiegt werden,[77] weil die Menschen in einer langen Folge kollektiver seelischer Erschütterungen einzelne Ängste „benannten" und identifizierten, wenn auch zum Preis neuer Verbrechen. Dem ist nach der neueren Frühneuzeitforschung ein ganzes Spektrum an nicht unbedingt von der Mentalitätsgeschichte rezipierten Modernisierungs-, Rationalisierungs- und Säkularisierungstheorien, in denen die Angst einen systematischen und methodischen Stellenwert einnimmt, gegenüberzustellen. Ziel dieser Theorien ist es, die Subjektwerdung des modernen Menschen, den Individualisierungsprozeß, zu erklären. Diese Subjektwerdung vollzog sich im Rahmen einer „inneren Mission", die durch Disziplin und Zucht die europäischen Menschen in einem vorher nicht gekannten Ausmaß christianisierte, und die Mittel dazu fanden sich auch in den „religiösen Ängsten", die aus dem Ablauf der Apokalypse und den zu erwartenden Jenseitsstrafen für die Sünder folgerichtig resultierten. Diese Subjektwerdung des europäischen Menschen hätte sich aber nicht ohne den christlichen Personbegriff entwickeln können. Und folgt man J. Fried, so ist gerade auch die Lehre vom Endgericht zum „Baumeister okzidentaler Kultur und ihrer immer gefährlicher werdenden Wissenschaft" geworden.[78] Die Ängste vor dem Weltuntergang stimulierten die Erkundung der eigenen Seele wie der ganzen Welt.

---

[77] Betrachtet man die USA als einen integralen Bestandteil der westlich-christlichen Kultur, so stimmt diese Aussage nicht: „Today, many millions of Americans live in daily expectation of the end of this world, eagerly anticipating the return of Jesus and their removal from this earth prior to the onset of the period of devastation and destruction, punishment and horror, set forth in vivid detail in the prophetic texts of the Old and New Testaments." Ph. Greven: Spare the Child. The Religious Roots of Punishment and the Psychological Impact of Physical Abuse. New York 1992, 205. Greven verweist besonders auf die evangelikalen und fundamentalistisch- protestantischen Buchhandlungen in den USA, die mit Büchern von Prophezeiungen über das Weltende überfüllt sind.

[78] J. Fried: Aufstieg aus dem Untergang. Apokalyptisches Denken und die Entstehung der modernen Naturwissenschaft im Mittelalter. München 2001, 184.

L. Roper hat die These formuliert, daß es paradoxerweise gerade die Arena des Magischen, des Irrationalen in den Hexenprozessen ist, in der sich das individuelle Subjekt der Moderne entfaltet.[79] Nicht nur die Hexenprozesse, sondern auch die Predigten über Jenseitsstrafen ordnen sich in den Rahmen einer christlichen Sozialdisziplinierung ein, die auf einer anderen Ebene durch den Übergang von der Außen- zur Selbstkontrolle das Gewissen und das Schuldgefühl als Medien der Selbstkontrolle im abendländischen Menschen installiert.[80] Den gleichen Vorgang beschreibt Norbert Elias in seinem „Prozeß der Zivilisation", in dem er nachweisen will, daß die von Freud beschriebene Persönlichkeitsstruktur gesellschaftlich bedingt und historisch gewachsen ist.[81] Im Zivilisationsprozeß wird mit der Ablösung des gesellschaftlichen Zwangs durch den Selbstzwang das zivilisationsbedingte Schamempfinden etabliert. Im Lauf des Zivilisationsprozesses wird, wie auch in Max Webers „innerweltlicher Askese", eine Tendenz der Selbstbeobachtung verstärkt, die letzlich zu einer Rationalisierung und Psychologisierung geführt hat. Der entsprechende kirchliche Zucht-, Disziplinierungs- und Erziehungsprozeß ist nicht nur von den protestantischen, sondern von allen Kirchen und Glaubensgemeinschaften der Frühen Neuzeit auf der ihnen je eigenen theologischen Grundlage mit einem entsprechenden

---

[79] L. Roper: Ödipus und der Teufel. Körper und Psyche in der Frühen Neuzeit. Frankfurt a.M. 1995, 39. Die Mentalität der Neuzeit entspricht in weiten Teilen einem magischen Weltbild, das von Zauberei, Alchemie, Geisterglauben und -beschwörung, Astrologie und von der Schicksalsbedeutung himmlischer Erscheinungen geprägt ist. Dieses Weltbild verlor im 18. Jahrhundert seine Gültigkeit; zum Ende der Magie vgl. K. Thomas: Religion and the Decline of Magic. London 1971.

[80] Die Sozialdisziplinierung sollte nicht einseitig verstanden werden, so brachte dieser fortschreitende Prozeß auch zahlreiche fürsorgerische Aspekte mit sich. M. Meumann: Findelkinder, Waisenhäuser, Kindsmord. Unversorgte Kinder in der frühneuzeitlichen Gesellschaft. München 1995, 400. Vgl. E. Hermsen, „Kindheitsentwürfe und Konzepte der Kindererziehung in Reformation (Martin Luther) und Pietismus (August Hermann Francke)", Jahrbuch Biblische Theologie 17 (2002) [im Druck].

[81] N. Elias: Über den Prozeß der Zivilisation. Soziogenetische und psychogenetische Untersuchungen. Bd. I: Wandlungen des Verhaltens in den weltlichen Oberschichten des Abendlandes. Bd. II: Wandlungen der Gesellschaft. Entwurf zu einer Theorie der Zivilisation. Frankfurt a.M. 1976 (^{1}1938/39).

Instrumentarium vorangetrieben worden.[82] Damit schließt sich der Kreis: Der europäische Prozeß der Individualisierung, begleitet durch die Entwicklung und Etablierung der Wissenschaften, führte schließlich durch eine verstärkte Ausbildung der Selbstbeobachtung, die auch mithilfe religiöser Ängste im Abendland erreicht wurde, im 19. Jahrhundert zur Begründung der wissenschaftlichen Psychologie. Wenn auch im Lauf der Neuzeit die endzeitlichen Ängste immer mehr abgenommen haben, sind sie dennoch bis heute nicht verschwunden.[83]

Wie dieser Artikel gezeigt hat, eignet sich Delumeaus „Angst im Abendland" in mehrfacher Hinsicht und in besonderer Weise dazu, den Anspruch und die Grenzen der Psychohistorie auszuloten. Zum Abschluß der Diskussion der psychohistorischen Problematik möchte ich auf einen Modellvorschlag des Kulturhistorikers T. Walter eingehen. Ausgehend von den Erkenntnissen, daß die Physis und Psyche der Menschen schon immer entscheidend durch Weltdeutungsmuster und soziale Interaktion mitbestimmt waren und eine Hermeneutik kultureller Zeichen für eine verstehende Medizin und Psychologie, erst recht aber für die Sozial- und Kulturwissenwissenschaft unabdingbar sei, schlägt er ein dementsprechendes Zeichenmodell vor. „Es [das Zeichenmodell, E.H] beschreibt Physis, Psyche, Soziales und Kultur als verschränkte Regelkreise mit einem jeweils eigenen Zeichensystem. Diese Regelkreise werden als emergente Phänomene[84] verstanden und sind damit nicht kausal auseinander herzuleiten. Ihre Analyse sollte interdisziplinär vernetzt sein, erfordert aber jeweils eigene Methoden und konstituiert eigenständige Wissensbereiche."[85]

Sind auch mit diesem anspruchsvollen Modell einige der hier thematisierten psychohistorischen Probleme nicht gelöst, wird in diesem Modell zu Recht der Stellenwert der Kultur sowie die Hermeneutik kultureller Zeichen betont, wie im Falle der „Angst im Abendland" die Bedeutung der Apokalypse vor Augen führt. So können nur durch eine sorgfältige Kulturanalyse,

---

[82] H. Schilling (Hg.): Kirchenzucht und Sozialdisziplinierung im frühneuzeitlichen Europa. Berlin 1994, 98.

[83] Vgl. H. Vorgrimler, „Hölle, Sünder, Hexe", in: R. van Dülmen (Hg.): Erfindung des Menschen. Schöpfungsträume und Körperbilder 1500-2000, Köln 1998, 113-130.

[84] Zum Begriff „Emergenz" vgl. A. Stephan: Emergenz. Dresden 1999.

[85] Walter, Medikalisierung, 42.

zu der die Analyse der Religionen[86] dazugehört, beispielsweise im Sinn der „Dichten Beschreibung" von Geertz,[87] die entscheidenden Konzepte und kulturell-religiösen Deutungsmuster aufgespürt werden, die erst die Rekonstruktion der zu erforschenden jeweiligen Gefühlswelten zulassen. Mit Powis, der in der Auseinandersetzung mit Delumeaus Werk zu folgendem Ergebnis gekommen ist, kann generell für die Psychohistorie bilanziert werden: „As no other branch of historical study can, the history of religion provides clues to the meanings that people in the past gave to their lives."[88] Da das prophezeite Ende der Religionen nicht eingetreten ist, wie aktuelle Ereignisse immer wieder demonstrieren, gilt diese Aussage auch für die Gegenwart.

---

[86] Zu den Spezifika religiöser Zeichensysteme siehe E. Hermsen, „Religiöse Zeichensysteme im Spannungsfeld anikonischer und ikonischer Darstellung. Neue Perspektiven zu einer zeichentheoretischen Begründung der Religionswissenschaft", erscheint in der Zeitschrift für Religions- und Geistesgeschichte in Heft 2/2003.
[87] C. Geertz: Dichte Beschreibung. Beiträge zum Verstehen kultureller Systeme. Frankfurt a.M. 1987.
[88] Powis, „Repression and Autonomy, 374.

Empathische Beziehungen versus ökonomische Entscheidungen

Wolfgang Prieß

Einleitung

„Die Geschichte der Kindheit ist ein Alptraum, aus dem wir gerade erst erwachen."

Dieses Schlagwort hat Lloyd deMause an den Anfang seines Buches ‚Hört ihr die Kinder weinen' gestellt. Ich füge dem hinzu:
„Die Kindheit wird wieder ein Alptraum, wenn wir nicht rechtzeitig erwachen."

Ökonomische Entscheidungen

In der heutigen Industriegesellschaft haben ökonomische Entscheidungen Priorität vor ökologischen Gesichtspunkten. Durch ökonomische Entscheidungen entstehen Umweltschäden, Gesundheitsgefährdungen von Menschen und Tieren, versteckte und langfristige Risiken der Atomspaltung und der Genmanipulation, Schadstoffe und Strahlen. Die Menschen werden durch Autoverkehr, Nahrungsmittelindustrie, Chemieanlagen, Atommeiler, Gentechnik u.a. Industriezweige systematisch ausgebeutet und krankgemacht und die Umwelt zerstört. Die Kinder sind dabei besonders gefährdet, weil ihr Organismus und ihre Persönlichkeit noch in der Entwicklung sind.
Nach Eugen Jungjohann hat die Menschheit durch den technischen Fortschritt das Gleichgewicht der ökologischen Beziehungen erschüttert. Er bezeichnet diesen ökologischen Missbrauch als eine Form der Gewalt gegen Kinder, weil die Auswirkungen ihre körperliche und seelische Entwicklung beeinträchtigen oder zerstören.

Überall auf der Welt hat die forschende Neugierde der Menschen Gewalttätigkeit und Zerstörung verursacht und Teile der Erde unbewohnbar gemacht und für viele nachfolgende Generationen beschädigt. Verursacher dieser Gewalttätigkeiten an der Erde und ihren Lebewesen ist eine, aus der relativen Anonymität heraus agierende Allianz von Kapital und Politik. Diese Verantwortlichen zeichnet eine bemerkenswerte Beziehungslosigkeit gegenüber den Menschen aus, die von ihrem Handeln betroffen sind.

Es werden Stoffe eingesetzt, die gesundheitsschädlich sind (Lebensmittel- und Baustoffzusätze, Amalgam, usw.) und es wird damit viel Geld verdient. Diese Stoffe lösen Krankheiten und Allergien aus, für die niemand mehr die Verantwortung übernehmen will. Mit der Linderung dieser Leiden verdient wiederum die Pharmaindustrie mit teuren Arzneimitteln viel Geld. Die Medikamente sind - selbst auch nicht unter ökologischen Bedingungen hergestellte - industrielle Produkte, die möglicherweise auch wieder Abfallstoffe hinterlassen, die vielleicht sogar wiederum krank machen. Zum Beispiel die Genmanipulationen, zu dem angeblichen Zweck der Heilung und zur Verbesserung von Nahrungsmitteln betrieben, erzeugen selbst wieder unabsehbare Gefahren und Krankheiten.

So hat sich die industrielle Gesellschaft selbst in einen Kreislauf manövriert, in dem sich krankmachende und gesundmachende Produkte gegenseitig die Hände reichen, aneinander verdienen, ja fast nicht mehr unterscheidbar sind.

Die Auswirkungen dieser ökonomischen Entscheidungen sind für die momentanen und für alle kommenden Generationen verheerender, als wir uns alle eingestehen können. Sie werden von Industrie und Politik verdrängt und verharmlost und sind eigentlich auch nur so zu ertragen.

Die Liste der Katastrophen, Unglücke, Unfälle, Schädigungen, Verunreinigungen, Vergiftungen und Zerstörungen, die unsere Lebenswelt und unsere Seelen und Körper verletzen, ist endlos. Im folgenden eine kleine Auswahl zur Verdeutlichung.

In Südostasien sind 25 Millionen Menschen von Überschwemmungen hart getroffen und auch unsere wohlbehütete technisierte Welt hat kürzlich die Folgen der Klimaerwärmung zu spüren bekommen. Zum Beispiel in Ostdeutschland.

„Die Zahl der Toten erhöhte sich gestern auf 15. Derzeit werden 26 Menschen vermisst."[1]

„In Sachsen belaufen sich die Gesamtschäden an den Kultureinrichtungen nach der Flut auf 60 Millionen Euro."[2]

Oder auf der ganzen Welt.

„Besonders verheerend ist die Situation in China: Dort kamen durch die Folgen der Unwetter bislang mehr als 1.000 Menschen ums Leben. (...)

Der Fluss Imphal im Bundesstaat Manipur stieg am Freitag weiter an. 500.000 Menschen sind dort von der Außenwelt abgeschnitten. Insgesamt kamen in Indien seit Beginn des Monsuns im Juni 530 Menschen ums Leben. (...)

Auf den Philippinen werden die Mitte und der Norden seit Anfang der Woche von heftigen Regenfällen heimgesucht, die ein tropisches Tief mit sich brachte. Im südostasiatischen Inselstaat forderten die Unwetter bis Freitag mindestens 29 Tote. (...)

In Nordmexiko starben bei Überschwemmungen mindestens 14 Menschen. (...)

Mehr als eine Woche nach dem schweren Unwetter an der südrussischen Schwarzmeerküste mit 62 geborgenen Todesopfern wurden noch 14 Menschen vermisst. Das teilte die Verwaltung von Krasnodar am Freitag mit. Nach schweren Regenfällen hatten Sturzbäche aus dem nahen Kaukasusgebirge Menschen, Häuser und Autos in das Schwarze Meer gespült. In inoffiziellen Schätzungen von Zivilschützern war zunächst von deutlich mehr als 100 Opfern des Unwetters vom 8. August die Rede."[3]

Inzwischen besteht kein Zweifel mehr am menschlichen Einfluss auf den Treibhauseffekt. Der menschliche Einfluss der wenigen tausend Menschen, die aus Profitinteressen ökonomische Entscheidungen treffen.

Diese wenigen sind es, die in der Industrie die Fakten schaffen, unter denen die ganze restliche Menschheit und ihre Umwelt leiden müssen.

Millionen von Menschen können ein ökologisches Bewusstsein haben und in empathischen Beziehungen leben. Ihnen allen ist keine gesunde und friedvolle Zukunft vergönnt, solange diejenigen, die keine Beziehungsfähigkeit gelernt haben, ökonomische Entscheidungen treffen.

In den Beschlüssen von Kioto hatte sich die Staatengemeinschaft auf eine Reduzierung der Treibhausgasemissionen bis spätestens 2012 geeinigt. Fünf

---

[1] taz Nr. 6831 vom 20.8.2002, S. 1, KLH: Flut verwässert Steuerreform
[2] taz Nr. 6843 vom 3.9.2002, S. 16, Michael Bartsch: The Show Must Go On
[3] taz Nr. 6829 vom 17.8.2002, S. 2, (Agentur): Fluten grenzenlos

Jahre nach dem Treffen wurden die Emissionen noch nicht einmal stabilisiert, sondern noch erhöht. An der Spitze des Kohlendioxydausstoßes liegen die USA, die mit ihrem ungebändigten wirtschaftlichen Egoismus sogar die Emissionsrückgänge anderer Länder zunichte machen.[4]

Einem Land, das so rücksichtslos ökonomische Interessen verfolgt, nutzen die zweifellos vorhandenen empathischen Eltern-Kind-Beziehungen wenig. Auch in bezug auf die Kinderrechte ist in der Führung der USA keine entscheidende Empathie zu erkennen.

„Zum Abschluss des Weltkindergipfels in New York haben die Delegierten aus 180 Ländern einstimmig einen Aktionsplan zur Bekämpfung der Kinderarmut verabschiedet. (Aber) regierungsunabhängige Organisationen warfen den Delegierten der Europäischen Union vor, den Forderungen der konservativen US-Regierung nachgegeben zu haben. So konnte gegen den Widerstand Washingtons das Ziel nicht erreicht werden, die 1989 verabschiedete Kinderrechtskonvention zum allein verbindlichen internationalen Maßstab zu erklären. Die USA sind inzwischen das einzige Land der Welt, dass die Kinderrechtskonvention nicht unterzeichnet hat."[5]

Der World Wildlife Found (WWF) und die Verbraucherzentrale Nordrhein-Westfalen veröffentlichten im Juni 2002 die Ergebnisse einer neuen Studie zur hormonellen Auswirkung von Umweltgiften.

„Viele der untersuchten Wirkstoffe zur Schädlingsbekämpfung sind - wie Nitrofen - in der Landwirtschaft bereits verboten, dürfen in Wohnungen und Gärten jedoch legal angewandt werden. Doch die Mittel gegen Motten in Teppichen, Kopf- und Blattläuse oder auch Holzschutzmittel greifen in den Hormonhaushalt von Mensch und Tier ein und beeinträchtigen wichtige Lebensfunktionen. ‚Besonders ungeborene und kleine Kinder sind gefährdet', warnt Patricia Cameron vom WWF. Denn in den frühen Lebensphasen laufen viele hormongesteuerte Entwicklungen ab, etwa die Ausbildung der Geschlechtsorgane. (...)

521 Tonnen der Schadstoffe wurden im Jahr 2000 in privaten Häusern und Gärten Deutschlands eingesetzt, davon allein 70 Tonnen in Innenräumen. Einer der Giftstoffe sind die Pyrethroide - in privaten Haushalten etwa gegen Motten in Teppichen verwendet. ‚Das Teppichwollsiegel schreibt den Einsatz von Pyrethroiden vor, obwohl er in der Landwirtschaft verboten ist', sagt Patricia Cameron.

Gefährlich wirkt auch Lindan. In der Landwirtschaft ist der Wirkstoff zwar bereits verboten. Doch obwohl er schwer abbaubar ist, das Erbgut schädigt, Brustkrebs verursacht und

---

[4] taz vom 22.8.2002, S. 10, Beate Willms: Nur zwei Ruderer im Klimaboot
[5] taz vom 13.5.2002, USA allein gegen Kinderrechte

die Spermienproduktion hemmt, findet er sich etwa noch in Anti-Läuse-Mitteln für Kinder - in Jakutin."[6]

Nach einer Untersuchung des Frankfurter Verbrauchermagazins *Öko-Test* stecken viele Handspielpuppen und Kunststoffautos voller Schadstoffe (*Öko-Test* Ratgeber Kleinkinder Nummer 2). Bemängelt wurden

„Krebsverdächtige Bestandteile von Farben, gesundheitsschädliche Weichmacher, die in Babyspielzeug längst verboten sind, und weitere ungesunde Substanzen"[7]:

Die Kunststoffautos, mit denen die Kinder herumfahren enthalten

„unter anderem krebsverdächtige Farbbestandteile, zinnorganische Verbindungen, die schon in geringsten Mengen das Immun- und Hormonsystem beeinträchtigen können, sowie giftige Schwermetalle"[8].

Auch

„in vielen Kinder-Regenjacken finden sich laut *Öko-Test* Schadstoffe. So sei in allen 16 untersuchten Jacken der Stoff Tributylzinn (TBT) gefunden worden. Schon kleinste Mengen TBT stünden im Verdacht, das Immun- und Hormonsystem von Menschen zu beeinträchtigen"[9]

Ebenso enthalten einige Wachsmalstifte für Kinder gesundheitsschädliche Elemente.[10]

„Kleine Körper absorbieren Gifte besonders stark. Nach einer gestern (16.4.2002) veröffentlichten Studie der Weltgesundheitsorganisation (WHO) und der europäischen Umweltagentur sind Kinder die Hauptopfer der steigenden Umweltverschmutzung. Das Umfeld, in dem Kinder spielen, lernen und arbeiten, ist zunehmend vergiftet: Über 40 Prozent der auf Umweltfaktoren zurückzuführenden Krankheiten befallen Kinder unter fünf Jahren.

Während Krankheiten bei Erwachsenen in den letzten zwanzig Jahren insgesamt zurückgegangen sind, werden Kinder heute häufiger krank als früher. Die Zahl der Kinder, die unter Allergien, Asthma und Neurodermitis leiden, ist seit den 70er-Jahren um ein Drittel gestiegen. Der Körper eines Kindes reagiert sensibler auf zunehmende Luft- und Bodenverschmutzung, Chemikalien und Gifte als ein ausgewachsener. Weil ein Kind weniger Gifte ausscheidet als ein Erwachsener, nimmt ein Kinderkörper 50 Prozent des im Essen enthal-

---

[6] taz Nr. 6772 vom 12.6.2002, S. 9, Jürgen Schulz: Krank durch zu viele Gifte im Haushalt
[7] taz Berlin lokal Nr. 6603 vom 17.11.2001, S. 26, Ökoalarm für Kids
[8] taz Berlin lokal Nr. 6603 vom 17.11.2001, S. 26, Ökoalarm für Kids
[9] taz Nr. 6581 vom 23.10.2001, S. 10, (Agentur): Öko-Test warnt
[10] taz Nr. 6575 vom 16.10.2001, S. 8, (Agentur): Schadstoffe gefunden

tenen Bleis auf, ein Erwachsener nur 10 Prozent. Außerdem atmen, trinken und essen Kinder im Verhältnis zu ihrem Körpergewicht mehr als Erwachsene und nehmen schon allein dadurch mehr giftige Substanzen auf. (...)

Kinder, die in stark befahrenen Gegenden wohnen, leiden doppelt so häufig an Atemwegserkrankungen wie ihre Altersgenossen in grüner Umgebung. Der ständige Lärm führt außerdem zu Leseschwächen und mangelnder Konzentrationsfähigkeit."[11]

„In der BRD litten inzwischen zehn bis 15 Prozent der Kinder an der gefährlichen Atemnot, 1,2 Millionen an Neurodermitis, fast die Hälfte aller Kinder seien latente Allergiker."[12]

In einem Artikel über die Benzolbelastung in den Städten heißt es:

„Bei Kindern in verkehrsreichen Stadtteilen wurden wesentlich höhere Benzol- und Toluolkonzentrationen im Blut nachgewiesen als bei ihren Altersgenossen auf dem Land. Entsprechend hoch sind die Belastungen des Fettgewebes und des Knochenmarks. Experten des Länderausschusses für Immissionsschutz (LAI) gehen von einem fünfmal höheren Krebsrisiko in der Stadt aus."[13]

Schätzungen zufolge, heißt es im selben Artikel, stammen aus dem Straßenverkehr mehr als die Hälfte aller krebserregenden Stoffe.
Nach Erik Petersen vom Ökologischen Ärztebund ist die Umwelt chemieverseucht und lebensfeindlich.

„Ausgerechnet Spielzeug verursacht oftmals Krankheiten. Trotz mehrmaliger Beratungen konnte sich die EU noch nicht auf ein generelles Verbot PVC-haltiger Weichmacher in Beißringen, Bauklötzen und Puppen einigen. Giftige Quietscheentchen und Puppen sind weiter erlaubt, wenn sie das Label ‚Nicht in den Mund nehmen' tragen. Eine besondere Herausforderung für die unter Dreijährigen."[14]

Dabei sind die festgesetzten Grenzwerte für schädliche Substanzen selbst schon eine Form der Gewalt an Kindern.

Grenzwerte werden jeweils auch nach marktwirtschaftlichen Gesichtspunkten festgelegt und wieder verändert und sie gelten für einen 140 Pfund schweren erwachsenen Mann. Kinder reagieren aber noch empfindlicher auf diese gesundheitsgefährdenden Stoffe, weil sie im Verhältnis zu einem ausgewachsenen Menschen mehr atmen, essen und trinken. Auch ihre Haut-

---

[11] taz Nr. 6727 vom 17.4.2002, S. 9, Annika Joeres: Kleinkinder werden immer kränker
[12] taz vom 13.10.95, Fromut Pott: Ökologische Rechte für Kinder eingefordert
[13] taz vom 14.3.94, Andreas Sentker: Krebsgefahr aus dem Auspuff
[14] taz Nr. 6727 vom 17.4.2002, S. 9, Annika Joeres: Kleinkinder werden immer kränker

oberfläche ist im Verhältnis zum Körpergewicht etwa doppelt so groß wie die von Erwachsenen. Dadurch nehmen die Kinder schneller und größere Mengen an Schadstoffen mit ihren noch nicht ausgereiften Organen und dem noch nicht voll entwickelten Immunsystem auf.[15] Nach einer Studie des EPEA - Instituts in Hamburg bleiben bei Kindern die Schadstoffe länger im Körper, sind die Entgiftungsmechanismen der Proteinbindung und die Eliminierungsmöglichkeiten von Leber und Nieren noch nicht ausgereift, sind die Nervenzellen schlechter abgeschirmt, ist das Immunsystem schlechter ausgebildet und die Empfindlichkeit gegenüber krebserzeugenden Stoffen weit höher.[16]

Grenzwerte für Schadstoffe werden darüber hinaus aus Tierversuchen abgeleitet und berücksichtigen weder die höhere Empfindlichkeit des kindlichen Organismus, noch die Wechselwirkungen verschiedener Chemikalien, noch die Langzeiteffekte in bezug auf chronische Krankheiten und Verhaltensstörungen. Außerdem liegen nur für 3 000 von mehr als 100 000 Umweltchemikalien überhaupt definierte Analyseverfahren vor. (Dost: 10f) Zu diesen Fakten kommt noch der Umstand hinzu, daß die Schadstoffe in 'Kindernasenhöhe' zwischen 140% und 400% höher sind, als in der allgemein üblichen Meßhöhe von 4 1/2 Metern.

„Vier Millionen Tonnen PVC-Abfall fallen jährlich in der (Europäischen) Union an - Tendenz steigend. Der Kunststoff besteht zu fast 40 Prozent aus Chlor. Je nach Anwendungsbereich werden hochgiftige Stabilisatoren oder Weichmacher zugesetzt - Stoffe, die in der Verbrecherkartei für Umweltsünder ganz oben stehen: Cadmium, Blei, FCKW, PCB und DDT. (...)

PVC ist ein Stoffgemisch, das fast nicht wieder loszuwerden ist: Auf Mülldeponien treten im Lauf der Jahre die giftigen Zusatzstoffe aus. Bei der Verbrennung entstehen mehr Schadstoffe, die ausgefiltert und gelagert werden müssen, als im Ausgangsprodukt enthalten waren. (...)

Kein anderer Stoff, so die Studien, eignet sich so wenig fürs Recycling wie PVC. Die Schadstoffe werden ins neue Produkt weitergeschleppt. Dabei entsteht ein teurer, aber min-

---

[15] Schrader, Christopher: Soziales Ozonloch. In: Spiegel-Spezial 'Kinder Kinder'. Nr.9, 1995, S.70
[16] Dost 1995, S. 9f

derwertiger Kunststoff, der allenfalls für Parkbänke, Leitplanken und Blumenkübel taugt. Nutzdeponie sagen die Experten dazu - die Parkbank als Sondermüllsenke."[17]

Die EU-Kommission belegt, dass PVC durch andere Kunststoffe oder Holz ersetzt werden kann bei geringfügiger Erhöhung der Herstellungskosten, aber dramatischer Verringerung der Entsorgungskosten.

Die Industrie hat jedoch kein Interesse daran, das PVC zu ersetzen, denn PVC selbst ist bereits eine Sondermülldeponie.

„Da es zu fast 40 Prozent aus Chlor besteht, wird dieses giftige Nebenprodukt aus der Natronlaugen-Herstellung kostenlos aus der Welt geschafft. Natronlauge wird als Reinigungsmittel und für Kunstdünger in großen Mengen gebraucht. Es gibt ein Produktionsverfahren, bei dem kein Chlor entsteht - doch das ist wesentlich teurer."[18]

Die Bundesregierung informiert über die gefährlichen Stoffe nicht ausreichend, um den Standort Chemieindustrie in Deutschland nicht zu gefährden."[19]

„PCB (Polychlorierte Biphenyle) gelten als krebserregend und wurden bis in die Mitte der 70er Jahre vor allem als Flammschutzanstrich und Weichmacher in Dichtungsmassen verwendet."[20]

Nach einer Information des Bremer Umweltinstituts vom 24.9.2001 erwies sich der Einsatz von PCB trotz seiner guten technischen Eigenschaften für Mensch und Umwelt nachträglich als sehr negativ.

„Es gibt kaum Möglichkeiten diese Stoffe wieder abzubauen und zu eliminieren, wenn sie einmal in den natürlichen Stoffkreislauf eingebracht wurden. (...)
Seit 1978 ist die Anwendung in offenen Systemen verboten. Seit 1983 wurde die gesamte PCB-Produktion in der BRD eingestellt. In Form von Altlasten spielt PCB jedoch nach wie vor eine zunehmend wichtige Rolle."[21]

In vielen Schulen wurde PCB festgestellt, so Norbert Weis, Toxikologe und Forschungsleiter beim Bremer Umweltinstitut.

Mangelndes ökologisches Bewusstsein findet sich aber nicht nur in ganzen Industriezweigen und deren Verantwortlichen. Auch ein einziger Mensch

---

[17] taz Nr. 6744 vom 8.5.2002, S. 11, Daniela Weingärtner: Allianz gegen das PVC
[18] taz Nr. 6744 vom 8.5.2002, S. 11, Daniela Weingärtner: Allianz gegen das PVC
[19] taz Nr. 6772 vom 12.6.2002, S. 9, Jürgen Schulz: Krank durch zu viele Gifte im Haushalt
[20] taz Bremen Nr. 6773 vom 13.6.2002, S. 28, Katja Plümäkers: Umweltgiften auf der Spur
[21] www.bremer-umweltinstitut.de

kann durch ökonomische Profitinteressen großen Schaden für die Allgemeinheit anrichten.

In Neuendettelsau westlich von Nürnberg hat ein Bauer eine Biogasanlage errichtet und

„ließ sich in die ‚Verwerter-Datenbank' des Bayerischen Landesamtes für Umweltschutz eintragen, weil in so einer Biogasanlage nicht nur Stallmist oder Essensreste vergären, sondern eventuell auch bestimmte Abfälle der organischen Chemie"[22].

Nach der Kontaktaufnahme mit verschiedenen Firmen lieferte zum Beispiel die Lufthansa Technik

„50 Tonnen öl- und fetthaltiger Stoffe heran, Reste der Flugzeugwäsche des Flughafens Frankfurt/Main. Agfa-Gaevert lieferte rund 140 Tonnen Abwässer aus einem Fotochemikalienwerk und die Fordwerke in Saarlouis entsorgten über ein Mittelsunternehmen 99 Tonnen wässrige Lösung mit Lacken in Neuendettelsau. Insgesamt 4.400 Tonnen Industrieabfälle gingen laut der Staatsanwaltschaft in der Kreisstadt Ansbach innerhalb der vergangenen zwei Jahre an den Bauern, mehr als 80.000 Euro soll er dafür kassiert haben."[23]

Da aber seine Biogasanlage bei weitem nicht alle gelieferten Gifte verarbeiten konnte, fuhr er den Dreck auf seine Äcker. Nachdem sich Bürger des Dorfes über die roten Äcker und den Gestank beschwerten, reagierten wiederum die zuständigen Ämter viel zu langsam.

„4.400 Tonnen Sondermüll sind so anscheinend ungehindert im Boden versickert, die Sanierung dürfte Millionen kosten. Und nach Ansicht des Abfallberatungsunternehmens Jörg Wentz in Grünstadt ist das Ganze kein Einzelfall: Es wimmele im Internet von Biogasbetreibern, die sich als Entsorgungsbetriebe anpreisen."[24]

80000 Euro Gewinn für einen einzelnen, Millionen Euro Schaden für alle, und es ist anzunehmen, dass es noch viele solcher Fälle gibt, die noch nicht aufgedeckt wurden.

Eine zentrale Frage, die sich bei unzähligen solcher Ereignisse stellt, ist die nach der Verantwortlichkeit. Im oben genannten Fall habe die Firmen

---

[22] taz Nr. 6775 vom 15.6.2002, S. 8, Maria Kleinschroth: Sondermüll deutscher Konzerne landet auf Äckern
[23] taz Nr. 6775 vom 15.6.2002, S. 8, Maria Kleinschroth: Sondermüll deutscher Konzerne landet auf Äckern
[24] taz Nr. 6775 vom 15.6.2002, S. 8, Maria Kleinschroth: Sondermüll deutscher Konzerne landet auf Äckern

kostengünstig ihren Sondermüll abgestoßen. Sind sie von der Verantwortung befreit, wenn dieser Sondermüll dann Schaden anrichtet?

Die Firmen müssten so viel Verantwortung für das, von ihnen erzeugte schädliche und giftige Produkt übernehmen, dass sie sich vergewissern und nachprüfen, ob es auch einwandfrei entsorgt wurde.

Ein Problem bleibt aber so oder so, nämlich, dass sich viele dieser Schadstoffe überhaupt nicht rückstandslos entsorgen lassen. Das wissen auch die Hersteller. Sie verkaufen ihre Produkte oder Dienstleistungen und sind froh, wenn sie die Verantwortung für die dabei anfallenden Stoffe billig abgeben können. Durch die Verschiebung dieser Verantwortung reduzieren sich die eigenen Kosten - aber auf Kosten anderer. Diese Kosten müssten mit berechnet werden, um den wahren Wert der Produkte zu ermitteln. Damit würde der Profit zwar erheblich geringer ausfallen, was aber angesichts der großen Verdienstunterschiede zwischen Manager und Arbeiter sicher kein unlösbares Problem darstellt.

Die Verantwortlichkeit kann wie im folgenden Fall auch breit gefächert sein.

Weizen wurde in einer Lagerhalle im mecklenburgischen Malchin mit Nitrofen verseucht.

„In der DDR diente diese Halle als Pflanzenschutz-Reservelager für die drei Nordbezirke Rostock, Neubrandenburg und Schwerin. Ein Erbe, das nachwirkt: Eine Staubprobe hatte eine Belastung von 2.000 Milligramm Nitrofen je Kilo ergeben. Trizilin, Lindan oder DDP - da einst auch andere, weitaus gefährlichere Pflanzenschutzmittel in der Halle lagerten, prüfen die Behörden jetzt, ob es noch andere Verseuchungen gibt. Die Halle war nach der Wende von der Treuhand ohne Auflagen verkauft worden."[25]

Die Halle wurde

„zuletzt von der Norddeutschen Saat- und Pflanzgut AG gemietet, die den aus Brandenburg stammenden Weizen zwischenlagerte und an den niedersächsischen Futtermittelproduzenten GS agri lieferte. (...) Fast alle am Nitrofenskandal beteiligten Betriebe sind Mitglied des genossenschaftlichen Raiffeisen-Verbundes. Raiffeisen trage die Hauptverantwortung dafür, dass die Öffentlichkeit nicht eher informiert wurde, erklärte Verbraucherschutzministe-

---

[25] taz Nr. 6764 vom 3.6.2002, S. 1, Reni: Weitere Gifte in Weizenlager festgestellt

rin Renate Künast. Die Beteiligten seien weit früher über den Skandal informiert gewesen als bislang zugegeben."[26].

Die Liste der Beteiligten ist lang. Wer ist hier noch verantwortlich? Warum sind nicht alle, die an der letztendlichen Verseuchung mitgewirkt haben, verantwortlich? Was ist mit dem Hersteller des Pflanzenschutzmittels? Manchmal werden Proteste auch so laut, dass die weitere Verwendung eines Stoffes untersagt wird.

„Mit Wirkung zum 8. Januar (2002) hat die EU einen hochgiftigen Wirkstoff zur Insektenvernichtung aus dem Verkehr gezogen: Parathion. Produkte, die den Stoff enthalten, dürfen EU-weit nicht mehr vertrieben und angewendet werden, Kommunen und Chemiefirmen sollen Altbestände entsorgen."[27]

Die Chemiefirmen haben hierbei ihre Gewinne schon lange eingefahren und für die Entsorgung dieser Stoffe müssen nun unter anderem die Kommunen aufkommen.

Die Industrie reagiert, wenn überhaupt nur nach Aufdeckung von Umweltskandalen zum Beispiel durch global agierende Umweltgruppen wie Greenpeace oder PAN (Pesticide Action Network) und auf Verbot.

Die Verantwortung für Folgeschäden wird solange es geht abgelehnt. Zuguterletzt wird noch ein Gutachten vorgelegt, nach dem die direkten Zusammenhänge zwischen Produkt und Folgen nicht eindeutig belegbar sind.

Die vielen Umweltgruppen sind nur damit beschäftigt, aufzudecken, was die Industrie oder einzelne verheimlichen wollen. Da gibt es ein unglaubliches Potential an kreativen, engagierten Menschen, die ihre Zeit und Kraft dafür verwenden, Landstriche, Tiere und Menschen vor dem zu retten oder zu warnen, was wenige andere (die damit auch noch reich werden) kaputtmachen.

Die Forderung nach einer Verantwortungsübernahme stellt auch die Umweltgruppe Germanwatch in ihrer aktuellen ‚Klima-AUSBADE-Kampagne'. Ihnen zufolge setzt ein US-amerikanischer Bürger ca. 20 Tonnen Kohlendioxid im Jahr frei, während zum Beispiel ein indischer Bürger nur 1 Tonne erzeugt. Die klimaschädigenden Treibhausgase werden fast ausschließlich in den Industrieländern und den Oasen des Reichtums in den

---

[26] taz Nr. 6764 vom 3.6.2002, S. 1, Reni: Weitere Gifte in Weizenlager festgestellt
[27] taz Nr. 6665 vom 1.2.2002, S. 9, Stefan Weilguny: Gefährliche Pestizide auf Weltreise

Entwicklungsländern freigesetzt, aber die Auswirkungen treffen besonders verheerend die Menschen im Süden. In der Kampagne werden die Verursacher aufgefordert, die Schädigung zu beenden und für die angerichteten Schäden aufzukommen.
Auch Greenpeace ist in dieser Hinsicht aktiv.

„Mit einer globalen Kampagne will die Umweltschutzorganisation eines der größten Unternehmen der Welt, den Mineralölkonzern ExxonMobil, zu einer Änderung seiner Strategie zwingen. Der Ölkonzern solle das Kioto-Protokoll zum Schutz des Weltklimas akzeptieren, den internationalen Klimaschutz nicht weiter sabotieren und zukünftig in regenerative Energien investieren, heißt es bei Greenpeace Deutschland."[28]

Die Verursacher versuchen in jeder Hinsicht, sich aus der Affäre zu ziehen. Betriebsunfälle, bei denen giftige Substanzen oder Strahlen austreten, werden erst zugegeben, wenn sie nicht mehr zu verheimlichen sind. Daraufhin werden stückchenweise Informationen preisgegeben, die das Unglück aber immer noch verharmlosen. Wenn dann nach Tagen alle Fakten langsam heraus sind, hat man sich fast schon an die Meldungen gewöhnt, zumal man vor vollendete Tatsachen gestellt ist. Was nutzt es dennoch, wenn man nach Wochen erfährt, dass die Wolke deretwegen man damals gebeten wurde, die Fenster zu schließen, äußerst giftig war. Eine Seitenbemerkung am Rande: die Verantwortlichen wohnen mit Sicherheit nicht in dieser Wohngegend, sondern in der Villa im Grünen.

„Gutachter sehen Ursachenerklärung für die Leukämiefälle bei Kindern im Umkreis von Krümmel erhärtet: Nach einem Unfall müsse Kernbrennstoff aus der nuklearen Versuchsanlage von Geesthacht ausgetreten sein. Partikel in der Erde und auf Dächern."[29]

„Dass bei der Leitungsexplosion im Atomkraftwerk Brunsbüttel nichts schlimmeres passierte, ist „nur dem Glück zu verdanken". Zu diesem Schluss kommt der Atomexperte Helmut Hirsch in einem Kurzgutachten über den Störfall vom 14. Dezember. Das erschreckende Ausmaß des Schadens war erst zwei Monate später erkannt worden, weil sich die Betreiberin KKB, eine Tochtergesellschaft der HEW, geweigerte hatte, die Anlage zur Überprüfung herunterzufahren."[30]

---

[28] taz Nr. 6771 vom 11.6.2002, S. 9, Bernhard Pötter: Ökomulti gegen Ölmulti
[29] taz Nr. 6743 vom 7.5.2002, S. 8, Hannes Koch: Atomkügelchen auf dem Reetdach
[30] taz Hamburg Nr. 6721 vom 10.4.2002, S. 22, Gernot Knödler: Nur dem Glück zu verdanken

„Im Zusammenhang mit einem schweren Unfall im Atomkraftwerk Brunsbüttel sind erneut Vorwürfe gegen die Kraftwerksleitung und die Betreibergesellschaft laut geworden. Bei der erst im Februar bekannt gewordenen Explosion vom 14. Dezember 2001 habe es „Ohrenzeugen" gegeben, berichtete das Nachrichtenmagazin *Spiegel*."[31]

„Neue Belege für einen angeblichen Atomunfall in der nuklearen Forschungsanlage Geesthacht haben gestern die „Internationalen Ärzte zur Verhütung des Atomkrieges" (IPPNW) vorgelegt. Demnach soll am 12. September 1986 - fünf Monate nach der Katastrophe von Tschernobyl - atomarer Brennstoff nach Experimenten ausgetreten und in der Elbmarsch südöstlich von Hamburg verbreitet worden sein. Das Material sei verantwortlich für die außergewöhnlich häufigen Leukämiefälle in der Gegend und habe sich in Form von Kügelchen mit maximal einem Millimeter Durchmesser in der Erde und auf Dächern abgelagert.(...)

Wie gestern unter anderem durch Recherchen des ARD-Magazins „Report" bekannt wurde, ermittelt die Staatsanwaltschaft in Hanau in derselben Sache. Im Boden um die dortigen Atombetriebe, unter anderem die ehemalige Nukem, sind ebenfalls die geheimnisvollen Kügelchen gefunden worden. Die von ihnen ausgehende Strahlung hat die Staatsanwälte bewogen, wegen Bodenverunreinigung zu ermitteln. Als Ursache der Kontamination kommt auch in Hanau nur ein Unfall in Betracht, der sich möglicherweise im Januar 1987 ereignet hat. Nukem stellte damals den so genannten PAC-Brennstoff (Plutonium-Americum-Curium) her, dessen Nachfolgeprodukte sich angeblich in den Kügelchen finden."[32]

Aber selbst wenn ein Stoff durch Druck aus der Öffentlichkeit verboten wird, nützt das oft nicht viel, wie zum Beispiel im Fall des parathionhaltigen Breitbandinsektizids E605 von Bayer.

„Während Bayer nach eigenen Worten den weltweiten Vertrieb von E 605 eingestellt hat, wird es der Umweltgruppe Coordination gegen Bayer-Gefahren (CBG) zufolge in Entwicklungsländern wie Thailand, Vietnam oder Kambodscha von lokalen Firmen weiter produziert, gehandelt und angewendet. Dort sei Sicherheitskleidung für die Arbeiter oft unerschwinglich, meist könnten sie nicht einmal die Packungsaufschrift lesen, sagt Jan Pehrke von CBG."[33]

CBG! – Es gibt eine Organisation, die sich ausschließlich mit dem Dreck einer Großfirma beschäftigt!

---

[31] taz Nr. 6719 vom 8.4.2002, S. 9, (Agentur): „Ohrenzeugen" für AKW-Unfall
[32] taz Nr. 6743 vom 7.5.2002, S. 1, Hannes Koch: Rätsel um Plutonium-Fund
[33] taz Nr. 6665 vom 1.2.2002, S. 9, Stefan Weilguny: Gefährliche Pestizide auf Weltreise

Und es gibt immer wieder neue Möglichkeiten, die Umwelt und deren Bewohner zu schädigen. Die Folgen ökonomischen Handelns lassen sich meistens nicht rückgängig machen, auch wenn Produktionsverbote verhängt werden oder wenn halbherzig der Einsatz auf bestimmte Gebiete begrenzt wird.

Viele Menschen leiden unter einer sogenannten Lebensmittel-Unverträglichkeit weiß Klaus Runow, Leiter des Instituts für Umweltkrankheiten (IFU) in Bad Emstal.

„Bei der vermeintlichen Lebensmittel-Unverträglichkeit handelt es sich (aber) nicht um eine Reaktion auf das Nahrungsmittel als solches, sondern auf die Chemikalien, mit denen das Produkt behandelt wurde. (...) Rund 35.000 Tonnen Pestizide, so genannte Pflanzenschutzmittel, werden jährlich auf deutschen Äckern versprüht. (...) Unterm Strich jedoch bewegen sich die Höchstmengen-Überschreitungen im unteren einstelligen Prozentbereich. Somit sei die Qualität von Gemüse und Obst in Deutschland gut, heißt es von amtlicher Seite."[34]

Hermann Kruse, den Direktor des Instituts für Toxikologie an der Universität Kiel beruhigt dies keineswegs. Denn bei der Festlegung der Höchstmengen spielen immer auch ökonomische Interessen hinein.

„Für Kruse sind die Werte in einigen Fällen zu hoch angesetzt. Zum Beispiel für jene Stoffe, die sich im Körper anreichern können, wie etwa die chlorhaltigen Verbindungen und einige Phyrethroide."[35]

Darüber hinaus können in den Labors gar nicht alle Rückstände analysiert werden.

„Pestizide haben nämlich die Eigenart, nicht nur äußerlich auf dem Gemüse oder Obst zu haften, sondern auch ins Innere zu wandern. Dabei gehen sie mit Komponenten der Zellwände derart feste Verbindungen ein, dass sie im Labor nicht gelöst werden können. Sie bleiben folglich verborgen. Nach Auffassung von Heinrich Sandermann, Leiter des Instituts für Biochemische Pflanzenpathologie des GSF-Forschungszentrums für Umwelt und Gesundheit, Neuherberg, müssten aber auch diese gebundenen Rückstände berücksichtigt werden. (...)

Mit einem Team von Wissenschaftlern konnte er in neueren Untersuchungen nachweisen, dass wir im Verdauungstrakt drei bis zehn Prozent der gebundenen Pestizidrückstände

---

[34] taz Nr. 6584 vom 26.10.2001, S. 14, Thorsten Klapp: Gefahrengut Lebensmittel
[35] taz Nr. 6584 vom 26.10.2001, S. 14, Thorsten Klapp: Gefahrengut Lebensmittel

freisetzen. Bei einem Mittel waren es sogar 65 Prozent! Dabei handelte es sich um das erbgutschädigende und Krebs erregende Pestizid Maleinsäurehydrazid. Es ist in Deutschland inzwischen zwar verboten, gelangt jedoch mit importiertem Gemüse nach wie vor auf unsere Teller."[36]

Die gebundenen Rückstände in der Nahrung treten oft in weit höherer Menge auf, als die bei den amtlichen Kontrollen erfassten ungebundenen. Aber nicht genug damit, dass die Summe der vorhandenen Giftstoffe nicht messbar ist. Darüber hinaus werden nur die Einzelwirkungen der Rückstände benannt und

„mögliche Kombinationswirkungen der einzelnen Pestizide nicht berücksichtigt"[37],

kritisiert Professorin Irene Witte von der Universität Oldenburg.
Für die Kontrolle der Inhaltsstoffe in Lebensmitteln und Baustoffen gibt es noch viel zu wenige Institute, die die ermittelten Messwerte auch mit einer kritischen Einschätzung bewerten und die festgestellten Einzelfaktoren in einem Kontext darstellen, wie zum Beispiel das Bremer Umweltinstitut.
Wir nehmen mit der Nahrung eine Vielzahl von Pflanzenschutzmitteln gleichzeitig auf und es ist nachgewiesen, dass manche Stoffe, die einzeln nicht toxisch wirken, in Kombination mit anderen sogar erbgutschädigend sein können. Trotzdem sind die offiziellen Grenzwerte für Rückstände unverantwortlich hoch angesetzt.
Wenn ein Stoff nicht zweifelsfrei als schädlich eingestuft werden kann, passiert erst einmal gar nichts.

„Acrylamid-belastete Lebensmittel können so lange im Verkehr bleiben, bis feststeht, wie gefährlich der Stoff wirklich ist. Hersteller sollen Belastung auf freiwilliger Basis reduzieren. Forscher: Das Gesundheitsrisiko ist höher als bei Nitrofen. (...)
Die Verbraucherzentralen raten, Chips, Pommes, Kekse und Knabberartikel sowie Frühstückszerealien nur selten oder gar nicht zu essen." [38]

Neben den Auswirkungen der Schadstoffe ist auch die Geschwindigkeit der Autos (oder besser: der autofahrenden Menschen) für Todesfälle und Verletzungen verantwortlich.[39] [40] Nach einem Versuch wurde ermittelt, dass bei

---

[36] taz Nr. 6584 vom 26.10.2001, S. 14, Thorsten Klapp: Gefahrengut Lebensmittel
[37] taz Nr. 6584 vom 26.10.2001, S. 14, Thorsten Klapp: Gefahrengut Lebensmittel
[38] taz Nr. 6841 vom 31.8.2002, S. 9, Ihno Goldenstein: Pommes dürfen weiter giftig sein
[39] taz vom 21.3.96, Mit Tempo 30 zum kindgerechten Verkehr

einer Tempobegrenzung auf 30 km/h in Städten „...60 Prozent weniger Kinder angefahren wurden und die Gesamtunfallzahl sogar um 80 Prozent zurückging".[41]

Nicht nur der Treibhauseffekt, noch zahlreiche andere ökonomische Entscheidungen haben Auswirkungen in der ganzen Welt.

„Eine der größten unberührten Naturlandschaften Europas wird zerstört. Die Alcoa, größter Aluminiumproduzent der Welt, und die isländische Regierung unterzeichneten jetzt ein Abkommen über den Bau eines Aluminiumschmelzwerks an der Ostküste Islands. Dafür wird ein Wasserkraftwerk gebaut, das die Landschaft mehrere hundert Quadratkilometer rund um den Vatnajökull, den größten Gletscher Europas, zerstören wird. (...)

Mit dem Bau des mit 190 Meter europaweit höchsten Dammes sollen die Schmelzwasser des Vatnajökull in einem Staudamm aufgefangen werden, der zusammen mit Nebendämmen fast 100 Quadratkilometer unter Wasser setzen wird. (...)

Flussbetten, Seen und mehr als 100 Wasserfälle werden trockengelegt. (...)

‚Die Zerstörung der Umwelt ist vertretbar angesichts der großen ökonomischen Gewinne, welche das Projekt mit sich bringt', formuliert entsprechend die staatliche Energiebehörde."[42]

„Eine riesige Eisscholle, doppelt so groß wie das Saarland, hat sich von der Antarktis gelöst.(...)

Es handelt sich um die größte Scholle, die seit 30 Jahren abgebrochen ist. Der Brocken hieß Larsen B, ist mindestens 400 Jahre alt, existiert aber womöglich schon seit der letzten Eiszeit vor 12.000 Jahren.(...)

Forscher des US-Zentrum für Schnee- und Eisdaten (NSIDC) sehen in dem Ereignis eine Folge der Klimaerwärmung, die um den Südpol herum besonders schnell voranschreitet."[43]

Der Physiker Christoph Ritz ist wissenschaftlicher Leiter bei ProClim, dem Forum für Klima, und berät die Schweizer Regierung in Sachen Klimaveränderung.(...)

Christoph Ritz: Die Klimaforschung hat in den letzten Jahren riesige Fortschritte gemacht. Wir wissen heute, dass die globale Erwärmung in den letzten fünfzig Jahren wahrscheinlich weitgehend vom Menschen verursacht worden ist. In der Schweiz verzeichnen wir einen noch stärkeren Anstieg.(...)

---

[40] taz vom 26.7.93, Bernhard Pötter: Tödlicher Verkehr
[41] taz vom 4.8.94, Annette Jensen: Totschlag mit dem Gaspedal'
[42] taz Nr. 6817 vom 3.8.2002, S. 8, Reinhard Wolff: Größter Gletscher Europas in Gefahr
[43] taz Nr. 6705 vom 20.3.2002, S. 11, Katharina Koufen: Klimawandel taut Antarktis ab

Wir müssen mit mehr Starkniederschlägen besonders im Winter, erhöhter Hochwassergefahr und längeren Trockenzeiten rechnen. Die Gletscher werden beschleunigt abschmelzen, und die Schneefallgrenze wird ansteigen."[44]

Die Klimaerwärmung wird den Alpenraum grundlegend verändern. Bisher vom Permafrost zusammengehaltenes Geröll droht als Mure oder Schlammlawine zu Tale zu donnern.[45]

Auch in den Bereichen der medizinischen, biotechnischen und radioaktiven Forschung fehlt die notwendige Einfühlnahme für das Ganze und die Verantwortlichkeit.

„Denn die für exzellente Forschung benötigten intellektuellen Qualitäten reichen eben *nicht* aus, um verlässlich einschätzen zu können, wo wissenschaftlich-technisches Erobern an die Grenze der Menschlichkeit stößt. Man kann eher beobachten, dass diese Sensibilität durch eine bestimmte antrainierte Nüchternheit, die auf emotionaler Seite nur den brennenden Forscherehrgeiz durchlässt, nicht selten eingeschränkt wird."[46]

Verantwortung und Beziehungsfähigkeit ist auch bei den Fragen zur Präimplantationsdiagnostik (PID), zur Patentierung von Genen, zum therapeutischen Klonen und bei der Aufstellung von ethischen Grenzen in der Forschung notwendig, um entscheiden zu können, wie weit die Forschung gehen darf.

Die gesundheitlichen Folgen der ökonomischen Entscheidungen sind verheerend vor allem für die Kinder.

„Betrachten wir unsere Kinder (und uns) unter dem ganzheitlichen Ansatz, so erkennen wir, dass es hier nicht mehr nur um einzelne Schädigungen von Organen oder Systemen geht (Lunge, Bronchien, Blut, Nerven etc.), sondern um eine fortwährende Lädierung des gesamten Leib-Seele-Organismus unserer Säuglinge, Kinder und Jugendlichen. Das Kind - ihr Kind - wird als Mülleimer für Umweltschadstoffe missbraucht, als Sammelbecken für seelischen und körperlichen Schmutz, als Fass für Ängste, Süchte und Gewalt. Stunde für Stunde, Tag für Tag, Jahr für Jahr - bis das Fass voll ist und überfließt. Denn ist der Organismus erst einmal randvoll und überanstrengt, bedarf es nur eines bestimmten Triggers (Auslösers), um schwer zu erkranken, an Asthma, Neurodermitis, an Krebs oder psychischen Leiden. Das Kind von heute - ihr Kind - muss nicht unbedingt in der Nähe einer Atomanlage aufwachsen oder nahe einer Müllverbrennungsanlage oder in Sichtweite einer

---

[44] taz Nr. 6659 vom 25.1.2002, S. 14, (Interview), Urs Fitze: Wir müssen jetzt handeln
[45] taz Nr. 6659 vom 25.1.2002, S. 14, Urs Fitze: Rutschgefahr in den Alpen
[46] Horst-Eberhard Richter: Das Ende der Egomanie, Kiepenheuer & Witsch, 2002

Chemiefabrik oder in einem Wohnhaus an einer Hauptverkehrsstraße, - es wird an jedem Ort der Bundesrepublik zu jeder Zeit aufgefüllt und abgefüllt mit materiellem Müll und seelisch-geistigen Fäkalien unserer Gesellschaft - bis es bricht. Betrachten wir die Lage aus medizinisch-energetischer Sicht, so erkennen wir: Schon vom Augenblick der Empfängnis an wird das Fließgleichgewicht des heranwachsenden Organismus mit Störschwingungen und Desinformationen außer Rand und Band gebracht. Die Folge: Es blockiert oder es schlägt heftig aus. Es überschießt oder es erstarrt in Aggression oder Autoaggression: Umweltopfer Kind. Wir opfern unsere Kinder auf dem Altar des kapitalen Konsumwahns."[47]

Aber die Kinder werden nicht nur krank gemacht und vergiftet.
Auch die intellektuellen und motorischen Anregungen und sozialen Interaktionen nehmen durch den Konsum der industriellen Produkte und der Massenmedien ab. Immer mehr Freizeit vor dem Fernseher ist eine Art der Vernachlässigung, hemmt schon die kognitive Entwicklung der Kleinkinder. Gleichzeitig bestehen immer höhere Leistungserwartungen in der Industriegesellschaft (natürlich aus ökonomischen Interessen). Durch die Präsenz der Massenmedien und durch die Industrie, für die die kleinen Konsumenten eine lohnende Zielgruppe sind, wird die Kindheit vermarktet. Die massenmedialen Einflüsse sozialisieren zunehmend die Kinder und Erwachsenen mit Inhalten, die aus rein wirtschaftlichen Interessen bestehen.

Dies alles sind Folgen der hemmungslosen Forschung und Technologiegläubigkeit.

Die Auswirkungen werden wir noch lange und bitter spüren. Wir werden versuchen müssen, die Schäden zu begrenzen, was sehr viel Geld kosten wird. Parallel dazu wird die Wirtschaft neue Pläne verwirklichen und ihren Profit auf Kosten der nachfolgenden Generationen weitertreiben.

Warum geschehen all diese Dinge, die sich gerade auf unsere Kinder, aber auch auf unsere gesamte Umwelt so katastrophal auswirken? Gibt es sie doch nicht, die Empathie, von der deMause so überzeugt ist?

Die Antwort lautet: Es gibt sie in den Beziehungen.
Es gibt sie nicht in den ökonomischen Entscheidungen, weil dort die Beziehungslosigkeit herrscht.

---

[47] Dost 1995, S. 33

Empathische Beziehungen

Das Zusammenleben mit Kindern ist eine alles umfassende Aufgabe, die nicht nur nach den jeweils herrschenden Vorstellungen und Traditionen gelernt und ausgeübt werden kann. Beziehungen einzugehen, erfordert mehr als erlernbares Wissen anzuwenden. Es bedeutet, seine eigene Persönlichkeit einzubringen, sich in Frage stellen zu lassen, sich auseinander zusetzen mit den eigenen Vorstellungen. Es bedeutet, alles einzubringen, was uns ausmacht, so wie auch die Kinder mit vollem Einsatz Beziehungen aufnehmen.

Die Beziehung ist durch die Interaktion der beteiligten Individuen geprägt, aber auch durch die jeweiligen Lebensumstände, durch die soziale und materielle Lebenslage und ganz entscheidend durch die Erlebnisse in der eigenen Kindheit. Die Beziehungsfähigkeit kann sich erst in der Auseinandersetzung und in der Interaktion mit Kindern entwickeln.

Beziehungsfähigkeit hängt nicht von der natürlichen Elternschaft oder von der Vollständigkeit einer Familie ab, sondern von der konkreten Beziehung zwischen einem Erwachsenen und einem Kind. Mit „Familie" sind hier alle real existierenden Formen der Beziehungen zwischen Erwachsenen und Kindern gemeint, in denen Interaktionen stattfinden. In dieser wechselseitigen Beziehung werden die Kinder für ihre weitere Entwicklung entscheidend geprägt, aber auch die Eltern werden von ihren Kindern aufgefordert, ihre Verhaltensweisen und Ansichten zu überdenken. Wie fruchtbar die gegenseitige Beeinflussung ist, hängt besonders von den Lebensbedingungen der Familie und von der psychischen Verfassung der Erwachsenen ab.

Die Eltern haben ein natürliches Regressionsbedürfnis in den Beziehungen zu ihren Kindern und die Kinder haben ein natürliches Beziehungsbedürfnis zu ihren Bezugspersonen. In den Interaktionen der Eltern mit ihren Kindern entstehen nach der Theorie von deMause [48] im Laufe der psychogenetischen Entwicklung immer empathischere Beziehungen. In den immer enger werdenden Beziehungen zwischen Eltern und Kindern liegt die Möglichkeit einer Auseinandersetzung mit den frühen Ängsten der Erwachsenen und damit deren Bewältigung.

---

[48] deMause 1989

Die Regressionsfähigkeit und das Beziehungsstreben der Kinder als grundsätzliche Antriebskräfte der Eltern-Kind-Beziehung finden sich in der Theorie Bowlbys in Form der angeborenen Verhaltenssysteme Fürsorge und Bindung wieder.

Die Eltern durchleben dabei Schritte der 'zweiten Angstbearbeitung'[49] und die Kinder erleben in der Phase der Differenzierung nach Benjamin[50] die Spannung zwischen sich und dem Anderen.

In der 'Differenzierung' geht es im Grunde um die gegenseitige Anerkennung in Konfliktsituationen. Da die Kleinkinder einerseits ein Bedürfnis nach Verschiedenheit von anderen und andererseits ein Bedürfnis nach Gemeinsamkeit mit anderen haben, gilt es, ein Gleichgewicht zwischen den beiden Bedürfnissen herzustellen. Dies fördert die Fähigkeit der Kinder und der Eltern, Beziehungen einzugehen. In einer Atmosphäre von gegenseitiger Anerkennung können die Kinder die Enttäuschungen in dieser problematischen Phase erleben und verarbeiten und so die Fähigkeit erlernen, mit den Widersprüchen in der Welt umzugehen, ohne dass Unterdrückungsstrukturen entstehen. Durch die Verarbeitung der Getrenntheit in der Wiederannäherungsphase werden aber auch die Erwachsenen von den Kindern aufgefordert, ihr Beziehungsverhalten und ihr eigenes Selbstverständnis noch einmal kritisch zu betrachten.

Durch eine geglückte Interaktion zwischen Eltern und Kindern (Benjamin nennt dies die 'Aufrechterhaltung der Spannung') entsteht eine empathischere Eltern-Kind-Beziehung. Wenn die Spannung in Konfliktsituationen jedoch nicht ausgehalten wird und zusammenbricht, entstehen Herrschaftsmechanismen und mangelnde Beziehungsfähigkeit.

Insgesamt kann man feststellen, dass die subjektive Einfühlnahme der Eltern gegenüber den Kindern gestiegen ist. Die modernen Erziehungsmethoden sind fortschrittlich und voller Empathie und versuchen weiterhin die gegenseitige Anerkennung, die so wichtig ist für die kindliche Entwicklung und die Erlernung der Beziehungsfähigkeit. Aber die Ängste in den realen Beziehungen zu Kindern sind nach wie vor groß. Die Anforderungen sind hoch und ohne Hilfe sind die Familien schnell überfordert. Statt der Unter-

---

[49] Nyssen 1991, S. 76f
[50] Benjamin 1991

stützung werden die Menschen von den ökonomischen Interessen der Wirtschaft rücksichtslos ausgebeutet und krankgemacht.

Und der Wandel der Eltern-Kind-Beziehungen wird durch die ungeheure Einflussnahme der Medien- und Konsumwelt und durch die gesundheits- und lebensbedrohenden ökologischen Bedingungen gefährdet und abgeschwächt, wenn nicht sogar letztendlich ausgelöst.

Die Kinder brauchen mutige Erwachsene, die sich ihren Ängsten stellen und sie verarbeiten können.

Ökologische Entscheidungen

In der Forschung der Ökologischen Psychologie wurde festgestellt, dass ökonomische Entscheidungen, bei denen Umweltschäden oder Gesundheitsgefährdungen billigend in Kauf genommen werden, signifikant häufiger von Menschen auf einem niedrigen moralischen Begründungsniveau getroffen werden, deren psychologische Verarbeitungsmechanismen durch Abwehrreaktionen und Verdrängungen gekennzeichnet sind[51] und somit dem Persönlichkeitstyp des sogenannten 'Abwehrers' zuzuordnen sind.[52]

Ökologische Entscheidungen korrelierten häufiger mit dem höchsten moralischen Urteilsniveau,[53] das eindeutig gekennzeichnet ist durch eine alles umfassende globale Sichtweise und durch das Fehlen von Verdrängungen und Abwehrreaktionen, wie es in der Persönlichkeitsbeschreibung dieser sogenannten 'Bewältiger' heißt.

Ökonomischen Entscheidungen liegen Persönlichkeitsmerkmale zugrunde, die aus defizitären oder verunglückten Eltern-Kind-Beziehungen entstehen. Unter den Verantwortlichen gibt es viele Menschen mit den Persönlichkeitsmerkmalen des 'Abwehrers', die ihre Entscheidungen auf niedrigem moralischen Urteilsniveau mit einer geringen Berücksichtigung von ethi-

---

[51] Pawlik/Stapf 1992
[52] Eckensberger/Sieloff 1992, S. 158
[53] Eckensberger/Sieloff 1992, S. 160

schen Dimensionen treffen und deren Affektverarbeitungsmöglichkeiten auf Abwehrreaktionen und Verdrängungen beruhen.

Mangelnde Beziehungsfähigkeit und Abwehrmechanismen führen also eher zu ökonomischen Entscheidungen, während durch eine ausgeprägte Beziehungsfähigkeit eher ökologische Entscheidungen zum Wohle unseres Lebensraumes getroffen werden. Beziehungsfähig sein heißt, Verantwortung für die Umwelt zu übernehmen.

Die ökonomischen Entscheidungen werden in der Hauptsache von Männer getroffen, die an den entsprechenden Positionen in der Industrie und Politik sitzen. Sie bewegen sich im Spielfeld von Macht und Profit und überlassen ihren Frauen die Erziehung und Pflege der Kinder.

Auf der einen Seite gibt es zweifellos empathischere Eltern-Kind-Beziehungen und die von deMause konstatierte zunehmende Verbesserung des Erziehungsmodus.

Auf der anderen Seite haben wir aber eine zunehmende Verschlechterung der gesellschaftlichen Lebensverhältnisse und der ökologischen Lebensbedingungen für die Kinder.

Welchen Schluss können wir daraus ziehen?

Die Lebensbedingungen für die Kinder in der heutigen industrialisierten Welt beruhen auf ökonomischen Entscheidungen, die von Leuten getroffen werden, die keine Beziehungsfähigkeit gelernt haben.

Menschen, die ökonomische Entscheidungen treffen, sind nicht durch Erziehungsarbeit sensibilisiert und wurden nicht in ihrer Entwicklung hin zu empathischeren Menschen gefordert.

Durch die heutigen technischen Möglichkeiten haben diese Menschen einen wesentlich weitreichenderen Einfluss auf die Lebenssituation der Kinder. Die Kinder sind damit von Gefahren bedroht, die die Dimensionen von früheren negativen Folgen eines Erziehungsmodus bei weitem überschreiten.

Durch Beziehungsunfähigkeit entsteht eine moralisch bedenkliche, egoistische und ökonomische Haltung gegenüber anderen und der Welt. Diese Haltung wird in ihren Auswirkungen durch die Faktoren der Risikogesellschaft[54] (Schadstoffe, Kernenergie, Genmanipulation) um ein vielfaches verstärkt. Die Gefahren, die schon wenige beziehungsunfähige Menschen in

---

[54] Beck 1986

unserer technischen Welt durch ökonomische Entscheidungen produzieren können, sind nicht mehr überschaubar und schon längst nicht mehr kontrollierbar.

Die Beziehungsunfähigkeit, die auf Abwehrmechanismen und Herrschaftsstrukturen basiert, oder nach deMause die rückständigen Erziehungsmodi haben heute in den entsprechenden Positionen wesentlich größere und folgenschwere Auswirkungen. Eine einzige Entscheidung oder Handlung kann größere Schäden anrichten als je zuvor. Viele Menschen müssen also langfristig die ganze Last der ökologischen Katastrophe tragen, weil wenige Menschen (hauptsächlich Männer) in ihrer Beziehungsunfähigkeit an den Stellen der Macht sitzen, wo sie ökonomische Entscheidungen treffen können.

Nach wie vor übernimmt hauptsächlich der Vater die ökonomische Versorgung der Familie, während die Mutter immer noch die Hauptverantwortung für die Erziehung der Kinder hat.[55] Da die Aneignung von Beziehungsfähigkeiten durch die Auseinandersetzung mit einem Kind Zeit und Geduld braucht, wird sie somit weiterhin hauptsächlich von Frauen erlernt und weiterentwickelt. Den Vorsprung, den die Frauen in bezug auf die Beziehungsfähigkeit erreicht haben, lässt sich kaum von Männern einholen, die einer Vollzeitarbeit nachgehen. Nur im konkreten Einlassen auf die Beziehung zu einem Kind kann ein Erwachsener seine Beziehungsfähigkeit entscheidend weiterentwickeln. Aber dadurch, dass Väter immer noch in der Mehrheit in den Berufen außerhalb der Familie gebunden sind, können sie in der Regel diese notwendigen Erfahrungen nicht machen.

Durch die starke Trennung der gesellschaftlichen Bereiche Familie und Beruf lernen die Väter keine Verantwortung in zwischenmenschlichen Beziehungen und die Mütter können keine Verantwortung in politischen Entscheidungen übernehmen.[56]

Wie kann man nun das empathische Potential für ökologische, verantwortliche Entscheidungen nutzbar machen?

Es müssen noch mehr empathische Eltern-Kind-Beziehungen entstehen. Dazu müssen die Lebensgemeinschaften durch geeignete Mittel unterstützt

---

[55] Nave-Herz 1994, S. 53f
[56] Chodorow 1986; Overbeck 1994

werden. Aber ganz wesentlich ist, dass die Männer in die Beziehungsarbeit gehen und die Frauen in die Schlüsselpositionen der ökonomischen Macht kommen. Dies ist zum einen für die Männer schwer, weil sie sich einem neuen unkalkulierbaren Wagnis aussetzen müssen. Zum anderen haben es die Frauen schwer, weil sie gegen uralte Traditionen angehen müssen.

„Statt sich gegenseitig im Anspruch auf persönliche, politische und wirtschaftliche Macht zu bestärken, neigen viele Frauen zu einem kollektiven Selbstverständnis, wonach alle Opfer der Unterdrückung durch Männer bleiben sollen. Die eine soll bloß nicht die andere verletzen, indem sie besser, erfolgreicher, stärker ist."[57]

Nur durch eine gerechtere Verteilung der Erwerbsarbeit und der Erziehungsarbeit auf Väter und Mütter, durch Teilzeitarbeit für beide in Beruf und Familie kann auch die Beziehungsfähigkeit der Männer verbessert und damit die Sensibilität für ökologische Entscheidungen gefördert werden.

Wenn mehr Eltern durch diese Beziehungsarbeit zu einem verbesserten Erziehungsmodus gelangt sind, könnten sie politische und wirtschaftliche Entscheidungen treffen, die nicht nur auf ökonomischen Profitinteressen beruhen, sondern auch die komplexen ökologischen Faktoren berücksichtigen.

Es gibt sie bereits, die neue Verantwortlichkeit, doch sie muss noch mehr an Gewicht gewinnen, um entscheidend in die Strukturen eingreifen zu können.

Horst-Eberhard Richter zitiert zu dem Thema Verantwortung Hans Jonas: ‚Verantwortung ist die als Pflicht anerkannte Sorge um ein anderes Sein, die bei Bedrohung seiner Verletzlichkeit zur Besorgnis wird. (Prinzip Verantwortung)' und stellt in bezug auf die USA die Frage:

„Warum fällt es ausgerechnet der führenden Weltmacht so schwer, ihre besondere Verantwortung für anderes Sein wahrzunehmen? Warum verweigert ausgerechnet sie sich einer dringend gebotenen Konvention zur Umweltschonung?"

Er sieht in der Bewegung ‚attac' hoffnungsvolle Ansätze einer Verantwortung von unten.

---

[57] taz Nr. 6801 vom 16.7.2002, S. 10, (Kommentar), Elisa Klapheck: Frauen fehlt der Mut zur Macht

"Sie könnte sich auch „Gerechtigkeitsbewegung" nennen, denn ihre wichtigsten konkreten Ziele laufen auf die Eliminierung von Ungerechtigkeiten hinaus - wie durch Entschuldung der armen Länder, Umkrempelung des Welthandelsrechts, Ausschaltung der Steueroasen, Einführung einer Steuer auf Devisengeschäfte, Demokratisierung der internationalen Organisationen usw. (...)

Man mag sich verwundern, wie solche hochkomplexen und sinnenfernen Probleme eine Massenbewegung zu entfalten vermögen. (...)

Seit kurzer Zeit erweisen sozialpsychologische Erhebungen, dass der Egokult unter den Deutschen zusehends an Boden verliert. In den Selbstbildern der Menschen kommen lange vermisste soziale Bedürfnisse und Einstellungen wieder zum Vorschein: Verantwortung wird wieder groß geschrieben. Die Leute porträtieren sich im Durchschnitt rücksichtsvoller, fürsorglicher. Sie suchen vermehrt nähere Verbundenheit und stabile Beziehungen. Die anderen sind ihnen so wichtig wie seit langem nicht mehr.(...)

Da ist etwas von jenem Verpflichtungsgefühl aufgelebt, das Joseph Weizenbaum einmal benannt hat, als er schrieb, dass der Mensch sich nur dann als ganze Person und nicht bloß als Figur in einem Drama ansehen könne, das anonyme Mächte geschrieben haben, wenn er so handele, als hänge die Zukunft des Ganzen von ihm ab. Wird dieses Verantwortungsbewusstsein oder eine entsprechende Durchschlagskraft bei denen vermisst, denen entscheidende gesellschaftliche Gestaltungsaufgaben zugeteilt worden sind, dann lässt sich doch nur von Glück sagen, wenn eine Bewegung von unten Druck macht, die sich die „Sorge für anderes Sein" auf die Fahnen geschrieben hat."[58]

Politische Maßnahmen für die Unterstützung der Eltern-Kind-Beziehungen gehören zu den wichtigsten Investitionen für die Zukunft der Erde.

Denn nur in diesem intimen Bereich kann die Beziehungsfähigkeit gelernt werden, die zur Verantwortung für die Umwelt und zu ökologischen Entscheidungen führen.

Wenn der Beziehungsfähigkeit ein eigenständiger Wert zugewiesen wird, wenn die Wichtigkeit der Beziehungsarbeit politisch anerkannt ist, wenn sie erwünscht ist und materiell und ideell unterstützt wird, dann wird die Industrie auch bereit sein, Arbeitsplätze entsprechend zu gestalten und dann werden mehr Männer sich auf das aufregende Experiment einlassen.

Damit könnte die Beziehungsfähigkeit aller Familienmitglieder wachsen, die Verantwortung in bezug auf die Umwelt zunehmen, sich das Selbstver-

---

[58] taz Nr. 6697 vom 11.3.2002, S. 12, (Kommentar), Horst-Eberhard Richter: Verantwortung von unten

ständnis der Leistungsgesellschaft verändern und die Männer könnten auch aus der Beziehungsarbeit Befriedigung ziehen und sich gemeinsam mit den Frauen für eine lohnenswertere, lebenswertere Zukunft einsetzen.

Literaturverzeichnis

Amelang, Manfred; Krüger, Claudia: Mißhandlung von Kindern. Gewalt in einem sensiblen Bereich. Darmstadt: Wissenschaftliche Buchgesellschaft, 1995

Beck, Ulrich: Risikogesellschaft. Auf dem Weg in eine andere Moderne. Frankfurt a.M.: Suhrkamp, 1986

Benjamin, Jessica: Die Fesseln der Liebe: Psychoanalyse, Feminismus und das Problem der Macht. 2.Aufl. Basel, Frankfurt a.M.: Stroemfeld/Roter Stern, 1991

Bowlby, John: Mutterliebe und kindliche Entwicklung.
3.Aufl. München, Basel: E. Reinhardt, 1995

Chodorow, Nancy: Das Erbe der Mütter. 2. Aufl. München: Verlag Frauenoffensive, 1986

deMause, Lloyd: Grundlagen der Psychohistorie. Psychohistorische Schriften von Lloyd deMause Hrsg: Aurel Ende 1.Aufl. Frankfurt a.M.: Suhrkamp, 1989

deMause, Lloyd [Hrsg.]: Hört ihr die Kinder weinen: Eine psychogenetische Geschichte der Kindheit. 7. Aufl Frankfurt a.M.: Suhrkamp, 1992.

Dost, Bernd: Was Kinder krank macht. Manuskript zur Sendereihe des Bayerischen Rundfunks. München: TR-Verlagsunion GmbH, 1995

Eckensberger, Lutz H.; Sieloff, Ulrike; u.a.: Psychologische Analyse eines Ökonomie-Ökologie-Konflikts in einer saarländischen Region: Kohlekraftwerk Bexbach In: Umwelt und Verhalten: Perspektiven und Ergebnisse ökopsychologischer Forschung. Hrsg: K. Pawlik, K. H. Stapf.
Bern, Göttingen, Toronto, Seattle: Huber, 1992

Ernst, Andrea; Stampfel, Sabine: Kinderreport. Wie Kinder in Deutschland leben.
Köln: Kiepenheuer und Witsch, 1991

Hurrelmann, Klaus: Einführung in die Sozialisationstheorie: Über den Zusammenhang von Sozialstruktur und Persönlichkeit 5., überarb. und erg. Aufl. Weinheim, Basel: Beltz, 1995

Jungjohann, Eugen: Kinder klagen an. Angst, Leid und Gewalt. 9. - 12. Tausend,
Frankfurt a.M.: Fischer 1992

Mahler, Margaret S.; Pine, Fred; Bergmann, Anni: Die psychische Geburt des Menschen. Symbiose und Individuation - Die Entwicklung des Kindes aus neuer Sicht, 68. -71. Tausend, Frankfurt a.M.: Fischer, März 1993

Mahler, Margaret S.: Studien über die drei ersten Lebensjahre. Frankfurt a.M.: Fischer, 1992

Nave-Herz, Rosemarie: Familie heute. Wandel der Familienstrukturen und Folgen für die Erziehung. Darmstadt: Wissenschaftliche Buchgesellschaft, 1994

Nyssen, Friedhelm (Hg): Zur Diskussion über die Kindergrippe. Mit Beiträgen von Brigitte Kühn, Friedhelm Nyssen und Patricia Szogas. Frankfurt a.M., Bern, New York, Paris: Lang 1991 (Europäische Hochschulschriften: Reihe 11, Pädagogik; Bd. 466)

Overbeck, Annegret: Die psychische Geburt des Menschen im Kontext sozialer Beziehungen. In: Overbeck: Psychosoziale Entwicklung in der Familie: Interaktionsstrukturen und Sozialisation; Studienmaterialien. 2. Aufl. Eschborn: Klotz, 1994

Pawlik, Kurt; Stapf, Kurt H.: Ökologische Psychologie: Entwicklung, Perspektive und Aufbau eines Forschungsprogramms. In: Umwelt und Verhalten: Perspektiven und Ergebnisse ökopsychologischer Forschung. Hrsg: K. Pawlik, K. H. Stapf. Bern, Göttingen, Toronto, Seattle: Huber, 1992

Piaget, Jean: Meine Theorie der geistigen Entwicklung. 9. - 19. Tausend Frankfurt a.M.: Fischer, Juni 1991

Postman, Neil: Das Verschwinden der Kindheit. 140.-146. Tausend,
Frankfurt a.M.: Fischer, Juni 1995

Richter, Horst-Eberhard: Das Ende der Egomanie. Krise des westlichen Bewusstseins.
Köln: Kiepenheuer & Witsch, 2002

Schrader, Christopher: 'Soziales Ozonloch'. In: Spiegel-Spezial 'Kinder Kinder'. Nr.9, 1995

Spada, Hans; Ernst, Andreas M.: Wissen, Ziele und Verhalten in einem ökologisch-sozialen Dilemma. In: Umwelt und Verhalten: Perspektiven und Ergebnisse ökopsychologischer Forschung. Hrsg: K. Pawlik, K. H. Stapf.
Bern, Göttingen, Toronto, Seattle: Huber, 1992

Tyrell, Hartmann: Familie und gesellschaftliche Differenzierung. In: Pross,Helge (Hg.): Familie - wohin? Leistungen, Leistungsdefizite und Leistungswandlungen der Familien in hochindustrialisierten Gesellschaften.
Reinbek bei Hamburg: Rowohlt Verlag, 1979

Wilken, Hedwig: „Die verrückte Wirklichkeit. Kinder vor dem Fernseher.
In: Kindergarten heute, Heft 5, 1993

Winnicott, Donald W.: Vom Spiel zur Kreativität. 7. Aufl. Stuttgart: Klett-Cotta, 1993

Verschiedene Artikel der Tageszeitung taz

Psychogenetische Theorie und außerfamiliale Kleinstkinderziehung.

Heide Kallert

Beiträge der psychogenetischen „Geschichte der Kindheit" zu historischen und aktuellen Diskursen über die Betreuung von Kleinkindern in Kinderkrippen und Krabbelstuben.

Einleitung: Anlässe zur Beschäftigung mit der Psychogenese der Kindheit
1. Der Topos „Notlage" der Eltern und des Kindes im historischen Diskurs über Einrichtungen frühkindlicher Erziehung und der Modus der „Weggabe" nach deMause
2. Der streitbare Diskurs um die institutionalisierte Kleinkinderziehung – „Rabenmütter" und „Mütter, die nicht abgeben können" – und die Perspektive der „Empathie" in der Eltern-Kind-Beziehung nach deMause
3. Der Topos „Angst" im aktuellen Diskurs über Bindung und Trennung beim Eintritt des kleinen Kindes in eine Betreuungseinrichtung und die Möglichkeit der „zweiten Angstbearbeitung" nach deMause

Ausblick: Psychoanalytische Konzepte zur Elternschaft als Chance für die Persönlichkeitsentwicklung und der Gedanke der fortschreitenden Entwicklung der Eltern-Kind-Beziehung nach deMause

Einleitung

In dem folgenden Beitrag wird vor allem die Rezeption einzelner Elemente der psychogenetischen Geschichte der Kindheit zur Sprache kommen. Wie bei jeder Rezeption von Theorien, Teilen einer Theorie oder gar nur einiger griffiger Benennungen daraus kann das Rezipierte zum einen Anregungen zu einer neuen oder bisher vernachlässigten Sichtweise vermitteln, es kann aber auch dazu gebraucht werden, die eigene Position bei strittigen Fragen in Auseinandersetzungen zu stützen und sich dadurch der Mühe von Begründungen zu entziehen. In diesem Beitrag geht es vor allem um Beispiele der ersten Art; in dem gesamten vorliegenden Band und in mehreren Beiträgen der übrigen Autoren wird in präziser Auseinandersetzung mit den Theorien von deMause aber auch gezeigt, weshalb diese gegen eine teilweise Rezeption und gegen die Übernahme von Begriffen ohne ihren Kontext, also gegen einen Gebrauch der zweiten Art, besonders wenig gefeit zu sein scheinen.

Es waren vor allem zwei persönliche Erfahrungen, die den Anlaß gaben, mich näher mit der psychogenetischen Geschichte der Kindheit und mit deren Rezeption zu beschäftigen. Die erste Erfahrung betrifft Inhalte in meinem universitären Arbeitsbereich „Familiale und öffentliche Kleinkinderziehung", die andere betrifft Beobachtungen in der Zusammenarbeit mit Studierenden.

Wer sich wissenschaftlich oder praktisch damit befaßt, familienergänzende Kleinkinderziehung zu fördern und günstige Bedingungen für Kinder, Eltern und Erzieherinnen zu entwickeln, sieht sich bis in die jüngste Zeit einer grundlegenden Kontroverse gegenüber, in welcher er oder sie immer wieder Position beziehen und je nachdem bewertet werden soll. Auf der einen Seite argumentieren die grundsätzlichen Gegner außerfamilialer Kleinkinderziehung vom Wohl des Kindes aus, von der notwendigen Befriedigung seiner elementaren Bedürfnisse, die nur in der (eigenen) Familie möglich sei. Auf der anderen Seite nehmen die Befürworter eine Art systemische Perspektive ein und versuchen, Wege zu finden, den Interessen und Belangen aller Beteiligten in der jeweiligen Lebenssituation gerecht zu werden. Bei der „Kindeswohl"-Position wird den Eltern – d.h. vor allem den Müttern - die Verpflichtung zugeschrieben, jederzeit für die Bedürfnisbefriedigung ihres kleinen Kindes verfügbar zu sein; befolgen sie diese Verpflichtung nicht, so laden sie schwere Schuld in Hinsicht auf Entwicklungsschäden des Kindes auf sich; mögliche andere Interessen haben in den ersten Lebensjahren des Kindes zurückzustehen. Gegenüber dieser Argumentation geraten Vertreter/innen der „systemischen" Position in einen Rechtfertigungszwang, weil sie selbstverständlich die Bedürfnisse des Kleinkindes in vollem Umfang berücksichtigen wollen und dafür alternative Wege vorschlagen, welche die qualitativ gute zeitweise Betreuung des Kindes außerhalb der Familie mit einschließen. Leicht geschieht es, die Position der psychogenetischen „Geschichte der Kindheit" in unmittelbare Nähe der „Kindeswohl"-Position zu rücken und als Vorwurf zu formulieren, Eltern, die ihr Kleinkind in einer Einrichtung „fremdbetreuen" ließen, gingen mit ihrem Kind nach dem „Modus der Weggabe" um. Bei genauerem Hinsehen kann der Gedanke von deMause, in der Gegenwart bestehe eine Tendenz zu mehr Empathie von Eltern im Umgang mit ihren Kindern, aber auch eine neue, zusätzliche Perspektive im Blick auf die skizzierte Kontroverse eröffnen, dann nämlich, wenn der Blick auf die Eltern gerichtet wird: Bei der „Kindeswohl"-Position erscheint die Mutter als Garantin einer positiven Entwicklung des kleinen Kindes und sie macht sich schwerer Versäumnisse schuldig, wenn sie in dessen ersten Lebensjahren nicht ständig für das Kind verfügbar ist. Dabei wird vorausgesetzt, die Mutter empfinde nur positive Gefühle, wenn sie ihrer Verpflichtung nachkommt, Ambivalenzen werden als Abweichung von der „Normalität" bewertet. Die Gegenposition, die eine systemische Sichtweise bevorzugt, betont zwar die Interessen der Beteiligten, ihre Lebensbedingungen und Lebensentwürfe, sie hat aber die Tendenz, Gefühle und Emotionen zu vernachlässigen. Demgegenüber richtet die psychogenetische „Geschichte der Kindheit" stets und ausschließlich den Blick auf die Eltern-Kind-Beziehung und ermöglicht m.E. eine wesentliche Ergänzung dadurch, daß sie die Emotionalität auf seiten der Eltern sozusagen gleichwertig mit den Bedürfnissen des Kleinkindes in den Mittelpunkt der Betrachtung rückt.

Die zweite Erfahrung entstammt Beobachtungen in Gesprächssituationen mit Studierenden, wenn sie erwähnten, innerhalb ihres Studiums hätte die Geschichte der Kindheit von Lloyd deMause einen besonders hohen Stellenwert. Sie belegten diese Einschätzung durch genaue Kenntnis des Ansatzes und vieler Einzelheiten. Es machte mich nachdenklich, denn nicht selten waren es depressiv wirkende junge Menschen, und ich stellte mir die Frage, weshalb gerade sie sich ausführlich mit all den grauenvollen Kinderschicksalen beschäftigten, die Lloyd deMause den geschichtlichen Quellen entnimmt. Welche Deutungen die Psychoanalyse auch immer als Antwort auf diese Frage vielleicht bereit hätte, im Gespräch zeigte sich bezüglich der Attraktivität der psychogenetischen „Geschichte der Kindheit" ein weiterer Aspekt: Die jungen Menschen, die unter traumatischen Erfahrungen aus der eigenen Kindheit litten, schöpften Hoffnung aus der nach deMause fortschreitenden Entwicklung der Eltern-Kind-Beziehung, die Hoffnung, ihnen selbst werde es möglich sein, empathischer auf ihre künftigen eigenen Kinder einzugehen, als sie es selbst als Kind erlebten. Sie fanden in der psychogenetischen „Geschichte der Kindheit" den Entwurf einer Gegenthese gegen die traditionelle psychoanalytische Theorie, gemäß der Eltern weitergeben, was ihnen selbst als Kind angetan wurde.

Im folgenden skizziere ich, in welchen Bereichen der Diskurs über die Betreuung von Kleinkindern in familienergänzenden Einrichtungen gewinnen könnte durch Anregungen, welche die psychogenetische „Geschichte der Kindheit" bietet. Dabei wird auch deutlich werden, wo – im Hinblick auf die Rahmenbedingungen öffentlicher Kleinstkinderziehung – die Grenzen dieses Ansatzes liegen.

1.
Die Geschichte der öffentlichen Kleinkinderziehung geht bis zu den am Anfang des 19. Jahrhunderts gegründeten Kleinkinderbewahranstalten zurück, als zu Beginn der Industrialisierung alle Mitglieder von Familien der niederen sozialen Schichten in die Fabrik zur Arbeit gehen mußten, nämlich die Väter, die Mütter und die älteren Geschwister, d.h. alle, die sich um Kleinkinder hätten kümmern können. Aus heutiger Sicht erscheint es selbstverständlich, daß Säuglinge und Kleinkinder nicht von den Eltern mit in die Fabrik genommen werden können – damals war das nicht selbstverständlich, denn bei der Feld- oder der frühindustriellen Heimarbeit waren die Kleinsten auch stets anwesend. Kleinkinder, die gerade erst unsicher laufen oder krabbeln konnten, bewegten sich nicht selten zwischen den Maschinen, allzu häufig kam es dabei zu schweren Unfällen. Deshalb – so wird berichtet

– wurde von den staatlich eingesetzten „Fabrikinspektoren" diese Praxis untersagt und den Unternehmern nahegelegt, Einrichtungen für die kleinen Kinder ihrer Arbeiterinnen zu schaffen oder bereits vorhandene Einrichtungen zu fördern. Sobald das geschehen war, wurden die Arbeiterinnen verpflichtet, bei Arbeitsaufnahme eine Unterbringung für ihre Kleinkinder nachzuweisen oder sie der unternehmenseigenen Einrichtung anzuvertrauen.

An diesem historisch frühen Beispiel lassen sich die durch unterschiedliche Begriffe bezeichneten Sichtweisen gut zeigen: Vertreter der „Kindeswohl"-Position sprachen stets von „Hilfe" für die Eltern in ihrer Notlage und von „Rettung" der Kleinkinder aus physischer und psychischer Gefahr. Die betroffenen Eltern könnten die genannten Regelungen als „Wegnahme" ihrer Kinder empfunden haben und als Teil des Zwangs zur Pünktlichkeit und Stetigkeit bei der Arbeit, welche die neuen Bedingungen in der Fabrik ihnen auferlegten. Der Eindruck, es handele sich um die „Wegnahme" der Kinder erscheint umso zutreffender, wenn die eigens für kleine Kinder geschaffenen Einrichtungen in die Betrachtung einbezogen werden. Bildliche Darstellungen veranschaulichen, wie die Vorstellung, frühe Disziplinierung schaffe die geeigneten sozialisatorischen Voraussetzungen für die spätere industrielle Arbeit, die Pädagogik der Kinderbewahranstalten des 19. Jahrhunderts bestimmte.

Die Rede vom „Modus der Weggabe", welche die „Geschichte der Kindheit" auch für diesen historischen Fall des elterlichen Umgangs mit ihrem Kind verwenden würde, ist dann verständlich, wenn deutlich bleibt, daß es deMause bei den Bezeichnungen des sich in der Geschichte wandelnden elterlichen Umgangs stets und ausschließlich um die Folgen für die Eltern-Kind-Beziehung geht und nicht um die Frage nach Akteuren oder Intentionen. Sie kann dazu anregen, die Sicht auf heutige elterliche „Notlagen", als die bisher einzige allgemein akzeptierte Rechtfertigung, ein Kleinkind in außerfamiliale Betreuung zu geben, neu zu überdenken. Ist es angemessen, zwischen erzwungener und gewünschter Erwerbstätigkeit strikt zu unterscheiden? Weisen die merkbaren Ambivalenzen junger Mütter darauf hin, daß auch diejenigen, die sich bald nach der Geburt ihres Kindes aus freien Stücken für die Wiederaufnahme ihrer Berufstätigkeit entscheiden, dies zu einem Teil als Zwang und die daraus folgende Lebenssituation als Notlage empfinden?

Abbildungen aus Zeber, J. (2000) S. 137

Abbildung A1   Kleinkinderschule Schultheiss Brauerei Abt. I

Abbildung A2   Kleinkinderschule Schultheiss Brauerei Abt. I

Abbildungen aus Zeber, J. (2000) S. 138

Abbildung A3   Kleinkinderschule Schultheiss Brauerei Abt. II/Berlin

Abbildung A4   Kleinkinderschule Firma Henschel & Sohn/Kassel

Bei der an solche Fragen sich anschließenden Aufgabe, die heute existierenden Bedingungen von Erwerbsarbeit und beruflicher Entwicklung zu analysieren und gegebenenfalls zu verändern, zeigt sich jedoch die Begrenzung des Ansatzes durch seine Fokussierung auf das psychische Erleben der Menschen.

2.

Auf den streitbaren Diskurs zwischen Vertretern der „Kindeswohl"-Position und Vertretern einer „systemischen" Perspektive wurde einleitend bereits hingewiesen. Mit den Müttern gehen beide tendenziell sehr kritisch um. Frauen, die ihr Kind „freiwillig" in eine familienergänzende Betreuungseinrichtung geben, werden von der „Kindeswohl"-Position in landläufiger Rede als „Rabenmütter" bezeichnet, was vielen schwer zu schaffen macht, worüber sie aber entschlossen sind, sich hinwegzusetzen, wenn sie eine gute Betreuung für ihr Kind gefunden haben, zum Beispiel in einer Kinderkrippe von guter pädagogischer Qualität. Mütter treffen dort auf engagierte Mitarbeiterinnen, die sich gegen alle gesellschaftlichen Vorbehalte ein positives berufliches Selbstverständnis erarbeitet haben, welches eine „systemische" Sicht zum Inhalt hat. Ihre Arbeit soll dem Wohl der betreuten Kinder dienen und gleichzeitig deren Müttern/Eltern ermöglichen, zeitweilig anderen Tätigkeiten – Beruf, Ausbildung oder was immer es sei – nachzugehen. Eine Grundlage für diese Sicht bildet die Erkenntnis, ein Kind werde am besten gedeihen, wenn die Mutter mit ihrer gesamten Lebenssituation zufrieden ist und ihr Partner sie nach seinen Möglichkeiten bei der Verwirklichung ihres Lebensentwurfs unterstützt. Die Mitarbeiterinnen haben dabei das Kind, die Mutter, weitere Familienmitglieder und das gesamte Lebensumfeld im Blick. Trotz dieser gedachten positiven Voraussetzungen zeigen viele Mütter zu Beginn der Betreuung und vielleicht auch über längere Zeit, daß ihnen die Trennung vom Kind schwerfällt, und alsbald erfolgen neue Zuschreibungen: Die Mutter könne ihre Schuldgefühle nicht überwinden, sie klammere am Kind oder sie könne es nicht ertragen, wenn das Kind sich bei der Erzieherin und mit den anderen Kindern wohlfühle. Eine für das Kind schwer zu ertragende Rivalität zwischen der Mutter und der Erzieherin ist häufig die Folge.

Angesichts solcher Konflikte kann m.E. die psychogenetische „Geschichte der Kindheit" eine Perspektive beitragen, die einen verständnisvolleren Umgang unter den Beteiligten ermöglicht. Denn sie lehrt, die Traurigkeit von Eltern (Müttern) über die frühe Trennung von ihrem Kind als eine Fähigkeit zu sehen, die im Lauf der Geschichte erst erworben werden mußte und die eine Voraussetzung für den heute möglichen empathischeren Umgang mit Kindern darstellt. Sie lehrt auch zu sehen, daß es eine Trauer von Eltern wegen der Unmöglichkeit, die – folgt man deMause – „emotional reifere" Variante des Umgangs mit dem eigenen Kind zu leben, geben kann, die nicht als Unfähigkeit, das Kind loszulassen, verstanden werden muß.

Ob sich daraus ein neuer Konsens auch nur unter den unmittelbar Beteiligten bilden wird, erscheint allerdings fraglich, denn zu bedenken ist die gesellschaftliche Funktion, die der Aufrechterhaltung mütterlicher Schuldgefühle zukommt: Sie ermöglicht, in Zeiten hoher Arbeitslosigkeit, die Mütter kleiner Kinder zum Verzicht auf Erwerbsarbeit zu motivieren, und sie trug dazu bei, – zumindest in den westlichen Ländern der Bundesrepublik - den Ausbau öffentlicher Kleinkindbetreuungseinrichtungen bisher quantitativ und qualitativ eng zu begrenzen.

3.

Den wohl wichtigsten Beitrag leistet die psychogenetische „Geschichte der Kindheit" zum Thema „Angst". „Angst" ist ein zentraler Topos in den Argumentationen der „Kindeswohl"-Position, gemeint ist die Angst des Kindes. Das Verhalten des Säuglings, so lehrt die traditionelle Entwicklungspsychologie, sei in den ersten Lebensmonaten vorwiegend durch zwei Bedürfnisbereiche bestimmt: „Sättigung und Hunger" sowie „individuelle Bindung und Angst". Es liege in der Verantwortlichkeit der Mutter zu verhindern, daß das kleine Kind in Angst gerät, denn Angst ist ein starkes Entwicklungshemmnis. Auf die familienergänzende Betreuung bezogen gelte: Die täglichen gleichzeitigen Wechsel von Bezugspersonen und Lebensumgebung bergen in sich die Gefahr von Trennungsschocks und Verlassenheitsängsten.

Diese Argumente und weitere Erkenntnisse der Bindungstheorie sowie der Wunsch, die kindlichen Ängste soweit wie möglich zu mindern, führten in der Krippenerziehung zur Entwicklung sensibler Eingewöhnungskonzep-

te. Diese sollen gewährleisten, daß in Anwesenheit und unter dem Schutz der Mutter oder einer anderen vertrauten Bezugsperson das Kind ganz allmählich im Verlauf von ein, zwei oder mehr Wochen eine neue, zusätzliche Bindung zu einer Erzieherin in der Einrichtung aufbauen kann, die ihm ermöglicht, ohne Angst die täglichen Wechsel zu bewältigen.
Die psychogenetische „Geschichte der Kindheit" gewährt eine andere Perspektive auf das Thema „Angst", indem sie den Blick auf die Ängste der Eltern lenkt. deMause sieht in deren Bearbeitung geradezu den Motor für die evolutionäre Entwicklung der Eltern-Kind-Beziehungen über die Generationen hinweg, die für ihn „eine eigenständige Quelle historischer Veränderung" darstellt: „Der Ursprung dieser Evolution liegt in der Fähigkeit aufeinanderfolgender Generationen von Eltern, auf das psychische Alter ihrer Kinder zu regredieren und die Ängste dieses Alters, wenn sie ihnen das zweite Mal begegnen, besser durchzuarbeiten, als in ihrer eigenen Kindheit."(deMause 2000, S. 18). Die Einsichten der Psychogenese könnten anregen, die „Eingewöhnung" und darüber hinaus das Zusammenleben in der Einrichtung so zu gestalten, daß den Eltern die „zweite Angstbearbeitung" ermöglicht wird. Friedhelm Nyssen (1991) sieht in seiner Auseinandersetzung mit der „Diskussion um die Kinderkrippe" Bedingungen dafür am ehesten in einer Einrichtung gegeben, in der ein hohes Maß an Elternbeteiligung gewährleistet ist, also etwa in den Krabbelstuben, die von einer Elterngruppe selbst gegründet werden.

Nyssen fragt darüber hinaus, welche Bedingungen geeignet sind, damit Erzieherinnen in ihrer Arbeit mit Kleinkindern die Möglichkeit der „zweiten Angstbearbeitung" finden. (vgl. Nyssen 1991, S. 121ff.). Ein eindrucksvolles Beispiel dafür wurde kürzlich aus einem Projekt zur Betreuung von Kindern unter einem Jahr berichtet. Für die Eingewöhnung der Kinder im zweiten Lebenshalbjahr habe sich dort ein ganz besonderes Setting bewährt: Mit den Eltern wird die Vereinbarung getroffen, daß die Mutter oder der Vater sich zehn Arbeitstage Zeit dafür nehmen. In der Einrichtung erhält eine Erzieherin die spezifische Aufgabe, neue Bindungsperson für das Kleinstkind zu werden; um die übrigen Kinder der Gruppe kümmert sich die Kollegin. An den ersten drei Tagen verbringen Mutter und Kleinkind nur eine knappe Stunde in der Krippe. Nach ihrer Ankunft zu der vereinbarten Zeit, die sich nach dem Tagesrhythmus des Kindes richtet, und nach der freundlichen

Begrüßung durch die Mitarbeiterin setzen sich Mutter, Kind und Erzieherin im Dreieck auf den Fußboden. Die Mutter ist instruiert, dem Kind keine Spielangebote zu machen, damit es frei ist, sich zu der Erzieherin oder zu den anderen Kindern hin zu bewegen. Die Mutter darf und soll das Kind trösten, wenn es Trost oder Hilfe verlangt, soll es dann aber wieder loslassen. Erst am vierten Tag erfolgt die erste kurze Trennung, bei der die Mutter nach einer deutlichen Verabschiedung vom Kind sich in einen anderen Raum begibt, wo sie jederzeit erreichbar ist. Die Trennungszeiten werden an den folgenden Tagen ganz behutsam gesteigert, ebenso die Zeiten der Anwesenheit des Kindes in der Krippe. In der zweiten Woche spielt das „Dreieck" aus Mutter – Kind – Erzieherin eine abnehmende Rolle, das Kind erlebt weitere Situationen in der Kindergruppe und im Tagesablauf der Einrichtung, vor allem übernimmt die Bezugserzieherin auch Pflegehandlungen beim Füttern und Wickeln. Läßt das Kind sich in irgendeiner der erreichten Phasen nicht von der Erzieherin trösten, so wird evtl. noch einmal zur vorherigen Phase zurückgekehrt und die Eingewöhnungszeit insgesamt verlängert.

Vor dem inneren Auge erscheint bei dieser Schilderung die Vorstellung, daß hier neben der Mutter auch die Erzieherin die Gelegenheit zu einer „zweiten Angstbearbeitung" erhält und wahrnimmt. Beide Erwachsenen setzen sich mit dem Kind auf den Fußboden, d.h. sie werden klein wie das Baby. Sie haben ein schützendes Setting verabredet, welches verhindert, daß sie selbst und das Kind von Emotionen überschwemmt werden. Und es gibt jederzeit die Möglichkeit zur Wiederholung, zur Rückkehr auf die vorangegangene Stufe, wenn Bindungsaufbau und Interaktion nicht gelingen.

Doch die vom Träger der Einrichtung gesetzten Rahmenbedingungen lassen nur eine begrenzte Zeit für die Eingewöhnung zu und schon diese ist in Regeleinrichtungen bei angespannter Personalsituation, z.B. wegen unvorhersehbarer Krankheits- oder Urlaubsfälle, kaum zu garantieren. Die Frage bleibt offen, wie – neben dem Kind – die Mutter und die Erzieherin im Anschluß an die besondere Zeit der Eingewöhnung das Maß an Unterstützung erhalten können, das sie für einen kontinuierlichen Prozeß der „zweiten Angstbearbeitung" brauchen würden.

Ausblick

DeMause fügt dem zuvor zitierten Satz über die Evolution der Eltern-Kind-Beziehung die Bemerkung an: „Der Vorgang ist ähnlich dem der Psychoanalyse, der ebenfalls Regression und eine zweite Chance beinhaltet, sich Kindheitsängsten zu stellen." (deMause 2000, S. 18)

Vor dem Hintergrund der hier geäußerten Überzeugung von deMause sollen im folgenden die Ansätze zweier psychoanalytischer Autorinnen, Therese Benedek und Francoise Dolto, betrachtet werden, da diese ebenfalls Möglichkeiten aufzeigen, die Elternschaft selbst – und nicht erst die psychoanalytische Therapie – als Entwicklungschance zu begreifen. Durch sie erhalten wir konkretere Vorstellungen von den psychodynamischen Prozessen und von den Settings, die solche Prozesse begünstigen.

Therese Benedek kritisiert an der traditionellen Psychoanalyse, „die genetische Theorie (schließe) den psychodynamischen Prozeß der Fortpflanzung und Elternschaft als Antrieb für weitere Entwicklung nicht ein". (Benedek 1960, S. 35) Dabei seien in der Elternschaft dieselben Primärprozesse im geistigen Wachstum und in der Entwicklung wirksam wie in der frühen Kindheit. In ihrer Beschreibung und Deutung stellt sie – wie deMause das für die jüngste Phase der Evolution der Eltern-Kind-Beziehung tut – das Phänomen der Empathie für die kindlichen Bedürfnisse in den Vordergrund: „Die Empathie der Mutter für das Kind besitzt ihren Ursprung in den Erfahrungen der eigenen frühen Kindheit, die durch die Emotionen der Mutterschaft von neuem belebt werden. Durch die befriedigenden Erfahrungen des Mutterseins, die von einem gedeihenden Kind gefestigt und gestützt werden, wird das Vertrauen der Mutter in ihre Mütterlichkeit erhöht ... Da Mütterlichkeit die Wiederholung und das Verarbeiten von primären oralen Konflikten mit der eigenen Mutter mit sich bringt, so erlaubt der gesunde, normale Prozeß des Mutterseins die Lösung der genannten Konflikte, d.h. erlaubt die innere ‚Versöhnung' mit der Mutter." (Benedek 1960, S. 41) Im Fall des „negativen Gleichgewichtes" dieses Austauschs kann der Prozeß auch mißlingen.

In zweifacher Form taucht das Thema „Angst" der Mutter in der Beschreibung auf, als aktuelle Angst, in ihrer Mütterlichkeit zu versagen, und als wiederbelebte Angst aus den erinnerten Konflikten mit der eigenen Mutter. Die „Angstbearbeitung" ist für die Mutter eines kleinen Kindes dann erfolgreich, wenn die Konflikte mit dem eigenen Kind, die natürlicherweise ebenfalls entstehen, eine positive Lösung finden und wenn die Mutter dadurch und durch das sichtbare Gedeihen des Kindes einem Teil ihres Ichideals nahekommt, nämlich dem Wunsch, eine gute Mutter zu sein, so daß in der Folge ihr Selbstgefühl nicht nur als Mutter, sondern auch im allgemeinen gestärkt wird.

In Therese Benedeks Analyse spielt die biologische Grundlage der Beziehung zum Kind in der Elternschaft eine wichtige Rolle. Nimmt man jedoch die Beschreibung für sich, so sind m.E. vergleichbare psychodynamische Prozesse unter positiven Bedingungen in der Kinderkrippe als Erfahrung der Erzieherin ebenfalls möglich, wenn sie sich reflexiv dessen bewußt wird, daß ihr in dem Kleinkind zugleich das Kind begegnet, das sie selbst einst war.

Francoise Dolto, die als Kinderärztin und Psychoanalytikerin in Frankreich tätig war, begründete dort eine Einrichtung, die ‚Maison Verte', für Mütter, evtl. auch Väter und deren unter-dreijährige Kinder, die es inzwischen in ähnlicher Form in zahlreichen französischen Städten gibt. Ausgangspunkt für Francoise Dolto ist eine Schwierigkeit, mit der sie jede Mutter-Kind-Beziehung behaftet sieht, nämlich die Trennungsproblematik. Da diese sowohl das Kind als auch die Mutter betrifft, schuf sie mit der ‚Maison Verte' eine Institution, die sie gemeinsam besuchen, um dort beide so stabilisiert zu werden, daß sie spätere Trennungen gut bestehen können.

Der Grundgedanke ist, daß „ein Kind dann die Trennung von der Mutter verkraftet und sich in einer neuen Umgebung wohlfühlen kann, wenn es die Mutter weiterhin und überall hin symbolisch in sich tragen kann" (Maier-Höfer 2002, S. 2). Das „symbolisch in sich tragen" wird dadurch ermöglicht, daß die Mutter dem Kind zuvor „Worte gibt, die bezeichnen, was es beim Berühren empfindet...All diese Worte bewirken, daß das Kind sie, wenn die Mutter nicht da ist, wiedererinnert und versucht, die Töne, die sie begleiten zu wiederholen. Und daß es sich auch im Handeln üben kann, wie sie es mit den kleinen Objekten ihres gemeinsamen Lebens tut..." (Dolto 1987, S. 92f.) Für die Mutter und das Kind wird damit ein Außen, etwas „außer" dem Körper der Mutter geschaffen, und über dieses Dritte draußen gelingt es, daß das Kind die Beziehung zu seiner Mutter in sich und nach außen handelnd festhält. Die Mutter aber muß es zulassen, daß das Kind sich eine Symbolwelt für seine Gefühle schafft. Dies erinnert sie vielleicht an ihre eigene Trennung, an ihre eigene Beziehung zu ihren Eltern und das ist für die Mutter oftmals nicht leicht zu ertragen; sie bedarf der Unterstützung, die ihr angeboten wird. Denn die Bedeutung des Dritten, dieses „außerhalb der Körper-an-Körper-Beziehung" zwischen Mutter und Kind ist die Grundlage der Strukturen der ‚Maison Verte'. (vgl. Maier-Höfer 2002, S. 3) Nur einige wesentliche Momente können hier genannt werden: Die anderen Menschen – Mitarbeiter/innen und Besucher/innen – um Mutter und Kind herum sind wohlwollend, begeben sich nicht in eine Rivalität zur Mutter und nehmen nicht eine Haltung von Besserwissen und Bewertung ein. Die Mutter erfährt Solidarität, die das Kind spürt. Darüber hinaus sind Räume, Regeln, der Name des Kindes, der beim Eintritt an eine Tafel geschrieben wird als ein Symbol seiner Existenz in der sozialen Gemeinschaft, und die Art des Sprechens in der ‚Maison Verte' von Bedeutung. Ungewohnt für viele Betrachter sind die großen Fenster, die ermöglichen, daß die Kinder das Leben draußen auf der Straße beobachten, aber auch, daß Menschen von außen, die nicht Besucher sind, wahrnehmen können, was innen vor sich geht, d.h. diese „Schaufenster" symbolisieren die Verbindung zur Umgebung und zur Öffentlichkeit.

Die Konzepte der beiden psychoanalytischen Autorinnen verbindet mit den Theorien von deMause eine optimistische Sicht der Entwicklungsmöglichkeiten in der Eltern-Kind-Beziehung. Für alle drei spielen die Prozesse der Regression, der Wiederbelebung früher Konflikte und Ängste, sowie schließlich deren erneute Bearbeitung eine zentrale Rolle. Für den Kontext dieses Beitrags kommt dem Ansatz von Dolto besondere Bedeutung zu, weil sie die Wichtigkeit des öffentlichen Raums für die Bearbeitung der Trennung und der damit verbundenen Ängste hervorhebt. Mit der ‚Maison Verte' schafft sie einen Übergang zur öffentlichen Kinderbetreuung und ermöglicht m.E. eine Vorstellung davon, wie die intimen Prozesse zwischen Eltern und Kind der solidarischen Begleitung in einem geschützten Rahmen bedürfen und unter günstigen Bedingungen dann die gesellschaftliche Relevanz erhalten können, die deMause ihnen zuschreibt.

Literatur

Benedek, Th. (1960): Elternschaft als Entwicklungsphase. Ein Beitrag zur Libidotheorie. In: Jahrbuch der Psychoanalyse. S. 35-61

Deutsches Jugendinstitut (Hrsg.) (1998): Tageseinrichtungen für Kinder. Pluralisierung von Angeboten. Zahlenspiegel. München.

Dolto, F. (1989): Mein Leben auf der Seite der Kinder. München.

Dolto, F. (1987): Das unbewußte Bild des Körpers. Weinheim, Berlin.

Fuchs, D. (Hrsg.) (1995): Das Tor zur Welt. Krippenerziehung in der Diskussion. Freiburg.

Göppel, R. (1999): Die Bedeutung der frühen Erfahrungen oder: Wie entscheidend ist die frühe Kindheit für das spätere Leben? In: Jahrbuch für Psychoanalytische Pädagogik. 10. S. 15-36.

Laewen, H.J./Andres, B./Hedervari, E. (2000): Die ersten Tage in der Krippe: Ein Modell zur Gestaltung der Eingewöhnungssituation. 3., erw. Aufl. Neuwied, Berlin.

DeMause, L. (2000): Was ist Psychohistorie? Eine Grundlegung. Hrsg. von Boelderl, A.R. und Janus, L. Gießen.

Maier-Höfer, C. (2002): Ein Modell der Betreuung von Kindern unter einem Jahr in Frankreich „Maison Verte". Manuskript des Vortrags beim Fachtag „Babys wachsen gemeinsam auf – Familienbegleitende Betreuung von Kindern unter einem Jahr" in Frankfurt am Main am 5.9.2002.

Netzwerk der Europäischen Kommission für Kinderbetreuung (1992): Die Frage der Qualität in Kinderbetreuungseinrichtungen. Ein Diskussionspapier. Brüssel.

Nyssen, F. (Hrsg.) (1991): Zur Diskussion über die Kinderkrippe. Frankfurt am Main u.a.

Pechstein, J. (1990): Elternnähe oder Krippen? Grundbedürfnisse des Kindes. (Schriftenreihe der Liga für das Kind in Familie und Gesellschaft. 21.) Neuwied.

Reyer, J./Kleine, H. (1997): Die Kinderkrippe in Deutschland. Sozialgeschichte einer umstrittenen Einrichtung. Freiburg.

Tietze, W. (1996): Früherziehung. Trends, internationale Forschungsergebnisse, Praxisorientierung. Neuwied, Kriftel, Berlin.

Zeber, I. (2000): Unternehmenseigene Kleinkinderfürsorgeeinrichtungen in der Geschichte in Deutschland. Diss. Frankfurt am Main.

Psychoanalytische Gedanken zur Ausbildung der Deutschen Psychoanalytischen Vereinigung (DPV)

Evelyn Heinemann

Ausgehend von meiner Erfahrung, daß ich etliche Ausbildungen an Universitäten und außerhalb von Universitäten absolviert habe, bei keiner Ausbildung soviel Aggression, paranoide Angst, Unterwürfigkeit, Irrationalität, Denunziation und Illegalität erlebt habe wie bei der Ausbildung der DPV, frage ich mich, was unbewußt bei dieser Form der Ausbildung passiert. Für mich waren es äußerst unangenehme Jahre und, wie ich aus verschiedenen Gesprächen weiß, stehe ich damit nicht allein, so daß ich an dieser Stelle die Frage nach meinen Anteilen in dieser Erfahrung, die natürlich bestehen, zurückstellen möchte, um mich mit dem Ausbildungssystem der DPV auseinanderzusetzen.

In meinem Beitrag „Projektion oder Realität" in diesem Band habe ich bereits mein Erstaunen zum Ausdruck gebracht, daß Freud keinerlei Bedenken äußerte, als er das psychoanalytische Behandlungsverfahren in der Tradition der Folter frühneuzeitlicher Hexenprozesse beschrieb. Er verglich die psychoanalytische Behandlung mit der strengen Therapie der Hexenrichter. Das ungläubige Erstaunen wächst bei mir weiter, wenn ich mir die ersten Ausbildungsformen der Psychoanalyse betrachte. Wie konnte es kommen, daß Freud selbst gegen sämtliche Grundsätze der Psychoanalyse verstieß und seine eigene Tochter Anna auf der Couch analysierte? Denkt man bei diesem Phänomen noch, daß Freud hier vielleicht lediglich einen blinden Fleck hatte, so wird man schnell eines besseren belehrt. Das Ereignis hatte System. Bereits Hug-Helmuth analysierte ihren Neffen, Abraham seinen Sohn und Melanie Klein zwei ihrer Kinder.

Wußten sie nicht, was sie taten, obwohl doch jeder psychologisch noch so wenig geschulte Elternteil weiß, daß es schon ein tiefer Vertrauensbruch ist, das Tagebuch der Tochter zu lesen?

Die Psychoanalyse als Methode der Befreiung des Psychischen scheint von Anfang an auch zur Ausübung von Macht und Herrschaft verwendet worden zu sein.

Ohne den Anspruch auf Vollständigkeit zu haben, möchte ich im folgenden einige meiner Erfahrungen analytisch hinterfragen.

Allmacht der Mutter-Imago

Ich habe den Eindruck, die DPV fungiert wie eine allmächtige Mutter-Imago, die den Anschein erweckt, ein Leben als Psychoanalytiker sei ohne sie nicht möglich. Tatsächlich war dies bis zum Psychotherapeutengesetz auch ein Stück Realität, war das Delegationsverfahren doch von der Mitgliedschaft in der DPV abhängig. Die Machtinszenierung wird aber nun ungebrochen fortgesetzt. Triangulierung, das 3. Objekt und die Realität werden ausgeschlossen. Die DPV wird als allmächtige Mutter-Imago idealisiert, die Kandidaten und außerordentlichen Mitglieder, die sich immer weiteren Mühen unterziehen müssen, um irgendwann ordentliches Mitglied zu werden, ganz zu schweigen vom Weg zum Lehr- und Kontrollanalytiker, müssen sich einer fast lebenslangen Anstrengung unterziehen, um Anerkennung zu erhalten. Selbst die Lehr- und Kontrollanalytiker, die idealisiert werden, sind immer auch der Gefahr der Abwertung und Denunziation ausgesetzt. Es gibt eine lebhafte Gerüchteküche über die Qualität jedes Lehr- und Kontrollanalytikers, die meist von erheblicher Abwertung geprägt ist. Der Idealisierung steht die Abwertung in Form von Denunziation gegenüber.

So gibt es „gute" und „schlechte" Kontrollanalytiker und der Kandidat muß fürchten, wenn er nun zu einem „schlechten" Kontrollanalytiker geht, weil er zum Beispiel nicht jahrelang auf einen Platz bei einem „guten" Kontrollanalytiker warten will, daß seine Falldarstellung bei den verschiedenen Präsentationen erheblicher Kritik ausgesetzt sein wird, womit indirekt der Kontrollanalytiker abgewertet wird, da dieser nicht offen kritisiert werden darf.

Fehlt ödipale Rivalität und Autonomie, muß man sich der Gruppe im Sinne eines frühen mütterlichen Über-Ichs unterwerfen. Auch wenn ich die

Anzeichen des sogenannten frühen Über-Ichs, die Grunberger beschreibt, in der Realität mutterzentrierter Kulturen (vgl. Heinemann 1995; 1998) nicht finden konnte, für die DPV scheinen sie mir zutreffend zu sein.

Das frühe Über-Ich ist nach Grunberger (1974) Ergebnis verschiedener Introjektionen und Identifikationen. Es hat tiefreichende, triebhafte prägenitale und narzißtische Quellen. Das Über-Ich sei in seiner frühen Gestalt vor allem ein kollektives Phänomen. Es bestehe in der Notwendigkeit, sich in das kollektive Über-Ich einzufügen. Das primitive Ich wird sich nach Grunberger dem Über-Ich unterwerfen und sich mit ihm identifizieren. „Es ist zweckmäßig, hier an die Tatsache zu erinnern, daß das kleine, schreiende Kind gefangen in einer von Gewalten beherrschten Beziehung, sich ohnmächtig fühlt angesichts der Riesin - so schreckenerregend, weil Trägerin der projizierten Aggressivität des Kindes - , die ihm ihren Willen ohne die geringste Möglichkeit der Gegenwehr aufzwingt. Indem es ihr gehorcht, assimiliert sich das Kind gerade dieser absoluten Gewalt und wird auf diesem Umweg Besitzer der mütterlichen Allmacht...Indem es sich dem Mutter-Überich unterwirft, hat es seine eigene Aggressivität in Gestalt einer entsprechenden Vergeltung nicht mehr zu befürchten, wodurch das schreckenerregende Objekt vertrauenerweckend wird" (Grunberger 1974, S.515).

Solange man alle Anweisungen der mütterlichen Erziehung befolgt, kann einem niemand etwas vorwerfen. Es handelt sich um das anale, mütterliche Über-Ich, das die frühe Dressur widerspiegelt (Grunberger 1974, S.521). Die totale Unterwerfung ist bedingungslos, d.h. man kann zu keinem anderen Arrangement Zuflucht nehmen, nur gehorchen, ohne zu wissen warum. Es erlaubt weder eine Übereinkunft noch einen Kompromiß. In der Tat kann ja ein Säugling nichts anderes tun als seiner Mutter gehorchen. Bleibt ihm nur der Ausweg, an ihrer Macht teilzuhaben. Das frühe Über-Ich nährt sich nach Grunberger von der kannibalistischen Aggression des Säuglings, es fordert blinden Gehorsam, und umgekehrt erhebt alles, was blind ist, absoluten Gehorsam und erinnert an die allererste Mutterbeziehung, die sowohl Ursprung als auch Ursache der aggressiven Ladung ist. Das Unerklärliche übt Macht aus, denn es stürzt den Menschen wieder in absolute Abhängigkeit von der Ur-Mutter und der Identifikation mit ihr. Das mütterliche Über-Ich ist der Gegenspieler des väterlichen: Man ist entweder dem Diktat des Kollektiven oder des eigenen Gewissens unterworfen.

Das mütterliche Über-Ich wird, so Grunberger, als Knüppel gegen das väterliche Über-Ich benutzt, gegen die ganze väterliche Welt und als Schutzmaßnahme gegen jede ödipale Konfliktstellung (Vermeiden des Ödipus-Konfliktes). Es ist zwanghaft, sadistisch und unerbittlich. Das väterliche Über-Ich habe Realitätssinn und sei geschmeidiger. Das frühe Über-Ich treibe zu Mord und Projektion, das väterliche Über-Ich dagegen sei eine innere Stütze und strebe nach narzißtischer Vollkommenheit im Erreichen der Ideale des Lebens. Das ödipale Über-Ich integriert narzißtisches und triebhaftes, das frühe Über-Ich dagegen habe nur den sadistischen Affekt besetzt.

Muß in der Ausbildung Autonomie und Ödipalität vermieden werden, wie bei den frühen Psychoanalytikern, die so taten, als gebe es keine Ödipalität, wenn sie ihre Kinder analysierten? Was geschieht mit der Aggression bei einer solchen Unterwerfung?

Paranoides System

Kandidaten leben in ständiger Angst vor der allmächtigen DPV. Man soll den Kontrollanalytiker nicht wechseln, das kann auf den Kandidaten zurückfallen. Noch schlimmer ist es, die Lehranalyse zu wechseln. Das kommt schon einem Ausschluß gleich. So gibt es einige Lehranalysanden, die über Jahre in schlechten Lehranalysen verharren, um ihre Ausbildung nicht zu gefährden.

Bei Falldarstellungen im Zentralseminar und Kolloquium kann man oft bei den Anwesenden ein Pendeln und Unterwerfen unter die Mehrheit beobachten. Selbst erfahrene Analytiker, die vorher den Fallbericht gelesen hatten und ihn ausgezeichnet fanden, schweigen dann manchmal betreten oder schließen sich einem anderen Votum an. Es kommt zu einem Szenario von Vermutungen über die Psyche des Kandidaten. Dabei sind Denunziationen Tür und Tor geöffnet. Bei den öffentlichen Falldarstellungen ist der Kontrollanalytiker, der noch am ehesten die Realität repräsentiert, kennt er doch den Fall und die Behandlung, unerwünscht.

Im Gegensatz zum Verstehen in der Analyse, wo der Patient von sich erzählt, ist bei der Falldarstellung das Verstehen des Kandidaten eines, das auf Unkenntnis des Kandidaten oder schlimmer auf der Denunziation, d.h. auf

Gehörtem und vor diesem Geheimgehaltenen beruht. Es kommt zur Vermischung von Projektionen eigener Phantasmen der Analytiker, projektiven Identifikationen des Falles, Vermutungen über den Kandidaten und sicher auch einer Gegenübertragungsreaktion auf Aspekte des Kandidaten. Ein verwirrendes Szenario, das aus gutem Grund dem Kadidaten verschwiegen wird. So erfährt der Kandidat über das, was über ihn vermutet wird, lediglich dann etwas, wenn er einen Abstimmungsberechtigten oder Mitglied des Ausbildungsausschusses privat kennt. Jeder ist bemüht, einen solchen „Spion" zu haben. Nach meinem Zentralseminar erfuhr ich von meinem „Spion", daß allen Ernstes diskutiert wurde, daß ich zuwenig Angst hätte, noch lernen müßte Angst zu haben.

Während die Deutungen des Analytikers an dem Evidenzerlebnis des Patienten und der Realität überprüft werden, bleibt das Ausbildungsszenario ohne diese Überprüfung. Es bleibt paranoid.

Meine eigene Erfahrung, von einer gerade außerordentliches Mitglied gewordenen Analytikerin mit großer Aggressivität in den verschiedenen öffentlichen Falldarstellungen kritisiert worden zu sein, sah ich zuerst als meine persönliche Erfahrung an, bis ich erfuhr, daß es auch andere gab, die solche Erfahrungen machten. Ein heute sich im Status eines Lehranalytikers befindlicher Kollege, der natürlich nicht genannt werden möchte, fühlt sich noch immer traumatisiert von der Erfahrung, von einem Analytiker aggressiv die ganze Ausbildung über kritisiert worden zu sein, mit dem Ziel, daß er die Mitgliedschaft nicht erwerbe. Ähnliche Denunziationen über den Zustand seiner Ehe verhinderten fast die Ernennung zum Lehranalytiker.

Auch die Kontrollanalytiker leisten ihren Part in diesem System. So kann es vorkommen, daß Kontrollanalytiker über Jahre keinerlei negative Kritik äußern, abstinent bleiben, sich bei einem Scheitern des Kandidaten im Zentralseminar oder Kolloquium aber der Mehrheit anpassen und negativ äußern. Der Kandidat erfährt von all dem nichts.

Zwanghafte Hierarchisierung

Aggression wird in der DPV in zwanghafter Hierarchisierung abgewehrt und institutionalisiert.
Die Hierarchisierung in der DPV ist evident. Erwachsene Menschen beginnen im mittleren Lebensalter eine Ausbildung, die unter 10 Jahren fast nicht zu absolvieren ist und die ein Erwachsensein eher behindert. Kandidaten werden hin und wieder als Kinder bezeichnet, was ein Mutter-Kind-Verhältnis imaginiert.
Ist man auf dem steinigen Weg vom Ausbildungsteilnehmer über den Kandidaten endlich in den Kreis der DPV aufgenommen, so benötigt man wiederum Jahre, um vom außerordentlichen Mitglied zum ordentlichen Mitglied und vielleicht einmal zum Lehranalytiker vorzurücken. Kernberg nennt dies das Kohortensystem der Psychoanalyse.
Dem entspricht auch die Angst vor dem Äußern von Kritik. Es ist kein Zufall, daß lediglich der Präsident der IPA (vgl. Kernberg 1998) wagt, sich kritisch zu äußern. Kritik darf nur von oben nach unten, nicht von unten nach oben geleistet werden, zumindest nicht öffentlich.

Oraler Neid und depressiver Modus

In matrilinearen Kulturen gibt es neben einer zwanghaften Hierarchisierung, die auch dort im Rangsystem besteht, ein Tabu des Narzißtischen. In Palau (Heinemann 1995) heißt es: Wer sich beim Aufstehen den Kopf am Balken stößt, hat zuwenig Demut gezeigt. Von Geburt an werden narzißtische Empfindungen zugunsten der Unterwerfung unter die Gruppe unterdrückt. Oraler Neid ist groß. Um diesen abzuwehren, darf kein Gruppenmitglied mehr haben als das andere. Das ist das unbewußte Hauptthema der mütterlichen Gruppe. Frauen verstecken das Geld ihres Clans, damit nicht Mitglieder Ansprüche erheben. Die gesamte Gesellschaft ist einem Tauschprinzip unterworfen. Ein Ausgleich von Geben und Nehmen muß ständig angestrebt werden.
In der DPV scheint mir, sollen auch alle gleich sein, alle sollen niedergelassene Psychoanalytiker sein, nicht Philosophen oder Universitätsangehöri-

ge u.a., wie Kernberg (1998, S.209) kritisiert. Stolz auf die eigene Leistung darf nicht aufkommen. Sicher, ein Analytiker, der narzißtisch fixiert ist, kann wenig Empathie zeigen. Aber gibt es nicht auch einen gesunden Narzißmus und Autonomie?

Entspricht es nicht vielleicht eher dem depressiven Modus, jahrelang auf die Liebe der Mutter zu hoffen, eigene Leistungen und die anderer narzißtisch abzuwerten und jegliche Rivalität zu vermeiden? Benötigt man depressive Grundstrukturen, um das Ausbildungsszenario im Sinne einer institutionalisierten und interpersonellen Abwehr (Mentzos 1988) verwenden zu können?

Schamangst und Ausgrenzung

Das Prüfungsszenario der DPV beruht nicht auf der ödipalen Rivalität und Anerkennung durch eine väterliche Autorität. Das Prüfungsszenario der DPV beruht auf der Inszenierung von Schamangst und Ausgrenzung.

Das Kolloquium ist der Höhepunkt der Ausbildung. Das Kolloquium sichert dem Kandidaten keinen Schutz im Sinne einer intimen Prüfung. In aller Öffentlichkeit wird er einem Beschämungsritual ausgesetzt, das mich in der Tat an ein mittelalterliches An-den-Pranger-Stellen erinnerte. Es wird mit der gleichen Angst vor öffentlicher Beschämung operiert. Monatelanges Arbeiten am Bericht und Jeden-Satz-auf-die-Goldwaage-legen ist der Weg, die Angst zu beschwichtigen. Ein quälendes und ängstigendes Ereignis, das keine Freude am Schreiben und Arbeiten aufkommen läßt.

Das Prüfungsszenario ist folgendermaßen: Der Kandidat stellt seinen Fall im Zentralseminar vor, in dem der Kontrollanalytiker nicht anwesend sein soll. Besteht er das Zentralseminar, was durch Mehrheitsbeschluß entschieden wird, kann er sich zum Kolloquium melden. Der Kandidat verschickt seine Fall- und Behandlungsdarstellung an alle Analytiker der DPV, die diese anfordern. Schließlich stellt er seinen Fall im Kolloquium auf der DPV-Tagung vor, in der Regel sind ca. 20-40 Analytiker mehr oder weniger zufällig anwesend. Der Kontrollanalytiker ist wieder ausgeschlossen, ein großer Teil der Anwesenden hat noch nicht einmal die Fall- und Behandlungsdarstellung gelesen. Per Mehrheitsbeschluß kann diese Fallpräsentation dann bestanden werden. Dies ermöglicht aber noch immer nicht die Mitgliedschaft. Der Kandidat wird jetzt, wieder ohne Anwesenheit des Kontrollanalytikers, im Zentralen Ausbildungsausschuß diskutiert. Dieser schlägt dann der Versammlung der DPV die Mitgliedschaft vor. Erst dann ist die außerordentliche Mitgliedschaft erworben.

Ein Szenario, das gezielt Realität außen vor hält und einer Denunziation Tür und Tor öffnet. Gerade bei einem frühgestörten Patienten kommt es zur Vermischung projektiver Identifikationen, die der Patient auslöst, mit den Phantasien, die der Kandidat auslöst, die zudem mit der bereits stattgefundenen mündlichen Denunziation vermischt sind. Wenn man dann denkt, eine Gruppe von Analytikern müßte diese Vermischung in ihrer Gegenübertragung reflektieren, hat man sich nicht selten getäuscht. Heftige Aggressionen prallen, gerade bei projektiven Identifikationen, die frühgestörte Patienten auslösen und die vielleicht noch nicht genug in der Analyse bearbeitet sind, auf den Kandidaten in dieser öffentlichen Prüfungssituation nieder. Lähmung, Aggression und Spaltungen entstehen.

Wer dies vermeiden möchte, begibt sich auf die langjährige Suche nach dem idealen Patienten, der im Kolloquium eine Stimmung des Wohlwollens auslöst. Der Kontrollanalytiker einer Kandidatin, mit der ich befreundet bin, rät ihr seit Jahren von vorgestellten Fällen ab und empfiehlt ihr: „Suchen Sie sich eine hysterische Hausfrau als Prüfungsfall."

Unterwerfung und Illegalität

Ein rigides hierarchisches System erlaubt nur Unterwerfung oder Illegalität, ganz wie im Phantasma aggressiv-gewalttätiger Menschen, die glauben, sich gegen äußere Gewalt nur mit Gewalt oder Dissozialität wehren zu können. Ein unheilvoller Mechanismus von Angst und Aggressivierung, wie wir alle wissen.

So wie es vorkam, daß Kandidaten Mitte der 90er Jahre vierstündige Behandlungen durchführten und illegal drei Stunden mit den Kassen abrechneten, soll es noch heute vorkommen, daß Kandidaten im Kolloquium eine dreistündige Behandlung als vierstündige vorstellen und außerordentliche Mitglieder, die ordentliche Mitglieder oder ordentliche Mitglieder, die Lehr-

und Kontrollanalytiker werden wollen, behaupten, die dafür notwendige Anzahl an Analysen durchgeführt zu haben, obwohl es nicht der Realität entspricht.

Emotionalisierung

Wir alle kennen den Abwehrmechanismus der Intellektualisierung. Sicher verhindert er empathisches Einfühlen in den Patienten. Was aber ist mit dem Gegenteil, der Emotionalisierung? Der Kandidat wird einem Prozeß emotionaler Einschätzungen unterzogen, die ihm in der Regel nicht mitgeteilt werden, die ein Phantasma der Gruppe der Beurteiler bleiben und in denen der Kontrollanalytiker systematisch ausgeschlossen wird. Wird mit der Emotionalisierung nicht auch ödipale Rivalität vermieden, mit der Konsequenz der Verleugnung der Realität? Wird auf diese Weise nicht in erster Linie die Unterwerfung unter die Allmacht der DPV gewährleistet?

Widerstand gegen Veränderungen

Durch das neue Psychotherapeutengesetz ist die Allmacht der DPV in der Realität ins Wanken geraten. Mit dem Erwerb der Approbation und der Berechtigung, sich auch ohne Mitgliedschaft als Psychoanalytiker niederzulassen, ist eine neue Situation in Deutschland entstanden. Die DPV ist der Meinung, wenn die reale Existenz nicht mehr von der Mitgliedschaft abhängt, kann sie ihre Ansprüche noch weiter erhöhen, so die persönliche Mitteilung der Vorsitzenden des Zentralen Ausbildungsausschusses 1999. Wenn man reale Macht verliert, muß das System noch rigider werden, der Machtverlust wird so verleugnet. Die Universitäten bauen derzeit Ausbildungsgänge auf, die den Erwerb der Approbation ermöglichen sollen, allesamt verhaltenstherapeutisch orientiert.

Können wir die Entwicklung der DPV vielleicht als Fortsetzung inzestuöser Macht- und Kontrollinszenierung sehen? Wird mit der Abwehr des Ödipalen vielleicht auch etwas anderes nicht möglich: Das Durcharbeiten von historischer Schuld und Neuorganisation? Die DPV gründet ihr elitäres Bewußtsein zumindest auch auf der Tatsache, daß sie eine Organisation ist, die sich im Nationalsozialismus nicht schuldig gemacht hat, ins Exil gegangen ist. Die Spaltung zwischen DPG und DPV ist bis heute nicht überwunden und erweist sich weiterhin als ausgesprochen affektiv besetzt, indem die DPG mit der Täterseite und die DPV mit der Opferseite assoziiert wird (vgl. Podiumsdiskussion 1998).

Verhindert vielleicht diese Einstellung demokratische Reformen, die ansonsten in Deutschland alle Institutionen durchzogen haben?

Das öffentliche Beschämungsritual Kolloquium existiert in dieser Form, meiner Kenntnis nach, nur in Deutschland. Andere Länder zeigen, wie ich mich auf einem internationalen Panel der IPA überzeugen konnte, daß eine Ausbildung, die an der Einschätzung der Kontrollanalytiker orientiert ist, die den Fall und die Arbeit des Kandidaten kennen, durchaus mit dem psychoanalytischen Behandlungsmodell vereinbar ist.

Das Kolloquium löste in mir jedenfalls intensive Assoziationen aus: Nicht-bestehen hieß für mich, den Rest des Lebens wie durch Anlegen eines Judensterns öffentlich in meinem Berufsleben gebrandmarkt zu sein. Glücklicherweise ist die Realität heute angenehmer und mächtiger als dieses abgespaltene Phantasma. Aber: War dies nur eine individualgeschichtlich oder durch meinen Patienten, der über den Nationalsozialismus gearbeitet hatte, begründete Assoziation oder eine Gegenübertragung auf die Strukturen der DPV?

Eine Reform der DPV und der psychoanalytischen Ausbildung nicht nur unter formalen, sondern vor allem psychoanalytischen Gesichtspunkten erscheint mir dringend notwendig. Dies scheint der DPV aber bis dato nicht zu gelingen. Wenn ich mir den Bericht der DPV-Transparenzkommission über die Untersuchung des Kolloquiums der DPV (Beland u.a. 2002) anschaue, so behandelt er auf 14 Seiten ausschließlich statistische Ergebnisse, etwa wie häufig an den einzelnen Instituten eine Evaluation der Kandidaten stattfindet u.a.. Die Ausbildungsteile selbst werden jedoch nicht hinterfragt.

An einer Stelle findet sich dann doch eine interessante, inhaltliche Bemerkung, die aber leider nicht weiter verfolgt wird: „Die institutionalisierten Erfindungen zur Angstminderung bei Kandidaten machen einen verhaltenstherapeutisch-soziologischen Eindruck ('gruppendynamische Desensibilisierung'). Die zugrunde liegenden Hypothesen für die Angst vor dem Kolloquium sind nur vermutbar, psychoanalytische Hypothesen scheinen vermieden" (ebd., S.20).

Statt mit quantitativer, empirischer Statistik und Verhaltenstherapie sollte man vielleicht solchen Fragen mit der eigenen Methode, der Psychoanalyse, nachgehen.

Literaturverzeichnis

Beland, H., Brodbeck, H., Rupprecht-Schampera, U., Wildberger, H. (2002), DPV- Transparenzkommission. Bericht über die Untersuchung des Kolloquiums der DPV. In: DPV-Informationen Nr. 32, Berlin

Grunberger, B. (1974), Gedanken zum frühen Über-Ich. In: Psyche 29:508-529

Heinemann, E. (1995), Die Frauen von Palau. Zur Ethnoanalyse einer mutterrechtlichen Kultur, Frankfurt a.M.

Heinemann, E. (1998), Fakafefine- Männer, die wie Frauen sind. Transsexualität und Inzesttabu in Tonga (Polynesien). In: Psyche 52: 472-498

Kernberg, O.F. (1998), Dreißig Methoden zur Unterdrückung der Kreativität von Kandidaten der Psychoanalyse. In: Psyche 52: 199-213

Mentzos, S. (1988), Interpersonale und institutionalisierte Abwehr, Frankfurt a.M.

Podiumsdiskussion der DGPT (1998), DPG - DPV: Gemeinsame Wurzeln, getrennte Gegenwart. Welche Bedeutung hat die Spaltung für den Diskurs in der heutigen psychoanalytischen Weiterbildung? In: A.-M. Schlösser, K. Höhfeld (Hrsg.), Trauma und Konflikt, Giessen

Wenn das Herz (k)eine Heimat findet
Moderne Literatur diskutiert anhand psychohistorischer Thesen

M. Bornhoff-Nyssen

1.

Beschäftigungsgegenstand ist neue Literatur. Zehn Jahre nach dem Mauerfall treten junge AutorInnen in zahlreichen Debütromanen hervor. Es „etablieren" sich neue Namen: Kracht, Rudorf, Houllebecq, Schmitter, Kumpfmüller, Maier (1). Diese Literatur beschäftigt mich, weil hier tatsächlich etwas „Neues" zum Ausdruck zu kommen scheint. Dieses Neue war für mich zunächst nebulös. Zunächst wenig durchschaubar, „trafen" diese AutorInnen aber doch irgendetwas in meinem Empfinden der Jetztzeit.

Fremd erschien mir diese Literatur zunächst deshalb, weil sie keine Spiegelung meiner eigenen Sozialisation – ich bin 1951 geboren -, keine Spiegelung meiner vertrauten Ideologien und Wertorientierungen herstellte – Studenten- und Frauenbewegung der sechziger und siebziger Jahre hatten hier eine Rolle gespielt.

Andererseits war sie mir vertraut, weil die AutorInnen mich in ihren künstlerischen Ausdrucksformen davon überzeugen konnten, daß sie authentisches Empfinden und unverfälschte Wahrnehmungen ihrer unmittelbaren Lebenswelt vermittelten.

Ich treffe hier eine willkürliche Auswahl; viele Romane, die in Literaturmagazinen des Fernsehens wie „Bücher, Bücher" im dritten Fernsehprogramm des Hessischen Rundfunks, im „Literaturclub" bei 3SAT; oder im „Literarischen Quartett" des ZDF diskutiert oder nur vorgestellt wurden. Geachtet habe ich lediglich darauf, daß die Zuschreibung von „junger und moderner" Literatur zutraf.

Früher hatte ich mich mit Autobiographien beschäftigt und versucht, diese mit Hilfe der psychohistorischen Sichtweise besser zu verstehen (2).

In der Psychohistorie geht es meines Erachtens unter anderem darum, aus historischen Quellen oder eben auch aus Kunstwerken Modi der „Empathie" oder deren Negierung sichtbar zu machen. Empathie ist ein zentraler Begriff der Psychohistorie. Dieser enthält für mich die wesentliche Botschaft: wenn der werdende Mensch durch seine Umwelt Empathie erfährt, also die Erfahrung einfühlender Begleitung bis ins Erwachsenenalter, dann muß er nicht morden, vergewaltigen, mißhandeln oder ähnliche Handlungen an seine Mitmenschen weitergeben. Könnten wir (alle) erreichen, daß ein solches Aufwachsen möglich wird, dürfte, so die Aussicht, durch den Zuwachs an Empathie Mißbrauch des Menschen durch den Menschen nicht mehr so gehäuft vorkommen.

2.

In diesem Kontext der Empathieproblematik interessierten mich Ludwig Janus' Reflexionen zu: „Literatur, betrachtet als Ich-Geschichte" (3). In diesen Reflexionen glaubt er, ausgehend von einem in der Moderne nach seiner Ansicht allgemein zu verzeichnenden Zuwachs an Empathie, diesen Zuwachs auch in der Literatur wiederzufinden.

Ich versuchte, diese Grundsätze auch für die Sicht der genannten modernen AutorInnen nutzbar zu machen. Ich konnte jedoch in deren Darstellung unseres Lebens in der Jetztzeit keine Belege sozusagen für eine real existierende psychohistorische Evolution zu mehr Empathie hin, wie sie von Ludwig Janus behauptet wird, finden.

Ich fing an zu merken, wie wichtig es ist, zu unterscheiden zwischen „Empathie als Botschaft", die ich annehmen kann und „Empathie als unaufhaltsamer Fortschritt", dem ich nicht traue.

Noch ein anderes Motiv hat mich angespornt, diese moderne Literatur genauer zu betrachten. Es gab Aussagen älterer Literaturexperten wie: „Diese Literatur ist langweilig – es passiert nichts in diesen Geschichten" (4). Dies erinnerte mich an meine Jugendzeit, als Erwachsene mit Unverständnis auf junge Menschen reagierten. Könnte nicht auch jetzt das Unverständnis für junge AutorInnen ein *intergenerationales* Unverständnis sein?

Diese Möglichkeit provozierte mich. Ich wollte versuchen, einen Zugang zu dem von mir vage empfundenen Neuen in dieser neuen Literatur zu finden. Für mein eigenes Selbstverständnis, so glaube ich, ist mir dies gelungen. Ich spüre Generationengrenzen und dadurch einen Zuwachs eigener Identität. In der Abgrenzung zum Anderen kann ich mein eigenes Ich stärker wahrnehmen, etwa die fast schon vergessene Prägung durch die psychosozialen Emanzipationsbewegungen der 60er und 70er Jahre, eine „Prägung", die sich in der von den modernen AutorInnen beschriebenen Menschenwelt kaum finden läßt. Literatur macht Verdrängtes sichtbar, sagt Adolf Muschg (5).

3.

Aus der mir so durch die neue Literatur vermittelten Erfahrung der eigenen intergenerationalen Differenz versuche ich den Gefühlszustand einer besonderen sozialen Gruppierung zu erschließen, hier der jungen SchriftstellerInnen und der Menschen, die sie uns in ihren Werken nahe zu bringen versuchen.

Von diesem Ausgangspunkt her ist es mir weder möglich, die hier betrachtete Literatur als Beweisstück für, noch als Beweisstück gegen eine psychohistorische Evolutionstheorie zu erkennen.

Erkennen kann ich zunächst nur:

es spiegeln sich hier Ängste und Verletzlichkeiten und ein wenig Hoffnung und Sehnsucht – individuell wie generational.

Betrachte ich „Literaturgeschichte als Geschichte des Ich" (Janus) und lese unter diesem Aspekt die heutigen Autoren wie David Wagner, „Meine nachtblaue Hose" oder Michel Houellebecq, „Elementarteilchen" und „Ausweitung der Kampfzone", so finde ich Ludwig Janus' These, daß sich in der Literatur „ganz neue Dimensionen von differenzierter Selbstgestaltung und Selbstbestimmung in Beziehungen erschließen" (6), nicht bestätigt. Ich finde zwar ein Höchstmaß an Individualisierung, Innenbetrachtung des

Menschen, hier der AutorInnen für ProtagonistInnen und eine Vielfalt an Sensibilität und subtilem Empfinden, die von den LeserInnen nachvollzogen werden können. Jedoch finde ich keine „neue Dimension der Selbstgestaltung in Beziehungen". Ich sehe hier eher *ein Vor-sich-hinstolpern, ein reflektiertes Vor-sich-hinleben.*
Tatsächlich finden sich aber auch in Ludwig Janus' zitiertem Aufsatz keine wirklichen Belege für seine evolutionistische These, außer dem Hinweis, man könne Samuel Becketts „bewußte Auseinandersetzung mit hoffnungslos machenden Selbstgefühlen" (7) und Salvador Dalis „bewußte Auseinandersetzung mit dem eigenen vorgeburtlichen Unglück" (8) als „erstaunlichen Zuwachs an Ich-Stärke im geschichtlichen Prozeß" (9) interpretieren. Ludwig Janus' Arbeit ist so sehr geprägt von der Suche nach guten Aussichten, daß er dabei das menschliche Elend, das ja zunächst einmal in diesen Charakterisierungen zweier Künstler sichtbar wird, ganz übergeht und allein das Bewußtwerden dieses Elends hervorhebt. Im Sinne einer „Dialektik der Aufklärung" (10) muß man aber beides sehen.

Ganz ohne Zweifel würden die hier behandelten neueren AutorInnen den von Ludwig Janus betont artikulierten Fortschrittsoptimismus zurückweisen.

„Freitag und Samstag habe ich nicht viel gemacht; sagen wir, ich habe meditiert, falls es für so etwas eine Bezeichnung gibt. Ich erinnere mich, daß ich über den Selbstmord nachdachte, seine paradoxe Nützlichkeit" (11)

Solche suizidalen Meditationen kann man ebenfalls als „bewußte Auseinandersetzung mit hoffnungslos machenden Selbstgefühlen" interpretieren, so wie Ludwig Janus es bei Samuel Beckett tut. (12) Daraus aber evolutionistische gute Aussichten zu folgern, wäre ganz abwegig. Das Werk, aus dem das angeführte Zitat entnommen ist, ist von einer so ausgeprägten depressiven Grundstimmung durchzogen, insbesondere was die Unmöglichkeit zwischenmenschlicher Sexualität betrifft, daß niemandem ein Gedanke an „Evolution" kommen kann; diese Grundstimmung ermöglicht den Menschen allenfalls einen Lebensmodus, den ich als „Vor-sich-hinstolpern, reflektiertes Vor-sich-hinleben" bezeichnet habe. Und zwar wie es scheint – auf Dauer. Die gute Aussicht bleibt allein dem Interpreten vorbehalten.

In dem Werk Michel Houellebecqs wimmelt es von derartigen „hoffnungslos machenden Selbstgefühlen". Und zahlreich sind die Symbolismen, in denen er die Thematik zur Darstellung bringt. Die heute so verbreitete

Problematik der „Eßstörung" etwa erscheint in folgendem Zitat wie ein Hineinwürgen, Verweigern einer lebensfördernden Verdauung, dann aber irgendwie Weiterstolpern, knapp am Suizid vorbei.

„Bruno kaufte sich in seiner Stammbäckerei eine große Teigrolle mit Mandelfüllung, dann ging er zu der Uferstraße an der Seine. Der Klang der Lautsprecher eines Vergnügungsdampfers erfüllte die Luft, hallte von den Wänden von Notre-Dame wieder. Er kaute auf seinem klebrigen, mit Honig überzogenen Gebäck herum, bis er es schließlich auf hatte, und ekelte sich wieder einmal zutiefst vor sich selbst, es hier, mitten in Paris, mitten im Betrieb, unter all den Leuten zu versuchen." (13)

Dabei kann man es als besondere künstlerische Formgebung ansehen, wie hier nicht klar ist, ob das, was Bruno, der von seiner verzweifelten Sinnlichkeit ständig überschwemmte Antiheld dieses Romans, hier eigentlich öffentlich „versuchen" möchte, eben den Suizid oder eine exhibitionistische Handlung, was hier aber kaum einen Unterschied machen würde. So oder so zieht sich der Selbstekel durch sein ganzes Leben. Aber nicht nur durch seines. Die im Zitat geschilderte „Szene" steht im Kontext eines zeitgleich real vollzogenen suizidalen Sturzes aus dem Fenster. Brunos „erinnerte Liebe", eine Frau, die große Qualen aussteht infolge ihrer Fettleibigkeit, hat es nicht mehr ausgehalten. Die Beziehungsschwierigkeiten zwischen diesen beiden konnten nicht gelöst werden. Sie war nicht bereit gewesen sich auszuziehen, weil sie sich so häßlich fand (14); aber sie bot immer wieder bei den kurzen Treffen der beiden an, ihm „einen zu blasen" (15), was dann auch jedes Mal geschah.

„Er stopfte sich mit tunesischem Gebäck voll, bis ihm fast schlecht wurde; er ging zu ihr hinauf, ließ sich einen blasen und ging wieder. Es war vermutlich besser so." (16)

Ich versuche hier, Janus' evolutionistische These von den zunehmenden Selbstgestaltungsmöglichkeiten an der neueren Literatur zu überprüfen.

Die hier zitierten Werke von Michel Houellebecq können schon aufgrund der in ihnen auch gehäuft vorhandenen dramatischen Elemente wie Suizid unmöglich zur Verifikation dieser These herangezogen werden. Selbstgestaltung setzt voraus, daß diese Menschen subjektiv und objektiv in der Lage sind, sich Lebensziele zu setzen. Gerade daran, so sehe ich es, scheitern diese Menschen. Jedoch auch in diesen Werken neuerer Autoren, in denen es an Dramatik ganz fehlt, finden wir statt einer Thematik von Lebenszielen eher Themen des Lebensverdrusses, literarisch gekonnt, wie ich finde, ausgedrückt etwa in Reflexionen dieser Art:

„Ich löffelte einen Teller Cornflakes und dachte, man müßte im Magen eine kleine Sonde haben, die Übertragungen aus dem dortigen Durcheinander sendet, diese Übertragungen dürften weniger langweilig als Fernsehen sein." (17)

Zwei Zeilen später geht es dann weiter mit der Darstellung einer „Liebesszene". Diese überhaupt erst zu ermöglichen, hätte in der früheren Emanzipationsliteratur möglicherweise noch eine Art Lebensziel sein können, hier erscheint sie wie eine beliebige Fortsetzung jener Reflexion über Magensonde und Fernsehlangeweile.

4.

Ludwig Janus schlägt in seinem hier herangezogenen Aufsatz weite Bögen.

Er spielt an auf eine historische Entwicklung des Nachdenkens der Menschen über sich selbst und ihre Gestaltungsmöglichkeiten, in deren Verlauf es von einem magischen über ein mythisches Weltbild zu einem Weltbild kommt, in dem der Mensch sich als eigentätig und gestaltend wirksam sieht. Dies führt Ludwig Janus zu der Einschätzung, daß

„heute jeder aus seinen eigenen Urkräften heraus und seinen Lebenswünschen sein Leben in ganz anderer Weise als früher gestalten" (18) kann

Ausgehend von dieser grundlegenden Einschätzung findet Ludwig Janus einen schnellen Übergang zum Thema Literatur:

„Damit sind tiefgreifende Umgestaltungen unserer Identität angedeutet und in diesem Sinne läßt sich auch Literaturgeschichte als Geschichte des Ich interpretieren." (19)

Zu diesem Übergang von den in ihren Gestaltungsmöglichkeiten gestiegenen „eigenen Urkräften" zu literarisch auffindbaren „tiefgreifenden Umgestaltungen unserer Identität" kann es nach Ludwig Janus kommen, weil Philosophen/Psychoanalytiker wie Arthur Schopenhauer, Friedrich Nietzsche und Otto Rank eine historisch immer weiter steigende Potenz des „persönlichen Willens" aufgezeigt haben. Mit anderen Worten: die „tiefgreifenden Umgestaltungen unserer Identität" sind vor allem durch eine real existierende Zunahme unseres „persönlichen Willens" gekennzeichnet. Und wir finden diese Zunahme wieder – eben in der Literatur. Sozusagen: je moderner die Zeiten, um so mehr „persönlicher Wille" in der Literatur dieser Zeiten.

Davon aber kann keine Rede sein. Wie es mit Zunahme oder Abnahme des „persönlichen Willens" im Laufe der Zeiten auch bestellt sein mag, auf jeden Fall wäre, was bei Ludwig Janus überhaupt nicht geschieht, auch nach den gesellschaftlichen Grundlagen jenes sich verändernden „persönlichen Willens" zu fragen. Die Menschen in den literarischen Werken der Jetztzeit, so sehe ich es, sind dauernd damit beschäftigt, gerade ihren „persönlichen Willen" nicht finden zu können; wie ich es oben genannt habe: sie stolpern eher vor sich hin. Und dies ist so, möchte ich jetzt anschließen, weil sie ständig in gesellschaftlichen Trends gefangen sind.

5.

Ein solcher gesellschaftlicher Trend ist mit Stichworten wie *Beziehungsunfähigkeit, Individualisierung, Single–Dasein* bezeichnet. Natürlich bedarf es einer Diskussion darüber, inwiefern es auch Gegenbewegungen zu diesem Trend gibt, etwa zu einer verantwortlichen Gestaltung von Erziehungsverhältnissen. Und sicher bedarf es einer Diskussion, wie all diese Trends- und Gegentrends die Thematik „persönlicher Wille" tangieren. Jedoch scheint mir kaum diskussionsfähig, daß die moderne Literatur eine Art Vormarsch des „persönlichen Willens" dokumentiere. Für das Beziehungsgeschehen scheint mir hier eher ein Gefühl des Augeliefert-seins charakteristisch, ein Einfach-nicht-zu-einander-finden:

„Kristina hatte meine Art, die Dinge zu sehen, im Grunde nur zu gut verstanden und wohl deshalb begonnen, ihrer eigenen Wege zu gehen. So war aus ihren Fluchten eine Trennung auf Raten geworden, eine schleichende, stillschweigende Abkehr. Zuletzt hatte ich hinter ihrer Überheblichkeit eine Unabhängigkeit gespürt, der ich nichts entgegenzusetzen hatte.

Einmal hatte sie mir während eines Streits vorgeworfen, selbst meine Gefühle würde ich mir mittlerweile vorspielen. Da wandte ich mich wortlos von ihr ab und ließ sie einfach stehen." (20)

Und in der „Einpersonen-Psychologie" scheint auch nicht gerade der Begriff des „persönlichen Willens" der geeignetste, das Lebensempfinden der Menschen in der Literatur der Jetztzeit zu treffen:

„Ich hatte die Erfahrung gemacht, daß dem Gedächtnis alle gespeicherten Informationen gleichrangig, unterschiedslos erscheinen. Es unterscheidet nicht zwischen guten und schlechten Erinnerungen. Doch ohne daß ich es wollte, drängten die schlechten hervor." (21)

In dem Roman „Die zweite Haut" (22) heißt es über die Heldin, in Wahrheit und sympathischerweise, wie alle Figuren in der modernen Literatur, eine *Anti*heldin, die ständig auf der Suche nach Erlebnissen ihres Selbst ist:

„Sie konnte fühlen, wie sich ihre eigenen Gesichtszüge belebten, Blut durch den Körper jagte. Wenn sie jetzt etwas bekommen konnte, eine kleine Intimität als Vorschuß. Nur einen Tropfen in diese innere Wüste, dann wäre der Abend überstanden." (23)

Den Abend überstehen, oder allgemeiner gesagt: den Tag überstehen, das ist ubiquitär ein Thema in der neueren Literatur; aber nicht ein „persönlicher Wille" oder eine „neue Dimension der Selbstgestaltung". Die Menschen hier sind keinen Schritt weiter als jene vor über hundert Jahren im zaristischen Rußland, die Anton Tschechow ebenfalls wieder und wieder in seinen Erzählungen und Theaterstücken klagen läßt, es möge doch der Tag vorübergehen. (24).

6.

Eher als evolutionistische gute Aussichten zeigt diese Literatur wie schwer es ist, eine Brücke der Verständigung zwischen Menschen zu bauen.

Vielleicht hat Michel Houellebecq gar nicht so Unrecht, wenn er die Schwierigkeiten von Beziehungsfähigkeit darstellt als bereits im Individuum liegende Schwierigkeiten. Die AntiheldInnen in seinen Romanen glauben nicht an die Illusion einer Liebesbeziehung und ergehen sich viel lieber in inneren Betrachtungen von Verletztheiten und Zerbrechlichkeiten.

Mir ist die Leichtigkeit theoretischer Postulate suspekt, in denen umstandslos Empathie und Beziehung „aufgezeigt" werden. Gegen solche Postulate sträubt sich die moderne Literatur geradezu.

Dort erscheinen diese erwünschten Fähigkeiten beeinträchtigt durch Herkunft, soziales Umfeld, ökonomische Verhältnisse, Selbstbild, Wertvorstellungen und individuelle Lebensgeschichte.

Im Erzählen des Nicht-richtig-funktionieren-könnens – z. B. bei Michel Houellebecq in der Geschichte der Querschnittslähmung der Freundin – liegt ein Versuch, ehrlicher miteinander umzugehen und aufzuhören, Liebesfähigkeit vorzuspielen.

Der Mensch ist im allgemeinen gar nicht so geneigt sozial zu sein. Wir unterliegen diesem Irrglauben, weil er seit Jahrhunderten ein Wunsch der Menschheit ist.

In der angewandten Psychologie wird geraten (25): wenn man sich etwas fest und beharrlich wünscht, kann es zur Wirklichkeit werden. Darin liegt die Täuschung, der Irrglaube.

In der literarischen „Ausweitung der Kampfzonen" ist beispielsweise beschrieben, daß in der heutigen Zeit auch Sexualität in den Leistungsbereich einbezogen ist, ein Aspekt, der dem großen historischen Federstrich, der nur die behauptete Linie vom Magischen über Mythische zum Selbstgestalterischen sieht, entgeht.

„Der Sex, sagte ich mir, stellt in unserer Gesellschaft eindeutig ein zweites Differenzierungssystem dar, das vom Geld völlig unabhängig ist; und es funktioniert auf mindestens ebenso erbarmungslose Weise. Auch die Wirkungen dieser beiden Systeme sind genau gleichartig." (26)

Zärtlichkeit, Anziehung, und Begehren der Geschlechter nehmen in diesen Beschreibungen spezifische Formen an. Die AutorInnen geben veränderte Wahrnehmungen an den Leser weiter. In diesem Beispiel bekommt der Kollege des Antihelden keine Gelegenheiten der sexuellen Erfahrung, weil er nicht mehr zur Jugend gehört, das Gesicht einer „Büffelkröte" (27) hat und „so häßlich" ist,

„daß er die Frauen abstößt und es ihm nicht gelingt, mit ihnen zu schlafen." (28)

Allerdings gelingt dem Antihelden selbst ebenfalls keine sexuelle Annäherung und er versucht es schon gar nicht mehr, wobei er feststellt:

„Die Sexualität ist ein System sozialer Hierarchie" (29),

in der er sich unten einreiht. Seine Erinnerungen an eine Zweisamkeit mit einer Frau lassen ihn ohne Hoffnung auf gute Erfahrungen verbleiben. So verläuft sein Leben genauso wie er über das Leben allgemein philosophiert:

„Das Leben kann durchaus leer und kurz zugleich sein. Die Tage gehen eintönig dahin, ohne eine Spur oder Erinnerung zu hinterlassen." (30)

Der Protagonist folgt ereignislos seinem Tagewerk, beobachtet die Mitmenschen und reflektiert darüber, ohne selbstgestalterischen Nutzen daraus zu ziehen oder etwa dem Leben ein bestimmtes Ziel zu geben und sich als Akteur in einer sozialen Umgebung zu begreifen. Diese Sicht des Autors wirkt überzeugend in der Wahrnehmung. Die Protagonisten scheinen wirklich so zu sein.

Die Wahrnehmung des Künstlers und deren Wiedergabe erscheint mir als das wahre, kreative Werk.

7.

Petra Morsbach sagte in einem Interview:

„das wirkliche Glück liegt in der richtigen Wahrnehmung." (31)

Und dieses „Glück" mögen LeserInnen dieser Literatur empfinden, wenn sie Spiegelungen erfahren.

Die beschriebenen Persönlichkeiten (ProtagonistInnen) sind traurige, sympathische Gestalten, die wenig in der Lage sind, empathische zwischenmenschliche Beziehungen zu leben. Dies scheint eine Beobachtung aus dem wirklichen Leben zu sein, die AutorInnen gestalten und durch ihre Kunst weitervermitteln. Etwa nach dem Vorgang, den Jean Starobinski so darstellt:

„Das Kunstwerk hat oft vermittelnde Funktion zwischen Künstler und Zeitgenossen, es ist oft ein indirekter Bezug zum anderen, es findet seinen Ursprung oft im Scheitern ... Vielleicht ist die Kunst ... der Versuch, eine unglückliche Beziehung zu den Dingen und Menschen wieder in eine gute zu verwandeln, eine verspätete Revanche." (32)

8.

Aber *vor* dieser „Revanche" scheint zunächst jene Erfahrung zu liegen, die man existenzphilosophisch als „Geworfensein" bezeichnet hat. Ausdruck davon in den hier erwähnten Büchern: viel Resignation und Grenzerfahrungen von Normalität.

„Der erste Zwischenfall am nächsten Montag ereignete sich gegen zwei Uhr nachmittags. Ich sah den Typ von fern auf mich zukommen und fühlte mich ein wenig traurig ... Er kam näher, grüßte und bat mich um eine Auskunft über ein Programm, das ich offenbar hätte kennen sollen. Ich brach in Schluchzen aus. ... Der zweite Zwischenfall ereignete sich ungefähr eine Stunde später. Diesmal war das Büro voller Leute. Ein Mädchen trat ein, warf mißbilligende Blicke auf die Versammelten und wandte sich schließlich an mich, um mir zu sagen, daß ich zuviel rauche; ich sei unerträglich und würde nicht die leiseste Rücksicht auf die anderen nehmen. Ich antwortete mit einem Paar Ohrfeigen." (33)

Es geht um Beschreibungen von Empfindungen, Beobachtungen der Mitmenschen und Reflexionen. Aber nur darum. Wir finden wenig oder gar nichts von den guten Aussichten, die Ludwig Janus mit der Aufstellung des psychohistorischen Evolutionsbegriffs und der Subsumtion der Literaturentwicklung unter diesen ausmachen möchte.

9.

Eine Möglichkeit, diese evolutionistisch-psychohistorische Einschätzung zu überprüfen, könnte weiterhin darin bestehen, daß wir die moderne Literatur daraufhin befragen, inwiefern in ihr jener psychische Mechanismus sichtbar wird, den Lloyd deMause (auf den Ludwig Janus sich beruft) in seiner psychohistorischen Evolutionstheorie als evolutionsstiftend behauptet hat, also der Mechanismus der „zweiten Angstbearbeitung". (34)

Voraussetzung dieses Mechanismus ist ein Generationenkonflikt: diesen Konflikt versucht die jeweils neue Elterngeneration durch Bearbeitung eigener Ängste „besser" zu lösen als die vorausgegangene Elterngeneration.

Eine derartige Thematisierung von Generationskonflikten findet man aber kaum in der neuen Literatur. Und wenn es Andeutungen davon gibt, dann werden sie aber nicht – wie etwa klassisch in Romanen des 19. Jahrhunderts – „durchgeführt", sondern bloß in den Strom der Alltagsbeliebigkeiten eingereiht:

„Immer wieder hatte Fe mir von ihrer Mutter erzählt, fiel mir nun wieder ein, da ich beide in der Küche sah: Ihre Mutter sei abends oft in ihr Zimmer gekommen, um ihr mitzuteilen, wie schlecht es ihr gehe, um ihr zu sagen, sie lasse sich nur ihretwegen scheiden, damit sie ihre Familie behalte." (35)
„Mein Vater fragte, was sinnierst du – da war das Wort, auf das ich gewartet hatte. Früher glaubte ich, es gehöre ihm, weil ich es nur von ihm kannte." (36)
„Ich nahm meinen Kaffee, ging in mein Zimmer und sah aus dem Fenster. Mein Vater verließ gerade das Haus, um doch noch zu seinem Frühschoppen zu gehen. Eigentlich war es dazu viel zu spät, aber das hatte er ja seinem Herrn Sohn zu verdanken. Schon um Viertel nach eins war er wieder zurück und wie üblich war meine Mutter da bereits seit fünfzehn Minuten sauer auf ihn, da eigentlich um eins gegessen werden sollte. Dabei kam mein Vater immer genau diese Viertelstunde zu spät, das hing mit den Busfahrplänen zusammen, und meine Mutter wußte das. Aber sie hatte alles immer genau um eins fertig, nur um beim Essen öfter mal stumm den Kopf schütteln zu können. Mein Vater nutzte das einzige gemeinsame Mittagessen der ganzen Woche gern dazu, ein wenig an mir herumzunörgeln." (37)

10.

Um was geht es in der von mir erörterten Literatur, wenn nicht um Ideale, Generationsfragen, Lebenswege, Veränderung?

Es geht, so scheint mir, um „Bescheidenheit", um Betrachtung des Alltags, Betrachtung der komplizierten Einfachheit der Dinge. Gefangen in diesem Konkretismus bringen die agierenden AntiheldInnen keine Kraft auf für Rebellion.

Sie nehmen in der Stille ihre Ängste wahr, ohne zum Kampf aufzurufen für eine bessere Welt. Vielleicht geht es wirklich in unserer modernen Zeit der Leistungsbereitschaft und des schnellen technischen Fortschritts um die Bescheidenheit des Menschen, der kein Held ist und sein will!

Der Mensch wird zuweilen anthropologisch als „Mängelwesen" (38) definiert, das unvollständig ins Leben hineingeht und auch ebenso unvollständig aus diesem Leben herausgeht. Möglicherweise wollen uns *das* die modernen AutorInnen in ihren Erzählungen und Romanen aufzeigen. Sie befreien uns damit von der Last, Held werden zu müssen. Sie zeigen uns, daß die Ereignislosigkeit der Dinge die Ereignisse an sich sind.

Ich gebe dieser Literatur diese positive Bewertung. Sie ist eine „stille" Befreiungsliteratur, die Menschen vom Anspruch des Heldentums zu befreien versucht; auch vom Zwang, ideal zu sein.

11.

Diese neuere Literatur charakterisiert nach meinem Empfinden eine Art „Ehrlichkeit der Wirklichkeitsauffassung." Das wirkt entlastender auf die LeserInnen als Literatur, die Vorbildcharakter setzt.

Es eröffnet auch neue Möglichkeiten für LeserInnen, sich weniger zu fordern, aber mehr in sich hineinzuhorchen, Distanz zu finden, bevor Ziele erarbeitet werden, die allzu oft unerreichbar sind.

In einer Besprechung (39) dieser neueren Literatur sagte eine Autorin, „daß sie in eine Geschichte hineingeht und auch wieder heraus", als Beobachterin. Sie will aus der Beobachtung heraus erzählen. Ein Beispiel, wie *Empathie* ins Schreiben umgesetzt werden kann.

Eine andere Autorin äußerte, „daß sie einen Charakter angelegt habe, um zu sehen, wie diese Person sich während der Geschichte entwickelt." (40) Ein Autor schilderte, daß in der Beschreibung seiner Person plötzlich „der Vater sich immer wieder ins Ohr setzte" (41) und aus seiner Geschichte ungewollt „eine Vatergeschichte" (42) wurde.

Literatur ist nicht als Forum für einen Freiheitswunsch gewählt, nicht eine Geschichte, in der Hoffnung oder Erlösung gesucht werden.

Es ist keine Literatur für die Unterdrückten und Minderheiten, eher Literatur für die Satten, aufgewachsen in bürgerlichen Wertewelten. Diese Literatur ist mehr oder weniger ein Schildern von Szenen, Menschen, Alltagssituationen in Kunstform.

Es gibt weder Erlösung noch imaginäre Freiheit oder selbstgestalterische Umsetzung von Zukunftsvisionen.

Es wird weder moralisiert, noch idealisiert. Die Spannung des Lebens entspringt dem Einfachen, dem sehr diffizil aufbereiteten Geschehen von Resignation oder Ichstrukturierung bzw. Ich-Verlust.

12.

In der Emanzipationsliteratur der Frauen in den 70er Jahren war die Frustration über die Unterdrückung durch das Patriarchat Motor zum Aufbruch. Über diese Frustration entwickelte sich ein Feindbild.

Frustrationen gibt es heute in der Literatur zu lesen, aber sie werden mehr mit Resignation gelebt; die Resignation wird gestaltet, ohne daß große Ziele wie Ideale gebildet werden. Der Mensch, die Person nimmt die Dinge wie Frustration als Alltagsgeschehen hin.

Hier vermute ich schon einen psychologischen Fortschritt beziehungsweise eine zunehmende Fähigkeit von psychischer Ichgestaltung.

Hierin scheint mir eine psychische Leistung erkennbar, die möglicherweise auf rückläufige Versagungen, wie Mißbrauch, körperliche Gewaltanwendung oder pädagogische-politische Manipulation, zurückgeht.

Hier stimme ich mit Ludwig Janus überein und glaube an einen Fortschritt, der in einer sich verbessernden Eltern-Kind-Beziehung besteht.

Die andeutungsweise beschriebene neuere Literatur kann sich der einfachen Beobachtung und den kleinen Dingen des Lebens hingeben, weil sie nicht von großen Katastrophen lebt. Sie findet im Alltagsleben die kleinen Kreativitäten, Ambivalenzen oder auch Destruktionen, ohne Anklage, oder nur mit einem wehleidigen Selbstmitgefühl; mit dem Verzicht auf Verfolgung des Anderen, wie wir sie noch in Jean-Paul Sartres existenzialistischer Ansicht „Die Hölle, das sind die anderen" kennen. (43)

Komplexe Betrachtungen des Alltags erfahren keine Reduzierungen, sie werden rückhaltlos in ihrer Komplexität geschildert, einschließlich der Momente der Selbstnegation oder des Verlusts von Ichstrukturierungen.

Es ist keine Literatur für Minderheiten oder für in Not lebende Menschen, die oft über die Literatur das einzige Medium von Gehörtwerden haben. Nein, es ist die Literatur für die Gesättigten, die im bürgerlichen Milieu der Wohlstandsgesellschaft nach dem 2. Weltkrieg aufwuchsen.

13.

Die neueren AutorInnen machen etwas mit den LeserInnen, in dem sie durch ihre genauen Beobachtungen und deren Beschreibungen Stimmungen hervorrufen, die den LeserInnen nicht fremd sind, aber auch nicht vertraut, so wie etwa in dem einen Satz von Benjamin v. Stuckrad-Barre: „Stell Dir mal vor du stehst 30 Minuten an einer Ecke ohne zu warten – das ist power." (44)

Ein Satz, über den es sich nachzudenken lohnt, denn er bringt durchaus etwas zum Ausdruck, was mit uns beim Lesen dieser Literatur geschehen kann. Wer z. B. sollte das können: 30 Minuten an einer Ecke zu stehen, ohne auf ein Taxi oder eine Verabredung zu warten. Es wäre außerhalb einer jeglichen bürgerlichen Rolle. Normalerweise leben wir alle in einer Rolle.

Aber diese AutorInnen machen so etwas und sie füllen diese Ängste durch ihre genauen Beobachtungen, Beschreibungen. Sie lösen etwas in uns aus, etwas, was wir ahnen, gelegentlich einen Hauch davon fühlen; es ist fremd und dennoch irgendwie bekannt; es berührt uns, führt uns in eine Welt, die wir kennen, aber doch wieder nicht kennen. Es löst in uns ein alltägliches Wissen aus; die Sicherheit liegt in der Rolle und das Beobachten, das Sich-in-den-Momenten-hingeben macht Angst. Niemand weiß, was kommt, was kommen könnte.

Vielleicht machen das die AutorInnen mit den LeserInnen, daß sie sich quasi für sie an die Ecke stellen.

Für die LeserInnen, einfach so – wir LeserInnen können durch die AutorInnen an einer solchen Situation teilnehmen. Wir können durch die Lektüre etwas erleben, was im Alltag Angst macht.

Angenommen, diese AutorInnen sind sogenannte StellvertreterInnen für uns. Wir finden das faszinierend. Ein Aspekt, der für diese Literatur spricht.

14.

Auffallend ist diese exakte Beobachtung und deren detailgenaue Beschreibung, z. B. wie Christian Kracht in „Faserland" (45) den Taxifahrer beschreibt. (46) Als hätte ich schon selbst in diesem Taxi gesessen. Die fettige

Haut des Taxifahrers wird sichtbar erkennbar oder seine Halbglatze. In den Büchern wird eine Situation beschrieben, die nicht nur sinnlich eine Atmosphäre aufkommen läßt, sondern auch Erinnerungen an Situationen, die selbst erlebt wurden oder in ähnlicher Art bekannt sind. Dieses Phänomen der exakten Beschreibung aufgrund differenzierter Beobachtung ist m.E. ein wichtiges Merkmal in der hier besprochenen Literatur und nicht so sehr das Eintauchen in fremde Welten.

Bei Florian Illies (47) etwa ist dieses Phänomen als ein ausgeprägtes Generationenmerkmal gut beschrieben, z. B. die Unterscheidung der Geschlechter bei dem Spielzeug „Playmobil" durch ein leichtes Vorstehen der angedeuteten Kleidung als Rock – eine kleine, leichte Anhebung, die eigentlich die Kinder sofort wahrnehmen. Ich will damit sagen, daß in dieser Literatur eine Gabe dieser Generation zum Vorschein kommt, nämlich die exakte, differenzierte, detailgetreue Gabe wahrzunehmen.

Ein weiteres beobachtbares Merkmal dieser Generation ist die Realitätsnähe, auch etwas als Desillusion, wie bei Christian Kracht und Florian Illies beschrieben (48): ältere Geschwister, die noch auf Demos gehen, während die Jüngeren schon „Bescheid" wissen, daß Politik nicht auf der Straße gemacht wird. Es wird ein Geschehen, hier die Demos, beobachtet, registriert, aber gleichzeitig wird eine Distanz zu diesem Geschehen aufgebaut. Sie beobachten es und machen sich Gedanken darüber; Gedanken, die die Desillusionierung bestätigen und gleichzeitig die Distanz festigen. Es sind Gedanken mit dem Verzicht auf jegliche Moral oder Ideale, für die es sich lohnen könnte zu handeln.

Hier kann ich Martin Hielschers Kommentar vom 30.07.00 in der TAZ (49) nicht bestätigen. Er meint, daß jüngere deutsche AutorInnen sich eine neue Moral ausbauen, gemeint ist hier die Moral des Nichteinmischens und der Toleranz.

Ich kann dies nicht so sehen. Eher sehe ich, daß dieser Verzicht auf Ideale und deren Moral eine Konsequenz der Desillusionierung ist. Romane sollen, so denken offenbar die AutorInnen, keine Zuversichten vermitteln. Zuversichten werden in den hier erwähnten Werken tatsächlich nicht mitgeteilt; - das Ende einer Geschichte wird meist den LeserInnen überlassen. Das interpretiere ich als empathische Haltung mir, der Leserin, gegenüber.

15.

Der Verzicht auf Ideale, Heldentum, Moral und Illusionen korrespondiert mit einem ausgeprägten Individualismus. Ganz selten, wie bei David Wagner oder Michel Houellebecq (59), gibt es eine Freundin und bei Jörg Bernig (51) die getrennten Eltern, die verstorbene Mutter. Das Individuum steht im Vordergrund. Die Abhängigkeit zu anderen sozialen Systemen wie Kollegen (Sonja Rudorf), Freundin (David Wagner), Freunde (Christian Kracht) sind nicht lebensprägend und können das Handeln des Individuum wenig bestimmen. Manchmal kann man die Eltern (meist getrennt, verstorben oder unerwähnt) ahnen, auch die möglichen Kindheitsverletzungen, aber es ist immer eine Ahnung im höchst spekulativen Bereich. Das Individuum selbst handelt aus sich heraus mehr oder weniger punktuell.

Notwendige zielgerichtete soziale Beziehungen kommen hinzu. Alte, bisher gekannte Gefühlsthemen wir Bindung, Vertrauen, Haß, Liebe, Treue lassen sich kaum finden in diesen Geschichten. Das jeweilige Individuum handelt nachvollziehbar aus dem Jetzt und der momentanen Bedürftigkeit heraus. Ist das eine Beschreibung unseres heutigen, gesellschaftlichen Lebens? Kurze Kontakte, Episoden, Treffen, fragmentarische Lebenszusammenhänge ...

Anmerkungen

1) a. Christian Kracht „Faserland", Köln 1997
   b. Sonja Rudorf „Die zweite Haut", Hamburg 2000
   c. Michel Houellebecq „Ausweitung der Kampfzone", Berlin o. J.
   d. Michel Houellebecq „Elementarteilchen", Köln 1999
   e. Elke Schmitter „Frau Satoris", Berlin 2000
   f. Michael Kumpfmüler „Hampels Fluchten", Köln 2000
   g. Andreas Maier „Wäldchestag", Frankfurt 2000
2) Bornhoff, Marion: Geschichte der Kindheit bei Lloyd deMause diskutiert anhand anderer Literatur zur Geschichte der Kindheit und an Autobiographien, Frankfurt a. M. 1986 (maschinenschriftl.).
3) Ludwig Janus „Psychobiologie und Psychohistorie des Erlebens" in Ralph Frenken/Martin Rheinheimer (Hrsg.): Die Psychohistorie des Erlebens; Kiel 2000, Seite 28
4) TAZ vom 10.11.2001 „was uns auf Trab bringt" Rubrik 'Kultur' und Marcel Reich-Ranitzki in seiner letzten Sendung „Literarisches Quartett" ZDF, November 2001
5) Adolf Muschg „Literatur als Therapie? Ein Exkurs über das Heilsame und das Unheilbare" Frankfurt a. M. 1981, Seite 20
6) Ludwig Janus in op. zit., Seite 30
7) ebenda
8) ebenda
9) ebenda
10) Max Horkheimer, Theodor W. Adorno „Dialektik der Aufklärung Philosophische Fragmente", Frankfurt a. M. 1988
11) Anm. 1) c., Seite 124
12) s. Anm. 7
13) s. Anm. 1) d., Seite 172
14) s. Anm. 1) d., Seite 171
15) ebenda
16) s. Anm. 1) d., Seite 172
17) David Wanger „Meine nachtblaue Hose", Berlin 2000, Seite 69
18) s. Anm. 3). Seite 28
19) ebenda
20) Peter Henning „Aus der Spur", Frankfurt a. M. 2000, Seite 22
21) ebenda, Seite 72
22) siehe 1) b.
23) ebenda, Seite 107
24) Anton P. Tschechow „Die Dame mit dem Hündchen und andere Ezählungen", hier Erzählung „Angst", Leipzig 1977, Seite 31

25) Paul Watzlawick „Vom Schlechten des Guten" oder Hekates Lösungen, München 1986
26) siehe 1) c., Seite 99
27) ebenda, Seite 56
28) ebenda, Seite 55
29) ebenda, Seite 92
30) ebenda, Seite 49
31) 17.11.01 Gespräch in Sendung „Bücher, Bücher", Hessischer Rundfunk 3. Programm
32) Jean Starobinski „Psychoanalyse und Literatur", Frankfurt a. M. 1973, Seite 99
33) s. 1) d. Seite 133
34) Friedhelm Nyssen „Psychogenetische Geschichte der Kindheit" und „historische Demographie": eine gegenseitige Ergänzung in Friedhelm Nyssen/Ludwig Janus (Hg.) „Psychogenetische Geschichte der Kindheit" Beiträge zur Psychohistorie der Eltern-Kind-Beziehung, Gießen 1997, Seite 185
35) s. 17) Seite 33
36) ebenda, Seite 120
37) Frank Goosen „liegen lernen", Frankfurt a. M. 2000, Seite 60
38) Bernhard Hassenstein „Verhaltensbiologie des Kindes" München 1973
39) Gespräch in „Bücher, Bücher" s. Anm. 31, Autoren: Sonja Rudorf, Elke Schmitter und Peter Henning, Frankfurt a. M. 2000
40) ebenda Elke Schmitter
41) ebenda Peter Henning
42) Jean Paul Sartre „Hinter geschlossenen Türen"
44) Benjamin v. Stuckrad-Barre „Remix", Köln 1999, Seite 6
45) s. Anm. 1) a.
46) ebenda, Seite 82, 94
47) Florian Illies „Generation Golf – Eine Inspektion", Argon-Verlag ohne Jahr
48) ebenda, Seite 163 ff.
49) Dr. Martin Hielscher 'Rubrik Kultur'Und es hat Rawums gemacht"
50) s. Anm. 1) c. d. und 17)
51) Jörg Bernig „Dahinter die Stille", Stuttgart 1999

Psychosozial-Verlag

Ludger M. Hermanns (Hg.)
Spaltungen in der Geschichte der Psychoanalyse

2011 · 298 Seiten · Broschur
ISBN 978-3-8379-2138-0

Einst forderte Freud mahnend zur Wachsamkeit auf, bei Konflikten erst zur Selbstforschung zu schreiten, anstatt die Motive der anderen Menschen zu analysieren.

Dennoch ist die Geschichte der Psychoanalyse bis heute von Spaltungen geprägt. Neben regionalen Bezügen und Einzelfallstudien, wie in etwa der Trennungsgeschichte von Freud und Jung, legt dieses Werk das Augenmerk auf die strukturellen Spaltungen der Psychoanalyse mit Hilfe ethnopsychoanalytischer, epistemologischer und gruppenanalytischer Ansätze.

Der Band dokumentiert die 5. Tagung der Internationalen Vereinigung für Geschichte der Psychoanalyse 1994 in Berlin, die weltweit eine erstaunliche Resonanz erfuhr. Die aus historischer Sicht brisante Wahl Berlins als Tagungsort führt in diesem Buch zur Betrachtung der Geschichte der Deutschen Psychoanalytischen Gesellschaft, in die mit der nationalsozialistischen Machtergreifung ein völlig anderer Typus von Spaltung von außen hineingetragen wurde.

Mit Beiträgen von Hermann Beland, Werner Bohleber, Janine Chasseguet-Smirgel, Mario Erdheim, Lilli Gast, Béla Grunberger, André Haynal, Robert D. Hinshelwood, Regine Lockot, Malcolm Pines, Jacques Schotte, Nellie L. Thompson und Gerhard Wittenberger

Walltorstr. 10 · 35390 Gießen · Tel. 0641-969 978-18 · Fax 0641-969 978-19
bestellung@psychosozial-verlag.de · www.psychosozial-verlag.de

Psychosozial-Verlag

Sudhir Kakar
Kultur und Psyche
Psychoanalyse im Dialog mit nicht-westlichen Gesellschaften

2012 · 149 Seiten · Broschur
ISBN 978-3-8379-2098-7

»Sudhir Kakars Bücher zu lesen, bedeutet immer eine große Freude. Seine Mischung aus Wissen, Humor und Weisheit ist so selten wie sein sowohl schriftstellerischer und zugleich psychoanalytischer Zugang zur Welt.«
die tageszeitung

Der bekannte indische Psychoanalytiker Sudhir Kakar zeigt, dass die Rolle der Kultur in der Ausbildung der Psyche ebenso grundlegend in der menschlichen Entwicklung ist wie früheste körperliche Erfahrungen oder familiäre Erlebnisse. Kakars Ansatz zeichnet sich nicht nur dadurch aus, dass er die Psychoanalyse anwendet, um nicht-westliche Kulturen besser zu verstehen; er stellt auch psychoanalytische Modelle infrage, von denen Universalität angenommen wird, die sich aber historisch und kulturell auf den modernen Westen beschränken.

Die vorliegenden Essays behandeln die Rolle der Kultur und kulturelle Unterschiede in verschiedenen Kontexten. Themen sind die Psychotherapie mit nicht-westlichen Patienten, Erfahrungen und Identität von Immigranten, die indische Identitätsbildung, Liebe in der islamischen Welt und das psychoanalytische Verständnis von Religion.

Walltorstr. 10 · 35390 Gießen · Tel. 0641-969978-18 · Fax 0641-969978-19
bestellung@psychosozial-verlag.de · www.psychosozial-verlag.de

Psychosozial-Verlag

Jean Laplanche
Neue Grundlagen für die Psychoanalyse

2011 · 200 Seiten · Broschur
ISBN 978-3-8379-2006-2

Mehr als 20 Jahre nach der Erstpublikation liegen die *Neuen Grundlagen für die Psychoanalyse* von Jean Laplanche erstmals in deutscher Übersetzung vor.

Das Buch ist eine Einladung zum selbstständigen Denken in und mit der Psychoanalyse. Der profunde Kenner des Freud'schen Werkes und Mitautor des *Vokabulars der Psychoanalyse* setzt sich darin kritisch mit den Ursprüngen der Psychoanalyse bei Freud und seinen Nachfolgern auseinander. Er entwickelt einen weitreichenden Vorschlag für eine Neubegründung der Psychoanalyse. Jean Laplanche verbindet in seiner Arbeit die unverblümte Kritik der Irrwege mit der Anerkennung der ureigenen, unverzichtbaren Elemente der Psychoanalyse. Das Buch bildet einen zentralen Moment im Schaffen des Autors und eröffnet den Weg zur »Allgemeinen Verführungstheorie«. Es ermöglicht, die Entstehung des Unbewussten, die Natur des Triebes, aber auch das Wesen der psychoanalytischen Praxis neu zu begreifen, und stellt insofern einen Meilenstein für eine metapsychologische Neubestimmung der Psychoanalyse dar. Auch der Bezug bzw. die Abgrenzung zu anderen Wissenschaften (u.a. Biologie und Linguistik) wird erläutert.

Walltorstr. 10 · 35390 Gießen · Tel. 0641-969978-18 · Fax 0641-969978-19
bestellung@psychosozial-verlag.de · www.psychosozial-verlag.de

Psychosozial-Verlag

Hannes Stubbe
Lexikon der Psychologischen Anthropologie
Ethnopsychologie, Transkulturelle und
Interkulturelle Psychologie

2012 · 708 Seiten · Gebunden
ISBN 978-3-8379-2120-5

Das umfassende und vielschichtige Lexikon verknüpft Erkenntnisse aus verschiedenen theoretischen, angewandten und methodischen Richtungen.

Es integriert die unterschiedlichen Sichtweisen der Ethnologie und Psychologie, wobei die Psychologische Anthropologie als Teilgebiet der Kulturanthropologie verstanden wird. Mit Schwerpunkt auf dem Kulturvergleich werden ethnologische, kulturanthropologische, psychologische, soziologische, religionswissenschaftliche, pädagogische, psychiatrische und weitere Begriffe, die im Forschungsfeld eine Rolle spielen, interdisziplinär erklärt. Wissenschaftshistorisch angelegt, arbeitet das Lexikon zugleich alle gegenwärtigen sowie erkennbare zukünftige Tendenzen heraus. Jeder der ca. 470 Einträge ist mit einer ausführlichen Bibliografie versehen.

Walltorstr. 10 · 35390 Gießen · Tel. 0641-96 99 78-18 · Fax 0641-96 99 78-19
bestellung@psychosozial-verlag.de · www.psychosozial-verlag.de

www.ingramcontent.com/pod-product-compliance
Lightning Source LLC
Chambersburg PA
CBHW030333240426
43661CB00052B/1611